基于简牍的经济、管理史料比较研究

Comparative Research on Historical Data of
Economy and Management Based on Bamboo Slips

——商业经济、兵物管理、赋税、
统计、审计、会计方面

李孝林 等/著

社会科学文献出版社

SOCIAL SCIENCES ACADEMIC PRESS (CHINA)

国家社科基金后期资助项目
出版说明

　　后期资助项目是国家社科基金设立的一类重要项目，旨在鼓励广大社科研究者潜心治学，支持基础研究多出优秀成果。它是经过严格评审，从接近完成的科研成果中遴选立项的。为扩大后期资助项目的影响，更好地推动学术发展，促进成果转化，全国哲学社会科学规划办公室按照"统一设计、统一标识、统一版式、形成系列"的总体要求，组织出版国家社科基金后期资助项目成果。

全国哲学社会科学规划办公室

国家社科基金后期资助项目（编号：06FZS005）
重庆市哲学社会科学规划项目（编号：2006JJ27）

课题组成员

(署名以作者所写章节先后为序)
李孝林　张俊民　罗　勇　孔庆林
贾　鸿　李国兰　杨兴龙

目　录

1

序一

　　承载中华文明的出土简牍，是中国的文化遗产，也是世界的文化瑰宝。国家社科基金中国历史项目 2002 年曾以"二十世纪出土文献与传世文献对比研究"作为课题指南的选题，表明国家十分注重这方面的研究。李孝林教授在"文革"末期开始接触简牍，首发论文《世界会计史上的珍贵资料——江陵凤凰山 10 号汉墓简牍新探》（《江汉考古》1983 年第 2 期），1984 年元旦《光明日报》头版据以报道，一度产生重要影响。经过长期不懈的努力，李孝林教授等直接使用出土简牍，从经济、管理学角度进行研究，2006 年终于获得国家社会科学基金后期资助项目"简牍中经济、管理史料比较研究——商业经济、兵物管理、赋税、统计、审计、会计等方面"（项目批准号：06FZS005）和重庆市哲学社会科学规划项目"简帛中经济、管理史料研究"（批准号：2006JJ27）。国家社科基金后期项目评价意见认为："选题好，方法与切入角度好。过去主要是考古与历史工作者的研究，作出许多成果。但如何更深入发掘简牍所包含的历史价值，尤其是从多学科的视野下观察分析，提出问题，前者限于知识结构的限制，如有关经济管理方面（诸如统计、审计、会计），难于充分利用简牍资料，不能充分利用来研究中国古代社会。申请者则有这方面的专长，据初审所见，亦作了较长时间的准备，确有新意。"作为该项目结项的新作——《基于简牍的经济、管理史料比较研究》，为简牍学研究开启了一个新的方向。作者的潜心研究，在该研究领域的贡献是突出的，我相信这部书必将对有关学科领域的研究产生影响。

　　全书共八章：第一章为简牍概述，对秦汉、魏晋、吐蕃等简牍和日本、韩国简牍进行概略介绍，便于读者掌握简牍学的基础知识。第二章对被误解的云梦睡虎地秦简所属时代与其反映时代的研究，对经济、管理学界常用的江陵凤凰山 10 号墓汉简进行了初步探索，以及对张家山汉简《二年律令》提出了汉承秦制而发展之的意见等，都具有作者独特的见解。第三章至第八章分别对简牍中的商业经济、兵物管理、赋税、统计、审计、会计等学科领域进行了深入探讨。作者坚持了马克思主义的历史唯物主义的研究思想、理论和方法，恰当把握了古为今用、以古鉴今的基本原则，其研究的指导思想端正，基本观点正确，充分体现了以简牍为基础的经济、管理史的研究成果，形成了本书的研究特色。

一般说来，简牍出土文物研究偏重于对史实的挖掘与澄清，而简牍学理论研究，则偏重于对一般规律的提炼及阐发。李孝林教授的研究，则力图在两者之间寻求一条通道，用自己的视角及其深入探索将这两方面联系起来，从而发现一些现象背后的缘由。这种研究方法和路径，需要研究者具有发现问题和深入解析问题的能力，需要作者那种力求避免浅表性描述或鉴赏的开拓精神。李孝林教授的研究具有这方面的意义。

尤其应当指出的是：这部新作对一些学科关键性问题的研究具有一定创新价值，其论说独立，观点新颖，不落他人俗套，充分显示了作者扎实的简牍研究功底。同时，本书对一些重要历史问题的研究，做到了以史为据，翔实考证，对史料的应用力求准确。本书所征引的简牍文献多达 28 万字以上，在这个科学研究日益浮躁的背景下，实属难能可贵。同时，恰当的分析和论述，使本书的研究结论具有很强的说服力和感染力。

尽管李孝林教授年事已高，但他依然孜孜不倦，笔耕不辍，研究成果层出不穷。他曾是中国会计学会会计史专业委员会委员，竭尽全力推动中国会计史的研究工作，并在近年来的研究中，努力将研究视野拓展到经济、管理等方面，这种勇于发掘我国文化瑰宝、勤于探索的精神是十分可贵的。我深信他的《基于简牍的经济、管理史料比较研究》出版面世，将在学术研究上起到表率作用，并启发有关学科同行对相关问题进行研究具有一定的指导意义。

郭道扬

2011 年 8 月于武汉

序二
简帛研究新领域的开拓之作

　　《基于简牍的经济、管理史料比较研究》一书为简帛学与经济学的结合开创了一个很好的先例。我个人认为，简帛整理具有相对独立的知识体系，是构成简帛学的主体，但由于其材料内容的分散和发现的不确定性，决定了简帛只有与其他学科知识体系相结合才可以发挥出更多的作用，这使得简帛学实际具有边缘学科的特点。自简帛发现以来，特别是近三十年来，简帛与历史、考古、古文字、古文献、文书档案、中医药、数学、天文历法、法律等多学科有了密切的联系，取得了突出成就。运用简帛材料，从经济和管理学的角度来研究战国秦汉魏晋社会经济的论著也不少，特别是在赋役制度方面。由于研究者大都是出自于史学领域，因此研究的视角和方法仍然局限于史学知识体系，虽然其成果对补充、纠正和提高以往的认识有极大的贡献，但就简帛所包含的丰富内容来说，挖掘的还远远不够。这不是历史学家和简帛学家们不努力，而是知识体系结构的差异所导致的。

　　看了李先生的成果，深感我们以往研究的不足。如从商业经济学的角度，本书以简帛材料为依据，提出汉朝合伙经营形式已比较完备，承包经营制东汉已经产生的看法。从商业管理学角度看，提出秦汉已经建立了比较完备的商业内部控制体系的观点。从兵物管理角度，提出秦汉已经有了盘点等诸多现代管理思想，而其分类管理思想则是现代实物管理的雏形。从统计学角度，认为简牍反映了我国统计台账、统计表、统计报表的渊源所在。从审计学角度，认为简牍反映不晚于战国晚期，我国已经建立了听计、查账，就地审计和送达审计相结合的多种审计方式，以及查询法、比较分析法等审计方法。通过审计发现问题，对会计账务进行调整，重新确定余额。从会计学角度，认为简牍反映了我国复式簿记早在西汉已经产生，从而纠正了日本学者"中国固有的簿记只能称为单式簿记"的说法。上述看法无论正确与否，仅就其概念的运用和研究的视角来说，我们都有耳目一新之感，是单纯的史学理论与方法难以达到的。当然，本书并不仅限于视角的转换，在新的视角下，史学方法仍是基本的研究方法，在此指导下，对许多具体的历史问题也进行了分析，提出了自己的看法，说明作者对秦汉史研究领域颇为熟悉。

我曾经认为，汉代官僚制度的整体管理水平相当发达，某些方面比我们过去估计的要更高、更完备。至今我还这么认为。但这个论证需要多学科的深入探索，本书也从另一个角度与拙论的看法相同。

20世纪以来，关于中国古史的新材料发现很多，简帛位列其中而独树一帜，现已成为一门国际性的显学。虽为显学，但并不是社会上的热门而是冷门。我深为李先生的研究精神所感动，为他的精神所感动是因为李先生是研究经济学的，能够并愿意进入简帛这个冷门领域，足见他对简帛学的热爱和真挚之心。我想这也是中国传统文化的魅力所在吧！但我更为简帛学新领域不断开拓而激动，李先生的论文大都发表在著名的经济类刊物上，这对宣传简帛学，吸引更多的其他学科的学者从事简帛研究将是十分有益的。李先生是我的长辈，学识和成就远在我之上，先生嘱我作序，却之不恭，姑奉陋见供先生指教！

卜宪群

前　言

　　我国地下出土的简牍，是震惊世界的文化瑰宝，是我国和世界人民宝贵的文化遗产，为我们提供了战国以至汉晋的第一手史料。世界上已经进行了大量研究，我国学者更应努力研究，使国宝绽放异彩。

　　虽然简牍研究热已有时日，但从部门经济史、管理史角度进行研究的较少，将简牍史料与部门经济史、管理史结合，进行系统研究，出版专著者鲜见，甚至部门经济史、管理史研究中运用简牍史料的也较少，有些专史未用，或者出错。如《中国工商税收史资料选编第一辑·先秦两汉部分》① 只用了云梦县睡虎地 11 号秦墓少数竹简。本书在第一章有关部分、第三至八章前言，已分别说明。

　　建立比较史学，已经成为"当代史学主要趋势"② 之一。我们对简牍中的部门经济史料、管理史料，从商业经济（含物价、粮食经营）、兵物管理、赋税、统计、审计、会计等领域进行系统的比较研究，发掘新史料，研究新问题，已经取得初步成果，被海内外同行誉为"对简牍研究开启一个新的方向"。本书为简牍史料与部门经济史、管理史结合，添砖加瓦，为相关学科建设提供新史料、新论点、新分析，为弘扬民族文化，振奋民族精神竭尽绵薄。

　　我们深感简牍像无尽的海洋，蕴藏着无尽的宝藏。遗憾的是，我们所见到的经济、管理学科史专著，大都以传世古籍为依据，对简牍史料，有些完全未用，有些用得较少，有的引用错误，因而产生了从本学科出发，深入研究、运用简牍史料的想法。同时，跨学科研究，困难重重。我们深感力量单薄，才疏学浅，资料不足。虽然努力补课，仍然难以克服古文献学素养差的

---

① 孙翊刚、王复华：《中国工商税收史资料选编·第一辑》，中国财政经济出版社，1991。
② 〔英〕杰弗里·巴勒克拉夫：《当代史学主要趋势》，北京大学出版社，2006，第214～224页。

困难。

"文革"末期，我们开始接触简牍，结合专业进行研究。首篇主要论文是《世界会计史上的珍贵资料——江陵凤凰山 10 号汉墓简牍新探》，发表于《江汉考古》1983 年 2 期，光明日报 1984 年元旦头版据以报道。1993 年我们获得国内贸易部部属院校社会科学基金项目"简牍中部门经济史料研究"资助（批准号〔1993〕第 344 号）。接着，提出整体综合研究的思路。并请甘肃省考古所张俊民先生参加课题组，共同研究。大纲多次修订，按简牍分工与学科分工相结合，课题组成员按专业分工研究，撰写相关学术论文，分别发表。然后综合起来，写出初稿，几经修改，最后总纂，形成研究报告（专著形式）。我们的原则是各专业章，都要把本学科使用简牍史料推上新高地，从而对本专业史的丰富和发展，对简牍史的深入研究有所贡献。

2002 年，国家社科基金中国历史项目："13. 二十世纪出土文献与传世文献对比研究"，可见对简牍进行比较研究的重要性。2006 年 5 月，我们以"简牍中经济、管理史料比较研究——商业经济、兵物管理、赋税、统计、审计、会计等方面"为课题申请国家社科基金后期项目，获准（批准号：06FZS005）。紧接着，获准立项重庆市哲学社会科学规划项目（批准号：2006JJ27）。

国家社科基金后期项目评价意见表（通过）历史一组对本课题指出："选题好，方法与切入角度好。过去主要是考古与历史工作者的研究，作出许多成果。但如何更深入发掘简牍所包含的历史价值，尤其是从多学科的视野下观察分析，提出问题，前者受知识结构的限制，如有关经济管理方面（诸如统计、审计、会计），难于充分利用简牍资料，不能充分利用来研究中国古代社会。申请者则有此方面的专长，据初审所见，亦作了较长时间的准备，确有新意。"

本书以出土简牍文书为主要研究对象，与传世文献比较，与中外历史中的同类事物比较，与当代中外的同类事物比较。按问题边比较，边议论。比较包括参证，参证在于同，比较在于异同。比较异同，比较发展程度，务求深透。深入分析原因和影响，探索发展历程和规律，弘扬祖国文化。

为避免重复并便于阅读，第一章为简牍简介，分别介绍一些与本课题有关简牍的主要内容及特点。该章为经济、管理学界提供简牍知识。该章对简牍的选择，并不体现其重要性，主要看其与本项目的关系。对于涉及多学科的较长的简牍，第一章简略介绍，以便诸章引用。第二章对云梦睡虎地 11

号墓竹简所属时代与其反映的时代，及江陵凤凰山 10 号汉墓简牍，论述我们的一些浅见。两者涉及本项目的多章内容，为减少重复，须提前介绍。从第三章起，按学科分别探究。只为某一章使用的简牍，则由各该章探析。按学科分类的优点是便于读者阅读、使用，便于分学科探索，缺点是同一简牍可能多处出现，多次研究。这种研究，是不同学科、不同角度的不同研究。为消除或减少重复，对较长的简牍，只在首次出现或重点引用时详述，再次引用时注明。短小的简牍，在不同地方多次出现，便于从不同学科、不同角度形象地说明问题，所占篇幅并不多。

史料有先后之分，尽量使用较早的。出于比较的需要，则古今兼用。史料有一、二手之别，尽量使用第一手史料。出于尊重前人的成果，也使用第二手史料，并尽量查对。由于资料的限制，有的无法找到第一手材料，但对本课题有较大作用，只得使用第二手材料。为了确保史料的准确无误，对本书引用的简牍，重新校对。校对的依据是《中国简牍集成》[1] 已经出版的28 卷本。鉴于已出版的 28 卷主要是黄河流域出土的简牍，同时参考 2004年出版的胡平生、李天虹《长江流域出土简牍与研究》[2]。并依据两书，进行标点。

本书是经济、管理六个学科分别运用简牍进行研究的合成，由于简牍史料的限制，使得各章篇幅有长有短，不强求一律。本书作者从各自的专业出发，挖掘简牍史料的蕴藏，力求把本专业史推向新高地。

我们对简牍中的经济史料、管理史料的研究，有的已经 30 余年，获得多项成果奖。通过本课题，还将带动参加课题组的青年研究人员迅速成长。实践证明：简牍的广泛使用、研究，由各该专业学科学者与简牍学者结合，可能更好地出成果。考古、历史学界与使用简牍的各专业学者携手，有助于加深、加快简牍学的开发，可能为简牍学研究开辟新路。

在本书写作过程中遇到如下几个问题。

（1）本书书名"基于简牍的经济、管理史料比较研究"偏宽，我们无力对简牍中所有的经济、管理史料进行全面研究，故加副题"商业经济、兵物管理、赋税、统计、审计、会计方面"。重要缺点之一是很少使用楚简。因为我们看不懂。目前出版的楚简著作，多为考据型的，如果能够像

---

[1] 《中国简牍集成》，敦煌文艺出版社，2003，2005。

[2] 胡平生、李天虹：《长江流域出土简牍与研究》，湖北教育出版社，2004。

《云梦睡虎地秦墓竹简》那样加段译文，将能更好地扩大读者范围。

（2）各章标题曾经使用"古代"或"早期"，偏宽；秦汉，偏窄。用"简牍"突出本书研究的基础，直接标明学科专业，可能更简明些。

（3）用不用《周礼》，怎样使用《周礼》史料，是又一难题。

与《礼记》、《仪礼》并称为"三礼"且居其首的《周礼》，史学界有否定观和慎重使用观。能否使用《周礼》，是本项目在申报立项和结题过程中遇到的重大争论。

《周礼》的发现有多说：《汉书·河间献王传》说他搜集群书时得之，《后汉书·儒林传》却说是孔安国所献。宋朝郑伯谦在其《太平经国之书序》中说"彼其煨烬于秦火，贬驳于汉儒……伏藏泯没于山岩屋壁之间。"① 在当代，巫宝三等说："《周官》被发现于山崖屋壁间，随即收入皇家藏书室——秘府"② 尹黎云谓："诸说纷纭，有一点可以明确，《周礼》系西汉时期的'出土文物'。"③ 出土文物说，古今皆有，一般认为《周礼》是传世文献。两说争议，我们使用时十分慎重。

《周礼》的成书年代，素有争议。古文经学家认为，是周公旦（公元前十一世纪后半纪）督修；日本林泰辅说，它成书于厉王、幽王、宣王时代（公元前9至公元前8世纪）；康有为说它是西汉末刘歆（约公元前50至公元23年）伪作。当代一般认为，是战国时期的儒家，根据商、周时期的官制综合编纂而成。胡寄窗教授在《中国经济思想史（上）》中论及《周礼》时说："历史学家一般都认为，即使'书为晚出'，而所记内容绝非向壁虚构，有相当多的部分是代表西周的政治制度的。《周礼》是古代典籍中记载政治和经济制度最有系统而篇幅又较多的著作。说古代的个别作者能凭空臆造出这样一部著作，是不能想象的事情。它必须有以往的传说或记载为根据，然后才能编写出来，个别地方参以己意，在所难免，而基本上能反映西周的政治经济情况或西周政权的若干规划，应该是不成问题的。"④ 陈绍闻也有此看法。⑤《周礼》的一些内容已为历史文物和其他古籍所证实。譬如

① （宋）郑伯谦：《太平经国之书》，商务印书馆，1937，第3页。

② 巫宝三主编《中国经济思想史资料选辑（先秦部分）》，中国社会科学出版社，1985，第278页。

③ 王宁：《评析本白话三礼》，北京广播学院出版社，1993，第3页。

④ 胡寄窗：《中国经济思想史》（上），上海人民出版社，1978，第51页。

⑤ 陈绍闻等：《中国经济史学要籍介绍》，云南人民出版社，1989，第6页。

"六卿"，在《周礼》中是天官冢宰、地官司徒、春官宗伯、夏官司马、秋官司寇和冬官司空，在册命金文中，只有宗伯为公族，名称相近而略异，其他五卿全同。是否是时期不同，名称变化？《汉书·艺文志》有"周官经六篇"的记载。经济史界多认为，《周礼》"是古代典籍中记载政治和经济制度最有系统而篇幅又较多的著作……也是研究古代经济制度和经济发展状况，以及研究古代经济思想的重要资料。"[①] 上海财经大学著名经济史学家胡寄窗、谈敏所著《中国财政思想史》称其为"经典式著作"。在经济史学界，《周礼》被普遍作为研究对象。著名历史学家李学勤先生引用张亚初、刘雨《西周铭文官制研究》一书中的论证"《周礼》在主要内容上，与西周铭文所反映的西周官制，颇多一致或相近的地方"，并指出："《周礼》要早于秦汉律，而且比《逸周书·大聚》似乎也要早一个时期"[②]。例证虽少，分析透辟。著名学者李零说："现在，经长期讨论，大家都已承认，《周礼》和《左传》不是汉代伪书，而是战国时期的真古书。"[③] 本项目商业经济、赋税、统计、审计、会计诸章，通过《周礼》、金文、睡虎地秦简史料比较，证明《周礼》早于睡虎地秦简。陈高华、陈智超等著的《中国古代史史料学》一书说："此书官制原本是春秋以前的，后来杂采了战国一些制度、办法。此书可分别作为春秋、战国两个时代的史料。"[④] 此说相当稳健。我们使用时，把《周礼》作为反映周代活动或思想的史料。李学勤说："《周礼》蕴涵许多宝贵材料，是研究者无法避而不视的。"他还"希望以之与《周礼》、秦律作系统的比较研究。这不但对中国法律史是重要贡献，也有利于进一步弄清《周礼》这部要籍的问题"[⑤]。使用《周礼》并与金文、秦简比较，进行新的发掘，既可充实本项目周代的经济、管理史史料，还"有利于进一步弄清《周礼》这部要籍的问题"，从而提高本项目的学术价值。

　　《周礼》原名《周官》，是记述国家制度和政典之书。西汉末期，列为经而属于礼。因为"礼"包括政治制度和国家纲纪，根据该书内容，故名《周礼》。北宋王安石说："一部《周礼》，理财居其半。"这里的理财是广

---

①　陈绍闻等：《中国经济史学要籍介绍》，云南人民出版社，1989，第6页。
②　李学勤：《简帛佚籍与学术史》，江西人民出版社，2001，第111~113页。
③　李零：《简帛古书与学术源流》，生活·读书·新知三联书店，2008，第253页。
④　陈高华、陈智超等：《中国古代史史料学》，北京出版社，1983，第56页。
⑤　李学勤：《简帛佚籍与学术史》，江西人民出版社，2001，第111、117页。

义的，相当于国民经济管理。美国著名会计学家查特菲尔德在其名著《会计思想史》中曾指出："在周王朝时代（公元前 1123～前 256 年）官厅会计发展到最高峰……在内部控制、预算和审计程序等方面，周代在古代世界是无与伦比的。"① 从其对周代会计的具体介绍看，史料显然来自《周礼》。在先秦经济、管理史料严重不足的情况下，更应重视该书，将其作为比较研究的对象。无论从活动史或思想史的角度看，如果忽视《周礼》的发掘，实在可惜。②

由金文证实的位居上大夫的"六卿"制度，在《周礼》中有比较清楚的介绍。天、地、春、夏、秋、冬六官，每官一篇，先介绍长官，再介绍副官，然后介绍属官。

天官冢宰掌邦治，以佐王均邦国（掌管政务，辅佐周王统治天下）。冢宰又称大宰（大音太），为六卿之首，"掌邦治，统百官，均四海"。（《尚书·周官》）均，平也，调节、管理。四海指全国各地。"作大事，则戒于百官，赞王命；王视治朝，则赞听治；视四方之听朝，亦如之。"（凡遇国家大事，就约束警戒百官，帮助周王施行教令；周王视朝，辅助裁决处理政事；周王巡狩在外，同样辅助政事）"凡邦之小治，冢宰听之。"（凡邦国政务小事，由冢宰处理）"岁终则令百官府各正其治，受其会，听其致事，而诏王废置。"（年终则命令各官府整理政绩资料，接受考核，并按照得失功过，呈请周王给以赏罚）"三岁则大计群吏之治而诛赏之。"（三年则仔细考核所有官吏的政绩，呈请周王进行赏罚）可见冢宰的权力是很大的。他虽为"六卿"之一，和其他"五卿"的爵位相同（都是卿，即上大夫），但又具有"首席部长"的地位。他总揽政务、财经大权。对各官府，岁终受其会，三岁则大计。这里的"会"和"大计"都是广义的，包括政治、经济上的总结和考核。

地官司徒掌邦教，以佐王安扰邦国（掌管教育、辅佐周王教化天下），扰，驯也。地官司徒掌管全国的教育、土地、户籍、赋税。《周礼》有一套完备的市场管理制度，对商贾的贸易场所、成交方式、价格，以及商品的质量、种类，都有明确的规定。管理市场、指导商业活动的原则是："亡（无）者使有，利者使阜，害者使亡，靡者使微。"（《周礼·地官·司市》）

---

① 〔美〕查特菲尔德：《会计思想史》，中国商业出版社，1989，第 8 页。
② 胡寄窗、谈敏：《中国财政思想史》，中国财政经济出版社，1989，第 86 页。

短缺的使它有货，坚实耐用的使它供应充分，粗制滥造的使它绝迹，奢侈品尽量减少。

春官宗伯掌邦礼，以佐王和邦国（掌礼辅佐周王协化天下）。

夏官司马掌邦政，以佐王平邦国（掌政典、军队、军赋，辅佐周王平服天下）。

秋官司寇掌邦禁，以佐王刑邦国（掌管禁令，辅佐周王执行刑罚）。

冬官司空掌邦事，以佐王富邦国（掌管生产事务，辅佐周王富强天下）。

冬官司空篇早已亡失，西汉时以战国作品《考工记》补之。《考工记》包括攻木之工七，攻金之工六，攻皮之工五，设色之工五，刮摩之工五，抟埴之工二，共计三十个工种，对于车器、兵器、量器、乐器、陶器、玉器等的制造，叙述详细，是研究战国时代手工业状况的宝贵资料。

据《汉书·食货志下》："太公为周立九府圜法。"太公姓姜名望，俗称姜太公，西周初年为"师"（武官名），辅佐文王、武王灭商，封于齐国。他为周朝建立"九府圜法"，圜（yuan）谓均而通也，圜法是财币流通之法。唐朝颜师古注："《周官》太府、玉府、内府、外府、泉府、天府、职内、职金、职币皆掌财币之官，故云九府。"府谓宝藏货贿之处。货指金玉，贿指布帛。《史记·货殖列传》说："其后齐中衰，管子修之，设轻重九府"。管子所说的"轻重"主要指财币，是关于调节商品、货币流通和控制物价的理论。可见"九府"之说，两周相同。

书　例

1. 凡是简牍一律用楷体。引用的史料上下各空一行，全文左缩进 2 格，首行缩 4 格。简号用宋体加括号，紧跟引文。简牍号前加注简称，如：

书名　　　　　　　　　　　简称

《包山楚简》　　　　　　　包山

《郭店楚简》　　　　　　　郭店

《银雀山汉简释文》　　　　银雀山

《睡虎地秦墓竹简》　　　　睡虎地

《云梦龙岗秦简》　　　　　龙岗

放马滩秦简　　　　　　　　放马滩

里耶秦简　　　　　　　　　里耶

江陵凤凰山汉简　　　　　　凤凰山

《散见简牍合辑》　　　　　散简

《居延汉简释文合校》　　　合校×× · ××

《居延新简》　　　　　　　E. P. T×× ：××

《居延新简释萃》　　　　　释萃

《敦煌悬泉汉简释粹》　　　悬泉

《敦煌汉简》　　　　　　　敦煌

《张家山汉墓竹简 ［二四七号墓]》　张家山

《尹湾汉墓简牍》　　　　　尹湾

《长沙走马楼三国吴简》　　走马楼

《吐蕃简牍综录》　　　　　吐蕃

为了便于查找，一般都在简牍名称后标明出土时的包号、顺序号，但《睡虎地秦墓竹简》没有编号，引用时只得注明出版的页码（以文物出版社1978 年第一版为准）。

2. 《中国简牍集成》，因简牍内容太多，反映与涉及面较广，不便标注。本书所用简牍凡属于已经出版的《中国简牍集成》20 卷者，均据以校正、标点。

3. 本书采用已有简牍学符号：

● 圆形墨点。一般用在简端表示开头或账簿名称。表示封面简，或合计简。

■ 表示并列条文的开始或小标题的开端。

▨ 表示简端有花纹 ，作用同上。

□ 表示简牍上此处有一个字不可释，"☑" 表示简牍残断，"……" 表示原简此处有很多字不可释。

▣ 表示封泥孔，

〔 原简纵裂，右侧缺佚。

〕 原简纵裂，左侧缺佚。

A、B、C、D，为同一简牍的正、背、侧等各面。

E. P. 是额济纳旗和破城子拼音的第一个字母，《居延新简》专用。

T 代表该简出土的探方。

4. 本书引用的简牍、金石文、甲骨文均用楷体。简牍名称、编号一般紧接简文尾部，用宋体。

第一章 简牍概述

一 简介

结绳记事、绘画记事、刻契记事，是我国乃至世界最早的记事方法。伴随着文字的产生和初步发展，陶器、甲骨、金（青铜）石等都成为书写材料。我国使用广泛、影响较大的首推简牍。过去，用竹子做的叫"简"，用木板做的称"牍"。在今天简牍学的概念中，已经不再严格地按照简牍的质地进行分类。简牍是我国古代纸张发明以前或纸张发明以后而尚未普及时期的一种文字载体，对简牍上所书文字涉及方方面面的研究，称为简牍学。即简牍学是以简牍所书文字为研究对象的一门学问（如果将这一时期另一种写在丝绸材料的帛书提高到一定的学术高度，两者合在一起就是"简帛学"）。

简牍使用的时期很长。《尚书·多士》云："惟殷先人，有册有典"。殷代的先人不迟于夏。如此，则典册的产生，当在公元前一千六百年以前。甲骨文和青铜器铭文里都有"册"字，说明简牍书籍不迟于甲骨文。因为简牍不易保存，在目前出土的简牍中，时代最早的应该是战国楚简。时代再早的简牍只是没能保存下来而已。根据简牍出土状况，秦汉是简牍使用的鼎盛时期，秦汉、三国时代的简牍，占目前简牍的绝大部分。魏晋以后，逐渐被纸张替代，到公元四世纪基本上退出历史舞台。个别地区结束使用的时间可能更晚，如吐蕃简牍一直流行到九世纪。

在简牍使用的漫长岁月里，作为纸张通用前最流行的书写材料，它保存了我国大量的、有些乃是传世文献所无的第一手史料。对于经济、管理史研

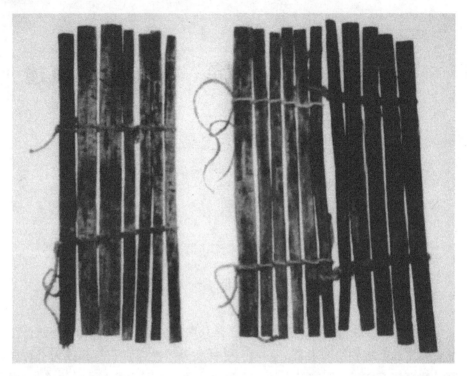

究，是难得的珍宝。

根据简牍的出土地点与文书性质，在二十世纪九十年代以前，一般分为边塞屯戍文书和墓葬出土文书两大类。前者以西北地区出土简牍为主，主要记录边塞日常防御生活及其相关的文书、簿籍；后者除随葬衣物疏（或称"遣策"）外，多是墓主人生前使用的文献典籍与法律文书。此后，因为在湖南省的一些遗址中出土大量简牍文书，边塞屯戍文书的说法显得有点不合时宜，不妨改为遗址出土文书。即按照出土地点可以将简牍分为墓葬出土文书与遗址出土文书两大类。前者可以看作是简牍文献，后者可以看作是简牍文书。本书"简牍史料"包括两者。

墓葬出土的简牍文书，使一部分遭受灭顶之灾的文献得以重见天日，传世文献得到印证与补充。其对中国学术史的影响巨大，引起学术界对传统学术史的反思，甚至有重建古代学术史的构思与设想。大量丰富的法律文书与法律资料，使今天的人们有机会直视秦汉的法律制度与理念。一改过去秦汉法制史研究，先从《晋书》着手的局面，学术界对秦汉法律、法制的全新认识得以形成。

遗址出土的简牍文书，记录与遗址本身日常运作相关的簿籍、账册，涉及当时社会的经济、政治、军事、法律制度、历史地理和社会文化生活。填补与纠正了史书未曾记载或记载未详的社会史料，对于重新认识与了解当时的社会生活具有重大意义。

本书以出土的简牍文书为主要研究对象，与历代传世文献比较，与中外历史中的同类事物比较，与当代中外的同类事物比较，探索发展规律，弘扬祖国文化。

简牍的制作，古书有清楚记载。历年不断出土的文物，也提供了越来越多的可以参照的实物资料。汉代学者王充在《论衡·量知篇》中，讲到了当时简牍的制作过程："……夫竹生于山，木长于林，未知所入，截竹为简，破以为牒，加笔墨之迹，乃成文字。""断木为椠，析之为版，力加刮削，乃成奏牍。"《太平御览》卷六〇六引《风俗通》的作者、汉代目录学家刘向的《别录》称："新竹有汁，善朽蠹，凡作简者，皆于火上炙干之"。《后汉书》卷六四李贤注："杀青者，以火炙简令汗，取其青易书，复不蠹，谓之杀青，亦谓汗简。"有的解释为："先在火上烘干水分，叫做汗青；再将竹面的青皮刮去，叫做杀青。"①

一般而言，制作简牍的材料，南方多用竹，北方多用木。在西北地区出土的简牍多是木简，竹简较少；在南方虽然应该用竹简，但是，因为保存状况、和简牍的用途等其他原因，也有集中出土木简的情况。特别是里耶秦简除一枚竹简外，3.6万枚简牍均是木简牍。

一根竹（木）片叫做"简"，每枚简是组成整部书的基本单位。一部书往往需用许多简。把许多简编连到一处，就叫做"策"，"策"也可写成"册"。据《说文解字》，"册"是象形字，"像其札一长一短，中有二编之形"。一枚简容不下许多字，长文章必须用许多简编成策。

编简成册的绳子叫做书绳。书绳一般用麻绳，也有用丝绳（丝编）编连的。②在简策时期，一篇文章就是一册，所以"篇"也就是那时书籍计数的单位，如《论语》二十篇，《孟子》七篇等。后来把许多纸页编订起来也叫做"册"，因而"册"就成了后来书籍计数单位的名称，而"篇"就成为著作物组成部分的名称，直到现在，还是如此。所以，"篇"、"册"两字

---

① （北宋）李昉：《太平御览》，中华书局，1985；（南朝）宋范晔：《后汉书》，中华书局，1982。

② 张显成：《简帛文献学通论》，中华书局，2004，第122页。

的意义古今是不相同的。

一块木版叫做"版",写了字的木版叫做"牍"。《说文》:"牍,书版也。"如果是一尺见方的牍,就叫做"方"。不到一百字的短文可写在版牍上,而长的文章就需用简策了。版的主要用途是写物品名目或户口,这样的版牍,称为"簿"或"籍"。另一用途是画图,特别是地图。因此,古人常用"版图"代表国家的领土。版的另一用途是通信。因为古代的许多书信、特别是私人书信,多是用长度在一尺左右的木牍,故后人称书信为"尺牍"。版牍作为通信用时,上面可加盖一块版,叫做"检",在检上面写收信人和发信人的姓名,叫做"署"。把两块版用绳子扎起来,在绳结处加上一种特制的黏土,在黏土上盖印章,叫做"封",而黏土就叫做"封泥",用以防止私拆。这就是简策时代的通信保密制度。

简牍的长度不一。王国维《简牍检署考》:战国时期的简,有二尺四寸、一尺二寸、八寸等;两汉时期的简,有二尺、一尺五寸、一尺、五寸等。秦汉时代的一尺约为 23.1 厘米,汉代的八寸相当于周代的一尺。从考古发掘实物看,湖北随县擂鼓墩一号墓竹简,长 72~75 厘米,可算最长;长沙杨家湾六号楚墓竹简只有 13 厘米多,每简只有一、二字;定州八角廊汉墓儒家者言简,长 11.5 厘米,均属短者。云梦秦简《编年记》23.2 厘米,南郡守发布的文告《语书》,27.8 厘米。桓宽《盐铁论·诏圣篇》:"二尺四寸之律,古今一也。"桓宽的说法过分单一,更非"古今一也"。中国文物研究所研究员胡平生,根据对简牍实物的大量研究,指出:简牍的长度"关键是,须按照简牍不同的种类、性质及时代,分别排列"。"战国楚墓遣册:以主之尊卑为策之大小。""文书简册:以事之轻重为册之大小。""书籍类简:以策之大小为书之尊卑。""秦汉以后一尺长的简册最常用,无论是书籍,还是公私文书,通用一尺长的简册与木牍,这显然与书写的便捷有关,与人的手背的长度有关。"[1]

简上的字数,多少不等。少的几个字,多则十几、二十几、甚或四十余字。每枚简通常只写一行,但汉代的木简也有写两、三行或四、五行的。

简牍根据各自不同的用途,有不同的形制。根据出土实物与简文记录,汉代将容纳一般大小字体一行者称为"札",两行文字者称作"两行",两行文字以上者称为"牍"。一般的简有正、背两个平面可以书写。当然也有

---

① 胡平生:《简牍制度新探》,《文物》2000 年第 3 期。

三个平面或三个以上平面可以书写的简——"觚"。除此之外，简牍形制还有"削衣"，即简牍上的字写错后，用书刀削掉后重新改写而削下来的部分。标注器物、物品名称的小木简"楬"。缄封书信、衣物口袋的"封检"。在西北地区出土的多数邮书封检上面，书写有收信人的地址，或公文传递的目的地名称，由此就可以判断这一地点在汉代的名称。这一点对于历史地理研究特别重要，如出现较多"甲渠候官以邮行"、"县泉置以邮行"的遗址，就可以断定它们在汉代的地名分别是甲渠候官与县泉置。

编简成册之后，首枚简常常写题目。如果这篇书是一部著作的一部分，在篇名底下还可以加上这部著作的总名，也可在篇名下加上这篇书在整个书中的次第，如《论语》"学而第一"，《庄子》"逍遥游第一"等。有时在每枚简策开头的地方，加上两枚不写字的简，叫做"赘简"，起保护作用。"赘简"就是后世书籍中"护封"的来源。一篇书或一部书写好后，以尾简为中轴卷为一卷，以便保存。为了避免错乱，同一书的策，常用"帙"或"囊"盛起。这是一般文献的编册方式。

在今天可以见到的完整册书中，其时代主要属于汉代。册书的编连方式与上述文献方式有一定的区别。一般簿册、账册文书，先从右侧开始用书绳编连，从右至左逐枚编绳，最后将绳头余在左侧。每一册书，或有册书名、或无册书名。同一类型的册书为了保存，会将两个或更多的册书用剩下的绳头编在一起。一般是用前面册书的绳头，捆在左边第二册书的第一简上，依此类推。这种方式，在后面提到的《永元器物簿》有非常直观的体现。这类册书的收卷自然是以右侧第一简为轴，收卷后简牍少的，可以用剩余绳头捆束，像《永元器物簿》的捆束，可能要用专门的绳子了。

竹和木是很普遍的材料，用它们来记事、记账、通讯，甚至制作书籍，为我们保存了大量的古文化遗产。

简、牍的计量单位，或称支，或称枚，或称片，或称点……目前尚不统一。我们采用《中国简牍集成》①的称谓，统称"枚"。

在近代简牍出土的基础上，人们在探讨简牍文书整理历史的过程中时，自然而然地会上溯传统文献中记录的与此相关的资料。将传统文献中记录的主要简牍文献整理活动归在一起，即构成史书记载的简牍出土的情况。见之

---

① 中国简牍集成编辑委员会编《中国简牍集成》，敦煌文艺出版社，2001。

于史书记载的出土简牍如下：①

（1）伏生藏书，事见《史记·儒林列传》。记："伏生者，济南人也。故为秦博士。孝文帝时，欲求能治《尚书》者，天下无有，乃闻伏生能治，欲召之。是时伏生年九十余，老不能行，于是乃诏太常使掌故晁错往受之。秦时焚书，伏生壁藏之。其后兵大起，流亡。汉定，伏生求其书，亡数十篇，独得二十九篇，即以教于齐鲁之间。学者由是颇能言《尚书》，诸山东大师无不涉《尚书》以教矣。"

（2）西汉景帝前二年（公元前 155 年），河间献王得古籍。事见《汉书·景十三王传》。

（3）据《汉书·艺文志》：汉"武帝末，鲁共王坏孔子宅，欲以广其宫，而得古文《尚书》及《礼记》、《论语》、《孝经》凡数十篇，皆古字也。"这些文献的文字是用当时已经不太流行的字体书写的，所以称为"古文"。经学界的今、古文之争自此始。

（4）据东汉王充《论衡·正说篇》：汉宣帝时（前 73 年）河内（今山西沁阳）女子拆老屋得《易》、《仪礼》、《尚书》各一篇。

（5）东汉光武年间，杜林在河西得漆书《古文尚书》，事见《后汉书·杜林传》。

（6）据《晋书·束皙传》，晋太康二年（281 年）河南汲郡古墓出土竹简数十车，整理后得古书七十五篇。主要有：《竹书纪年》② 十三篇、《易经》二篇、《易繇·阴阳卦》二篇、《国语》三篇、《穆天子传》五篇……史称《汲冢书》。在隋、唐间尚有流传。现在可以见到的有《穆天子传》与《竹书纪年》。

（7）嵩高山汉代简牍，事见《晋书·束皙传》。记："时有人于嵩高山下得竹简一枚，上两行科斗书，传以相示，莫有知者。司空张华以问皙，皙曰：'此汉明帝显节陵中策文也。'检验果然，时人伏其博识。"（中华书局1982 年《晋书·束皙传》页 1443）

（8）南朝延陵县萧道成得道家木牍，事见《南史·齐本纪上》。记：南朝宋"昇明二年冬，延陵县季子庙沸井之北，忽闻金石声，疑其异，凿深

---

① 胡平生、李天虹：《长江流域出土简牍与研究》，湖北教育出版社，2004，第 30～36 页；何双全：《简牍》，敦煌文艺出版社，2004，第 2～8 页。由张俊民综合。
② 《竹书纪年》是起于黄帝到战国，止于魏襄王二十年（前 299）的编年大事记。

三尺，得沸井，奔涌若浪。其地又响，即复凿之，复得一井，涌沸亦然。井中得一木简，长一尺，广二分，上有隐起字曰：'庐山道人张陵再拜，诣阙起居。'简大坚白，字色乃黄"。

（9）《南齐书·文惠太子传》：齐建元元年（479年）襄阳古墓出土战国竹简，"后人有得十余简，以示抚军王僧虔，僧虔云是科斗书《考工记》、《周官》所阙文也"①。

（10）唐李德裕《玄怪录》：记北周末年，居延出土木简一枚。

（11）《河南邵氏闻见录》卷二十七：宋崇宁初（1102年），天都（今宁夏固原西北）发现木简。系草书，标明物品数量，如缣若干匹，钱米若干等。简上还有章和年号。"章和"是汉章帝的年号（公元87～88年）。

（12）宋代人赵彦卫《云麓漫钞》记载：政和中（1111～1118）陕西发现汉木简。

20世纪是我国简牍大发现的时代。百余年来，已经发现简牍27万枚，详见本章附录。"被誉为改变学术界认识的四项重要考古发现之一，具有重要的实证价值。"② 为简帛学的建立打下了基础。国内外已经进行了大量研究，但从经济、管理角度进行研究的却不多见。作为开创，我们从商业经济、兵物管理、赋税、统计、审计、会计等学科进行研究，已经取得初步成果。虽然存在不少问题。

地下出土的简牍，主要反映当时的实践活动，有的也反映古代的学术思想。

出土简牍，多数是零散的，也有成册的，或者相对完整的。一般应着重使用后者。

简牍一般按其出土地点和年代定名。简牍反映的时代，要比墓葬的年代早。

为便于阅读，并减少重复，下面，就我们研究和引用的简牍，概括介绍。对于涉及多学科的较长的简牍，在第二章详细介绍。较短的或者只涉及一个学科的长简牍，引用时再介绍。

二 先秦简牍

先秦简牍以楚地出土为主，有楚帛书、楚简两种称呼，内容以先秦

---

① 《南齐书》，中华书局，1983，第398页。
② 赵超：《简牍帛书发现与研究》，福建人民出版社，2005，第1页。

文献典籍居多。它们是：长沙子弹库楚帛书、信阳楚简、望山楚简、曾侯乙墓楚简、九店楚简、包山楚简、郭店楚简、新蔡楚简、上海博物馆藏楚简和睡虎地秦墓竹简。出土的楚简内容除遣策之外，重要的是一些先秦典籍文献与一些文献佚籍，对研究思想史、学术史有重要意义。楚简异常难读，仅仅注释，不能解决我们的阅读困难。希望考古学界和古文字学界在释读方面，能够像《睡虎地秦简》那样，采用注释、译文并重的方法。

先秦简牍很多，而与我们研究内容密切相关的，就是睡虎地 11 号秦墓竹简（下文简称睡虎地秦简）。1975 年末，在湖北省云梦县睡虎地 11 号秦墓出土一千多枚竹简，其中一多半是从商鞅变法（公元前 359 年）到秦始皇期间的法规。当时该地属秦国南郡。

睡虎地秦简律文的主要内容，涉及秦国的土地所有制、军事制度、刑罚制度、官僚制度、田租、劳役、手工业管理、会计管理、赋税制度等。"目前世界上像这样年代久远而数量众多、内容丰富的法律文献，还未发现第二部。"① 该简入葬年代属秦朝，但却反映了公元前 4 世纪～公元前 3 世纪战国晚期秦国的法制和管理水平，是本书多次使用的材料。在第二章深入辨析。

睡虎地秦简《效律》共有 60 枚简。效，通"校"，校正的意思；律，即法律。"详细规定了县和都官物资账目的一系列制度。"是我国迄今发现的最早的会计、审计法规实物。

三　秦简

一般所说的秦代简牍，是指墓葬时代属于秦代的简牍，因此，简牍所反映的时代要比墓葬的年代早，所以，秦简之中所记录与反映的史料可以追溯到战国，除上述云梦睡虎地秦简外，还有 1976 年云梦睡虎地四号墓出土的秦简、1979 年四川省青川秦牍、1986 年甘肃省放马滩秦简、1989 年湖北云梦龙岗六号秦墓出土龙岗秦简、1990 年湖北省杨家山 135 号墓出土秦简、1993 年湖北省王家台秦简、1993 年湖北省周家台秦简，2002 年湖南省里耶秦简。

---

① 《湖北省博物馆主持几项重大考古发现闻名中外》，1984 年 1 月 1 日第 1 版《光明日报》。

（一）龙岗秦简

1989 年，湖北云梦龙岗六号秦墓出土，简牍编号有 283 枚（出土登记号）。据刘信芳、梁柱研究："'黔首'在龙岗简中出现九例，不见'百姓'。"① "龙岗简主要的法律条文行用于秦始皇二十七年（前 220 年）至秦二世三年（前 207 年）的十四年间。至于墓葬的年代，自比律文颁发的年代为晚，我们初步定为秦代末年。"②

龙岗秦简的主要内容为"禁苑"类律令。

（二）天水放马滩秦简

1986 年，甘肃天水放马滩一号秦墓出土竹简 460 枚，其中：《日书》甲种 73 枚，《日书》乙种 379 枚，和原来认为是《墓主记》的，我国最早有文字记录的志怪小说 8 枚。论者认为"墓主记"中的"八年"，"当为秦始皇八年（公元前 239 年）。"从而认定该墓的"时代或比睡虎地秦简稍早。"③ 从《日书》甲 13、甲 16、乙 214 等三简见"黔首"看，该简不应早于始皇称帝，应属秦朝，晚于睡虎地秦简，大约与龙岗六号墓秦简同时。放马滩秦简，对于探索与研究当时的社会性质和"市"具有重要的参考价值。

（三）里耶秦简

2002 年，湖南省文物考古研究所，在湘西龙山县里耶镇战国——秦代古城的 1 号井中发掘出土大批文物，其中非常重要的是多达 36000 枚的秦简。④ "这是一套极为重要的百科全书般的日志式实录。发现年代这么早、数量这么多、内容这么重要的简牍……是继兵马俑以后，秦代考古的又一惊世发现。"⑤

里耶古城出土简牍多为官署档案，涉及当时社会政治、经济、文化的各个层面，有通邮、军备算术、记事、行政设置、职官、民族等。大部分简牍

---

① 刘信芳、梁柱：《云梦龙岗秦简综述》，《江汉考古》1990 年第 3 期。
② 刘信芳、梁柱：《云梦龙岗秦简》，科学出版社，1997，第 48 页。
③ 《文物》1989 年第 2 期，第 31 页。
④ 湖南省文物考古研究所等：《湖南湘西里耶战国—秦代古城一号井发掘简报》，《文物》2003 年第 1 期。
⑤ 新华社（长沙），2002 年 7 月 14 日。

记载的是秦王政统一中国称始皇帝的秦代，其纪年由 26～37 年，一年不少，记事详细到月、日。有：寄往洞庭的邮书、军粮的月消耗量、两千二百年前的乘法口诀表……"九九表"多了"二半而一"项，实际上是小数运算。

里耶简牍的释读，需时数载。已经公布的少数简牍如：

迁陵已计：卅四年余见弩臂百六十九。

●凡百六十九。

出弩臂四输益阳，

出弩臂三输临沅，

●凡出七。

今八月见弩臂百六十二。（里耶 8 - 147）

始皇卅四年是公元前 213 年。169 - 7 = 162，校算相符。可能是弩臂年报。睡虎地秦简《秦律十八种·田律》："远县令邮行之，尽八月□□之。"边远县由邮驿传递，"在八月底以前［送达］"。秦以十月为岁首，因为迁陵交通不便，提前一月结账，所以八月上报。该简对于研究秦朝的统计、会计、审计，都有意义。

四　汉简

汉简是指在汉代遗址、墓葬中出土的简牍。这些简牍的时代，从出土地点、简牍内容，应当划入汉代的范畴。自 1901 年汉、晋简牍出土以来，汉代简牍是简牍学中非常重要的组成部分，为简牍学的发展、壮大，乃至最后成为一门学科奠定了基础。汉简之中，除包括有西汉、东汉之外，还有处在两汉之间的王莽新朝。可以说汉简对于不同时期的汉代社会均有反映，从而形成与传统文献《史记》、《汉书》、《后汉书》并行的又一种汉代史料体系，大大丰富了汉代社会的经济、政治、法律、军事和社会生活的史料。其中著名的发现有凤凰山汉代简牍、敦煌汉简、居延旧简、居延新简、武威汉简（"仪礼简"、"医药简"、"王杖简"）、悬泉汉简、张家山汉简、银雀山汉简、尹湾汉简，等等。

（一）江陵张家山 247 号汉墓竹简

1983 年末，江陵张家山 247 号汉墓发掘出土，共计竹简 1236 枚。墓主人是秦朝小吏，在汉高祖五年（前202）或稍前"新降为汉"。大约在吕后二年（前186）后不久去世。

247号汉墓出土的法律文献有《二年律令》526枚、《奏谳书》228枚，合计754枚，占该墓出土竹简总数百分之六十以上。它包含27种律、1种令，共28种，内容涉及汉律的主要方面。这些竹简是研究西汉前期的法律制度、刑罚体系及其所反映的当时的政治、经济制度和内部控制的原始资料。有些法规与我们研究的经济、管理有关。以制订于初汉、施行于汉朝的简牍《二年律令》为纲，其他简牍，尤其是西北边疆的居延汉简为佐证，把当时以国家为控制主体的内部控制系统呈现出来。证明当时内部控制5要素具备，内部控制方法除电算化控制以外，其他10种都已出现，较诸周、秦的内部控制，有所发展。

出土的《算数书》190枚，是目前所知的中国最早的数学著作，它与《九章算术》性质相同，但年代比《九章算术》至少要早一个半世纪或更长。《算数书》共分69章①，其中有40多章的例题是和社会经济活动密切相关的，它们包含了经济生活中的生产、交换、分配、物价、税收、信贷、合股经营、田地丈量、地租、储存与运输等诸方面内容。

（二）江陵凤凰山10号汉墓简牍

1973年，湖北省江陵凤凰山10号汉墓出土，共计简牍176枚，其中木牍6枚，竹简170枚，尚可辨认的简牍124枚。墓葬年代是汉景帝四年（公元前153年）。

凤凰山10号汉墓简牍，既有官厅会计，又有经营会计；既有明细账、备查簿，又有流水账簿和早期的总括核算资料；既有数量账、金额账，还有数量金额报表。许多简牍体现的技术水平，已达到相当高度。该墓主是一个普通的地主、商人兼基层收税人员。一个普通人有这么丰富的会计知识，足见当时我国的会计水平。在赋税、商业、会计、统计史上均有重要价值。在第二章第二专题探析。

（三）居延汉简

居延汉简出土三万枚。其中，1930年，西北科学考察团在今内蒙古额

---

① 研究者有不同认识。我们依据《张家山汉墓竹简（二四七号墓）》算数书释文注释原章数顺序，将有的作者分为两章的标题相同的43章"粟求米"合并；将"简前有缺简"的"步有千八十九分步"独立为第66章。

济纳河流域发现汉代木简一万一千余枚，习称居延汉简，或居延旧简①。震动世界文化界，早已引起国内外学术界的高度注意。1972～1974年间，甘肃省居延考古队调查和发掘了肩水金关、甲渠候官（破城子）、甲渠塞第四隧三处遗址，出土汉简二万一千余枚。已经出版的有《居延新简（甲渠候官与第四隧）》②，仅含后两处简牍，金关汉简11577枚尚待出版。《居延新简释粹》③包括上述三处出土的新简200多枚。

居延汉简最早的纪年简，是在金关发现的元狩四年（公元前119年）四月的纪年简，最迟的纪年简，是东汉安帝永初十三年（公元119年）。和旧简比较，新简不仅数量多，而且通过科学发掘出土，在遗址中的部位明确，绝大部分有层位关系。旧简除"永元器物簿"、"永光二年请假条"以外，都是散简残册，新简"初步整理出七十多个完整的和较完整的簿册"④。新简编号前均加出土地点代号：E.P.代表额济纳旗破城子（甲渠候官遗址），S₄代表第四燧，J代表金关，T代表探方，F代表房屋遗址，W代表坞壁内，C代表障、坞以外的灰堆。如"E.J.T21∶2－10"代表额济纳旗金关21探方第2至第10号简。简号后的A、B、C、表示同一简（或觚）的正、背、侧面。

居延汉简作为汉代西北边境的屯戍文书，涉及整个防御系统的日常运作情况，内容广泛，是研究汉代，特别是西汉中、后期的重要文书资料。对于研究当时的经济管理、军事组织形式、法律制度具有重要的参考价值。

上列永元器物簿，是东汉永元五年（公元93年）至永元七年部分月份或季度的报表。计有永元五年六、七月月言簿各一份，永元六年七月一份。永元七年改为"四时簿"，上半年共两份。永元七年一季度"四时簿"如表1－1所示。

下列四时簿第一行是标题，点明报告单位、时间和报告名称。第二行是期初余额，中间九行是期末余额。最后三简是结尾。

---

① 有多种版本，较好者是《居延汉简释文合校》，文物出版社，1987。新出《中国简牍集成》，敦煌文艺出版社，2001，可能更具有权威性。
② 甘肃省文物考古研究所等编《居延新简（甲渠候官与第四燧）》，文物出版社，1990。
③ 甘肃省文物考古研究所编，薛英群、何双全、李永良注《居延新简释粹》，兰州大学出版社，1988。
④ 甘肃居延考古队：《居延汉代遗址的发掘和新出土的简册》，《文物》1978年第10期。

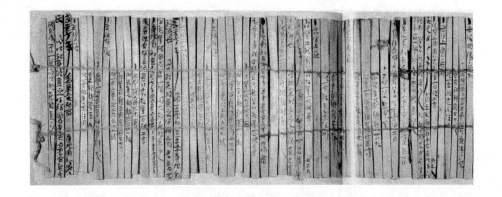

表1-1　永元器物四时簿

● 广地南部言永元七年正月尽三月见官兵釜磑四时簿。
承六年十二月余官弩二张，箭八十八枚，釜一口，磑二合。
　　　　●赤弩一张，力四石，木关。
　　　　陷坚羊头铜鍭箭卅八枚。
　　　　故釜一口，鍉有固口呼长五寸。
　　　　磑一合，上盖缺二所，各大如疎。
● 右破胡隧
　　　　● 赤弩一张，力四石五，木破，起繁往往绝。
　　　　肓矢铜鍭箭五十枚。
　　　　磑一合，敝尽不任用。
● 右涧上隧
永元七年三月壬午朔一日壬午，广地南。
部候长叩头死罪，敢言之。仅移正月尽三月见。
官兵釜磑四时簿一编，叩头死罪，敢言之。　　　　　　　　（128·1）

　　这是一份由南部候长向广地候官上报的包括所属两个烽火台（破胡隧和涧上隧）的库存兵物季报。

（四）敦煌汉简[①]

　　敦煌汉简，是在敦煌地区出土简牍的总称，收录在吴礽骧等先生合编的《敦煌汉简》。全书共收录简牍 2484 枚，其中编号 1～1538，是新中国成立后出土的；1539～2484 号，是新中国成立前采集的。纪年简早者是汉武帝天汉三年（前 98 年），晚者是汉顺帝永和二年（公元 137 年），延续二百多年。这

[①]　吴礽骧、李永良、马建华：《敦煌汉简》，中华书局，有释文及图版；《敦煌汉简释文》，甘肃人民出版社，1991；中国简牍集成编辑委员会编《中国简牍集成》，敦煌文艺出版社，2001。

些简牍在收入《中国简牍集成》时，除标点之外，释文也有部分修订。

敦煌汉简有诏书、奏疏、檄、记、簿籍、律令、爰书、契券、封检、历书、术数书等。其中的簿籍、律令、契券等，对我们进行经济、管理方面的研究具有重要参考价值。

（五）悬泉置汉简①

1990～1992 年，甘肃省文物考古研究所，对敦煌汉代悬泉置遗址进行了清理和发掘，出土大量文物，被评为"八五计划"期间全国十大考古发现。发现简牍 35000 余枚，其中有字者 23000 余枚。经整理、编号、释文者 17800 余枚。有明确纪年的年号简 1900 多枚，早期主要是西汉武帝时期的纪年，西汉昭帝以后至东汉光武帝建武初，为数最多。最早为汉武帝元鼎六年（前 111 年），最晚为东汉安帝永初元年（107 年）。

簿籍数量大，种类多，基本是对人、钱、粮、物等的记录。现粗略分为以下几大类。

1. 政治、人事管理方面

《吏除书》、《吏名籍》、《功劳案》、《戍卒名籍》、《骑士名籍》、《驿卒名籍》、《户籍》、《罢卒复作名籍》、《官奴婢出入名籍》、《归义羌名籍》、《刑徒名籍》等。

2. 财经方面

《田簿》、《入租簿》、《平籴租税簿》及《券》、《刺》；《入钱簿》、《出钱簿》、《钱出入簿》；《入谷簿》、《出谷簿》、《谷出入簿》、《入米簿》、《出粟簿》、《转粟簿》、《出茭簿》、《计簿录》、《市计》、《责书》、《契约券》等。其中《田簿》是全新的资料，对研究敦煌汉代土地制度极为重要。

3. 军事装备方面

《兵簿》、《守御器簿》、《器物簿》等。与居延、敦煌简相同。

4. 资产类

《传车簿》、《出传车簿》、《传车被具簿》；《传马名籍》、《传马出入簿》、《驿马名籍》、《官牛名籍》、《官牛车籍》等。其中《传车簿》和《传马名籍》较完整，过去少见。特别是传马名籍，记载了马的颜色、特征、

---

① 甘肃省文物考古研究所：《甘肃敦煌汉代悬泉置遗址发掘简报》、《敦煌悬泉汉简内容概述》、《敦煌悬泉汉简释文选》，《文物》2000 年第 5 期。

编号、年龄、身高、专用名等。

5. 事务劳作方面

《日作簿》、《伐茭簿》、《任作簿》、《邮书刺》、《邮书出入簿》等。其中《日作簿》是记载每天工作的人员和劳动事项，《邮书出入簿》则是悬泉置作为当时邮驿机构每天传递各种公文的记录，包括邮书的数量、性质、公文发出地、目的地、传递的经手人员、传递时间等。

6. 后勤供给及消费类

《当食者案》和《当食者廪名籍》、《戍卒廪致》和《戍卒廪名籍》除外，还有用于专项招待的登记簿，如《元康四年鸡出入簿》和元康五年正月《过长罗候费用簿》等。《元康四年鸡出入簿》是悬泉置元康四年，一年内消费鸡肉的登记簿。《过长罗候费用簿》是元康五年正月，长罗候常惠下属军长史、军候、司马等70人，在悬泉置各种费用的账簿，包括备用物品的种类、数量、来源、实际使用情况、剩余情况等。悬泉置作为当时比较高一级的邮驿机构，作为政府的专门接待过往官员、使者的机构，它有义务为合适的人员提供生活所需的各种物资，涉及吃、住、行等几个方面。以吃为例有：物品的管理账簿、饮食管理制度、相关的粮食配给制度。以这些制度而产生的各种簿籍、账簿，对于我们研究当时的经济管理方式、统计制度具有重要的参考价值。

悬泉置遗址在今敦煌、安西两市县交界处，西去敦煌市64公里，汉代属敦煌郡。加以悬泉置汉简与敦煌汉简时代近似，如果配合研究，可能更有价值。

（六）尹湾汉简

1993年，在江苏省连云港市东海县温泉镇尹湾村汉墓发掘出土一批简牍，其中6号墓木牍23方，竹简133枚。"集簿是汉成帝晚年（最可能是元延年间）之物。"[①] 元延年间为公元前12年至前9年。按其内容，可分为六类。

第一类，有关东海郡行政文书档案。

1. 集簿（木牍1）

2. 东海郡吏员簿（木牍2）

3. 东海郡下辖长吏名籍（木牍3、4）

4. 东海郡下辖长吏不在署、未到官者名籍（木牍5正）

5. 东海郡属吏设置簿（木牍5反）

---

① 连云港市博物馆等：《尹湾汉墓简牍》，中华书局，1997。

6. 武库永始四年（前13年）兵车器集簿（木牍6）

第二类，赠钱名籍（木牍7、8）。

第三类，占卜术资料（9、窄简77~113）。

第四类，元延元年（前12年）历谱（木牍10）、元延三年历谱（木牍11）。

第五类，遣册（木牍12、13）、名谒（木牍14~23）和元延二年墓主日记（窄简1~76）。

第六类，神乌傅（赋）（宽简114~133）。

尹湾汉墓发掘者在《尹湾汉墓简牍初探》中明确指出："上述1~6类簿籍，是我国已发现的最早的一批郡级行政文书档案，为研究汉代的上计制度、行政建置、吏员设置、官吏迁除、国家盐铁生产、国家兵器的制造与贮存，以及户口、垦田等等，提供了在很多方面较史籍所记具体得多的第一手资料，可以用来补充、订正《汉书》等史籍，并据以判断前人有关研究成果的是非。"① 从本书的角度看，对兵物管理、商业经济、赋税、会计、统计研究均有重大意义。例如木牍1就是一份内容丰富的郡级上计报告②，其内容包括：县、乡、里的机构、官员，人口（男、女、老、幼）、田亩、种植、财政（赋税）、粮食收入和支出。分组清楚、规范。不仅有基础数字，还有增长数、平均数。有的考古专家把尹湾汉简1号木牍视为会计报告。鉴于汉代"上计"包括会计、统计、审计，笼统地视为会计报告，未尝不可。从其内容和源流看，鉴于统计活动的特点，是反映大量现象数量关系的变化，会计的特点，是着重反映价值运动，所以，它是典型的比较科学的统计报告，而不是会计报告。在本书第六章统计史料部分将深入研究。

五　魏晋及吐蕃简牍

这一时代的简牍，对于我们进行的经济、管理史研究具有重要参考价值的是属于三国时代吴国的简牍，即长沙走马楼三国吴简。

（一）长沙吴简

1996年7月至11月，长沙市中心五一广场走马楼建设区内，发掘出历

---

① 连云港市博物馆等：《尹湾汉墓简牍初探》，《文物》1996年第10期。
② 李孝林、熊瑞芳：《尹湾汉简集簿研究》，《统计研究》2004年第9期；《我国首见的郡级统计年报——尹湾汉简集簿再探》，《统计与决策》2005年第12期。

代古井 57 口，在第 22 号古井里，出土一大批三国时期的吴纪年简。"估计约十万枚左右。"超过国内已发现简牍的一半，被誉为"世纪性大发现"，并被评为 1996 年全国十大考古新发现。

出土简牍按其质材与形制可分为竹简、大木简、木牍、封检与签牌等。木简长 49～54 厘米，每简为 80～160 字，竹简长约 23 厘米，每简为 5～20 字；木牍长 23.4～25 厘米，宽 6～6.9 厘米，每牍字数为 120～230 字。

简牍的年号，目前发现最早的为东汉献帝建安二十五年（220 年），最晚的为吴孙权嘉禾六年（237 年）。嘉禾年间是东吴孙权政权最为兴盛的时期。

这批简牍主要是长沙郡与临湘侯国（县）的地方文书档案。从目前整理的情况看，简牍内容大致分为五类：

其一，券书类，包括佃田租税券书和官属各机构之间钱、米、器物调拨券书。

其二，司法文书类，关于一些文化、经济案件的审理、申诉、复查的具体内容和有关程序。

其三，长沙郡所属人名民簿类，主要记载户主姓名、年纪、身体状况及有关事项。

其四，名刺、官刺类，涉及起居、赠物及行政公务方面的内容。

其五，账簿类，详细记录了长沙郡府所属有关部门经营管理的钱、布、米、器物、租税等方面的出入账目。

涉及市租、田租、关税、官吏俸禄、借贷、钱月旦簿（月报表）、长沙郡属诸曹岁尽簿本事（年终财务结算报表）等。绝大部分尚未公布。这些资料对于我们所要进行的经济统计与管理研究具有十分重要的参考价值。如简 5·398 记：

　　×松田男子鲁市，佃田廿七町，凡卅三亩。其廿三亩二年常限。其十三亩旱败不收布。其十亩余力田，为米四斛。定收十亩，为米十二斛。凡为米十六斛，亩收布二尺。其米十六斛，五年十一月六日付仓吏张曼、周栋。凡为布一匹，准入米二斛五斗，五年十一月十三日付仓吏张曼、周栋。其旱田不收钱。熟田收钱亩八十，凡为钱一千六百钱，五年十一月廿七日付库吏潘慎。嘉禾六年二月廿日，田户曹史张惕校。
（走马楼 5·398）

这是一份完整的"佃田租税券书"。旱田免租，熟田租税较高，余力田（疑为鼓励承租者开垦的田）次之，见表1－2。

表1－2　佃田租税券书表

项　目	布(尺)	米(斛)	钱
旱田13亩	×	×	×
余力田10亩	20	4	800
熟田10亩	20	12	800
合　计	40(一匹)	16	1600

木简顶端原有用于券书破莂合同的半个"同"记号，或为"同"字的变异符号。为便于排印，释文改用"×"。《释名·释书契》："莂，别也，大书中央破莂之也。"别，分也。《周礼》早有傅别、约剂等一式两份的合同式凭证，《云梦秦简》更以法律规定"亡校右券为害"①。还规定"叁辨券"(一式三份，由缴款人、收款单位和主管单位分持)。②《长沙走马楼三国吴简·嘉禾吏民田家莂》指出："木简切划的痕跻清楚地说明是为破莂之用。由此推断大木简亦是左右分券形式。"

该券书是双方签订的合约吗？没有双方的签字，不像。从内容看，乃是嘉禾六年二月廿日，田户曹史张惕校检的记录。嘉禾五年的租税已经交清，由主管官吏进行校检。所以采用一式两份或三份的破莂券书，校检记录可能还要送给有关部门或当事人。

"据《钟离牧传》说：种稻二十余亩，得米六十斛，即每亩产米不到3斛。"③ 如此，本例，熟田交租米每亩1.2斛，竟然超过产量的40%，每亩还要交布2尺（折米1.25斗）、交钱80，其租可能达到产量的一半左右。查《汉书·食货志》："孝景二年，令民半出田租，三十而税一也。"汉朝初年，作为农业税的田租是产量的1/15，即6.67%，景帝二年，降为3.33%。三国时期，连年战争，"租入过重"，是可想而知的。建安九年（公元204年）曹操发布租调令，规定："其收田租亩四升（斗），户出绢二匹，绵二斤而已，他不得擅兴发"④。如为四斗，田租率超过13%，比汉朝初年翻一翻，是很高的。《嘉禾吏

①　睡虎地秦墓竹简整理小组：《睡虎地秦墓竹简》，文物出版社，1978，第228页。

②　李孝林：《中外会计史比较研究》，科学技术文献出版社，1996，第63页。

③　胡平生、宋少华：《新发现的长沙走马楼简牍的重大意义》，1997年1月14日《光明日报》。

④　《三国志》卷一《武帝纪》注引《魏略》。原作"升"，现代研究者改为"斗"。见殷崇浩《中国税收通史》，光明日报出版社，1991，第62页注。

民田家莂》所反映的约 50% 的田租率，更高。

从《嘉禾吏民田家莂》可见，出租者是地方政府，把公田出租；租田者不仅有农民，还有州吏、郡吏、县吏、军吏、州卒和郡卒。这些吏卒，必然要雇人耕作或转租。所以愿意承租，必然有利可图。田租或称田赋，是一种土地税，公田、私田应同样缴纳。如果仅只是田租（土地税），似应与私田的税率略同。众所周知：私田出租，承租者把地租交给出租者，出租者再把其中的小部分以田赋交给政府。田租（赋）已占产量一半左右，地租几多？所以，初步认为：《嘉禾吏民田家莂》约占产量一半的田租，似乎不仅是土地税，还包括公田出租的地租。新中国成立前，地主出租土地的地租（含农业税）一般占产量一半左右。

（二）吐蕃简牍①

20 世纪，在新疆南部罗布泊南岸的米兰故城遗址（今属婼羌县）和于阗以北的慕士塔克地区，共出土 400 余枚吐蕃简牍，反映公元 7 世纪至 9 世纪吐蕃的土地制度，农业、畜牧业、手工业等生产概况，商业贸易包括度量衡制度、借贷关系、赋税及劳役等。

六　国外出土简牍

（一）朝鲜半岛

刘金华在《东疆学刊》2004 年 4 期发表《韩国出土木简考略》，介绍朝鲜半岛木简出土的情况：

"朝鲜半岛最初发现木简（牍），始于 1931 年所谓平安南道大同郡南串面南井里东浪东汉墓（第 116 号墓：彩匣家）的发掘，这次发掘发现了 1 枚长 23.7 米，宽 7.2 厘米，厚 0.7 厘米的木牍。木牍上写有文字，简文云：

三匹，故吏朝鲜垂田肚谨遣吏再拜奉祭。

朝鲜半岛 "木简的内容分别为：

---

① 参见《吐蕃简牍综录》，文物出版社，1985。

（1）官员的郸务情况。

（2）与天文气象有关联的内容。

（3）山城的整备和补修，筑造山城徭役人员动员名簿，以及山城筑造必要的军粮征发。

（4）与仓库相关联的内容。

（5）行政单位。

（6）水田开垦情况等。

"朝鲜半岛和中国除了在地理位置上紧密相连之外，并且长期以来在社会政治、历史、经济、文化等各个领域，都一直保持着割舍不断的联系。尤其是朝鲜半岛早期国家，在古朝鲜以至三国时代（高句丽、百济、新罗）这一漫长历史时期，对中国诸王朝（自殷周以后至隋唐各王朝）的先进文化大量的、主动的引进吸收，进而发展出了一种具有自身独特地域特征的本土文化。在这个过程中，汉字、儒学、佛教等从中国传入朝鲜半岛，其中汉字于公元前300年左右传入，此后，又进一步发展成为朝鲜半岛诸国官方乃至民间进行日常交流的重要手段。

"中国发掘的主要为战国至魏晋时代的木简。到现在为止，朝鲜半岛出土的木简都是发掘6～8世纪新罗和百济时代遗址获得的。当时的行政关系公文书和重要的民政文书主要为纸墨书，但因为木简不仅制作简单、管理起来比较容易，而且还可以多次重复使用比较节省，所以又用木简记录一些不太重要的文件。这种现象在日本也同样存在。在日本发现的木简，都是7～9世纪的，从这一点可以看出朝鲜半岛和日本曾经历持续时间相当长的纸、木并用时期。从现在出土木简的制作过程看，秦汉时期中国制作的木简，直接影响了6～8世纪的朝鲜半岛木简的制作；同时推定朝鲜半岛的木简对于日本7～9世纪木简的制作，施加了相当的影响。"

（二）日本

王元林在《出土文献研究》第九辑发表《日本古代木简的发现与研究》① 一文，介绍日本的古代木简。

1915年，秋田县首次出土木简2枚。"日本国内历年出土木简的遗址达

---

① 王元林：《日本古代木简的发现与研究》，《出土文献研究》第九辑，中华书局，2010，第252～266页。

1000 余处，木简总数超过 32 万枚（统计数字截至 2008 年底）。其中，截至 1988 年 3 月，公开报告的出土木简达 51782 枚，出土枚数最多者为平城宫遗址，达 33191 枚，占全日本出土古代木简的 64%……"

"1988、1989 年平城……分别出土 35000 和 74000 余枚木简，从质和量上，均超过已往出土木简所获得的成果。"

日本出土木简以 8 世纪奈良时代居多，最早的可以追溯到 7 世纪中期。

至今，日本各地发现的木简已经超过 35 万枚。[①]

下面是日本出土木简的图片。[②]

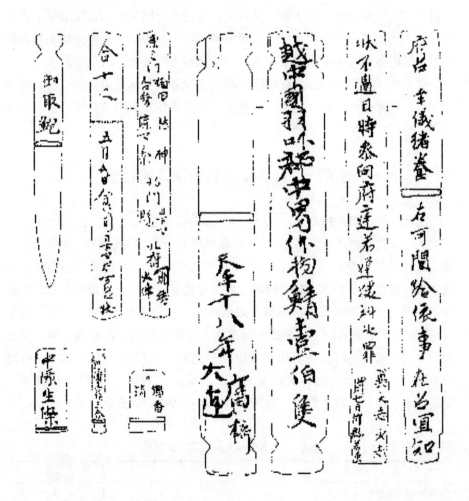

---

① 刘国忠：《走近清华简》，高等教育出版社，2011。
② 寺崎保广：《日本木简的特点与长屋王家木简》，http：//www.cnki.net。

据李学勤教授介绍，英国文得兰达从1973年到1975年，共出木简202件。由出土货币看，上限约为公元95年，其下限约为公元105年（相当汉和帝元兴元年）。在文得兰达的发现之后英国又有几个地点有木简零星发现。另外，在意大利南部和瑞士的罗马时代遗址中，据闻也有出土。看来这方面的发现和研究还会进一步扩大。

王元林在《对今后研究课题展望》一文中指出：随着古代木简的不断出土和研究的逐步深化，木简学研究呈现出新的课题和动向……木简学研究的相关领域在不断扩展和深化，呈现出各学科共同研究的良好局面。木简学与国语学、文献史学、历史学、考古学、地理学、国文学、古文书学、古文字学、书法史等学科密切相关，大量木简的出土，推动了上述诸相关学科的发展，同时各相关学科也激发了木简学的研究不断细化，向纵深发展。

鉴于古代东亚经济、文化密切关联，希望各国尤其是东亚的经济、管理史学者，携手合作，深入研究，建立基于简牍和传世文献结合的经济、管理史学，开拓简牍学的新领域。

附录一：百多年来新发现简牍目录

近代、现代简牍的出土，始于1901年的新疆尼雅遗址，在新中国成立以前，主要的简牍出土，有1907年的敦煌汉简七百多枚、1930年的居延汉简（简称居延旧简）一万多枚。敦煌汉简与居延旧简的发现，为简牍学的成立与形成奠定了基础。新中国成立后，伴随着各地经济建设的进行，不同数量、不同时代的简牍层出不穷，如武威汉简（"王杖十简"、"仪礼简"、"医药简"）、居延新简、云梦睡虎地秦简、银雀山汉简、张家山汉简，到三国吴简、里耶秦简等。在简牍大量出土的同时，不仅有"简牍学"（或称"简帛学"）的称呼，还有简牍学的分支"简牍文书学"、"简牍文献学"。简牍出土很多，为节省篇幅，方便了解，特用表格方式介绍，见表1-3。

表1-3 百多年来新发现简牍目录

出土地点	出土时间	数量	备注
新疆和阗尼雅遗址	1901	564	汉、佉卢文
新疆罗布泊楼兰遗址	1901	156	魏晋
新疆和阗尼雅遗址	1906	398	汉、佉卢文

出土地点	出土时间	数量	备注
甘肃敦煌汉边塞遗址采集	1907	708	汉代
内蒙古黑城	1907	2	
新疆楼兰海头	1907	104	魏至北宋
新疆楼兰海头	1908、1909	23	魏晋
新疆楼兰	1913~1915	49	晋
甘肃敦煌汉边塞遗址采集	1920	17	西汉
新疆罗布泊居卢訾仓遗址	1927	71	西汉
内蒙古额济纳河汉边塞遗址	1930~1931	11000	西汉
湖南长沙子弹库楚墓	1942	1	战国
甘肃敦煌汉边塞遗址	1944	49	西汉
甘肃武威喇嘛湾	1945	7	汉
湖南长沙五里牌楚墓	1951	37	战国
湖南长沙徐家湾 M401	1951	1	西汉
湖南长沙伍家岭 203 号墓	1951~1952	9	西汉
湖南长沙仰天湖楚墓	1953	43	战国
湖南长沙杨家湾楚墓	1954	72	战国
湖北武昌任家湾六朝墓	1955	3	晋
湖南陕县刘家渠 M23	1956	2	汉
河南信阳长台关楚墓	1957	148	战国
江苏高邮邵家沟汉墓	1957	1	汉代
甘肃武威磨嘴子汉墓 M6、18	1959	610	东汉
新疆民丰尼雅遗址	1959	66	汉文1,佉卢文65,魏晋
新疆巴楚县古城	1959	20	汉、晋
江苏省连云港海州汉墓	1962	1	汉
江苏省盐城三羊墩汉墓	1963	1	汉
湖北江陵望山楚墓 M1[1]	1965	207	战国
湖北江陵望山 M2	1966	66	战国·楚
新疆吐鲁番阿斯塔那 M53	1966	1	晋简
甘肃、内蒙古居延采集	1972	21	汉
甘肃甘谷渭阳刘家坪汉墓	1972	23	东汉
甘肃武威旱滩坡汉墓	1972	92	东汉
甘肃武威小西沟岘	1972	1	西夏
湖北云梦大坟头 M1	1972	1	西汉

续表

出土地点	出土时间	数量	备注
湖南长沙马王堆汉墓 M1	1972	361	西汉
山东临沂银雀山汉墓 M1、M2	1972	7500	西汉
河北定县八角廊汉墓	1973	800	西汉
湖北光化五座坟汉墓 M3	1973	30	西汉
湖北江陵凤凰山汉墓 M10	1973	176	西汉
湖北江陵凤凰山汉墓 M8	1973	176	西汉
湖北江陵凤凰山汉墓 M9	1973	83	西汉
湖北江陵藤店楚墓	1973	24	战国
湖南长沙马王堆汉墓 M3	1973	608	西汉
江苏连云港海州霍贺墓	1973	7	西汉
江苏连云港海州侍其繇墓	1973	2	西汉
内蒙古额济纳河汉边塞遗址	1973、1974	20000	汉
北京大葆台 M1	1974	1	汉
江西南昌东湖晋墓 M1	1974	6	晋
江苏盱眙东阳古城 M7	1974	1	西汉末至新莽时期
湖北江陵凤凰山汉墓 M167	1975	74	西汉
湖北江陵凤凰山汉墓 M168	1975	67	西汉
湖北云梦睡虎地秦墓 M11	1975	1155	战国、秦朝
陕西咸阳马泉汉墓	1975	3	汉
广西贵县罗泊湾汉墓 M1	1976	15	西汉
湖北云梦睡虎地秦墓 M4	1976	2	秦国
内蒙古三十井次东隧采集	1976	173	汉
安徽阜阳双古堆汉墓 M1	1977	1000	西汉
甘肃玉门花海汉边塞遗址	1977	91	西汉
湖北江陵天星观楚墓	1978	70	战国
湖北随县曾候乙墓	1978	240	战国
江苏连云港花果山汉墓	1978	13	西汉
山东临沂金雀山汉墓	1978	8	汉
甘肃敦煌烽燧遗址采集	1979	25	汉
甘肃敦煌马圈湾汉边塞遗址	1979	1217	西汉
江苏盱眙东阳 M7	1979	1	汉
江西南昌阳明路吴墓	1979	23	三国·吴简
青海大海上孙家寨汉墓 M115	1979	240	西汉
四川青川郝家坪秦墓	1979	2	战国

出土地点	出土时间	数量	备注
江苏邗江胡场汉墓 M5	1980	26	西汉
陕西西安未央宫遗址	1980	115	汉
新疆楼兰遗址	1980	66	汉文木牍(魏晋)
甘肃敦煌酥油土汉边塞遗址	1981	76	西汉
甘肃武威磨嘴子汉墓	1981	26	东汉
湖北鄂城水泥厂吴墓 M1	1981	6	三国·吴简
湖北江陵九店楚墓 M56	1981	205	战国
内蒙古甲渠候官、第四隧采集	1981	87	汉
湖北江陵马山砖场 M1	1982	1	战国·楚
湖南常德德山夕阳坡 M2	1983	2	战国·楚
江苏扬州平山养殖场 M3	1983	3	汉
山东临沂金雀山 M28	1983	1	汉
湖北江陵张家山汉墓 M247、249、258	1983~1984	1280	西汉
安徽马鞍山吴墓	1984	17	三国·吴简
甘肃五坝山 M3	1984	1	汉
江苏仪征胥浦汉墓 M101	1984	20	西汉
甘肃武威旱滩坡 M19	1985	5	晋·前凉
江苏连云港西郊郭宝墓	1985	5	西汉
甘肃高台常封晋墓	1986	1	晋
甘肃天水放马滩秦墓	1986	460	秦
湖北江陵岳山 36 号秦墓	1986	2	木牍　秦
湖北荆门包山楚墓 M2	1986~1987	448	战国
甘肃敦煌汉边塞遗址	1986~1988	145	西汉
湖北江陵秦家嘴 M1、13、99	1987	41	战国·楚
湖南张家界古人堤遗址	1987	90	汉代
湖南慈利楚墓	1987	4557	战国
甘肃武威旱滩坡汉墓	1989	17	汉
湖北江陵九店楚墓 M621、M411	1989	129	战国
湖北云梦龙岗秦墓 M6	1989	151	战国、秦朝
甘肃敦煌清水沟东墩	1990	41	汉
湖北江陵杨家山楚墓 M135	1990	75	秦
新疆和阗尼雅遗址	1990	564	魏晋、汉及佉卢文
甘肃敦煌汉悬泉置遗址	1990~1992	25000	两汉

出土地点	出土时间	数量	备注
甘肃武威	1991	5	前凉
湖北江陵高台汉墓 M18	1992	4	西汉
湖北沙市萧家草场 M26	1992	35	西汉
湖北江陵砖瓦厂 M370 楚墓	1992	6	战国
湖北黄冈曹家岗 M26	1992~1993	7	战国·楚
湖北江陵王家台楚墓 M15	1993	800	秦
湖北荆门郭店楚墓	1993	804	战国
湖北沙市关沮周家台秦墓	1993	398	秦简
江苏东海尹湾汉墓	1993	160	西汉
河南省新蔡葛陵村楚墓	1994	1300	楚简
新疆克孜尔千佛洞	1994	60	六世纪
新疆尼雅	1995	3	佉卢文
长沙走马楼	1996	100000	三国·吴简
甘肃武威	1996	1	前凉
上海博物馆购自香港	1996	1200	战国竹简
甘肃武威	1997	1	西夏
江西南昌木牍	1997	1	晋
甘肃高台骆驼城	1998	2	晋·前凉
甘肃武威西郊	1998	1	西夏
甘肃武威永昌镇	1998	1	元
湖南省沅陵虎溪山 M1①	1999	1336	西汉
内蒙古自治区额济纳汉简②	1999、2000、2002	500	西汉
湖北省随州市孔家坡 8 号墓③	2000	600	西汉
甘肃省玉门花海毕家滩	2002	9	五凉木牍
湖南省龙山县里耶古城④	2002	36000	秦
湖南省长沙市走马楼西汉简牍	2003	万余	西汉
湖南省郴州苏仙桥 J10⑤	2003	960	西晋
湖南省郴州苏仙桥 J4	2004	500	三国·吴简
广东省广州市⑥	2004~2005	100	西汉
吐鲁番简牍⑦		400	7~9世纪
香港中文大学文物馆收藏	不明	259	战国、汉、东晋

续表

出土地点	出土时间	数量	备注
甘肃小方盘出土汉简⑧	1998	400	汉
都兰简⑨	1999	3	唐代
重庆云阳县双江镇旧县坪遗址	2002	5	战国—西汉
河南信阳长台关 M7	2002	若干	楚墓
湖南长沙东牌楼东汉简⑩	2004	426	东汉
安徽天长木牍⑪	2004	34	西汉
湖南大学岳麓书院入藏	2007	2098	秦简
湖南大学岳麓书院入藏	2008	76	秦简
甘肃永昌水泉子	2008	600 余	汉简
清华大学入藏	2008	2388	战国简
临泽黄家湾	2009	27	晋简
敦煌一棵树烽燧	2009	19	汉晋木简
湖南株洲	2009	1011	汉晋简
北京大学入藏	2010	763	秦简
走马楼	2010	10000 余	东汉简

注：①湖南省文物考古研究所等：《沅陵虎溪山一号汉墓发掘简报》，《文物》2003 年第 1 期。

②魏坚：《额济纳汉简》，广西师范大学出版社，2005。

③李天虹：《孔家坡汉简中的"徙时"篇》，《简帛研究（2002～2003）》，广西师范大学出版社，2005。

④湖南省文物考古研究所等：《湖南湘西里耶战国——秦代古城一号井发掘简报》，《文物》2003 年第 1 期。

⑤湖南省文物考古研究所等：《湖南郴州苏仙桥 J4 三国吴简》，《出土文献研究》第七辑，中华书局，2005。

⑥广州市文物考古研究所等：《广州市南越国宫署遗址西汉木简发掘简报》，《考古》，2006 年第 3 期。

⑦《吐蕃简牍综录》，文物出版社，1985。

⑧《汉代玉门关址考》，《敦煌研究》2006 年第 4 期。

⑨北京大学文博学院、青海省文物考古研究所：《都兰吐蕃墓》，中国科学出版社，2006。

⑩《长沙东牌楼 7 号古井（J7）发掘简报》，《文物》2005 年第 12 期。

⑪天长市文物管理所、天长市博物馆：《安徽天长西汉墓发掘简报》，《文物》2006 年第 11 期。

　　表 1-3 以《中国简牍集成》的"全国简牍出土一览表"为底本，补充其少量遗漏。1999 年以前，粗线为记，约 19 万枚。添加《中国简牍集成》出版后新见简牍约 8 万枚。共计约 27 万枚。前后数据，均由张俊民

整理。

上述简牍除注明者外均为汉文，还有很多少数民族文字简牍未列入。如："流行年代约在公元前三世纪中叶至公元四、五世纪"的佉卢文献，据《沙海古卷》①，即有 2000 多件，其中有的是木简牍。

《中国简牍集成》说："百年来，在全国十七个省、市、自治区，先后共出土战国、秦汉、三国两晋迄唐、宋至元代，包括各种质料、各种文字在内的文献，已达二十六万四千三百八十七枚（件）。"② 还说：其中战国时期的有 23135 枚，汉代简牍 132912 枚，三国简牍 10 万余枚，晋代简牍 1782 枚，唐代木牍 469 枚，西夏木牍 6 枚，元代纸文书 3000 件。该书附录"全国出土简牍一览表"，战国简牍 9389 枚，少 13746 枚；汉简 74654，少 58258 枚。仅此两项就相差 70000 多枚，原因何在？首先，可能是统计口径有问题，如元代纸文书不应该在统计之列。其次，汉简并没有 13 万多，只有目前《表》中所见的数字；简牍数字，目前总体数量的多少，只能按照《表》的数字来算。由于目前尚缺具体的官方数字，所见不同的数字只是每个人的统计数字，再加上新资料的不断出现，目前尚没有一个十分准确的数字。

刘国忠新著《走近清华简》："出土简帛已达 30 多万枚"③。其依据包括骈宇骞、段书安《二十世纪出土简帛综述》④ 和李均明《古代简牍》⑤，两书都认为长沙走马楼三国吴简"总量约有十四万（包括无字简）"。本书"全国出土简牍一览表"1996 年长沙走马楼三国·吴简约 10 万枚，相差 4 万枚。张俊民说：三国·吴简约 10 万枚。这样，我国简牍总数的差异就解决了，即截至 2010 年，我国出土简牍约 27 万枚。

附录二：早期度量衡变迁表

为了便于阅读和使用本书，这里，将早期度量衡变迁列表如下。

---

① 林梅村：《沙海古卷——中国所出佉卢文书（初集）》，文物出版社，1988。
② 中国简牍集成编辑委员会编《中国简牍集成》第 1 册，敦煌文艺出版社，2001，第 30 页。
③ 刘国忠：《走近清华简》，高等教育出版社，2011，第 21 页。
④ 骈宇骞、段书安：《二十世纪出土简帛综述》。
⑤ 李均明：《古代简牍》。

（一）古代早期尺度比较表

表1-4　古代早期尺度比较表

朝代	尺名	当今米	备考
商	骨尺甲	0.141	传出河南殷墟（罗）
商	骨尺乙	0.1695	南京博物院藏
周	铜尺	0.227	湖南文管会藏
周	铜尺	0.231	隋志十五等尺之一
秦	商鞅量尺	0.231	据秦孝公量志
新莽	莽铜斛尺	0.231	王莽铜斛制
后汉	牙尺	0.233	北京历史博物馆藏

古尺似有越来越长的趋势。

（二）古代早期容量标准变迁表

表1-5　古代早期容量标准变迁表

朝代	公元	一升当今毫升	一升当今升数
前汉	前206～后8	342.5	0.3425
新莽（含更始）	9～24	198.1	0.1981
后汉	25～220	198.1	0.1981

表1-6　秦汉时期容量标准变迁表

秦	1斛＝10斗,1斗＝10升	1斛＝20000,1斗＝2000,1升＝200
汉	1斛＝10斗,1斗＝10升,1升＝10合 1合＝2龠,1龠＝5撮,1撮＝4圭	1斛＝20000,1斗＝2000,1升＝200 1合＝20,1龠＝10,1撮＝2,1圭＝0.5

（三）古代早期重量标准变迁表

表1-7　古代早期重量标准变迁表

朝代	公元	一两合克数	一斤合克数	一斤合市斤
前汉	前206～后8	16.14	258.24	0.5165
新莽（含更始）	9～24	13.92	222.73	0.4455
后汉	25～220	13.92	222.73	0.4455

云梦睡虎地秦律：石，120 斤，1920 两。钧，30 斤，960 两。

表 1 – 8　秦汉重量标准变迁表

秦	1 石 = 4 钧,1 钧 = 30 斤 1 斤 = 16 两,1 两 = 24 铢	1 石 = 30360,1 钧 = 7590 1 斤 = 253,1 两 = 15.8 1 铢 = 0.69
汉	1 石 = 4 钧,1 钧 = 30 斤 1 斤 = 16 两,1 两 = 24 铢	1 石 = 29760,1 钧 = 7440 1 斤 = 248,1 两 = 15.5,1 铢 = 0.65 1 石 = 26400,1 钧 = 6600 1 斤 = 220,1 两 = 13.8,1 铢 = 0.57

（四）古代早期步和亩进位变迁表

表 1 – 9　古代早期步和亩进位变迁表

朝代	公元	一步合尺数	一亩合平方步	一亩合平方尺	折合成市亩
周以前	前 223 年以前	6	100	3.600	0.2882
秦至隋	前 350 ~ 618	6	240	8.640	0.6916

汉代武帝前采用周亩。

第二章 睡虎地秦简和凤凰山汉简探索

鉴于《睡虎地秦墓竹简》、《湖北江陵凤凰山10号汉墓简牍》与本项目关系特别密切，许多章节都要使用，为了避免重复，首先介绍，并对两简和张家山汉简《二年律令》的某些方面深入探索。第三部分基于对《二年律令》的探索，提出新命题："汉承秦制而发展之"。

一 云梦睡虎地 11 号墓竹简所属时代与其反映的时代

《睡虎地秦墓竹简》① 出版说明指出："分析简文，这批秦简所反映的时代，是战国晚年到秦始皇时期"。问题在于秦始皇时期以始皇26年（公元前221年）为界，其前属战国时代，其后属秦汉时代。由于引用者不慎，往往顾名思义，将其列入"秦代"，或者"秦汉时代"，从而产生混乱。

安作璋主编的《中国古代史史料学》② 一书，第二编第一章第三节简帛史料将睡虎地秦简列入"秦代史料"。

陈高华、陈智超等撰写的《中国古代史科学》一书，第三章将睡虎地秦简列入"秦汉史史料"详细介绍，在第二章"战国史史料"则简略介绍。

---

① 睡虎地秦墓竹简整理小组：《睡虎地秦墓竹简》，文物出版社，1978。该书简牍无编号，以下凡引自该书的史料只加注页码。

② 安作璋主编《中国古代史史料学》，福建人民出版社，2005。

日本学者大庭脩《中国出土简牍研究文献目录》① 将其列入秦代。西林昭一《中国甘肃新出土木简选》② 将其时期列入秦，排在天水放马滩秦简之后，似乎晚于放马滩秦简。先后颠倒，因为放马滩秦简属秦朝。

《睡虎地秦墓竹简》的基本内容是法规。法学教材编辑部编写组编《中国法制史》③ 一书，将其列入"秦朝的法律制度（前221年～前206年）"。《中国法律制度史研究通览》④ 一书，将其列入第五章秦汉法制史研究。

在经济史、统计史、审计史、会计史方面大都将睡虎地秦简，作为秦汉时代的实证：

《中国经济通史》、《中国古代经济史》⑤、《中国粮食经济史》⑥、《中国赋税史》⑦ 将睡虎地秦简列入秦汉时代，并说"这些法律是秦时通行的。"⑧

1999年经济日报出版社出版的巨著《中国史全书》，《赋税史》卷，仅用云梦睡虎地秦简，并将其作为秦汉时代的法规。

《统计研究》1984年第2期发表李品的《我国古代有关统计的法制》一文，将睡虎地秦简写入"秦统一中国后"的法制。《中国统计事略》⑨、《中国统计史》⑩、《先秦·秦汉统计思想史》⑪ 和《中国古代统计思想史》⑫、《秦汉统计史》⑬ 等著作，均将其列入秦汉时代。

《中国审计简史》⑭、高等财经院校试用教材《审计史》⑮ 都将睡虎地秦简写入"秦代的审计处理法规与方法"一节。

《汉简与财政管理新证》一书，将睡虎地秦简写入"秦汉简牍材料"。⑯

① 日本大庭脩：《中国出土简牍研究文献目录》，《简牍研究译丛（第一辑）》，中国社会科学出版社，1983。
② 西林昭一：《中国甘肃新出土木简选》，日本每日新闻社，1995年第2次印刷，第150页。
③ 群众出版社，1982。
④ 天津教育出版社，1989。
⑤ 余也非：《中国古代经济史》，重庆出版社，1991，第212页。
⑥ 郁长荣、王璋：《中国粮食经济史》，中国商业出版社，1987，第55页。
⑦ 孙翊刚、董庆铮：《中国赋税史》，中国财政经济出版社，1987，第59页。
⑧ 孙健：《中国经济通史》上卷，中国人民大学出版社，2000，第321页。
⑨ 《中国统计事略》，湖北人民出版社，1990。
⑩ 《中国统计史》，中国统计出版社，1993。
⑪ 《先秦·秦汉统计思想史》，中国统计出版社，2001。
⑫ 《中国古代统计思想史》，中国统计出版社，2004。
⑬ 莫曰达：《秦汉统计史》，国家统计局信息办网站，2002－06－17。
⑭ 李宝震、王建忠：《中国审计简史》，中国审计出版社，1989，第22页。
⑮ 李宝震、王建忠：《中国审计简史》，中国审计出版社，1989，第56页。
⑯ 朱德贵：《汉简与财政管理新证》，中国财政经济出版社，2006，第17页。

《中国会计史稿》上册①和《中国会计思想发展史》②将其写入"秦汉时代的会计"或"秦时期（公元前 221 年至公元前 206 年）"。

笔者曾在《江汉考古》杂志 1984 年第 3 期发表《从云梦秦简看秦朝的会计管理》一文。该文被《中国史研究文摘》③（1984 年）及多家会计期刊摘要发表或转载，获得安徽省哲学社会科学三等奖。刊出后不久，发现"秦朝"应改为"秦国"，因为，从总体上看，睡虎地秦简所反映的时代不宜定为秦朝，理由如下。

睡虎地秦简除《编年纪》外，一般没有年代。《编年记》前 48 支简依次记录公元前 306～前 220 年，属战国晚期。只有最后五支简为前 221～前 217 年，属秦朝。就其他有年代的简来看，《语书》的时间是始皇 20 年（公元前 227 年），《为吏之道》末尾两简，是魏安厘王 25 年（公元前 252 年），均在秦朝建立以前。有些没有年代的简，也可以推断出其大体年代的下限。

《置吏律》规定："县、都官、十二郡免除吏，及佐、群官属……"，说明此律制定时秦国才设十二个郡。《睡虎地秦墓竹简》编者注释："至少应在秦始皇五年以前"。据王国维《秦郡考》，秦国设置的第一个郡是上郡，置于公元前 349 年，至昭王时期已设置蜀郡、汉中、南郡、黔中、南阳、陇西、北地等共 8 个郡（连上郡）。在庄襄王时期（前 249～前 247）设置三川、太原两个郡。"巴郡、河东、上党三郡亦始皇以前所置也。"因此，始皇即位时（公元前 246 年）至少已有 13 个郡。可见《置吏律》制定于秦始皇即位以前。

《仓律》规定："县上食者籍及它费大（太）仓……"。太仓是中央机构，普遍规定由县将吃饭人的名单和其他费用资料直接上报太仓，说明当时尚未置郡。类似的简还有"入禾稼、刍藁，辄为廥籍，上内史"（《仓律》）。"内史课县"（《厩苑律》）。中央政府与县直接联系，说明尚未置郡，其所属时代必然在公元前 349 年秦国设置第一个郡以前。

秦朝建立以前民名"百姓"。秦始皇 26 年（公元前 221 年）即秦朝建立之年，"更名民曰黔首"。（《史记·秦始皇本纪》）云梦睡虎地秦简中，未见黔首一词，却 13 处用"百姓"（金布律三处，田律、司空律各二处，

---

① 郭道扬：《中国会计史稿》，中国财政经济出版社，1982。
② 刘常青：《中国会计思想发展史》，西南财经大学出版社，2005，第 78 页。
③ 编委会：《中国史研究文摘》，中州古籍出版社，1985，第 263 页。

仓律、工律、内史杂、效律、秦律杂抄、法律问答各一处）。而制定于秦朝的云梦龙岗秦简，却九次出现黔首，不见百姓①。可证睡虎地秦律制定于秦朝建立以前，早于龙岗秦简和天水放马滩秦简。

关于罪字的写法，也可证明睡虎地秦简的时代。据《说文解字注》"始皇以辠字似皇，乃改为罪。"②"本形象之字，始皇改为会意字也"。查睡虎地秦简，罪字在 50 条中共出现 78 次，均作"辠"。在《语书》中出现一次，时间是始皇"廿年"。其余 49 条虽无明确年代，但从其所用"辠"字看，必在始皇改"辠"为"罪"之前，即始皇称帝以前。有作者认为：秦国"取郢为南郡"的时间是公元前 268 年，南郡出土的云梦简必在此时以后。也不一定。因为南郡建立以后，必然继续执行此前制定的有效的秦律、并辗转抄录流传。上段所述可证部分秦律制定于取郢以前。

除《编年记》最后五支简为前 221 至前 217 年，属秦朝外，其他简牍都没有能证明其为秦朝的证据。

鉴于法规的制定和实施需要一定的时间，加以古代交通不便，能够传到基层并作为陪葬品，总需要数年的时间。而战国终止于公元前 221 年，比墓主人逝世（公元前 217 年）早四年。所以，从总体上看，睡虎地秦简反映的内容显然属于战国晚期，不应看成是统一后的秦朝。③

综上所述，就简文内容看，睡虎地秦简基本上是反映战国的情况，不应划入只有 15 年的统一后的秦朝。所以，从法律史、经济史、管理史研究的角度，我们认为应将其划入战国晚期。但是，从考古学的角度，以墓葬时代定名为秦简，并无不当。

法律规定，应是能够普遍做到的。睡虎地 11 号墓秦简反映的是不迟于公元前 4 世纪至公元前 3 世纪战国晚期秦国的法制和管理水平。

二 江陵凤凰山 10 号汉墓简牍研究

1974 年《文物》第六期发表了《湖北江陵凤凰山西汉墓发掘简报》、黄盛璋《江陵凤凰山汉墓简牍及其在历史地理研究上的价值》、弘一《江陵

---

① 刘信芳、梁柱：《云梦龙岗秦简综述》，《江汉考古》1990 年第 3 期。
② 《说文解字注》，上海古籍出版社，1981，第 355 页。
③ 李孝林：《睡虎地 11 号秦墓竹简反映的时代》，《重庆工学院学报》2008 年第 8 期。

凤凰山 10 号汉墓出土简牍初探》，第七期接着发表裘锡圭《湖北江陵凤凰山 10 号汉墓出土简牍考释》（以下引文分别称《简报》、《黄文》、《弘文》、《裘文》。）1992 年第 1 期《江汉考古》发表杨剑虹《"江陵汉简"研究中的若干问题》（简称《杨文》）。1990 年该简牍编入《散见简牍合辑》① 第 803~926 号。这些简牍大都是有关赋税及其簿记，"不仅为汉代记载所无，而且在考古上也可以说是第一次发现"（《黄文》P.66），被誉为湖北省五大考古发现之一。它反映了汉代初期，经济管理和核算的辉煌成就。

江陵凤凰山 10 号汉墓葬于汉景帝四年（公元前 153 年）。出土木牍 6 枚，竹简 170 枚，尚可辨认的简牍 124 枚。赋税、会计简牍有 3 号木牍（记草料）、甲组简（记田租）、郑里廪簿（乙组简）、合股经商记录（丁组、戊组简），以上是数量记录或报表；出售货物账（丙组简）和"乡里行政机关的收支账簿"（E 类简），是金额账；5 号木牍和 4 号木牍是墓主人收税的"算赋出入簿"（？），也是金额账；1 号、2 号木牍是合股经商的契约。它们也反映了当时的统计记录。从笔迹看，多数简牍似出一人之手。

据考证：墓主人张偃是江陵西乡平里有数百亩② 土地的中等地主，生前曾一次出粟 4000 石，买爵五大夫。《裘文》认为："墓主人大概就是江陵西乡的有秩或啬夫。"《黄文》认为："从死者腰间穿带木印，可以断定不是官吏。"尽管他们的认识有差异，无论是西乡小吏或乡间地主，都是很普遍的。这种情况的普遍性，说明 10 号汉墓简牍在当时是比较流行的。

江陵凤凰山汉简和云梦睡虎地秦简密切联系，相互补充，相互辉映，可谓姐妹篇。从时间方面看，云梦 11 号秦墓可能葬于公元前 217 年，两墓葬相距仅 64 年，在漫长的历史里，可谓同代。从地理方面看，两墓直线距离约为 160~180 公里，江陵是秦朝南郡郡治所在，云梦在秦朝属南郡管辖，两者固属同一地区。《史记·货殖列传》说："江陵故郢都，西通巫巴，东有云梦之饶。"两地联系的密切，早已见诸史籍。从内容方面看，江陵 10 号汉墓简牍主要反映商业、赋税、会计、统计方法和实践，云梦 11 号秦墓竹简，以法律形式，反映出对经济核算和管理的规范与方法，它们以无可辩驳的史料，表现出公元前 3 世纪至前 2 世纪，我国经济管理和核算所达到的几乎令人不敢想象的惊人高度！

---

① 李均明、何双全编《散见简牍合辑》，文物出版社，1990。
② 每百亩相当于现代三十市亩，当时自耕农"一夫挟五口，治田百亩"（《汉书·食货志》）。

凤凰山 10 号汉墓简牍，按其经济内容，主要包括商业、税赋、会计和统计等类，将在有关部分进行深入研究。这里只对涉及多学科的史料，摘要介绍。表右上角编号，见李均明、何双全《散见简牍合辑》（文物版），1990。

1. 三号木牍（见表 2 – 1）

表 2 – 1　平里、上里刍稾税汇总报表

808

原牍记录	校算（石）	原牍记录	校算（石）
平里户刍廿七石	27.00	稾上户刍十三石	13.00
田刍四石三斗七升	+4.37	田刍一石六斗六升	1.66
凡卅一石三斗七升	31.37	凡十四石六斗六升	14.66
八斗为钱	−0.80	二斗为钱	−0.20
六石当稾	−6.00	一石当稾	−1.00
定廿四石六斗九升①	24.57	定十三石四斗六升结（给?）当	13.46
田稾二石二斗四升半	2.245	田稾八斗三升	0.83
刍为稾十二石	+12.00	刍为稾二石	+2.00
凡十四石二斗八升半②	14.245	凡二石八斗三升	2.83

注：①相差 0.12 石。②相差 0.04 石，校算其余皆符合。

三号木牍是有关平里和稾上（行政区域）刍（饲草）稿（禾秆）税汇总报表。项目有"户刍"、"田刍"、"田稾"等。其中，户刍、田刍分别按户和田亩征收。从报表的格式上看，上方记平里的，下方记稾上的，计算清楚，格式规范。三号木牍标志着中式会计报告已由简单的文字叙述发展为数据组合式。

2. 四号木牍（见表 2 – 2）

四号木牍记录列表并校算如下。

表 2 – 2　当利一季度算赋收入簿

807①

原牍内容	校　算
当利正月定筭百一十五	42 + 14 + 13 + 22 + 24 = 115
正月筭卅二给转费卩	
正月筭十四吏奉卩	
正月筭十三吏奉卩	
正月筭廿（二）传送卩	"二"据定筭推出

续表

原牍内容	校　算
正月筭(廿)四(?)命赈(?)卩	"廿"据定筭推出
当利二月定筭(六十)	"六十"据总筭推出:14 + 13 + 33 = 60
二月筭十四吏奉卩	
二月筭十三吏奉卩	
(以上为正面第一栏)	
二月筭卅(三)缮兵卩	
"三"据定筭推出	
三月筭十四吏奉卩	
三月筭十三吏奉卩	
三月筭六传送卩	
(以上为正面第二栏)	
刍二石为钱	
(以上为背面)	

注：①李均明、何双全《散见简牍合辑》的编号，下同。

"筭"（算），征税单位。

"'卩'即'节'字，假借为'结'，表示该账目结束。旧式账册于每笔账目后还沿用此类似符号。"① 是现代会计"收付讫"的源始。

对"转费"和"缮兵"，《黄文》认为："当时粮运与军务紧急而交给政府的赋税。"正月的"命赈"，"必与佐官府赈赡有关"②。

3. 五号木牍（见表 2 –3）

五号木牍记录列表并校算如下：

郑里、市阳里均属西乡。佐缠、佐赐是主管收赋税的乡佐。吏奉、口钱、传送都是赋税的项目或用途。"："是重文号，代表前字的重复。"□"表示一字不可释。

《简报》指出五号木牍"两面皆记有里名、月份、算数，每算多少钱，共多少钱，付给谁，做什么用……在有些月份的下面，还有这月的总计数，其数字与当月各条所记数字的总和正好相符"。

---

① 黄盛璋：《江陵凤凰山汉墓简牍及其在历史地理研究上的价值》，《文物》1974 年第 6 期。
② 黄盛璋：《江陵凤凰山汉墓简牍及其在历史地理研究上的价值》，《文物》1974 年第 6 期。

表 2-3 赋税收支半年报表

806

市阳二月百一十二筭:卅五钱三千九百廿正偃付西乡偃佐缠吏奉卩
　　受正忠(?)二百卌八(112×35＝3920)
市阳二月百一十二筭:十钱千一百廿正偃付西乡佐赐口钱卩(112×10＝1120)
市阳二月百一十二筭:八钱八百九十六正偃付西乡偃佐缠传送卩(112×8＝896)
市阳三月百九筭:九钱九百八十一正偃付西乡偃佐赐(109×9＝981)
市阳三月百九筭:廿六钱二千八百卅四正偃付西乡偃佐赐(109×26＝2834)
市阳三月百九筭:八钱八百七十二正偃付西乡偃佐赐(109×8＝872)
市阳四月百九筭:廿六钱二千八百卅四正偃付西乡偃佐赐(109×26＝2834)
市阳四月百九筭:八钱八百七十二正偃付西乡偃佐赐(109×8＝872)
　　　　　　　(以上为正面)
市阳四月百九筭:九钱九百八十一正偃付西乡偃佐赐(109×9＝981)
市阳四月百九筭:九钱九百八十一正偃付西乡偃佐赐四月五千六百六十八
　　(109×9＝981,又四月总和5668)
市阳五月百九筭:九钱九百八十一正偃付西乡偃佐禀□(109×9＝981)
市阳五月百九筭:廿六钱二千八百卅四正偃付西乡偃佐禀□(109×26＝2834)
市阳五月百九筭:八钱八百七十二正偃付西乡偃佐禀□息
　　(109×8＝872,又五月总和为4687)
市阳六月百廿筭:卅六钱四千三百廿付□得奴(120×36＝4320)
郑里二月七十二筭:卅五钱二千五百廿正偃付西乡偃佐缠吏奉卩(72×35＝2520)
郑里二月七十二筭:八钱五百七十六正偃付西乡偃佐缠传送卩(72×8＝576)
郑里二月七十二筭:十钱七百廿正偃付西乡偃佐佐赐口钱卩(72×10＝720)
　　　　　　　(以上为背面)

　　五号牍共有 17 笔记录，格式规范化。其中 10 笔在金额后都有"正偃付西乡偃佐×"，还有 6 笔省略第 2 个偃字，是现代会计摘要的源始。

　　"佐"是西乡负责收税款的辅助官员。《弘文》认为："佐赐、佐缠、佐□，在这里是主管收赋税的乡佐。"还有作者认为：赐、缠不是人名而是赋税的用途，在二月是市缠的吏奉和传送。那么，"赐口钱"将不易解释。三、四月只有佐赐而无佐缠，难道都是"赐口钱"？难道没有吏奉，如果是"市缠吏奉"，难道其他部门的吏奉未征收？这种解释也与四号牍的记录相矛盾更不符合汉代付款的会计记录要写明付给谁的惯例。如《居延汉简》第 15·3 号简为"出赋钱六百，给东望燧长晏万闰月奉，闰月，守令史霸付候长度"。付给谁，作什么用，记录得清清楚楚。如果"赐"是用途不是受款人的姓或名，三、四月的七笔记录都将是相同的用途而没有受款人人名了。从各笔记录看，每算收钱的标准不同，对照二月份的明确记录，显然是不正常的。因而笔者赞成《弘文》的这个意见。

上引摘要出现两个"偃"。后偃是西乡主管赋税的负责官员，佐赐、佐缠是他的助手，是简牍的接受者。前偃是简牍的记录者，他是把市阳、郑里的赋税收集起来"付"给西乡的收税人员，他至少负责收两个里的税，还可能兼收当利里、平里、稾上里的税。墓主人张偃当是二"偃"之一。究竟是谁？《裴文》根据陪葬简牍，认为"最有可能保存这些简牍的人，显然是西乡的乡吏。……看来，墓主人大概就是西乡的有秩或啬夫。"（啬夫，官名，乡或其他基层组织负责人）设若如此，墓主人当是后偃，即简牍的接受者，《黄文》说："10号墓死者从腰间穿戴木印可以断定不是官吏……木印并未刻官职，证明他未做官吏，虽爵至五大夫，但这是纳粟买的，与官职无关，仅有爵称，即可证明此人并无官职……而此墓所出为布帷，也可说明死者非官吏……而此墓中简牍所记内容与活动看，此人身份当是地主兼商人。"据此，墓主人当是前偃，即简牍的记录、编报者。

查《辞源》："乡五千户则置有秩，秩百石，掌管一乡之人。"又"乡置啬夫，职掌听讼、收取赋税"。"如果墓主人是乡的主要官吏，既与《黄文》论述诸点相左，也与禁止官吏经商的规定矛盾。"[①] 作为一乡之长或主管听讼和赋税的官吏，陪葬品为什么只有赋税核算资料而无诉讼和法律文书？而且接受五号牍所记赋税的乡佐，并非乡啬夫，如是国家的行政文书，理应归档，怎能作为主管官吏的陪葬品？据《文物》1974年第六期发表的江陵凤凰山十号墓出土木牍（图版贰、叁、肆）和竹简（图版柒、捌），笔迹相似，如出一人之手，与图版伍（遣册）大不相同。如果是来自各里报送的赋税记录，笔迹应有较大的差异。看来墓主是平里的中小地主，兼收几个里的赋税，上交给西乡。随葬赋税会计资料，都是墓主人自己核算的"自存联"，因而作为陪葬品，才近乎情理。设若如此，上述矛盾迎刃而解。即墓主人是前偃——简牍的记录者。

对于"正"的解释，《裴文》认为是"里正的简称"。按照这种观点，可以理解为：里正名偃，把按算征收的赋税按月分批收齐后，缴付给西乡的收税官偃佐×。令人怀疑的是：市阳里和郑里的里正同名偃？如此巧合！？即使同名，不同里的报告怎能写在一块木牍上？上文已提出墓主偃是五号牍的记录者，他是几个里的收税人员，而不是几个里的里正。"正"可能是现代会计工作中常用的"××元正"的源始，这样认识，尚待进一步举证。

---

①　杨剑虹：《江陵汉简研究中的若干问题》，《江汉考古》1992年第1期。

从记录方式看，五号牍按月分类整理，二月份的账按照吏奉、传送、口钱等项目分别记载。墓主人可能向几个里的居民按月份分别收几种税费，纳税人不会同一天缴税，一户同一天缴纳几种税是可能的。这里却按月分类汇总①，像是总分类核算或报表而不是明细核算。五号牍依次记完市阳里二至六月的赋税收付后，接着记郑里二月的赋税收付。赋税是按月收付、按月记账，这里却把郑里二月的账务记在市阳里六月之后，不符合古今中外一致的序时记账的原则，只有月份，没有日期，因而《简报》说它是《算赋出入簿》的论断，似难成立。

五号木牍既不是流水簿，也不是逐笔记录的明细账。显然具有分类汇总的总括核算的特征。中式账"总簿可分为批发总清、货源总清、行庄总清、杂项总清（损益）、财产总清（资产）等簿"②。一脉相承、渊源分明。五号木牍和丙组简相比，显示了总括核算和明细核算初步划分的迹象。据《周礼》："职内……执其总"，东汉郑玄注："总，谓簿书之种别与大凡"。种别是明细核算，大凡是总括核算，说明东汉时已经区分种别与大凡。西汉早期已经流行于基层，源始于周朝。五号木牍是现在保存的最早的总分类核算实物。

五号木牍做什么用？从其分组标志看，有四组：地点、时间、税费种类和付给谁。显然是每项记录中的前"偃"（墓主人张偃）定期给上级的汇总报表，即半年赋税报表。旧居延汉简证明，汉朝需要上计的有：月言簿、四时簿（季报、半年报）、簿录簿算、计簿算、吏已得奉一岁集和户籍、廪名籍、奉赋名籍、赋钱出入簿等③，说明当时许多账簿都要上报，报表与账簿并未完全分离，亦可证明五号木牍是用来上报的。论者或许认为，五号牍并非表格。从其规范化的分组和记录方式看，已经具有报表的性质，或称叙述式报表。居延汉简第128·1号官兵釜磑四时簿，也是这样的报表。五号牍叙述清楚、格式规范，查中外会计史籍，这样科学的报表，在公元前2世纪，尚属首见。

四、五号牍内容大体相同而记录方式不同的方面，值得研究。《裘文》说："前者似乎是专记所收算钱的处理情况，后者主要记算钱的交付情况。"

---

① 在敦煌寺院文书中。

② 徐永祚：《改良中国会计问题》，《会计学报》，1928年创刊号，第84页。

③ 李孝林：《我国早期会计统计报告制度的发展》，《重庆商学院学报》1989年第11期。

事实上五号牍既记交付，又记收入（省略收字），是比较清楚的。至于两牍的差异有几种可能：第一，两者不一定同年。第二，五号牍可能有多块，譬如，市阳里记完以后，接着记郑里的，郑里记完以后，又接着记其他里的……第三，五号牍是赋税收付报告，四号牍反映定算的计算和处理情况，可能是赋税报告的辅助记录，也就是说根据定算材料征收税款，编制五号牍上报。

五号牍既然是综合编出的报表，必然还有流水簿作为依据。从收税的业务程序看，面对几个里的居民，收税是分散的，一百多户甚至更多的居民不可能同时交税。因而另行设置的流水簿，既要满足赋税管理的需要，又要满足五号木牍的需要。必须及时记录何时、何税、谁交的、多少钱。同时出土的丙组简（销售流水账）和五号牍的科学性，以及大量的居延汉简证明，当时完全能够做到。书写于公元前68年的居延汉简第111·7号是：

入都内赋钱五千一百卅（40）
给甲渠候史利上里高何齐
地节二年正月尽九月积九月奉

此简也是赋税记录。收到中央国库"都内"拨来的赋税钱5140，付给甲渠候史高何齐（家住利上里）并作为九个月的俸禄。入、给分明，正向定型化过渡。第一行说明收入项目和金额，第二行说明给谁，第三行说明时间和用途。可据以登记类似五号木牍的流水簿，内容和格式可能是："入何人、何税、若干钱、时间"。

4. 丙组简（见表 2 - 4）

江陵汉简丙组简原简文字及校算如下。

表 2 - 4　出售货物流水账

原简文字	校算
六月廿二日付……二钧：二百五十一●凡五百二	$2 \times 251 = 502$
六月十五日付五翁伯□纬(?)二百将(?)直百卅	140
七月四日付五翁伯枲一唐卅●笥三合：五十四直百六十四	$3 \times 54 = 164(162)$
七月十六日付司马伯枲一唐卅二	32
八月十三日付□□与司马的分二唐：卅八直七十六	$2 \times 38 = 76$
九月一日……笥六合：五十四直三百廿四	$6 \times 54 = 324$
九月七日付五翁伯笥二合：五十四直百八	$2 \times 54 = 108$
九月九日付五翁伯笥二合：五十直百枲一唐卅●凡百卅	$2 \times 50 + 30 = 130$
九月十三日(?)付□□□笥二合：五十四直百八	$2 \times 54 = 108$
九月十五日付司□□笥二合：五十四直百八枲四絜：	$2 \times 54 + 4 \times 7$
七直廿八●凡百卅六	$= 136$
九月……五十四●凡百八	$2 \times 54 = 108$
十月七日付……五絜：四●凡廿	$5 \times 4 = 20$
六月十六日丁卯决乡至十月十日●凡三月廿三日所出●凡	
千八百卌八	总计 = 1848

"●"大型黑圆点，上文的用法是表示合计，与"凡"同义。有时置于文末末简之前，有小结性质。还常常用在账簿名、法律名、标题名之前。

从丙组简记载的内容可看出：所记的商品有：笥（音 si）、枲（音 xi）。笥是盛饭或衣物的方形竹器，以合为单位，一般每合 54 钱，也有 50 钱的。枲就是麻，其单位为絜（音 xie）或唐，一唐之价为 30 钱至 42 钱。一絜之价为 7 钱或 4 钱。七月四日简文原为"百六十四"，校算应为 162，余均符合。最后一简是本账的总和，验算相符。

丙组简是序时明细账，每笔账都有日期，付出商品的名称、数量、单位、单价、对象、金额等，与后来中式账通用的销货流水账十分相似。所以我们认为丙组简是 6 月 16 日至 10 月 10 日出售货物的流水账。

丙组简最后一简为销货收入，即会计术语贷（收）方合计数，不仅是该阶段的结账记录，还可能与总括核算有关。

对于丙组简，《黄文》认为是"出售货物账"，《弘文》认为是"经营商业活动账"，《裘文》认为是"墓主人经营的家庭手工业的产物，交给别人是准备出售的"。作为工商业流水账，所见略同。但杨剑虹先生认为"都是不对的，既然承认这些简牍是乡里行政文书，怎么能将私人账单混入其中，因为官吏经商是非法的，从秦代开始，禁止官吏经商，对官倒悬有厉禁……从简文内容看……值钱不多，最多在200钱左右。我认为这是西乡赐给孤寡的帛物"①。杨先生关于当时禁止官吏经商的论断很有价值，问题在于墓主不是官吏，而是小地主兼商人。"值钱不多"的提法不敢苟同。一是该简有两笔账分别为502钱和324钱。二是2号牍"人贩钱二百"，合股经商的贩钱才二百，怎会三个多月就赐给两户"孤寡"老人1828钱？每户月均约三百钱。而且没有食品，都是麻和竹器，把这些赐给孤寡老人有什么用？

　　凤凰山10号墓简牍既有官厅会计，又有经营会计；既有明细账、备查簿，又有流水簿和早期的总括核算资料；既有数量账、金额账，还有数量金额报表。许多简牍体现的技术水平，已达到相当高度。该墓主是一个普通的地主、商人兼基层收税人员。一个普通人有这么丰富的会计知识，足见当时我国的会计水平。在赋税、商业、会计、统计史上均有重要价值。

　　江陵凤凰山10号墓简牍所达到的水平绝不是偶然的。早在公元前689年，楚文王就在江陵故城建立郢都，先后20个国王历时411年之久。江陵成为灿烂的楚文化中心，也是当时政治经济活动的中心。据《汉书》记载："江陵故郢都，西通巫巴，东有云梦之饶，亦一都会也。"（卷28下，地理志）古时的江陵曾是长江中游第一城，是连接东南西北水陆交通的枢纽，工商业十分繁荣，在汉代是全国十大商业城市之一。古江陵的漆器被誉为奇珍异宝，锦缎构图巧妙，除向皇帝进贡外，还远销东南亚和日本。1982年在八岭山发掘的距今2300年左右的战国楚墓，出土一批精美的丝织物，被称为丰富的古丝绸宝库。望山一号墓出土的越王勾践剑，剑身满饰菱形花纹，剑柄两面嵌有三色琉璃和绿松石，虽然埋藏地下已2000多年，"但剑刃锋利，闪光如新"。当时的经营规模已经相当大，"往者豪强大家，得管山海之利，采铁石鼓铸、煮盐，一家聚众或至千余人"（《盐铁论·复古》）。官办丝织工厂竟有"作工各数千人"。这样的经营规模，这样的生产水平，必然要求与之相应的管理和核算。因而江陵凤凰山10号汉墓简牍所显示的高度，是合乎经济发展规律的。

---

　　①　杨剑虹：《江陵汉简研究中的若干问题》，《江汉考古》1992年第1期。

三　汉承秦制而发展之
——基于张家山汉简《二年律令》的探索

湖北江陵张家山汉简《二年律令》，是"吕后二年（公元前186年）施行的法律。"① 出土于张家山247号汉墓。法律规定必须是能够普遍做到的，约2200年前的经济与管理水平，已经达到相当高的程度。填补西汉赋税史研究的一些空白。刍稾税及户赋方面，工商业税、徭役等方面，西汉初期与战国晚期的秦国相比，发生了重大变化。不仅汉承秦制，还有了发展。

史学界常说"汉承秦制"，已经成为习语。《二年律令》证明，西汉初期，不仅继承秦制，一些方面还有改进和发展，准确地说，应当是："汉承秦制而发展之。"例如：

　　入顷刍稾，顷入刍三石；上郡地恶，顷入二石；稾皆二石。令各入其岁所有，毋入陈，不从令者罚黄金四两。收入刍稾，县各度一岁用刍稾，足其县用，其余令顷入五十五钱以当刍稾。刍一石当十五钱，稾一石当五钱。（张家山《田律》241）

顷，田土面积单位。刍，饲草。稾，禾秆。石，重量单位，汉时为一百二十斤。此律证明当时刍稾税按顷征收，一顷土地交纳刍三石，如果土地贫瘠则只交纳二石。稾，不论土地是否贫瘠，都交纳二石。不能交纳陈旧的刍稾。不遵守法规的人，要严厉处罚。每年征收的刍稾，官府要衡量一年的用量，超出的部分，可以把刍稾折成钱交纳。作为该简之源的是战国晚期的秦国法规——《睡虎地秦墓竹简·秦律十八种·田律》规定："入顷刍稾，以其受田之数，无垦不垦，顷入刍三石，稾二石。刍自黄稣及蘆束以上皆受之。入刍稾，相输度，可也。"整理小组译文："每顷田地应缴的刍稾，按照所受田地的数量缴纳，不论垦种与否，每顷缴纳刍三石、稾二石。刍从干叶和乱草够一束以上均收。缴纳刍稾时，可以运来称量。"② 可见刍稾税的

---

① 《张家山汉墓竹简［247号墓］》，文物出版社，2001，第133页。本节引用的《二年律令》均出自该书，只注律名、编号，其他简牍则注简牍名称和编号。
② 睡虎地秦墓竹简整理小组：《睡虎地秦墓竹简》，文物出版社，1990。

征收，西汉初期与战国晚期的秦国相比，发生了变化。

首先，在范围上发生了变化。战国晚期，不管田地好坏，以民所受田数交纳刍稾税。西汉初，如果土地贫瘠，可以减少一石刍的交纳。克服了贫瘠土地与肥沃土地同样纳税的缺点。经财政部教材编审委员会审查出版的高校教材《中国财政史》说："东汉章帝时改为分等定税之法……后世的三等九则或四等十二则的田赋税制，就是始源于东汉。"① 《张家山汉简·二年律令》纠正了上述误识，从公元78年提前到公元前186年，提前近3个世纪。

其次，对交纳刍稾的质量有了规范。按战国晚期的制度，刍、稾全部以实物交纳，而且干枯的禾叶和乱草，只要成束都可以作为纳税物。西汉初期，对刍稾新鲜度作出限制，交纳新鲜的才可以。在政治局势改变的情况下，对饲料储备也提出了不同的要求。战国晚期，并没有严格的刍稾折合比例，在西汉初，明确规定"刍一石当十五钱，稾一石当五钱"，体现了刍、稾的3:1关系，显然"刍"的质量优于"稾"。

征收机构也出现了变化。秦律并没有指出刍稾税归哪个单位掌管。《二年律令》明确规定，足其县用后再把刍折钱币交纳。说明刍稾税不用上缴国家，只用于地方需要，这一条也与"度官用"政策符合。

刍稾征收方式也有变化。按战国晚期制度，并无刍稾折钱之制。但在西汉初，对于足够县用多出的，则可以折算成钱交纳，交纳方法比战国晚期更灵活。这种征收方式与后来征收公粮的方法相同，也说明当时的经济发展程度比较高。

> 刍稾节贵于律，以入刍稾时平贾（价）入钱。（张家山《田律》页242）

如果节，通即；律，指第241简的价格规定（刍一石当十五钱，稾一石当五钱）。平价，平均价格。律文大意是说，如果刍稾的市价比241简规定的贵，则要按照刍稾平均价格折纳。

> 卿以下，五月户出赋十六钱，十月户出刍一石，足其县用，余以入顷刍律入钱。（张家山《田律》页243）

---

① 编写组：《中国财政史》，中国财政经济出版社，1991，第83页。

卿以下每户每年五月交赋十六钱，十月每户出刍一石，足够官府用以后，剩余的按照律文 241 简的规定折钱交纳。这是户赋的一种。

高敏认为：户赋是按人头征收的口钱、算赋、刍稿税，改为按户征收的结果。① 张荣强认为：户赋是"一般庶民交纳的丁口之赋甚或其他杂赋"，"实际上就是一户内所纳诸赋的集合"②。于振波认为："户赋"是一个单独的税种。③ 专家们各执一词，没有定论。为了解决这个问题，可与本章表 2 - 3 江陵凤凰山 10 号汉墓出土的 3 号木牍比较。

《田律》243 是法律规定，3 号木牍是纳税实录，两者都是公元前 2 世纪西汉早期的简牍。共同证明当时的户赋是按户征钱，户刍是按户征刍，按一定比例分别征收刍稿和钱。户赋、户刍的征收对象，不仅是普通百姓，还包括卿以下有爵位的官员。

① 高敏：《关于汉代有"户赋"、"质钱"及各种矿产税的新证》，《史学月刊》2003 年第 4 期，第 121 ~ 122 页。
② 张荣强：《吴简中的"户品"问题》，北京吴简研讨班《吴简研究》第一辑，武汉崇文书局，2004，第 190 ~ 202 页。
③ 于振波：《从简牍看汉代的户赋与刍稿税》，《故宫博物院院刊》2005 年第 2 期，第 151 ~ 155 页。

第三章　简牍商业经济史料研究

地下出土简牍是研究早期商业经济史宝贵的第一手资料。但是，我国已经出版的商业经济史（含粮食经济史）著作一般都较少（甚至没有）引用简牍史料。例如吴慧主编的《中国古代商业史》（中国商业出版社，1983年版）便几乎没有引用简牍史料，李浚源、任遒文等编的《中国商业史》（中央广播电视大学出版社，1985年版）、郁长荣和王璋合著的《中国古代粮食经济史》（中国商业出版社，1987年版）、余也非的《中国古代经济史》（重庆出版社，1991年版）都主要引用《史记》、《汉书》等传世文献，仅仅引用了《周礼》等少量的简牍史料。虽然目前利用简牍史料研究古代商业经济史的论文越来越多，但往往侧重某一方面，缺乏系统性，并且一般也没有采用比较研究的方法和视角。本章通过对我国古代简牍史料的挖掘和解读，对我国早期商业经济发展的主要方面做些探索，并结合相关史料与国外古代商业经济发展情况进行对比，弘扬祖国文化，探讨商业经济发展的一般规律。

一　商业经营组织形式

在中西方早期的商业活动中，已经出现了合伙经营、承包经营等商业经营组织形式。

（一）合伙经营

合伙是中国古代股份制重要的组织形式，在我国起源很早，在西方也源远流长。

中国古代商业经营中的"合伙"在史料中记载为"合本"、"连财"等。几千年来，我国一直传颂着管（仲）、鲍（叔牙）合伙经营，鲍让利于管的佳话。如《吕氏春秋》记载："管仲与鲍叔同贾南阳，及分财利，而管仲尝欺鲍叔，多自取。鲍叔知其有母而贫，不以为贪也。"这说明我国可能早在春秋时期已出现合伙经营。

张家山汉简《算数书》第 11 章《共买材》及第 51 章《分钱》，讲述"盈亏"问题，实质就是共同承担风险的"共同财产"问题，如第 11 章"共买材：三人共买材，以贾（价）一人出五钱，一人出三钱，一人出二钱。今有赢（盈）四钱，欲以钱数衰分之。出五钱者得二钱，出三者得一钱五分钱一，出二者得五分钱四。"说的就是三人共同出资购买木材，木材共同所有，所赚得的钱按每个人出钱的比例来分配。这种共同财产的出现，说明当时已经有了集体所有制或股份制形式。该买卖的利润率为 40%。

汉代合伙者之间开始订有专门契约来规范各方的行为。江陵凤凰山 10 号墓汉简 2 号木牍是合股经商契约。正面标题是"中瓶共侍约"，背面是契约全文。

> □年三月辛卯，中瓶瓶长张伯、石兄、秦仲、陈伯等十人相与为瓶约：入瓶钱二百；约二会钱备，不备勿与同瓶；即瓶，直行共侍，非前谒病不行者，罚日卅，毋人者以佣贾；器物不具，物责十钱；共事已，器物毁伤之及亡，瓶共负之；非其器物擅取之。罚百钱。瓶吏令会不会，日罚五十；会而计不具者，罚比不会；为瓶吏集器物及人。瓶吏秦仲。

中转贩卖，本来是商业的行话。"由于江陵地区靠江背湖，水系交互，交通有赖舟船……所以把"瓶"字写成从'舟'、从'反'。[①] 这是目前为止发现的最早的合股经商契约。

十人合股经商，每人出贩钱二百。对"贩钱"有的解释为"会钱"，有的解释为"股金"。据《汉书·食货志》："黄金重一斤，直钱万。"汉制较小，当时的一斤大约相当现在的 0.5165 市斤，258.24 克，每克黄金起码

---

① 黄盛璋：《江陵凤凰山汉墓简牍及其历史地理研究上的价值》，《江汉考古》1974 年第 6 期。

38.72 钱。换句话说，当时二百钱可买 5.165 克黄金。若为会钱，不算少数；若为股金，不算大生意。设置贩长、贩吏，贩吏负责集合器物和人，组织可谓严密。并且制订了严格的纪律和处罚标准：病不行者日罚三十钱，器物不具"责十钱"，"器物擅取之罚百钱"，聚会不到或账目不齐全的罚五十钱。明确易行。

与二号牍同时出土的戉组简约 15 枚，每简都是二户，摘抄如下：

> 安国、晨二户未行
>
> 敦、乙二户儋行少一日
>
> 上官乙人、圣二户女反马合阝少一日

结合"中贩共侍约"所规定的缺勤一天罚三十钱和"无人者佣"，"少一日"和"未行"，可能是考勤记录。"这些人都是墓主人派往外地贩运货物的。"[1] 可信。

十人合股经商，组织严密，规定严格，还有考勤记录，公元前 2 世纪的第一手资料，尚属首见。

东汉建初二年（公元 77 年）《侍廷里父老僤约束石券》也被认为是一个合伙经营契约[2]，全文如下：

> 建初二年正月十五日，侍廷里父老祭尊于季、主疏左巨等廿五人，共为约束石券。里治中以永平十五年六月中造起，敛钱共有六万一千五百，买田八十二亩。中其有訾次当给为里父老者，共以容田借与，得收田上毛物谷实自给。即訾下不中，还田转与当为父老者，传后子孙以为常。其有物故，得传后代户者一人。即中皆訾下不中父老，季、巨等共假赁田。它如约束。单侯、单子阳、尹伯通、中都、周平、周兰、□□、周伟、于中山、于中程、于季、于孝卿、于程、于伯先、于孝、左巨、单力、于稚、初卿、左伯文□、王思、季卿、尹太孙、于伯和、尹明功。

---

① 黄盛璋：《江陵凤凰山汉墓简牍及其历史地理研究上的价值》，《江汉考古》1974 年第 6 期。

② 于振波：《秦汉法律与社会》，http://www.bmy.com.cn/history/htdocs/XXLR1.ASP? ID = 5215。

"里父老"是负责沟通官方与民间事务，接受官府差遣，但没有俸禄的一个职务。任父老一职，在获得当地居民尊重的同时，也要承受一定负担。"父老僤"就是为解决这一问题而由民间自发设立的。侍廷里中有出任父老资格的居民共同组织父老僤，集体购买土地，以土地收获物作为僤内成员充当父老时的费用。这样既解决了出任父老者的后顾之忧，也在一定程度上减轻了乡官里吏对老百姓的盘剥。

在国外，早在古巴比伦时期也已经出现了合伙经营。古巴比伦《汉穆拉比王法典》第九十九条明确规定："倘自由民以银与自由民合伙，则彼等应在神前均分其利益。"① 在新巴比伦王国时期，尼普尔城有一个穆拉树兄弟商家（Murashú Sons）。② 该家族不仅经营钱庄、批发商业，甚至还经营矿业、房地产和建筑。在发掘出来的穆拉树记录板中，便记载有合伙经营等内容。

西方合伙经营最早出现在2000多年前的罗马帝国时代。当时的船夫行会就是类似于公司的合伙经济组织。美国经济史学家汤普逊认为：

"现在我们还可以看到流传下来的关于第3和第4世纪船夫行会的重要文献，当时这些团体在帝国的大部分沿海城市中都可以找到。他们主要被雇佣于运输粮食。它们的经营和资本雄厚的商社相互勾结着，而那些被禁止经商的罗马元老往往是这些公司的匿名股东。"③

邹进文同志认为：这里的"股东"实为合伙出资人。④ 罗马法中把合伙看成是两人以上互约出资经营事业，以共同分配利润为其目的，并规定了六种形式：共产合伙、特业合伙、所得合伙、佃租征收合伙、单业合伙和隐名合伙。

中世纪初期，意大利地中海沿岸成为欧洲与近东之间的贸易中心，海上贸易可以获得较高的利润。但是，当时海上交通还不发达，从事海上贸易具有极大风险，同时海上贸易需要巨额资本，个人往往很难承担。因此，在这种情况下，资本的所有者既想得利，又不愿单独承担风险，于是就产生了合伙组织。当时最典型的是"康枚达"和"索塞特"。在康枚达组织中，资本或财物所有者以分享企业利润为条件，将资本或购物预付委托给船舶所有者、独立商人或其他人。受托方用集中起来的资本或连同自有资本从事经

① 法学教材编辑部：《外国法制史资料选编》，北京大学出版社，1982，第30页。
② 〔日〕片冈义雄、片冈泰彦：《沃尔芙会计史》，法政大学出版社，1977，第32页。
③ 〔美〕汤普逊：《中世纪社会经济史》，商务印书馆，1962，第2页。
④ 邹进文：《古代中西商业合伙经营比较研究》，《商业经济与管理》1996年第2期。

营，所得利润根据契约规定，由出资者分配。一般每次航行募集一次资本，每次航行结束后，资本退还原主。这种形式的合伙具有投资的短期性和组织的不稳定性等特点。索塞特与康枚达类似。在索塞特中，合伙各方共同经营，经营风险由合伙方共同承担，并以其全部财产对债务负无限责任。所不同的是，企业的存续期由契约规定，契约期内合伙人的资本不能随便抽回。契约期满，企业自行解散，合伙各方取回各自的本利。

1157 年，荷兰人安萨尔多·巴拉多（Ansaldo Baialardo）利用帆船到地中海进行贸易。英格·达·沃尔特（Ingo da Volda）通过"卡曼达"（Commenda）组织向其投资。表 3 - 1 是这次贸易活动的利润分配账目①。

表 3 - 1　英格·达·沃尔特利润分配账目

英格·达·沃尔特	英磅	先令	便士
最初投资	254	14	1
卡曼达利润（227.6.3）的 3/4	170	9	6
	425	3	7
安萨尔多·巴拉多			
卡曼达利润（227.6.3）的 1/4	56	16	6
私人投资额	18	10	0
私人投资利润	17	9	11
	92	16	5

中国和西方的合伙经营形式都出现在商业发展繁荣时期，并且都是与贸易的兴旺、分散风险的要求联系在一起的。中国古代商业经济中的合伙经营虽历经两千多年，但是没有什么新的突破与发展，而西方古代商业经济中的合伙经营逐渐演变为近代的股份公司。

（二）承包经营

居延新简《候粟君所责寇恩事》（E·P·F22：1～36）是建武三年（公元 27 年）一个完整的诉讼档案，全册 36 支简，1700 余字。

　　建武三年十二月……去年十二月中，甲渠令史华商、尉史周育当为候粟君载鱼之觻得卖。商、育不能行。商即出牛一头，黄、特、齿八

---

① 〔荷〕腾·海渥：《会计史》，文硕、付磊译，中国商业出版社，1991，第 19 页。

岁，平贾值六十石，与它谷十五石，为〔谷〕七十五石，育出牛一头，黑、特、齿五岁，平贾值六十石，与它谷卅石，凡为谷百石，皆予粟君，以当载鱼就直。时，粟君借恩为就，载鱼五千头到觻得，贾直：牛一头、谷廿七石，约为粟君卖鱼沽出时行钱卌万。时，粟君以所得商牛黄、特、齿八岁，以谷廿七石予恩顾对直。后二、三〔日〕当发，粟君谓恩曰：黄、特、微庚，所得育牛黑、特、虽小、肥，贾直俱等耳，择可用者持行。恩即取黑牛去，留黄牛，非从粟君借牛。恩到觻得卖鱼尽，钱少，因卖黑牛，并以钱卅二万付粟君妻业，少八岁（应为"万"）。……凡为钱八万，用偿所负钱毕。（E·P·F22：1～36）

事情发生在东汉建国之初的建武元年十二月，甲渠候官的候（候官之长）粟君让自已的属吏令史华商、尉史周育为他去觻得贩鱼，而两人因某种原因不能动身，于是便出资给粟君，由他雇人前往。华商出黄特牛一头（价值六十石谷），并出谷十五石，合计相当于七十五石谷；周育出黑特牛一头（价值六十石谷），并出谷四十石，合计相当于一百石谷。粟君以一头牛和二十七石谷的价格，雇用寇恩用车载鱼五千头去觻得贩卖，约定卖完所有的鱼后，寇恩要交给粟君四十万钱。可是寇恩卖鱼大大亏了本，所卖得的钱远远少于四十万，又将粟君交给他的那头牛卖掉，总共才凑够三十二万钱。最终寇恩又通过其他途径，总算凑齐了另外的八万。由投资者提供商品和运输工具及运费，经营者依约交款四十万。似开经营承包责任制的先河。

二 商业市（集）及其管理

市（集）是商业活动的场所。市（集）的出现是商业活动发展到一定阶段的必然产物。市（集）的繁荣程度和管理水平反映了一个国家或地区商业发展的程度。我国古代的市，作为商品交易的场所，是一定历史时期商业活动的集中反映。《周易》中有"日中为市"的记载，这说明小型的集市起源甚早。随着商业的发展，我国古代的市场也不断得到发展。

（一）商周时代的市场及其管理

商代已有专门的交易场所。《六韬》记载："殷君善治宫室，大者百里，中有九市。""宫中九市，车行酒，马行炙。"做不同买卖的人分别聚集的这些店铺，称为"肆"。由于肆在市之内，人们就通称"市肆"。据《尉缭子·武议》记载，姜太公吕望在未遇周文王时，就曾"屠牛朝歌，卖食孟津"。《盐铁论·颂贤》也有记载："太公贫困，负贩于朝歌"。商代已有专职官员管理商业贸易。商代甲骨文有一字，以往多释为"贮"，李学勤改释为"贾"字①。"多贾"即是负责商业之官，其地位是相当高的②。

随着商业活动的发展，西周时期已经有了比较固定的市场作为交易场所。《考工记》讲都邑之制，提到"左祖右社，面朝后市"；《周礼·司市》提到都邑中的三种市场，"大市，日昃而市，百族为主；朝市，朝时而市，商贾为主；夕市，夕时而市，贩夫贩妇为主"。周宣王时期的《兮甲盘》铭文提到淮夷"其贮（贾），毋敢不即次即市"，可见周与淮夷的交易也有固定的市场。

官府对于市场的管理是比较严格的。据《周礼·地官》，政府设立了司市，作为管理市场的总负责人。司市下设"胥师"，分区执行管理职责，并负责辨别货物的真假；设"贾师"，专门掌管市场物价；设"司武虎"（十肆一人）和"司稽"（十肆一人），负责维持市场秩序；设"质人"，管理度量衡；设"廛人"，征收商税。另外还设置了"司门"和"司关"，负责管理货物的出入城门或边关。

西周对上市商品进行了严格控制。据《周礼·地官》记载，"凡治市之货贿六畜珍异，亡者使有，利者使阜，害者使亡，靡者使微"。也就是说，对重要商品，没有的要使其有，有利的要使其推广和增加，有害的要加以排除，奢侈的要使其减少到最低限度。又据《礼记·王制》说，圭璧金璋、命服命车、宗庙之器、祭典牺牲等皆"不粥（鬻）于市"，即不允许在市场上买卖。允许市场交易的日用器物、兵车、布帛、五谷、禽兽等，必须合乎一定的质量规格，否则就不准在市场上交易。发现有不允许上市的物品，就严格处罚交易者。

（二）春秋战国时期的市场及其管理

春秋后期，商品交易市场已经普遍地分布于作为行政单位的各个城邑之中，形成了规模大小不等的固定商业区。这些市场的四周都有"市门"出入，由市史管理，进入市场经商的人都有"市籍"，并交纳市税，市的交易时间没有限制，市门朝开夕闭。

---

① 李学勤：《兮甲盘与驹货币父》，《新出青铜器研究》，文物出版社，1990，第144页。
② 李雪山、黄延廷：《商代商品贸易探微》，《殷都学刊》1999年增刊。

基于简牍的经济、管理史料比较研究

战国时期，社会生产力有了巨大的发展。商业的发展促进了产品的商业化，使商品经济进入空前繁荣的时期。当时的商品交易十分活跃，本地区没有的东西，通过交换便可得到。可以从《荀子·王制》中得到证明：

"北海则有走马吠犬焉，然而中国得而畜使之，南海则有羽翮、齿革、曾青、丹干焉，然而中国得而财之；东海则有紫紶、鱼盐焉，然而中国得而衣食之；西海则有皮革文旄焉，然而中国得而用之。故泽人足乎木，山人足乎鱼，农夫不斫削、不陶冶而足械用，工贾不耕田而足菽粟。"

商业的发展促进了大都市的兴起。韩的新郑、赵的邯郸、魏的大梁、东周的洛阳等，都是当时有名的商业城市。在这些比较大的城市里，都划出了一定的范围作为市场。市区内店铺林立，按行业分成许多肆。行列井然有序，市场内有卖金的，有沽酒的，有贩茅的，有卖马的，卖兔的，还有卖卜的。

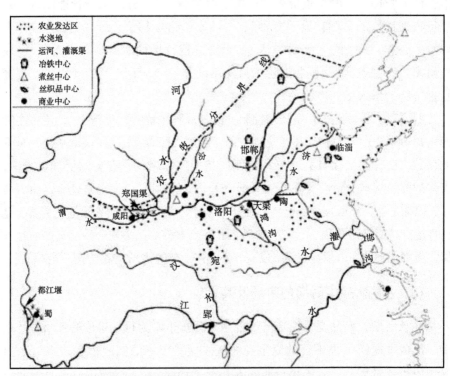

战国时期手工业的分布和商业城市图

咸阳	在今陕西咸阳	洛阳	在今河南洛阳	陶	在今山东定陶
邯郸	在今河北邯郸	临淄	在今山东淄博	郢	在今湖北荆州
宛	在今河南南阳	大梁	在今河南开封	蜀	在今四川成都

　　同时，有的诸侯国为解决士兵的给养问题，还在屯兵之处开设了军市。《商君·垦令》记载："令军市无有女子，而命其商人自给甲兵，使视军兴。又使军市得私输粮者，则奸谋无所于伏，盗输粮者不私稽，轻惰之民不游军市。"

　　根据云梦秦简《金布律》的规定，市内的商店按什伍编制，每五家商店设一个"列伍长"，协助市史对商业活动进行管理。市场管理非常严格，首先要求明码标价。《金布律》明文规定："有买及卖也，各婴其价；小物不能名一钱者，勿婴。"婴其价，即标价。小物单价不值一钱的，不必系签标价。对于收入钱币，还明确规定"官府受钱才者，畚（ben，用蒲草之类编制的容器），以丞、令印印。不盈千者，亦封印之。"不仅统一规定"千钱一畚"，还要加盖丞印、令印鉴进行土封缄。为了防止偷盗销货款，《关市律》规定："为作务及官府市，受钱必辄入其钱缿（xiang，陶制容器）中，令市者见其入，不从令者赀一甲。"从事手工业和为官府出售产品，收钱时必须立即把钱投入缿里，使买者看见投入，从而发挥购买的监督作用。

　　《工律》规定："为器同物者，其大小、短长、广亦必等。"就是说制作同一种器物，其大小、长短和宽度必须相同。这是针对官营手工业者生产产品而规定的，其目的就是要保证产品的质量。在商品的交易过程中，无论以物易物，还是钱货两讫，都需要有度、量、衡器，其准确与否，直接影响着交易是否公平。《工律》规定："县及工室听官为正衡石赢（累）、斗用（桶）、升，毋过岁壶（壹）。有工者勿为正，段（假）试即正。"就是说县及工室，由有关官府校正其衡器的权、斗桶和升，至少每年应校正一次。本身有校正工匠的，则不必代为校正。这些器物在领用时就要加以校正。可见当时秦国的度、量、衡器，都是由官府统一管理。

　　《金布律》还规定：市场交易时不得"择行钱、布"，就是说商品出售人不得拒收布匹，否则要受经济处罚。"贾市居列者及官府之吏，毋敢择行钱、布；择行钱、布者，列伍长佛告，吏循之不谨，皆有罪"，"钱善不善，杂实之……百姓市用钱，美恶杂之，勿敢异。"明确用法律手段来保证货币的流通。如果商贾敢于对钱、布这两种货币有所选择，拒绝使用其中的任何一种，作为货币流通的话，不但商贾本人有罪，而且适用连坐法，商贾的伍长不告发，官吏检查不严，都要追究他们的责任；同时，钱质好的和不好的，应装在一起，百姓在交易时使用钱币，质量好坏一起通用，不准选择。

该法律在于保证国家法定货币在流通中的正常使用，这对于稳定当时的市场无疑是非常有利的。

古代货栈图

（三）汉代的市场及其管理

汉代的市场已经比较发达，我们可以从其市场上货物交易品种的多少来判断市场的发达程度。徐乐尧根据居延汉简所提供的资料，归纳出投入居延市场的货物，大约有以下几类：①

粮食类：粟（20.8）、大麦（214.4）、穬麦（335.39、336.25）、黍米（36.7）、秫（6.6）、糜（26.9A）、谷（303.3）、粱（146.74）、糒

---

① 徐乐尧：《居延汉简所见的市》，《秦汉简牍论文集》，甘肃人民出版社，1989，第49～69页。

（E. P. T52：327）等。

衣物类：皂布衣、韦绔、皂袭、皮绔（E. P. T52：91B）、皂禾詹褕、布复襦、绛单襦（E. P. T52：188）、皂练复袍（69.1）、布复袍（49.10）、皂襦（E. P. T52：387）、缥复袍（E. P. T51：122）、白糸由襦（E. P. T51：302）、袭布绔（E. P. T57：3A）、皂复绔（E. P. T57：57）、单衣（E. P. T65：380）、缣长袍、皂绔（206.28）、裘（26.1）、绤复襦（326.20A）等。

布帛类：七稯布（E. P. T56：10）、八稯布（311.20）、九稯布（282.5）、练（407.22、565.22）、缣（163.3）、皂练（35.6）、白素（214.26）、皂布（49.10）、布、糸并（E. P. T51：531）、鸲缕（112.27）、廿两帛（303.5）、白缣（E. P. T8：25）、絮巾（E. P. T51：301）、缇绩（E. P. T59：7）、系絮（E. P. T51：249）、丝（507.12A）等。

牲畜类：羊（E. P. T51：223）、牛（E. P. T65：527）、马（63.34）等。

肉食类：牛肉（269.5）、肾（258.13）、鸡（219.5）、脂（E. P. T40：163）、肝、胃、肠（E. P. T51：235A）、头、肺、颈、界（脾）、心（286.19B）、鱼（E. P. T65：33）等。

蔬菜类：大薯、成介（262.34）、麲（206.3）、姜（300.8）等。

家具兵器类：铁制农具（E. P. T52：15）、兵铁器（E. P. T5：149）、剑（E. P. T51：84）、弓（11.12）等。

杂物类：椠（55.5）、芯（32.16）、牛革（E. P. T51：321）、胶（229.8，267.12）、狗（246.40）、榆木（82.2）、茭（140.18B）、麻（37.37）、铁斗（E. P. T59：7）、插（E. P. T53：73）、席（E. P. T50：144A）、酒（E. P. T51：223）、牛车、轺车（37.35）等。

田宅类：田（505.37A，E. P. T52：589）、冢地（564.10）、宅（37.35，24.1B）、庐舍（E. P. T50：33A）等。

可以看到：汉代居延地区投入市场的商品，种类还是比较丰富，有粮食、衣物、布帛、肉食、蔬菜、牲畜、农具、田宅等数十种。

在汉代，不仅京师长安有九市，名都大州（郡）有市，据王符《潜夫论·浮侈篇》所记："今举市舍农桑，趋商贾，牛马车舆，填塞道路，游手为巧，充盈都邑……天下百郡千县，市邑万数，类皆如此"。可见凡县以上均设有市。当时的长安城中，还设置了专业市场，如柳市、酒市等。除城市市场以外，还有军市，即在军队驻扎区设市。

据史籍记载，汉代主管市务的官吏，长安东西市设市令，其他城市设市长。一般县市设市吏、市掾、市啬夫等。如破城子新简中有如下一简：

> 伐胡卒杨熹责□□布□一领直千作十……已得钱二百少八百八十责
> 广地次□燧长陶子赐练襦一领直八百五十今为居延市吏
> 伐胡卒□□责……　　　　　　　　　　　　　　（E. P. T59：645）

上例中的居延市吏，就是管理居延县商业市场的官吏。在居延，当地居民或边塞吏卒到市场上买卖货物，必须向居延县或军事系统的候官申请符传，方可通行。以下数简可以反映当时的情况：

> □诣官封符为社内买马□　　　　　　　　　　　（合校63・34）
> 元延二年七月乙酉居延令尚、丞忠移过所县道河津关遣亭长王丰以
> 诏书买骑马酒泉、敦煌、张掖郡中当舍传舍从者如律令（合校170・3）

简（1）是军事系统人员为去市场购物而向候官申请信符的例子。简（2）则是居延县发给亭长王丰赴酒泉买马的过所（即传）。

（四）国外早期的商业市集

1. 古希腊的市场管理

古希腊的雅典，是一个工商业经济占重要地位的典型。为了保证商业正常发展，实行了一系列市场管理措施。

（1）市场监督。监督一切商品的质量，防止售卖掺杂和出售伪造的货物。

（2）度量衡监督。使卖者使用公正的度量衡进行交易。

（3）设立谷物看守人。首先监视未经磨制的谷物，在市场上的售价是否公平；其次是监督磨坊，出售大麦粉的价格是否符合大麦的比价，以及面包的售价是否符合小麦的比价等；再次是监督面包的重量，是否符合官方规定的标准重量。

（4）港口监督。监督港口市场，命令商人将要到达粮市的由海外输入

的谷物的 2/3 运往城内出售，并规定出海商船要回载一定的粮食回国。①

2. 法国古高卢时期的市集

高卢是西欧最富裕的地区。在公元前 2 世纪到公元 1 世纪之间，高卢人的氏族公社有了明显分化，出现了奴隶主和奴隶。在现在的巴黎、奥尔良、波尔多、鲁昂等地，先后出现了堡垒式的设防中心。堡垒内设有市场，罗马和希腊的商人，经常来到这些地方做买卖。

3. 西欧中世纪的商业市集

在中世纪，西欧的商品流通场所，不仅有市场（market，一译为集市），而且有市集（fair，一译为交易会）。市集与市场之间的主要区别在于："（1）市集比起市场来，是在较高级封建管辖权之下；（2）市集不是属于庄园范围的，而是为更广大的公众服务的（最大的市集在范围上是国际性的）；（3）市集是按季举行的，而非按周或按双周举行的"②。

尽管市集的历史可追溯到古罗马以前，中世纪最古老的圣得民斯市集，在 7 世纪就已存在，但中世纪市集的繁荣期却在 12 世纪以后。市集是专业商人们集会的场所，它们是交易的中心，特别是批发交易的中心。只有地方诸侯有权设立，它在法律上有特权地位。当时布鲁日、科伦、法兰克福、日内瓦、里昂等地都以大型市集闻名遐迩。而香巴尼交易会则更是妇孺皆知的城市狂欢节，它每年在特鲁瓦、普罗温、拉尼、巴尔 4 个城市轮流举行六次，每次六周。"在文明初开的西方，香巴尼交易会是一帖猛药，迫使当时还不发达的国家发展交换。"这种定期举行的大型市集不仅延长了贸易时间，也扩大了贸易空间。"定期贸易出现在向专业化交易演进的过程中。"欧洲"从 12 世纪起，价格便处在波动状态，这证明'近代'市场业已建立，有时能相互结合，构成初步的市场体系，组织起城市间的联系。"6 ~ 14 世纪，西欧已出现 4 个区域性贸易区，即地中海贸易区、北海和波罗的海贸易区、汉萨同盟和不列颠贸易区。

市集上交易的商品来自西欧各地。在布鲁日市集中，"商品有来自英格兰的布匹和羊毛，从波罗的海来的笨重货物；从布尔纳夫和布鲁阿日来的盐，从欧洲西南部来的酒，当然还有香料，而且还有明矾、菘蓝、纺织纤维和染料"③。

---

① 林光祖：《国外商业》，中国财政经济出版社，1989，第 22 页。

② 〔美〕汤普逊：《中世纪经济社会史》（下册），耿淡如译，商务印书馆，1984，第 186 页。

③ 〔美〕汤普逊：《中世纪经济社会史》（下册），耿淡如译，商务印书馆，1984，第 184 页。

当时市集的管理也已经相当完善。设置市集监督 2～3 人，主管司法、警务和公布管理法令等。其次设市集书记，亦称监督助理。另有"秘书"，即市集的"监印官"，其职责是把伯爵的印章加盖在市集期间所订立的一切重要契约上，起公证作用，保证契约的有效性。市集还设警卫队维持秩序。对于前往市集的商人，贵族会颁发特别安全状，上面强调指出：对侵犯这些商人的人身和货物的罪行，将加以特重刑罚；同时给予这些商人们各种优惠：减低关税和通行税，给予售货的便利，设立特种法院来解决争执和协助收集债款。而且一种国际法也在慢慢地被各地接受，那就是《商事法》，依此法律，外国商人在各地可受到同样的管理，而王公贵族们也力图公平地实行这项法律，为的是要引诱商人们常到自己的市场和市集来。

三　商业物价及其管理

商品价格是社会经济发展的晴雨表，也是社会生产力发展水平和政治状况的综合反映，从物价可以看出当时社会经济的繁荣与衰落。中外古代国家都通过加强物价管理稳定市场秩序，保持社会安定，维持王朝的统治。

（一）物价情况①

张家山汉简《算数书》关于物价的有 6 章（第 17 章《金价》、第 22 章《羽矢》、第 23 章《桼（漆）钱》、第 24 章《缯幅》、第 31 章《买盐》、第 52 章《米出钱》），而且在《算数书》中，还有大量记载各种粮食之间比率的史料，利用《算数书》中所涉及的换算比率，可推算出《算数书》当时的商品价格，如表 3－2 所示。

表 3－2　《算数书》反映的商品价格情况

品名	盐	金	漆	缯幅	羽	粟	麦	黍	稻粟	米
单位	斗	两	斗	匹	喉	斗	斗	斗	斗	斗
单价（钱）	10	315	35	920	2.5	1	10/9	3/2	5/6	2/3～4/3

由于米按其精细程度可分为粝米、粺米、毁（毇）米、繫米等种类，所以价格不等，有一个幅度。公元前 2 世纪前半叶的江陵凤凰山 10 号墓丙

---

① 李孝林、黄小红：《张家山汉简〈算数书〉经济史料探索》，《淮阴师范学院学报》2007 年第 5 期。

组简，是现存的最早的出售货物的流水账。出售的商品笥（盛物的方形竹器）一合50～54钱，枲（麻）一唐30～42钱。物价一样有一个幅度，也是按质论价。

与《算数书》同性质的《九章算术》中，所涉及商品的物价如表3-3所示。

表3-3　《九章算术》反映的商品价格情况

品名	金	漆	麦	荅	菽	麻	黍	布	丝	素	羽
单位	斤	斗	斗	斗	斗	斗	斗	匹	斤	丈	喉
单价（钱）	6250～9800	345.03	4	5	3	7	6	125～225	5～345	625/6	1/4～1/3

反映西汉晚期西陲边疆情况的《居延汉简》中也有物价的记载，整理如表3-4所示。

表3-4　《居延汉简》反映的商品价格情况

品名	盐	小麦	谷	粟	黍	大麦	米	帛	娟丝	白素	缥
单位	斗	石	石	石	斗	石	石	匹	斤	丈	匹
单价（钱）	30	90	31.8	8～145	15	90	150	450	217	250	800

1. 金价

《算数书》和《九章算术》都涉及金价，但两者有一定差距。《九章算术》所记载的每斤黄金9800钱是汉代的金价，除此之外，还有很多记载汉代金价的资料，基本是每斤值万钱。如《汉书·食货志》载："黄金重一斤，直钱万。"《汉书·惠帝纪》注"诸言赐黄金者皆与之金，不言黄金者，一金与万钱也。"然而，《算数书》第17章"金价：金价两三百一十五钱，今有一朱，问得钱几何"。所记载的金价每斤为5000多钱，与所知的汉代资料相差甚远，这说明此章所记载的黄金的价格并不是出于汉代。而关于秦代黄金价格的记载甚少，仅见何清谷在《秦币研究》中推测：秦代的黄金与半两钱的比价大约为一两黄金比150枚至360枚半两钱，这正好与《算数书》所记载的内容相合，可见《算数书》中的金价当属于秦代。这也是目前所见的唯一的一条关于秦代金价的史料。

2. 漆价

《算数书》和《九章算术》中都涉及漆价，但两者的悬殊也很大。《算数书》第23章"桼（漆）钱：（饮）桼（漆）斗三十五钱。"所描述的漆价为每斗 35 钱。而《九章算术·粟米》章中："今有出钱五千七百八十五，买漆一斛六斗七升大半升，欲斗率之，问斗几何？答曰：一斗，三百四十五钱五百二分钱之一十五。"所描述的漆价为每斗约 345 钱。可以看出，两者的价格相差约 10 倍，之所以出现如此大的悬殊，大概是因时、因地之差和漆的质量好坏有关。叶玉英认为：因楚国盛产漆和漆器，漆的价格较便宜，此章内容可能出于战国时期的楚国①，我们也持同样的观点。这也是目前关于漆价的最早记录。

3. 盐价

比较《算数书》与《居延汉简》的物价可以看出：两者都涉及盐价的记载，《算数书》中第 31 章 "买盐：今有盐一石四斗五升少半升，买取钱百五十欲石率之，为钱几何？答曰：百三钱四百三十〔六〕分钱九十五（二）"。即一石约 103 钱，一斗 10 钱左右，而《居延汉简》所记载的盐价为 30 钱一斗，相差 3 倍，我们认为这可能有两种解释：一是由于两者所记载的内容的时间不同，《居延汉简》反映西汉晚期的情况，而《算数书》此章所反映的可能是西汉前期的情况。西汉前期，食盐为私人生产、销售，因竞争激烈，出现 "盐与五谷同价" 的状况，这也具体反映了盐的产量有较大发展的事实。二是若两者同为反映西汉晚期的史料的话，那就是因为《居延汉简》反映的是西汉晚期西陲边疆的情况，而《算数书》反映的是内地的情况，这就再一次说明了边远地区的物价要比内地高的状况。

4. 粮价

《算数书》、《九章算术》、《居延汉简》都有大量的粮价史料，从以上三个表可以看出：粮价的波动最大，《居延汉简》的粮价普遍略高于《九章算术》和《算数书》的粮价，这表明了边远地区的物价要比内地高。而《九章算术》又比《算数书》的粮价偏高，即《算数书》所记载的粮价是三者当中最低，然而，它却与《史记·律书》中 "文帝即位……百姓无内外之徭，得息肩于田亩，天下殷富，粟至十余钱，鸣鸡犬狗，烟火万里"。所记载的 "粟至十余钱" 基本相符，我们认为，此处所记载的粮价应该是出于西汉汉文帝时期，不赞同叶玉英所认为的是处于吕后时期的观点②，理由如下：我们认为吕后时期正处于恢复经济时期，其米价不可能从汉高祖时的石数千降至石余钱，而汉文帝就是在吕后恢复经济的基础上，米价进一步

① 叶玉英：《张家山汉简〈算数书〉的经济史料价值》，《中国社会经济史研究》2005 年第 1 期。
② 叶玉英：《张家山汉简〈算数书〉的经济史料价值》，《中国社会经济史研究》2005 年第 1 期。

下降，降至 10 余钱。况且，至今所发现的史料中，并没有吕后时期粮价十余钱的文献记载，而汉文帝时期，就有大量的文献中记载有粮价十余钱的史料，并且汉文帝时期，积极采取休养生息，轻徭薄赋，大力发展生产，奖励农耕，实行通货紧缩等政策，都收到了明显的效果，粮价才得以大幅度下降。

（二）物价管理

在古代社会中，物价管理制度，历来是国家调整商品交易关系的重要手段。自西周开始，历代统治者就通过物价管理来加强对商业活动的控制。西周的市场物品已经普遍标价。《周礼·天官》规定：官府女工在呈献她们的布帛丝麻等产品时，要"比其小大而贾之，物书而楬之"（比较大小，估计物品的价格，写在木签上悬挂）；"以其贾楬之"（标明物品的价格）"以其贾楬而藏之"（标明价格加以保管）。西周商品的定价权掌握在贾师手中，上市商品须经其查看，并同意其价格，才准许在市场出售。市场商品价格的高低，也由贾师评定。贾师必须确保物价稳定。禁止哄抬物价，也禁止利用季节差抬高物价。"凡天患，禁贵买者，使有恒贾，四时之珍异亦如之。"所有商品上市，都按种类和档次价格高低分地区陈列，同一种类、价格接近的，都摆在邻近地方，谓之一"肆"；同一种类的商品价格悬殊的，则分别在不同地段陈列，以免相互混淆和欺骗顾客。

春秋战国时期，各诸侯国更加重视对物价的管理，特别是对粮食价格的管理。公元前 7 世纪，管仲在辅佐齐桓公成就春秋霸业的实践中，提出国家参与粮食市场购销，以调节供求，控制粮价的准平论。就是国家根据市场粮价经常变动的特点和供求规律，利用掌握的财货储备，采取购销吞吐的办法进行调节，把粮价波动控制在一定幅度内。

"人君知其然，故守之以准平，使万室之都，必有万钟之藏，藏锱千万；使千室之都，必有千钟之藏，藏锱百万；春以奉耕，夏以奉耘，耒耜械器，种穰粮食，毕取赡于君，放大贾蓄家不得豪夺吾民矣。"①

《文献通考·市籴考》对管仲的"准平"作了如下概括："民有余则轻之，故人君敛之以轻；民不足则重之，人君散之以重。凡轻重敛散以时，即准平"。其具体做法是：在市场粮食供过于求（物"轻"）时，国家要"敛"（适时收购）；在市场粮食供不应求（物"重"）时，国家要"散"

① 闻一多：《古典文学论著选集》，武汉大学出版社，1993，第 28 页。

（即抛售），所谓"轻重敛散以时"，以平衡粮价。避免私营投机商人"大贾蓄家"囤积居奇，哄抬粮价。

战国前期，著名的政治家李悝曾说："籴甚贵伤民，甚贱伤农；民伤则离散，农伤则国贫。"据《汉书·食货志》记载，李悝给农民算了一笔账："今一夫挟五口，治田百亩，岁收亩一石半，为粟百五十石。除十一之税十五石，余百三十五石。食，人月一石半，五人终岁为粟九十石，余有十五石。石三十，为钱千三百五十。除社闾尝新春秋之祠用钱三百，余千五十。衣，人率用钱三百，五人终岁用千五百，不足四百五十。不幸疾病死丧之费及上赋敛，又未与此。此农夫所以常困，有不劝耕之心，而令籴至于甚贵贵者也"。

据此，李悝提出了著名的平籴政策，即政府根据年成的好坏，熟年收购粮食，荒年抛售粮食，从而平衡粮价，调剂粮食余缺，防止谷贱伤农，谷贵伤民。

战国时期，为了控制市场物价，一些诸侯国曾经储备种籽，以防商人抬价。《韩非子·内储说下》："韩昭侯之时，黍种尝贵甚。昭侯令人覆廪，廪吏果窃黍种而粜之甚多。"这说明国家是储备了种籽的，但商人无孔不入，和廪吏勾结起来，盗卖黍种，扰乱市场。

秦国《金布律》规定商品销售必须明码实价："有买及卖也，各婴其价；小物不能各一钱者，勿婴。"除了不值一枚铜钱的商品外，都必须在其商品上标明所卖价格，以便购买者选购。

汉朝初期，开始实行平价制度。由于汉政府实行按月评定商品的价格，故通常也称为"月平"。《史记·平准书》载：西汉武帝时，"置平准于京师，都受天下委输……大农之诸官尽笼天下之货物，贵即卖之，贱则买之，如此富商大贾无所牟大利，则反本，而万物不得腾踊。故抑天下物。名曰平准。"以下数简反映了当时的平价（贾）情况：

二月戊寅张掖太守福库丞承熹兼行丞事敢告张掖农都尉护田校尉府卒人谓县律曰藏它物非

录者以十月平贾计案戌田卒受官袍衣物贪利贵贾赏予贫困民吏不禁止浸益多又不以时验问（合校4·1）

廿八受河东厨尉丞食平贾（合校284·34）

第五隧卒马赦赍卖□□袍县絮装直千二百五十第六隧长王常利所今比平予赦钱六百（E. P. T56. 17）

八岁平贾直六十石与交谷十五石为七十五石育出牛一头黑特齿五岁平贾直六十石与交 (E. P. T59.548A)

西汉实行平准制度，在一定程度上平抑了物价，限制了市场上的投机活动，特别是限制了富商大贾对市场的操纵。但在推行平准制度的过程中，也出现了商人与官吏勾结，囤积居奇，贱收贵卖，牟取暴利的问题。以下简为例：

国安糴粟四千石，请告入县官贵市平贾石六钱，得利二万四千，又使从吏高等持书请安，安听入马七匹贵□□□□□三万三千安，又听广德姊夫弘请为入马一匹，贵千钱贾故贵登故。(合校20·8)

该简的意思是有名国安者，先是囤粟四千石，后趁市场短缺时，以高于平价每石六钱的价格出售，获取暴利二万四千钱。国安进行如此重大的投机买卖，只需与官府打一声招呼，官商勾结，由此可见。

到了新莽时期，又实行了五均。五均是在平准的基础上，进一步加强对市场物价的控制。当时还提出以"市平"（国家定期制定的商品价格）作为开展平准工作的依据。当物价高过"市平"时，就按"市平"价格出售商品。汉《汉书·食货志》记载：

"今开赊货，张五均，设诸斡者，所以齐众庶，抑并兼也。遂于长安及五都立五均官，更名长安东西市令及洛阳、邯郸、临淄、宛、成都市长皆为五均司市师……诸司市常以四时中月实定所掌，为物上中下之贾，各自用为其市平，毋拘它所。"

王莽建立了三等价格制，各市场管理机构每季评定一次价格，分为上、中、下三等，作为本市场买卖的"市平"。由于五均法没有执行几年就被废除，因此，在汉简中的记载并不多见。

在国外，很早就重视对商业物价的管理。古代埃什努纳城邦（约公元前20世纪至公元前18世纪）的《俾拉拉马法典》第一条，明确规定了一些财产或商品的价格①，禁止哄抬物价：

大麦一库鲁（约121公升）　　　　　　　　　合银一舍客勒
上等植物油三卡（一卡约十分之四至十分之八公升)合银一舍客勒

① 法学教材编辑部：《外国法制史资料选编》，北京大学出版社，1982，第4页。

胡麻油一苏图（约四公升）   二卡合银一舍客勒

猪油一苏图五卡   合银一舍客勒

……

约公元前15世纪的《赫梯法典》规定了各种财产或商品的价值。"一头良种牛，其价为十玻鲁舍客勒银子；一头成牛的价格为七玻鲁舍客勒银子。""一件下衣其价为三十［玻鲁舍客勒银子］……一件大的麻布其价为五玻鲁舍客勒银子。"①

古罗马规定："禁止粮食供应商阴谋抬高粮食价格"，这被认为是萌芽状态的反垄断法律规范。此后直至近代初期，欧陆国家的商业城市在反对市场上因垄断或谋求垄断行为带来的危害时，一直沿用了这种罗马法的规定。

四　货物保管及销售

为了保证商业活动的顺利进行，古代各朝在仓库管理与销售控制方面都制订和采取了一些措施和方法。

（一）货物保管

我国古代在货物管理，特别是粮食管理方面相当严格，已经发展到相当水平。

1. 出入管理制度

据《周礼》，西周时期，凡收受或领取财物，需以凭证为依据。"凡税敛，掌事者受法焉。及事成，则入要贰焉。""凡受财者，受其贰令而书之。及会，以逆职岁与官府财用之出。"凡各部门领取财物，须将支出命令的副本送达职内处。属于贡赋收入的凭证，由掌管仓库的官员制作，一式二简，一简送职内，作为处理收入事项的依据，一简留存；凡属于财物支出的凭证，由职岁统一颁发，每次亦一式二简，一简留存，一简给财物使用者凭以到仓库领用财物。通过严格的凭证制度控制财物的出入。

秦国规定了更为详尽的财物出入管理制度。睡虎地秦墓竹简《秦律十八种》规定：

---

① 法学教材编辑部：《外国法制史资料选编》，北京大学出版社，1982，第5页。

入禾仓，万石一积而比黎之为户。县啬夫若丞及仓、乡相杂以印之，而遗仓啬夫及离邑仓佐主稟者各一户以饩，自封印，皆辄出餘之，索而更为发户。啬夫免，效者发，见杂封者，以隄效之，而复杂封之，勿度县，唯仓自封印者是度县。（睡虎地·秦律十八种 P.35~36）

入禾，万石一积而比黎之为户，及籍之日：某禾若干石，仓啬夫某、佐某、史某、稟人某。是县人之，县啬夫若丞及仓、乡相杂以封印之……其出禾，有书其出者，如入禾然。啬夫免而效，效者见其封及隄以效之，勿度县。唯仓所自封印是度县。终岁而为出凡曰：某仓出禾若干石，其余禾若干石。（睡虎地·秦律十八种 P.98~99）

这就是说，规定粮食入库以一万石为一积，分仓储存，分仓排列，并要求分仓户进行登记。登记时写明是什么品种粮食，数量多少石，各级主管人员（责任人）是谁。县一级粮仓也应由主管官员加印进行封存。发出粮食，同粮食入库时一样，也应分清责任，书写清楚。同时，经办人还必须对原仓登记之数定期进行点验核实，年终汇总上报，注明本年共入库、出库、结余多少粮食。以后如"其不备，出者负之；其赢者入之。"如果短少，由出仓者赔偿；如有长余，应入账上缴。共同出仓的人员"勿更"换。

在古埃及，财物出入管理制度已经比较完备。每年货币存入国库之时，首先要求记录官员在国库外加以记录，然后接受国库出纳官员的监察和登记；收获季节一结束，在将谷物搬入仓库之前，应在监督官员的眼前包装好，然后由监督官员作记录，到运进仓库时，还需经记录官员之手，由他登记每批谷物的数量和品种。到仓库领取物资时，必须持有经有权人批准的"应当支付"字样的凭证，"在仓库物资管理上，倘若没有监督官员签发的支出命令书，任何东西不得出库"。"仓库保管员"登记发出数量并收管好凭证，每日结束时由"仓库管理员"编制报告。① 经办人、批准人、保管人、记录人、监督人相互分离，完全符合现代内部管理的基本原理。

古罗马共和国时期也规定："在从国库支付金钱之前，要求出具认可书和正式的支付命令书。"② 管理现金的官吏不拥有批准支出的权力。两者相

① 〔俄〕索科洛夫：《会计发展史》，陈亚民译，中国商业出版社，1990，第3页。
② 〔美〕迈克尔·查特菲尔德：《会计思想史》，文硕译，中国商业出版社，1989，第14页。

互分离、相互牵制。

2. 保管交接规定

为了划分前任和续任保管的责任，我国从秦国开始建立了仓储保管的交接制度。据睡虎地秦墓出土的竹简《效律》记载："仓啬夫及佐、史，其有免去者，新仓啬夫、新佐、史、主者，必以廥籍度之，其有所疑，谒县啬夫，县啬夫令人复度及杂出之。禾赢，入之，而以律论不备者。"这就是说粮库管理官员在免职离任之时，新任官员必须履行财物交接手续，新任官员要据账核实，如果发现疑问，要向县一级官员报告，派人复查，针对发生的盈亏结果分别进行处置。如已经点验，由新任者和留任者负责。如不点验，一年内由离任者负责。一年后，虽未点验，由新任者和留任者共同负责。

汉承秦制，西汉初期的《二年律令》明确规定了离任会计检查。

> 实官史免徙，必效☒（张家山·效律页349）

保管谷物的官员免职、调动，必须对其主管的谷物校核。该简下部折断，是上例云梦睡虎地秦效律的延续。

> 效案官及县料而不备者，负之。（张家山·效律页351）

核验官员及称量计数，数量不足者，赔偿。

> 出实多于律程，及不宜出而出，皆负之。（张家山·效律页352）

谷物付出超过法规规定，及不合理的支出，都要赔偿。

在古希腊，民众任命神殿的出纳官和僧侣，官吏就职之前，应对神殿进行盘存①。为什么要进行盘存？其原因应该是为了明确责任。

3. 保管责任及处罚

我国古代已经制定法律，明确规定财物保管责任及其处罚规定。战国时期魏国《盗法·盗宫殿门符》规定："盗州、镇及仓厨、厩库、关门等钥，杖一百，县戍等诸门钥杖六十。"《杂法·弃毁符节印》规定："诸弃毁符节

---

① 〔美〕迈克尔·查特菲尔德：《会计思想史》，文硕译，中国商业出版社，1989，第11页。

印门钥者，各准盗论。亡失及误毁者，各减二等。"《杂法·弃毁官私器物》规定："诸弃毁、亡失及误毁官私器物者，各备偿。若被强盗者，各不坐不偿。即虽在仓库，故弃毁者征偿。如法其非可偿者，坐而不备。"这三条律令，既有仓储保管的规定，也有封仓开仓的手续，更有对保管者出现失职、渎职行为，造成损失后，视不同性质和情节的处罚条款。

秦国《效律》规定："数而赢、不备，值百一十钱以至二百廿钱，谇官啬夫；过二百廿钱以至千一百钱，赀啬夫一盾……"；据《法律答问》，"府中公金钱，私贷用之，与盗同法。"如果挪用、贪污府中的金钱，与盗窃同罪。

对于仓库管理不善的处理，秦律《法律答问》载有四个案例：

> 实官（仓房）户关不致（门闩不紧密），容指若挟（用以撬门闩的东西），廷行事（成例）赀一甲。（睡虎地·法律答问 P. 215）

> 实官户扇不致，禾稼能出（漏），廷行事赀一甲。（睡虎地·法律答问 P. 215）

> 空仓中有荐（草垫），荐下有稼（粮食）一石以上，廷行［事］赀一甲，令史监者一盾。（睡虎地·法律答问 P. 215）

> 仓鼠穴几可（何）而当论（处罚）及谇（申诉）廷行事鼠穴三以上赀一盾，二以下谇。鼹穴三当一鼠穴。（睡虎地·法律答问 P. 216）

一石只相当于男隶半月的口粮，草垫下这么点粮食，不仅保管人员罚一甲（盔甲），负责监督的令史也要罚一盾；仓库门闩不紧密，能够容下手指或者谷物能从门缝里漏出罚一甲；仓库里有鼠洞 1～2 个给予申斥，三个以上罚一块盾牌。如此等等足见管理的严密，处罚的严厉！

秦国《校律》规定：

> 禾、刍稾积廥，有赢、不备而匿弗谒，及者（诸）移赢以赏（偿）不备，群它物当负赏（偿）而伪出之以彼（贳）赏（偿），皆与盗同法。

谷物，刍稾贮藏在仓库里，有超出或不足数而隐瞒不报，以及种种移多补少，假作注销而用以补垫其他应当赔偿的东西，都和盗窃同样论处。贳（bì）偿，补垫。

大啬夫，丞智（知）而弗罪，以平罪人论之，有（又）与主膚者共赏（偿）不备。

平，相等。对上述情况，大啬夫、丞知情而不加惩处，以与罪犯同等的法律论处，并和管仓者一起赔偿缺数。

古罗马的《十二铜表法》规定："我们祖先曾有（惯例），并在法律内规定，对窃贼处以缴纳（窃物）价值之二倍的罚款。""当监护人侵吞他们所监护的财产时，应当确定……对这些监护人中的每一个人，个别地提出按两倍赔偿的诉讼。"① 也就是说，如果保管人监守自盗，处以两倍赔偿。

4. 盘点与稽查制度

为了确保账簿记录的正确、真实，秦汉已经实行实物盘点和账簿校核制度。

云梦秦简中的《效律》，是秦国专门制定的核验物资账目的系列法规。"为都官及县效律，其有赢、不备，物值之，以其价多者罪之，勿累。"制订都官和县核验物资财产的法律：如有超出或不足数的情形，每种物品均应估价，按其价值高的论罪，不要累计。

为了加强管理，落实责任制，秦律明确规定了盘点制度。校核、点验官府器物，以便发现有余或不足。不仅有定期盘点，还有临时盘点，如工作变动、交接盘点。

汉简为我们留下了许多汉代财产清查的记录实物：

●永光三年（公元前41年）尽建昭元年（公元前38年）三月食月别刺

●最凡粟二千五百九十石七斗二升少

凡出千八百五十七石三斗一升

今馀粟七百卅三石四斗一升少

校见粟得七百五十四石二斗（合校142·32AB）

《释名·释书契》说："书称刺书，以笔刺纸简之上也。"名片，称名刺。别刺疑为副券，如"别本"、"别券"。这是西汉某单位三年间粟类入、

① 郭道扬：《会计史研究》（第二卷），中国财政经济出版社，2004，第58页。

出、余和盘点的清查报告。

"冣凡"的"冣"字意指"聚"，即汇总之意。所说"冣凡"也就是总共、合计……可以说是与账尾有关的简①。此简可演算如下式：

$$2590.72^- 石 - 1857.31 石 = 733.41^- 石$$

右上角的"$-$"表示"少"。校算相符。"校见"是盘点实存。以"校见粟"数减"今余粟"（账面结余）数，升溢二十石七斗八升大。

"今余"与"校见"的区别是很明显的。"今见"可能相当于"校见"。

根据财产清查的结果，编制清查报告，在汉朝已经出现。

居延新简 E·P·F22：175~185，是十个部的兵器清查汇总表，举一例如下：

　　第十七部。弦三十朱。稾矢三千一百，见二千一百五十，少九百五十。

　　矢二千三百，见二千一百，少二百。（E. P. F22：178）

稾矢，虻矢都是矢箭。稾矢，箭端用草料制成，点燃后射出，可引燃积薪，似火箭。

　　三月簿余盾六十七。
　　校见六十七，应簿。（E. P. F22：314）

汉代专门建立了"校簿"，还要上报。

　　●移校簿十牍，言府，会☑（E. P. T52：174）
　　今余鳖二百五　百五十破伤不可用，五十五完。（合校498·9）

　　鳖（bie），锹铧之类。破伤的与完好的记得清清楚楚，充分说明这笔账是根据财产清查结果所作的记录。还专门建立了校簿。

损耗记录在汉朝也出现了。如：

---

① 〔日〕永田英正：《居延汉简集成之一——破城子出土的定期文书（一）》，见《简牍研究译丛（第一辑）》，中国社会科学出版社，1983，第 66 页。

●右凡十二两。输城官。凡出入折耗五十九石三斗（合校505·36）

书曰：正月尽三月，四时出折伤六升，七月甲☐（合校137·8，224·22）

"两"通"辆"。这是输城宫十二辆车发生的运输折耗记录。从而可见出仓、入仓都已过秤，并将合理的损耗报损入账，否则，就不可能了解运输损耗数量。后简是三个月付出的折伤，应当属于保管损耗，它是对库存谷物盘点结果的记录。

约在公元前四千年左右的巴比伦，国王对国库及神库的管理已经明确要求：必须定期对库藏财物进行盘点[①]。

会计史学家们在六七千年前古埃及的纸莎草纸上，发现了记录第一王朝和第二王朝（公元前3400年至公元前2980年）每两年进行一次的资产盘存事项的资产清册。[②] 这说明在当时古埃及就已经进行了仓库盘点。

（二）货物销售

中外古代主要采用签订商业契约的形式，加强对商业活动的控制。当时除了合股经营契约以外，还有专门的买卖契约和赊销契约。对于重要的商业交易或赊销交易，一般都要签订契约，并且有旁人或证人。这些关键性要素已经构成现代经济合同的重要组成部分。

1. 买卖契约

在我国古代，对于重要货物或特殊货物的交易，买卖双方一般需要订立契约。在所见材料中，土地等重要不动产商品的买卖，制定契约至少在西周时期就已出现了。如西周中期的铭文《格伯簋》就是一件典型的土地买卖契约，文中记载了买卖双方的姓名、订立契约的时间和交易的内容。铭文记载的契约如下：

惟正月初吉癸巳，王在成周。格白（伯）受良马乘于倗生，厥贾（价）三十田，则析。

---

① Keister Orville R., "Commercial Record-Keeping in Ancient Mesopotamia", *Accounting Review*, April, 1963。

② 〔俄〕索科洛夫：《会计发展史》，陈亚民译，中国商业出版社，1990，第2页。

西周时买卖契约盛行。《周礼》强调在市场上的商品成交须订立文字凭证。《周礼·秋官·士师》郑司农注："市买为券，书以别之，各得其一，讼则案券以正之。"《周礼·地官·质人》篇，还专门记载了民间买卖奴隶、牛马和兵器、珍异之物，要通过"质人"制定质、剂。大宗买卖用长券，称"质"，小宗买卖用短券，称"剂"。书两札，买卖双方各执其一，上面盖有官印。春秋战国的买卖契约"券"，一般用竹木制成，买主执右券，卖主执左券。

从居延汉简中，我们也发现了许多重要交易都使用了契约文书：

> 终古隧卒东郡临邑高平里召胜，字游翁，贳卖九稷曲布三匹，匹三百川三，凡直千，觻得富里张公子所。舍在里中二门东入，任者，同里徐广君。（合校282·5）
>
> 惊虏隧卒东郡临邑吕里王广，卷上，字次君。贳卖八稷布一匹，直二百九十，觻得安定里随方子惠所，舍在上中门第二里三门东入。任者阎少季、薛少卿。（合校287·13）
>
> 戍卒魏郡贝丘珂里杨通　贳卖八稷布八匹，匹直二百川，并直千八百廿廿。卖郑富安里二匹，不实贾，知券常利里淳于中君（合校311·20）

以上简文中的衣物买卖，并未提到买主有赊欠情况，简文中的"任者"，即后代的保人，又杨通贳卖简还明确提到"知券常利里淳于中君"，可见在买主并未拖欠货款的情况下，也还是有使用契约的。一般情况下，买卖衣物不需要签订契约，边塞吏卒的衣物买卖订立契约的原因，可能是由于官府禁止吏卒买卖衣物给当地居民，吏卒为了应付官府追究衣物的来源，而找人担保并立下契约的。[1] 这是一种特殊的货物交易。

下面分别是西汉和东汉时的两份土地买卖契约[2]：

> 建元元年夏五月朔式二日乙乙，武阳太守大邑荥阳朱忠，有田在黑石滩二百町，卖于本邑王兴圭为有，众人李文信贾钱二万五千五百，其

---

① 林甘泉：《汉简所见西北边塞的商品交换和买卖契约》，《文物》1989年第9期。

② 〔日〕仁井田升：《中国法制史研究》，东京大学出版会，1998，第335页。

当日交平（毕），东比王忠交，西比朱文忠，北比王之祥，南比大道。亦后无各言，其田王兴圭业田，内有男死者为奴，有女死者为妣，其日间共人，沽酒各半。①

光和元年十二月丙午朔十五日，平阴都乡市南里曹仲成，从同县男子陈胡奴买长谷亭部马岭佰北冢田六亩千五百，并直九千钱，即日毕。田东比胡奴，北比胡奴（以上表），西比胡奴，南尽松道，四比之内，根生伏财一钱以上，皆属仲成。田中有伏尸，既男当作奴，女当作婢，皆当为仲成给使，时旁人贾刘皆知券约，他如天地律令。

土地是比较重要的不动产，因此，在签订有关的买卖契约时，对土地的具体位置、面积、四至等都有明确规定。还规定了买主对土地所享有的权利，如"田中若有伏尸，即男当为奴，女当为婢"，"四比之内，根生伏物一钱以上，皆属仲成"。抛开这些用语中的迷信色彩，其实际意义是，表示买主对所买土地拥有所有权，并对土地的出产及土地上的附属物也拥有所有权。

在古代两河流域苏美尔北部建立起来的伊新奴隶制国家，其法律规定：凡出售土地由于发生不动产所有权转移，双方必须在交换时签订文书，写明双方交易的内容、所有证人的姓名、文书撰写人的姓名，以及他们的"画押"。如果违约，则"应付对方银子一明那（或两明那）、金子一明那（或两明那）"。古巴比伦《汉谟拉比法典》明确要求替商人销售商品的代理商应向商人报送反映价额的契约证书，如果不这么做，契约的实施就失去法律效力。对于每一笔经济业务，即使是最小的交易，亦需由起草契约的当事人和证人署名盖章，这已成为当时的惯例。

在大英博物馆巴比伦和亚述分室里，陈列着许多公元前2300年至公元前六世纪的契约记录板。其中有相当一部分是反映工商业和金融业活动的。其中A组记录板是在公元前2300年至前2000年之间记录的，其内容与法律和商业上的交易有关，既有记载买卖或出租房屋、土地、田地、农庄等的证书，也有记载雇佣劳动者和奴隶、贷款、还款、出让谷种，以及解散合伙的证书，还有婚约证书和离婚证书等。

古代巴比伦人在签订契约时有一个新颖奇妙的特征，这就是将记载好的契约记录板装入一块用黏土弄成的类似信封般的薄片之中，然后在这张

---

① 〔日〕仁井田升：《魏六朝的土地买卖文书》，《东方学报》（东京第8册）1938年1月。

"信封"上再复写一次契约证书，这样，就使得篡改记录板成为一件相当不容易的事情。因为原版和"信封"内容吻合，要想篡改契约证书的内容，只有同时改动里外两层，并使其无损方能达到目的。而亚述人在保护黏土文书方面，想出了更为先进的方法，即对重要的黏土文书，采用了在外面加封套法，这样不仅可以保护文件，而且还有利于保密，防止篡改作弊，在利用文件时，必须打碎外面的封套。

在古希腊，雅典的商业是十分发达的，契约的应用十分广泛，凡合伙经营、大宗商品买卖、租赁等，都必须签订契约，契约是依法判决的重要依据。当时与契约执行相配合的法规也不断出现，如订金制度、罚金制度、财产抵押与取保制度等。

在古罗马，《十二铜表法》规定：凡物品（一般指贵重物品）的转让，必须"通过有五个证人及一个司称人在场时缔结契约的方式，并通过在出庭辩论时于最高审判官前对该物品所有权之否认的方式"[①]。

2. 赊销契约

春秋末期，商人范蠡在其《经商十八则》中说："赊欠要识人，切勿滥出，滥出则血本亏"；"期限要约定，切勿辘轳，辘轳则交关鄙"。说明当时已经存在赊销契约，并在商业活动中被普遍要求。

汉朝的商品赊销也要订立契约。以下是居延汉简中的数例：

> 七月十日，鄣卒张中功赍买皁布章单衣一领，直三百五十三，燧史张君长所，钱约至十二月尽毕已。旁人临桐史解子房，知券□。（合校 262·29）
>
> 建昭二年闰月丙戌，甲渠令史董子方买鄣卒□咸裘一领，直七百五十。约至春钱毕已，旁人，杜君隽。（合校 26·1）

上述两简，反映了当时戍卒将衣物变卖的情况，这在当时颇为常见。由于当时的下级军官经济状况大多十分窘迫，所以，在衣物买卖中的赍买赍卖情况更是极为寻常。居延汉简主要反映了当时边防士兵赍买赍卖的经济活动，一般情况下，都有见证人在场并签订专门的协议。《居延汉简甲乙编》中的延期付款契约更加详细：

---

① 郭道扬：《会计史研究》（第二卷），中国财政经济出版社，2004，第39页。

永平元年（公元前74年）七月庚子，禽寇卒冯时卖橐络六枚杨卿所，约至八月十日与时小麦七石六斗，过月十五日，以日斗计，盖卿任。(77. J. H. S：2A)

此协议明确规定支付价款的时间是8月10日至15日，过期每日罚麦一斗，可见契约的严密。又如《疏勒河流域出土汉简》中的170号简：

神爵二年十月廿六日，广汉县廿郑里男子节宽惠卖布袍一，陵胡隧长张仲孙所，贾钱千三百。约至正月□□，任者□□□□□□（正面）。(疏勒河170A)

正月责付□□十。时在旁候史长子仲、戍卒杜忠知券。□沽旁三斗（背面）。(疏勒河170B)

上述两简是陵胡隧长张仲孙赊买广汉县廿郑里一名为节宽惠的男子陵布袍的契约，价钱为一千三百，约定在正月以前支付，证人已无法辨识；而后在陵胡隧长张仲孙正月清偿欠款后，又"在原契券背面写上清偿字据，证明债务已清偿，债的关系结束"①，有候史长子仲、戍卒杜忠当作证人。

可见，在汉代时，赊销情况已经比较普遍，并且还签有契约，可见当时商业发展的程度。

五　粮食经济

"国家大本，食足为先。"历史上各个朝代，无不把粮食问题摆在治国安邦的重要位置。古代许多史料都与粮食有关。

（一）粮食生产和加工

对于粮食生产中的种子，秦国以法律明确规定定额。"种：稻、麻亩用二斗大半斗，禾、麦亩一斗……"。秦一斗约合今二升。"利田畴，其有不尽此数者可也"。良田，用不了这样多也可以。定额管理的水平可以概见。

---

① 李均明：《居延汉简债务文书述略》，《文物》1986年第11期。

粮食加工还规定了不同的成品率。如"谷子一石六又三分之二斗，舂成粝米（粗米）一石，舂成毇（hui，毁，精米）米八斗"。同为谷子，根据加工的粗细程度有不同的成品率，不同的粮食，成品率更不同。

张家山汉简《算数书》叙述了秦汉农业生产的品种、亩产量、舂谷子后的收获量等。如第34章"取程：取程十步一斗，今干之八升，问几何步一斗。问得田（曰）：十二步半一斗。"和第35章"耗（耗）租：耗租产多干少，曰：取程七步四分步［一］一斗，今干之七升少半升，欲求一斗步数"。这两章讲的就是收获后的亩产量，并且采用干湿两种方法计算粮食产量，这是以前的史料从未提及的。如《取程》章有三组数据，第一组"取程十步一斗，今干之八升，问几何步一斗"。按大亩计算，亩产湿的为二点四石，干的为一点九二石。第二组"程三十七步得禾十九斗七升，问几何步一斗"。折算为每大亩亩产为十二点八石，这个数据看上去很高，但它并没有说明是按干的还是按湿的计算。叶玉英认为："这可能是湿的，按干的计算也在十石左右。还有一种可能就是《算数书》中的一些算题可能含有假设的成分，与实际情况有一定差距。"我们赞同此说。第三组"取程五步一斗，今干之一斗一升"，按此数据干的反而比湿的高，显然有问题，今暂不探讨其干湿数据换算关系的正确与否，仅按湿的计算，亩产为四点八石。另外，第四组数据（《耗（耗）租》章）"耗（耗）租：耗（耗）租产多干少，曰：取程七步四分步［一］一斗，今干之七升少半升，欲求一斗步数。"折算为亩产湿的约为三点二石，干的约为二点四石。从以上四组数据可以看出：湿亩产从二点四石到十二点八石不等，这反映了不同等级田地的粮食亩产有差别，而且差别很大。据宁可先生在《有关汉代农业生产的几个数字》中，把汉代的粮食亩产分为三组，第一组是普通旱田或某些水浇地，平均每大亩年产粮在大石二石到四石之间；第二组是水利田，最高产量为每大亩产粮十石；第三组是特殊耕作法，如采用代田法一大亩五到六石，区种法种田一大亩十三石。[①] 两者基本一致，可见，《算数书》所记载的亩产为汉代的产量，这些题目的原型可能出于汉代。

又如《算数书》第36章"程禾：程曰：禾黍一石为粟十六斗泰（大）半斗，舂之为粝米一石，粝米一石为毇米九斗，毇米［九］斗为毁（毇）米八斗。"这是关于各种粮食的换算比率的规定，具体反映了舂谷后的收获

---

① 宁可：《有关汉代农业生产的几个数字》，《北京师范学院学报》1980年第2期。

量。而云梦睡虎地秦墓出土的《秦律十八种·仓律》（可能成于秦始皇元年，即公元前246年以前）规定："［粟一］石六斗大半斗，舂之为粝米一石；粝米一石为糳米九斗；九［斗］为毇米八斗。稻禾一石，为粟二十斗，舂为米十斗；十斗粲，毇米六斗大半斗。麦十斗，为麴三斗。菽、荅、麻十五斗为一石。稟毇粺者，以十斗为石。"两段文字几乎相同，《算数书》引用了秦国法律。所以，这些题目可能出于战国晚期的秦国。

再如《算数书》第37章"取枲程：取枲程十步三围束一，今干之二十八寸，问几何步一束。"这是记录桑麻产量的，而且桑麻产量的记载也采用干湿两种方法。从以上数据可以看出：桑麻在当时的生产也很旺盛。值得注意的是，第28章"程竹：程曰竹大八寸者为三尺简百八十三，今以九寸竹为简，简当几何"。可以看出：由于当时广泛采用简牍作为记载文字的工具，当时竹木业的生产和销售也很旺盛，从事竹木业的生产和销售应该可以取得较好的经济效益。第48章"卢唐：程曰：一日伐竹六十个，一日为卢唐十五，一竹为三卢唐。欲令一人自伐竹"。可见，竹木还广泛用于制作卢唐（即竹筒，一种容器），用竹木作为制作容器的材料，应该是需要一定的技术手段的。综上所述，可以看出：在当时不仅在种植业，而且在林木业等方面也有进一步的发展。

（二）粮食供应

我国古代很早就开始实行粮食定额供应制度。粮食供应标准，既因劳动力的大、小、男、女而不同，还因季节、工种的不同而不同。为官府服役的"隶臣月禾二石，隶妾一石半"；从事劳作的小隶臣粮食供应与隶妾（女奴）相同，从事劳作的小隶妾，"月禾一石二斗半斗；未能作者，月禾一石"，所谓"小"的界限，也以法律明确规定：男性身"高不盈六尺五寸"（约1.5米），女性身"高不盈六尺二寸（约1.4米）皆为小；高五尺二寸（约1.2米）皆作之（都要劳作）"。"隶臣田者，以二月月稟二石半石，到九月尽而止其半石"。从事农业劳动的隶臣，在农事较忙的2～9月增供半石粮食。城旦（刑徒）筑墙和作其他强度与筑墙相当的劳作的，早饭半斗，晚饭三分之一斗；站岗和作其他事的，早晚饭各三分之一斗。

秦律《传食律》是规定驿传供给粮食的法律，它规定："御史卒人使者，食粺米半斗，酱驷（四）分升一，采（菜）羹，给之韭葱。其有爵者，自官士大夫以上，爵食。使者之从者，食米（粝）米半斗，仆，少半斗。"根据其为官吏或卒仆,分别制订每餐的供应标准;御史的卒人出差,每餐粗米半斗,酱 1/4 升,有菜羹、韭葱,随从粗米半斗,仆人粗米 1/3 斗。秦律对公车养护费用也有规定,凡每辆公车的修理,限定每项只能用胶一两与脂三分之二两。

汉代时,继续实施粮食定额供应制度。按照有关口粮简的记录,每人月食口粮标准是三石三斗少。[①] 对戍守西陲的吏卒,粮食供应是最繁重的工作之一,要求按月分别编造禀名籍(粮食供应花名册)。例如:

> 第廿三卒李婴 第廿四卒张猛 第廿六卒寿安 ……
> 第廿三部十二月 第廿三卒苏光 第廿五卒曹逢 第廿六卒韩非人
> ……
> 禀名 第廿三卒郭长 第廿五卒韩意 第廿七卒张愿 ……
> 廿二人 第廿四卒成定 第廿五卒张肩 第廿七卒石赐 ……
> 第廿四卒石关 第廿六卒张建 ……(合校 24·2)

吏卒的粮食供应标准是一样的,所以只列个名单就行了。卒家属则因年龄的不同分为四个等级,因而格式有所不同。

> 武成隧卒孙青肩
> 妻大女女付 年川四用谷二石一斗六升大
> 子使女于年十用谷一石六斗六升大
> 子未使女女足年六用谷一石一斗六升大 凡用谷五石(合校 230·7)

"大"表示三分之二升。校算相符。

(三)粮食核算

1. 核算年度

为了确保粮食核算的正确性,避免数据的重复或遗漏,早在秦国,就对粮食核算的年度问题作了专门规定。

"有米委(付)赐,禀禾稼公,尽九月,其人弗取之,勿鼠(予)。"

---

① 张俊民:《汉简有关物价问题的几点思考》,《陇古文博》1996 年第 2 期。

禀，赐谷也，下所受亦曰禀。有赏赐的米，或向官府领取谷物，到九月底，该人尚未领取，不得发给。秦以九月为年终，所以这是当年有效。

"稻后禾（孰）熟，计稻后年"。如果稻在谷子之后成熟，应把稻计算在下一年的账上。因为秦以十月为岁首，晚稻的成熟、收获在九、十月间，乃统一规定禾后成熟的晚稻，都算在次年的账上。

"官相输者，以书告其出入之年，受者以入计之。八月、九月中其有输，计输所远近，不能逮其输所之计，□□□□□□□移计其后年，计毋相缪。工献输官者，皆深以其年计之。"

官府输送粮食等物品，应以文书通知其出账的年份，接受者同年入账。如在八、九月输送，（由于时近年终）要估计所运送处所的远近，不能赶上运入处所（年终）结账的……改计入下一年度账内，双方账目不要矛盾。如此严密的规定，不能不令人惊叹。

2. 粮食账簿

为了加强对粮食的管理，秦国已经设置了库存粮食明细账——"廥籍"。首先，廥籍的编造必须由各县储藏粮食的官府粮仓编撰。从《仓律》看：这项工作不仅是粮仓管理人员的一项经常性工作，也是他们的重要职责。平时，无论是粮食入仓、出仓，还是增积，粮仓方面都要同县、乡有关人员随时随地填写廥籍，做好记录。不过，粮仓廥籍的编造，执笔者只可能一人。据《内史》律，这个人极大可能是实官（粮仓）仓啬夫的僚属——史。当然，也不能排除每次记录有多人具名，史只是其中之一。其次，廥籍应该进行详细记录。《仓律》规定："计禾别黄、白、青"，"别粲（籼稻）、稬（糯）、禾古（黏，hu）稻"。可见，廥籍需要按照粮食的品种、规格立户。"入禾稼、刍稿，辄为廥籍，上内史"，"终岁而为出凡曰：'某廥出禾若干石，其余禾若干石'"。可见粮食的入、出、余额都要在廥籍上进行登记。年终清仓时，同样应统计出仓总数，仓已出谷物若干石，尚余谷物若干石。同时，"书入禾增积者之名事邑里于廥籍"，即入仓增积者的姓名籍贯也要书之于廥籍，可见其登记之详细。

居延汉简中已有许多粮食账簿的一手史料。列示如下：

（1）谷出入簿。

● 甲渠候官甘露五年二月谷出入簿（合校 82·6）
● 收房仓河平元年七月谷出入簿（合校 135·7）

居延都尉元凤六年四月尽六月财物出入簿（合校 286·28）

●第廿三墜仓建平五年十一月吏卒当　食者案及谷簿（合校 286·7）

看来，谷出入簿按月或季设置。下列诸简说明谷出入簿的登记方式。

受征和三年十一月簿余小石五十五石二斗（合校 273·22）

受四月佘谷万一千六百五十二石二斗三升，少其二百三千九百（合校 112.20）

入谷六十三石三斗三升少，其卅三石三斗三升禾旁　禾皇　卅石粟（合校 303.50）

凡出谷大石九石，其一石五斗麦，七石五斗糜，今六月簿毋余（合校 88.25）

●三十二月簿余小斗二升（合校 273·4）

今余谷万二千四百七十三石三斗□（合校 112·2）

谷是粮食作物的总称，包括粟、禾旁　禾皇、麦、糜等。汉制，小石一石为大石六斗。记账时不仅 1/3 升、半升、2/3 升都要记，还准确说明谷若干，其（中）麦、粟、糜等各若干，足以说明当时粮食管理和核算所达到的高度。

（2）食簿。

通泽第二亭五月食簿（合校 148·4）

右第二亭二月食簿（合校 275·4）

下列诸简可见食簿的登记方式和内容：

●　入五月食用谷四▨（合校 231·54）

入盐八斗七升（合校 28·13）

●　肉百斤直七百▨（乙附 29A）

据居延汉简，"廥籍"（谷出入簿）、"食者簿"等粮食账簿都要上报。

建昭元年十月尽二年九月

● 大司农部丞簿录簿算

及诸簿　十月旦见（合校82·18B）

大司农是汉王朝"掌谷货"的中央机构。据《史记·平准书》桑弘羊"领大农，请置大农部丞十人，分部主郡国"。上简可能是管张掖郡谷货的大司农部丞的年报。

3. 粮食报告

秦《仓律》规定："县上食者籍及它费大（太）仓，与计偕。"各县要将领取口粮人员的名籍和其他费用，与"计"偕同缴送给太仓。太仓是朝廷收储粮食的机构，一般只接受县上粮食收支的报告和粮食经费开支报告。

"已获上数，别粲、穤秙稻。别粲、穤之穰（酿），岁异积之……到十月牒书数，上内（史）。"稻谷收获后上报产量时，应将籼稻和糯稻区别开来。要把用以酿酒的籼稻、糯稻区别开来，每年单独保管（贮积）……到十月用牒（薄小的简牍）写明数量，上报内史。这里说的是粮食产量要分别品种，按年上报。秦以十月为岁首，故在十月上报上年的产量。

"程（量也）禾、黍□□□□以书言年。"计量谷子、黍子……要按年以文书报告。看来，不仅是稻米，其他粮食也要上报。

"入禾稼、刍稿，辄为廥籍，上内史。"谷物、刍稿入仓，要记入仓的簿籍，上报内史。"至计而上廥籍内史。"到每年上报账目的时候，应将仓的簿籍上报内史。

在古埃及，每当岁终来临，谷物仓库监督官就必须携带"收获决算报告书"去朝见国王（法老）。"收获决算报告书"就是一种粮食收入报告。

六　商业思想与政策

商业思想是指人们对商业在国民经济中的地位和作用的认识和态度。一个时期的商业思想，在很大程度上决定了当时的商业政策，从而影响着当时的商业发展。

（一）我国古代的商业思想和政策

综观我国古代的商业思想和政策，归纳起来主要有以下三种流派。

1. 重商派

商朝、周代和春秋时期都很重视商业。商人史籍中，以擅长经商而著称。在商人的商业活动中，应该是得到了商王室的积极支持，甚至是直接参与的。甲骨文中有如下记载："……贾事王……"，说商贾为王事操劳。这里则是指专门为王经商的商人。而明确实行重商政策是从周人开始的。据《逸周书》记载：周文王曾发布《告四方游旅》的文告，通告各地的自由商人，要他们到周人中经商，周人在道路交通上为商人们提供各种便利。周文王还要求在乡野中的商人迁到城市中来，以充实城市市场。平均每迁来三户商人，周王室就承担一户的生活费用，"与之一室之实禄"。在春秋时期，各诸侯国一般都实行了重商政策。其中以郑国为代表。由于郑国在建国过程中得到了商人的帮助，并且为了获得商人们在政治和经济上的进一步支持，郑国制定了重商政策，郑桓公还同商人订立了盟约："你不要背叛于我，我不要强卖于你，也不向你乞求白要。你有珍贵宝物，我不过问。"

虽然自战国以后抑商派在我国古代社会中一直占统治地位，但是，还是有一些思想家提出了重商思想。其中以战国时的孟子和西汉时的司马迁为代表。

孟子从功利（效果）的角度，论述了社会分工的必要性，说明了商业存在的合理性和客观性。他说："子不通功易事，以羡补不足，则农有余粟，女有余布。子如通之，则梓、匠、轮、舆皆得食于子"（《孟子·滕文公下》）。通过商业交易，把分工的便利互相融合起来，人人得利，行行获益。为了鼓励商业发展，他建议免除商业税（关税），主张实行农业单一税（"国中什一使自赋"，税率为百分之十），其他方面一律不征税。他说"关市讥而不征"，在关口和市场上，政府只稽查，不征关税或商业税；他又向宋王建议"去关市之征"，即免除关税或商业税，并认为征收太高的农业税，征收本来不该征收的商业税（关税），就和偷盗一样的不光彩，应该马上停止。孟子素来主张的农业单一税制和农业什一税率的思想，传到西方，成为以魁奈为代表的法国重农学派的税收理论的思想渊源，在中、西经济学说史上都有重要地位。

司马迁非常重视商业。他认为："布衣匹夫之人，不害于政，不妨百姓，取与以时而息财富"，指出商人的存在及其经营活动不损害国主民生，反而有益于社会经济的发展，肯定了经商求富的正当性。他还认为商业就像农业、工业一样，是国民经济不可缺少的重要经济部门，为百姓"衣食之源"，"原大则饶、原小则鲜"，此四者如果按一定比例协调发展，"上则富国，下则富家"，因为人们的消费品"待农而食之，虞而出之，工而成之，商而通之"，缺少了哪一个部门，社会生产和生活都将无法正常进行。司马迁在《史记》中，给那些"无秩禄之俸、爵邑之入而乐与之比"的富商大贾起了"素封之家"的雅号，竟然把社会地位低下犹如奴婢，在正统思想眼里属五蠹之一的商人，与刘氏家族的贵族"封君"相媲美，其赞美之意昭然若揭。

2. 抑商派

"重农抑商"思想，从战国时开始产生，对以后历代封建王朝的经济政策都产生了深远影响。

魏国李悝主持变法，已经贯穿了重农抑商的精神。平籴法就是措施之一，它使粮价保持稳定，商人不能通过粮食投机而牟取暴利，使那些"欲长钱，取下谷"的商人无所施其技。其次是压低商人的社会地位。秦简《为吏之道》后面附有一条《魏户律》，规定："假（贾）门、逆旅、赘婿、后父，勿令为户，"就是说，商贾之家和经营客店者，以及赘婿、后父，不允许自立门户，不分给土地和房屋。还有一条《魏奔命律》记载魏王告诉将军：经营商贾和客店的，给人家做赘婿的，以及在农民中带头不耕种，不修建房屋的，我很不欢迎，要把他们杀死，又不忍连累他们的同族弟兄，现在派他们去从军，将军不必怜惜他们。在杀牛犒赏军士的时候，只给他们吃三分之一斗（约合六两多），不给他们肉吃。攻城的时候，哪里需要人，就把他们用在哪里，将军可以叫他们去平填城壕。

秦国商鞅变法，也规定了许多抑商政策，例如：《商君书·垦令》记载："使商无得籴，农无得粜。……使商无得籴，则多岁不加乐。多岁不加乐，则饥岁不裕利。无裕利则商怯"（规定商人不得买粮）。"贵酒肉之价，重其租，令十倍其朴。然则商贾少……商贾少则上不费粟……大臣不荒"（提高酒肉价格）。"重关市之赋，则农恶商，商有疑惰之心"（加重商业税）。"以商之口数使商，令之厮、舆、徒、童者必当名，则农逸而商劳"（规定商人的仆人必须服役）。

秦始皇统一六国后，完全确立了抑制商业的方针政策。他在《琅邪刻石》明确提出："皇帝之功，勤劳本事（农业），上农除末（商业），黔首是富。"在政治上，对富商大贾进行打击，把商人和有罪之人谪发到边地作战，作为对商人的一种惩罚。在经济上削弱商人的力量，实行"重关市之赋"、"商无得籴"的重税政策。

西汉建立初期，汉高祖（刘邦）采取了一系列抑商措施。他下令"贾人不得衣丝乘车，重租税以困辱之"（《史记·平准书》），商人还被规定不得操练兵器（《史记·高帝纪》），本人及其子孙不得"仕宦为官"。但与战国和秦朝不同的是，汉高祖未对商人的经济活动多加干预，基本上采取了一种经济放任政策。惠帝和吕后时（公元前194年至前180年），由于贾人的反对和国家经济形势的改观，进一步放松了对商业的抑制政策。自孝惠以后，西汉即奉行"无为而治"的黄老政治，对商业自然也采取了"勿扰关市"的不干涉政策。西汉前期实施的经济放任政策，对促进当时商业的发展起了积极的作用，但扩大了贫富差距，并产生了严重的社会问题。在汉武帝时（公元前140年至前87年），又先后推行了一系列严厉的抑商政策。

3. 官营派[1]

强调驱民于一农的传统抑商思想是不现实的，也难以满足统治阶级奢侈的需要，而孟子、司马迁的重商思想容易导致富商大贾"私威积而逆节之心作"（桓宽：《盐铁论·禁耕》），危及封建统治。在这种情况下，产生了一种既能满足，又能抑制商品经济发展的官营商业思想，其代表人物是桑弘羊。其思想主要体现在《管子·轻重》[2]和《盐铁论》中，核心思想是中央政府操轻重之权，实行盐铁官营。主张：其一，国家要坚决抑夺富商大贾。既然"民重则君轻，民轻则君重"，国君只有居于绝对支配地位，才能够"调通民利"。要维护封建君主的专制统治，就不能让民众太富，也不能让民众太贫，"民富不可以禄使也，贫则不可以罚也"。富商大贾是同封建国家争夺轻重之势的主要对手。因此，封建国家采取有效措施，抑夺富商大贾，即"杀正商贾之利"。其二，国家要绝对控制商品流通领域。垄断最有利的工商业并直接经营，凭借国家的巨大财力和强权来平抑市场物价，调剂商品余缺，并排挤私人工商业。具体做法是垄断盐铁，并通过官营商业网和国家的财政力量，直接插手粮食市场。这样，国家就完全控制了商品流通领域，既增加了财政收入，又抑夺了富商大贾，具有一箭双雕之功效。

---

① 张晓堂：《我国西汉时期三大商业思想流派研究》，《北京商学院学报》1999年第4期。
② 《管子·轻重》共有19篇，现存16篇，是文景时期诸多无名作者假托管仲名义逐渐著述、增补、释引而成。

将上述思想付诸实施的是汉武帝时的桑弘羊。他是当时主管财政的实权派人物。桑弘羊对于商业在国家经济中的重要性是有充分认识的，他曾说市场上的诸多商品，多系民众养生送死之具，虽然"待工而成"，但却离不开"待商而通"。至于农业更不能没有工商业，"工不出则农用乏，商不出则宝货绝，农用乏则谷不殖，宝货绝则财用匮"，并指出农工商是对立统一的，"农商交易，以利本末"。甚至他还夸大商业的作用，"富在术数不在劳身，利在势居不在力耕"，"富国何必用本农，足民何必井田也"。但是，"富国何必用本农"一句，绝不是强调发展工商业更重要，更不是主张发展工商业，恰恰相反，他是以工商者为敲剥的对象，为西汉国家聚财敛宝。其所谓"富国"，仅指增加国家的财政收入，并不是指发展社会经济。后来桑弘羊不打自招，完全道出了实施盐铁官营的本意，他说"总一盐铁"就是为了"建本抑末"。桑弘羊所强调的商业，不是自由工商业，而是官营工商业，而官营工商业，在本质上是阻碍商品经济发展的。显然，以桑弘羊为代表的轻重论者，是高喊重商，实则抑商，寓抑商于官营商业之中的。

（二）国外古代的商业思想和政策

在古代早期，腓尼基、巴比伦等都比较重视商业。在腓尼基，社会上最有势力的是商人，国家官吏也由商人来担任，这反映了其"重商贵富"的民族意识。腓尼基深知国小人少如果不重视商业，就无法致富。在巴比伦，公元前18世纪时制定的《汉谟拉比法典》，规定商人属于自由民，对商人给予保护和优待。商贩到各地去做买卖的时候，如果遇到强盗，货物和金钱被抢，只要在神的面前发誓没有谎报，他的损失可以从国王那里得到偿还。汉谟拉比做出这种规定，应该是为了鼓励商业的发展。

在古希腊，立法者或思想家无不认为农业是立国之"本"业，手工业和商业是"末业"，这一基本观念与中国先秦的各家学派并无二致。斯巴达法律，则严禁公民从事工商业①。来库克（Lycurgus）是古代斯巴达的立法者，他进行了一系列的政治、经济改革，包括：①将土地集中，然后重新分配；②取消了金和银的货币流通，规定只用铁钱；③打击奢侈，排斥不必要的和多余的工艺，实行"公共会食制度"。这些措施使人们没有必要通过经商贮藏金钱和财富，特别是币制改革，更是几乎取消了国内外的一切商业活

---

① 王大庆：《古希腊人的"末"、"本"观平议》，《中国农史》2004年第1期。

动。由于铁钱在其他地方没有任何用途，外来的商人都不再来了。

在西欧中世纪之前，商人被看成"无法无天难以应付的人"，地位低下。《欧洲经济史》一书这样描述商人的处境：

"教会咒骂他们，因为他们专注于追求物质利益，在教士看来，这是一种罪恶勾当。当地官吏不信任他们，经常害怕这批浪荡分子会是敌人或恶毒盗贼的奸细。普通老百姓对这批无家无土地的陌生人也存有戒心，这些在异地他乡流浪的人，常常挟带奇怪的货物，肆无忌惮地参与黑市买卖，放高利贷，以及只有上帝知道干了多少别的罪恶活动。"①

在这种氛围中，商人得不到任何保护，商业活动也受到多方面的限制。

但是，随着中世纪市集的兴起，上述情况得到很大改观。商人通过自己的努力积累了大量财富，逐渐发展和确立了自己的地位，从而形成了对社会经济甚至政治的支配力量。这使人们逐渐改变了对商业的态度和商人的看法，并形成了一种重商氛围。人们开始认识到："只有商业和与商业有密切关系的金融活动，才能向人们提供富裕和社会地位升迁的机会。"② "中世纪的经济，不再是由生产者来支配，而是由商人来支配。"③

商人的财富，使国王和贵族形成了对他们的依赖感。中世纪后期，国王和贵族经常向商人借贷，以至于没有商人的支持，他们许多事情都不能办成。在这种情况下，政府的政策自然会向有利于商人和商业的方向倾斜。哈布斯堡的公爵在13世纪时下令：本公爵领地上的各位大小贵族，必须保护通过他们境内的商人，在谁的地头上出了抢劫案，谁就要负责任。到了13世纪，对商人的保护已经成为欧洲各地普遍实行的政策。

中世纪西欧逐渐形成的"重商主义"，使西欧商业得到了较快的发展，这也被认为是西欧比中国较早进入资本主义社会的重要原因之一。

① 〔意〕卡洛·M. 奇波拉：《欧洲经济史》（第1卷），徐璇译，商务印书馆，1988，第6页。

② 〔意〕卡洛·M. 奇波拉：《欧洲经济史》（第1卷），徐璇译，商务印书馆，1988，第218页。

③ 〔法〕马克·布洛赫：《封建社会》（第1卷），李增洪、侯树栋、张绪山译，芝加哥大学出版社，1961，第71页。

第四章 简牍兵物管理史料研究

简牍作为我国文化瑰宝，是人类文明的忠实记录，反映了出土的古代军事、政治、经济、文化、宗教及社会状况等。从出土的简牍资料看，与兵物管理有关的简牍较多，为研究当时的兵物管理思想，提供了第一手的资料。

一 仓

仓是粮食储藏的基本设施，在秦汉边塞具有重要地位。1974 年出土的《睡虎地秦墓竹简》之《仓律》，对研究秦代兵物中的军粮管理具有参考价值。《仓律》如下：

入禾仓，万石一积而比黎之为户。县啬夫若丞及仓、乡相杂以印之，而遗仓啬夫及离邑仓佐主稟者各一户以气，自封印，皆辄出，餘之索而更为发户。啬夫免，效者发，见杂封者，以隄（题）效之，而复杂封之，勿度县，唯仓自封印者是度县。出禾，非入者是出之，令度之，度之当隄（题），令出之。其不备，出者负之；其赢者，入之。杂出禾者勿更。入禾未盈万石而欲增积焉，其前如入者是增积，可殹（也）；其它人是增积，积者必先度故积，当隄（题），乃入焉。后节（即）不备，后入者独负之；而书入禾增积者之名事邑里于廥籍。万石之积及未盈万石而被（披）出者，毋敢增积。櫟阳二万石为一积，咸阳十万一积，其出入禾、增积如律令。长吏相杂以入禾仓及发，见蝝之粟积，义积之，勿令败。

上文翻译如下：

谷物入仓，以一万石为一积而隔以荆笆，设置仓门。由县啬夫（县长、县令）或丞和仓、乡主管人员共同封缄，而给仓啬夫和乡主管禀给的仓佐各一门，以便发放粮食，由他们独自封印，就可以出仓，到仓中没有剩余时才再给他们开另一仓门。啬夫免职，对仓进行核验的人开仓，验视共同的封缄，不必称量，只称量原由仓主管人员独自封印的仓。谷物出仓，如果不是原入仓人员来出仓，要令加称量，称量结果与题识符合，即令出仓。此后如有不足数，由出仓者赔偿；如有剩余，则应上缴。共同出仓的人员中途不要更换。谷物入仓不满万石而要增积的，由原来入仓的人增积，是可以的；其他人要增积，增积者必须先称量原积谷物，与题识符合，然后入仓。此后如有不足数，由后来入仓者单独赔偿；要把入仓增积者的姓名、职务、籍贯记在仓的簿册上。已满万石的积和虽未满万石但正在零散出仓的，不准增积。在栎阳，以二万石为一积，在咸阳，以十万石为一积，其出仓、入仓和增积的手续，均同上述律文规定。长吏共同入仓和开仓，如发现有小虫到了粮堆上，应重加堆积，不要使谷物败坏。

《仓律》中对谷物管理的将入仓者姓名、职务、籍贯等记在簿册上，独自出仓及谷物管理交接、赔偿等制度等，充分体现了当时的岗位责任制度。"共同封缄、独自封印"等规定，体现了现代内部牵制制度思想的雏形。"其不备，出者负之，其赢者，入之。"体现了秦代的财产清查管理思想。《仓律》管理制度的核心，类似当代的岗位责任制。

对于官有武器设备的管理，在《秦律》之《工律》中有如下规定：

> 公甲兵各以其官名刻久之，其不可刻久者，以丹若髹（即髤字，此处系名词，意为油漆）。其叚（假）百姓甲兵，必书其久，受之以久。入叚（假）而而毋（无）久及非其官之久也，皆没入公，以资律责之。

上文意思是：官有武器均应刻记其官府的名称，不能刻记的，用丹或漆书写。百姓领用武器，必须登记武器上的标记，按照标记收还。缴回所领武器，而上面没有标记和不是该官府标记的，均没收归官，并依《资律》责令赔偿。

《工律》对于官有器物也有基本相同的管理规定，"其久靡不可智（知）者，令资赏（偿）。叚（假）器者，其事已及免，官辄收其叚（假），弗亟收者有罪。其叚（假）者死亡、有罪毋（无）责也，吏赏（偿）"。意思是：器物的标记已经磨灭无法辨识的，令以钱财赔偿。借用器物的，其事务已完和免除时，官府应即收回所借器物，不及时收回的有罪。如借用者死去或犯罪而未将器物追还，由吏代为赔偿。

《法律答问》对仓库管理不善的处理有几个案例：仓库门闩不紧密，可以容下手指或用以撬动仓门闩的器具，罚一甲；仓库门扇不紧密，谷物能从里面漏出，罚一甲；空仓里草垫下有粮食一石（约合现在 30 市斤强）以上，罚一甲，负责监督的令史罚一盾；仓库里有 1~2 个鼠洞应申斥，有鼠洞三个以上罚一盾。

《秦律杂抄》规定：贮藏的皮革被虫咬坏，仓库啬夫罚一甲，令丞罚一盾。发给军卒的兵器，质量不好，罚二甲，撤职永不叙用。这里体现的，一是对兵器不完善处罚的严厉大大超出一般物资，虽然对一般物资损坏的处罚已经相当严厉；二是对负责人加重处罚。

汉承秦制。西汉建国后，按照行政建制从中央到地方、边塞建立了多层次、广分布的粮仓体系①。西汉军队特别是边防兵系统中，也包含有较为完善的粮仓设施。以居延地位为例：居延边塞设有居延、肩水两督尉，下辖候官（候）、部（候长）、燧（燧长）诸级，统领戍卒驻守于当地的烽燧亭鄣中防御匈奴。边防要塞系统中包含有较完善的粮仓设施，汉简中多有记载：

居延都尉德、库丞登兼行丞事下库、城仓　　（合校 139·13）
载肩水仓麦小石卅五石输居延　　　　　　　（合校 75·25）
居延城司马千人候仓长丞塞尉　　　　　　　（E. P. F22：78）

汉仓管理中有专门的缮治仓庾的记载：

秋当蚤糴书到豫缮治仓庾部鄣辟□□　　　　（E. P. T52：396）

督尉是边防最高军事长官，驻所有城池，都尉仓设在城内，汉简中谓之

----

① 西汉之仓是粮食储藏的基本设施，本部分一般仅涉及边防粮仓问题。参阅文献有邵鸿《西汉仓制考》，见《秦汉史论丛》（第七辑），中国社会科学出版社，1998；禚振西、杜葆仁：《论秦汉时期的仓》，《考古与文物》1982 年第 6 期；呼林贵：《西汉京师粮食储粮技术浅谈》，《农业考古》1984 年第 2 期；马彪：《敖仓与楚汉战争》，《北京师范大学学报》1987年第 1 期。

城仓。如《合校》204.9："以邮行北部仓"。指酒泉郡的北部都尉仓。据《居延汉简》记载，边境守军候官（候）一级也设仓，《居延汉简》："□？受候官仓？"《合校》85.32："（甲）渠仓到甲渠"等均可证明。

候长（部）一级一般不设专门的粮仓，所需粮食需到候官或其他粮仓去取。但在少数候长所驻及辖下的烽燧，设有中心性粮仓。如居延都尉甲候渠候官属下有吞远仓、收虏仓、遮虏仓、廿三燧仓合廿五、廿六仓、万岁燧仓。粮草作为重要的战备物资，在古代边塞中具有十分重要的作用，《孙子兵法》："是故军无辎重则亡，无粮食则亡。"；"善用兵者，役不再籍，粮不三载，取用于国，因粮于敌，故军食可足也。"成语"兵马未动，粮草先行"就说明了这点。因此，仓储备量大小及设置密度与密度在简牍中常有记载。《居延汉简》E.P.T52：390："甲渠吞远隧当受谷五千石"，可见仓藏谷规模较大；《合校》183.10："二月癸亥，除为肩水临渠燧长，至十二月谴谊之部仓……"，"部仓"的存在，使甲渠候官地区"大约每二十几燧就有一个仓库"。

西汉九卿"大司农"下，设有"常平仓官"。汉简中常见的仓长职务，应是中央各机构和郡、都尉负责官员（长：即负责人）。如下汉简中：

> 居延尉丞。其一封，居延仓长。一封，王宁印。十二月丁酉，令史弘发。　　　　　　　　　　　　　　　（《中国简牍集成》136.43）
> ☑居延仓长禹移肩□　　　　　　　　　（《中国简牍集成》204.5）
> 北书五封。夫人。其一封，肩水仓长印，诣都尉府。
> 　　　　　　　　　　　　　　　　　　（《中国简牍集成》317.1）
> 八月戊辰张掖居延城司马武以近秩次行都尉文书室以—
> 居延仓长印封丞邯下官县承书从事下（《居延新简》E.P.F22：68）
> 居延城司马千人候仓长丞塞尉　　　（《居延新简》E.P.F22：78）

《管子·牧民》："凡有地牧民者，务在四时，守在仓廪。国多财，则远者来；地辟举，则民留处；仓廪实，则知礼节；衣食足，则知荣辱。"为仓廪实，自汉武帝始在边境地区进行大规模屯田，居延汉简中涉及农垦屯田的组织、农官系统、屯垦劳力、田卒生活、屯田形式及屯田量，以及农具、种籽、水利、耕耘、管理、收藏、仓库、内销、外运、粮价等内容。《居延新简释粹》72.E.J.C：1："第四长安亲，正月乙卯初作尽八月戊戌，积二百

［廿］四日，用积卒二万七千一百卌三人。率日百廿一人，奇卅九人。垦田卌一顷卌四亩百廿四步，率人田卅四亩，奇卌亩百廿四步得。谷二千九百一十三石一斗一升，率人廿四石，奇九石。"这是关于边境屯田卒屯垦劳作的总结账。《居延新简》如下两简记载也可说明屯田制的存在：

　　　　当转糜麦八十石输甲渠候鄣
　　右农后长毋害官　已转糜八十石
　　　　　　　毕
　　　　　　　　　　　　　　　　　　　（74. E. P. T51：191）
　　入麦小石百八石三斗　∫　五凤四年十二月丁酉朔＝
　　戊申渠尉史充受左农左长佐宗/候汉彊临　　（74. E. P. T52：90）

　　根据西汉官职表，三公制度中"仓曹"主仓谷事。九卿制度中大司农（大农令）主管全国的赋税钱财，凡国家财政开支，军队用度，诸如田租，口赋，盐铁专卖，均输漕运，货币管理等都由大司农管理。大司农下设有"太仓令、太仓丞"负责仓之管理，郡国中"仓曹掾史"主仓谷事。简牍中的"右农后长"、"左农左长"未见于西汉官职表，概是边塞屯田负责人。
　　仓的功能和地位是钱、粮及财务的收（增加）、支（减少）、存（储备），主要体现在有关出入簿中。我国著名会计史学家郭道扬教授指出：汉代"主要会计簿书设置有'谷出入簿'、'钱出入簿'和'财物出入簿'等，通过这些会计簿书系统，反映钱、粮及其他财物的拨入、领用和储备情况。西汉政权在财政收支中，坚持钱、粮分管的原则"[①]。如：
　　谷出入簿类：

　　☑远燧仓建平四年十二月谷出入簿　　　　（E. P. T43：63）
　　甲渠候官五凤二年谷二月出入簿　　　　　（E. P. T52：473）
　　谨移穀（穀，百谷之总名。《说文》）出入簿一
　　　　　　　　　　　　（合校 11·27A；《中国简牍集成》11.27A）
　　● 甲渠候官神爵三年九月谷出入簿　　　　（E. P. T52：203）

　　钱出入簿类：

_____

　　① 郭道扬：《中国会计史稿》（上册），中国财政经济出版社，1984，第199页。

永始二年正月尽三月赋钱出入簿　　　　　　　（E. P. T4：79）

阳朔元年十一月甲辰朔戊午第廿三候长赦之，敢言之谨移钱出入簿一编敢言之

　　　　　　（《居延汉简甲编》186，《居延汉简释文合校》28.4）

甲渠候官阳朔二年正月尽三月钱出入簿　　　（合校28·11）

财物出入簿类：

● 甲渠候官绥和元年八月财物簿　　　　（E. P. T50：28）
□戍卒籍所受钱财物出入簿　　　　　　（E. P. T50：35）
● 元寿六月受库钱财物出入簿　　　　（《中国简牍集成》286.28）
居延都尉元凤六年四月尽六月财物出入簿　（合校37·18）
金关财物出入簿　　　　　　　　　　（《文物》1978.1）
☑之□移四月尽六月盐出入簿☑　　　　（E. P. T7：13）
吞远部建平元年正月官茭出入簿　　　（合校4·10）

汉简中还常见俸禄簿、日迹簿、日作簿及各种兵物簿。

汉简也有管理人员因为没有对国家财物入库、出库进行严格登记而受责罚的记录：

宗前受茭五十二积，今白五十三积，多一积，误毋状，当做，罪当死，叩☑。　（《中国简牍集成》317.11A）

宗前受茭五十三积，今白五十二积，死罪。

　　　　　　　　　　　　（《中国简牍集成》317.11B）

根据现代会计实地盘存知识看，该简记载的情况应是仓库管理人员明细账记载出现了"串账"情形而受责罚。

汉简中亦可见"主守盗"的记载，如下汉简：

库佐安世，主毋区虑，主守而即盗。　（《中国简牍集成》516.19）
盗所主守燧县官警四斗五升□。
盗所主，燧长徐宗等奉候与□□诚、宣罪名明白，令史。

"主守盗"是指主管者自盗公家财物,《汉书·陈万年传》有"主守盗"注引如淳曰:"律,主守盗直金,弃市"①。

汉代法律还规定,职官对于国家财产管理不当,而使之受损也要承担相应的刑事责任。如汉简记载:

> 马□□善,令病死,适为卅井南界载☑。(《中国简牍集成》118.17)

本简意为没有照管好马,令马病死,罚其到三十井候官的南界运物。

仓之盘点制度:

秦律对盘点制度有明确规定。如清查公有器物,发现长余或不足……这里讲的就是盘点制度。秦国还专门制定了"都官及县效律"。效通校,校核、清查的意思。

秦律讲到盘点的不少。有临时盘点,也有定期盘点。

交接盘点是临时盘点的一种。《效律》规定:仓啬夫及佐史中有免职的,新任者要根据会籍加以称量,如有问题,应向县啬夫报告,令人重加称量。一积谷物如未出尽而数额已足,应向县廷报告。如余数较少,可以整个称量。这是临时盘点。

《效律》规定:年末应报某仓已出谷物若干后,尚余谷物若干石。这是年终的定期盘点。

汉简中也有关于盘点制度的记载:

> ● 今余五石具弩二
> 三月余五石具弩三
> 三月余六石具□□
> 出五石具弩一
> 假亭隧建武六年四月十六日胡虏犯塞入吏格斗失亡
>
> (E. P. F22:315-318)

该简记载了三月余五石具弩三,今余五石具弩二,出五石具弩一,随后说明了原因。

---

① 胡仁智:《由简牍文书看汉代职务罪规定》,《法商研究》2001 年第 3 期。

第十五隧长李严

铁鞮瞀二，中无絮，今已装。五石弩一，左彊三分，今已亭。

铁铠二，中无絮，今已装。橐矢十二，干吡呼，未能会。

六石弩一，細缓，今已更細。靐矢十三，干吡呼，未能会。

（《中国简牍集成》3.26）

　　铁鞮瞀是指头盔；五石弩，汉时弩的强度以石衡量，每石百廿斤，并以石力命名；橐矢箭之一种，箭杆较长；靐矢箭之一种，箭杆较短。该简是对第十五隧兵物的实地盘存及整改情况，根据简文记载形式看，应是对隧长李严的一种责任考核。

	弦三十柴	橐矢三千一百　见二千一百五	
十少九百五十			（3100－2150＝950）
第十柴部		靐矢二千三百　见二千一百少	
E. P. F22：178		二百	（2300－2100＝200）
	弦三十柴	橐矢三千三百　见二千六百少	
		八百	（3400－2600＝800）
第二十三部		靐矢二千五百五十见千三百	
E. P. F22：179		少千一百五十	（2550－1400＝1150）
系弦三十六	橐矢三千见二千五百六十一少三		
推木部	十九今少六百三十九		
E. P. F22：181	靐矢二千一百见千八百今少三百		（2100－1800＝300）
城北部	系弦五十三　橐矢三千五百见三千一百少百三		（3500－2100＝400）
E. P. F22：182	靐矢二千三百见二千三百少百		（2400－2300＝100）
	系弦三十三　橐矢二千二百见二千一百六十		
吞远部	九少三十一故二千柴百今二千		（2200－2169＝31）
E. P. F22：183	一百六十九少五百三十一		（2700－2169＝531）
	今靐矢千八百五十故二千一百		
	今千八百五十少三百少五百三十一		
	弦三十八　橐矢三千一百五十今见二千五百		
不侵部	少六百五十		（3150－2500＝650）
E. P. F22：184	靐矢二千一百见千八百少三百		（2100－1800＝300）
● 最凡		橐矢	
靐矢万柴千五百柴十八又官三千三			
		百凡二万一千九百柴十八	（17578＋4400＝21978）

　　注：括号内数字为笔者校算数字，直线是笔者为区别各简所划。橐矢指箭杆长的箭，靐矢指箭杆短的箭。

该简详细记载了第十牵部、第二十三部、推木部、城北部、吞远部、不侵部有关稾矢、藟矢的账存数、实存数和差额，基本校算相符，是典型的盘存记录表。

关于仓之盘点制度的认识，尚存误识。如朱德贵在《汉简与财政管理新证》中认为："在分清权责上，还制定都官和县核验物资财产的法律，'为都官及县效律：其有赢、不备，物直（值）之，以其贾（价）多者罪之，勿赢（累）'。（《睡虎地秦墓竹简》，第113页）无论有超出或不足数者，也都要按其中最高价值去论罪。"① 所管物资财产，因管理不善而被责罚的，在汉简中多有记载，如：

> 甲渠次吞隧簿，次吞隧长长部，卒四人，一人省，一人车父，在官，已见。二人，见。
>
> 墼户厌破，不事用，负二算。墼坞不涂垩，负十六算。木长梧二，柄长，负二算。直上烽干柱匝解随，负三算。反□一□，负二算。天田百八十步不□□，负一算。悬索三行，一里卅六步敝绝，不易，负七算。积薪垛皆不垩，负八算。悬索绝一里，负三算。凡负卌四算。

（74. E. P. T59：6）

该简是烽燧兵物保管不善的考核记录，考核记录是以财产物资盘点清查结果为依据进行的。"算"，罚金的计量单位，财产物资保管结果优秀者奖，简曰"得算"，落后不合规定者，简曰"负算"。居延汉简中有很多关于兵物盘点的记载，如：

> 第十八隧，铁铠鍉矛各三，见。六石具弩二，见。稾矢铜鏃百，见。藟矢铜鏃二百，在部。四石具弩二，见。∟泉承弦六，见。泉长弦三，见。弩盾三，见。有方一，见。米备三斛。盾六，见。

（74. E. P. F8：2·3）

上两简是甲渠候官第十八隧兵器盘点结果的记录。

财产物资盘存，如果期末实存数少于账存数（应存数），说明财产物资

---

① 朱德贵：《汉简与财政管理新证》，中国财政经济出版社，2006，第25页。

发生了短缺，需要进一步查明原因，如果是某隧长等管理者管理不善所致，则会被负算，应按制度规定或赔偿或处罚是理所当然的，也符合现代管理思想。问题的关键是，如果期末实存数大于账存数，则说明财产物资发生了溢余，按朱德贵同志的论述，财产物资发生溢余也要按溢余（超出）的最高价值论罪，这有悖现代财产物资管理与盘点制度。笔者认为，这是朱德贵同志对汉简中记录的误识。

二　卒

（一）卒类

边塞戍卒来源及种类复杂，从来源看，包括持律服役戍边者、良家子、应募士、徒、驰刑士、谪卒等，统称戍卒。卒按性质分为燧卒、吏卒、障卒、戍田卒、河渠卒、守谷卒等。[①]

戍卒，南阳郡宛邑临洞里魏合众衣橐　　　　　　　　（74. E. P. T51：149）

不侵燧卒更日迹名　　　　　　　　　　　　　　　（74. E. P. T56：31）

第十一隧卒三人　　　　　　　　　　　　　　　　（74. E. P. T56：136）

☑□官卒解惰（意为懒惰），不以候望为意，循行邊丞御史常☑

　　　　　　　　　　　　　　　　　　　　　（《中国简牍集成》227.91）

●戍田卒七十人用食百五十九石六斗九升少为小石二

百六十六石一斗五升　　　　　　　　　　　　　（74. E. P. T56：30）

　　二月戊寅，张掖大守福、库丞承喜兼行承事，敢告张掖农都尉，护田校二

　　尉府卒人，谓县。律曰：臧它物非

　　录者，以十月平价计。案戍田卒受官袍衣物，贪利贵买，赍予贫困民，吏

不禁止，浸益多，又不以时验问。　　　　　　（《中国简牍集成》4.1）

---

①　薛英群、何双全、李永良注：《居延新简释粹》，兰州大学出版社，1988，第12页。

（二）卒月粮

居延汉简关于口粮的记载不尽相同，其中最常见的是"月粮三石三斗三升"。有学者统计《居延汉简释文合校》所收录简文，"月粮三石三斗三升"有41简。[①] 如：

第三隧长王谭　十月食三石三斗三升少　九月己卯自取

(74. E. P. T5：2)

□□令史周宣，十二月食三石三斗三升少。十二月癸酉卒干有取。

(《中国简牍集成》39.8)

居延汉简中有关士卒月粮记载差别很大，高者有三石三斗三升，低者为一石七斗四升，其原因除计量单位不同外（如汉代计量器具之大石：小石＝6：10，详见第一章），其可能的原因有战时与平时有别；或重劳动与轻劳动有差；或地点不同；或生病、省亲等请假有异，惜汉简中仅仅记载了月食差别，鲜有记载原因，如下简：

● 戍田卒七十人，月食百五十九石六斗九升少，为小石二百六十六石一斗五升。

(74. E. P. T56：30)

该简为戍田卒领取口粮的账簿，每人每月当食二石二斗八升少半斤。

吞北隧卒田㤉　正月食三斛　正月庚戌自取　　(74. E. P. T10：1)
第二十三候长兒政　十月食一斛六斗　十一月丙申士吏禽取

(74. E. P. T26：3)

汉简中还有领取肉（猪肉、牛肉等）、食盐等物的记载，如下简：

---

① 黄今言、陈晓鸣：《汉朝边防军的规模及其养兵费用之探讨》，《中国经济史研究》1997年第1期。黄今言、陈晓鸣：《汉朝边防军养兵费用之考察——以西、北边境为研究中心》，见《秦汉史论丛（第七辑）》，中国社会科学出版社，1998，第184页。

尚子春十斤直二斛

肖子少十斤直二斛

郑子任十斤直二斛

宜农辟取肉名　孟子房十斤直二斛

陈伯十斤直二斛

许子臤十斤直二斛

　　　　（以上为第一栏）

郑昭十斤直二斛　●凡肉百二十斤直二十册

胡羿十斤直二斛清黍●凡付夫人粟二十黍斛

田子柳十斤直二斛清黍十二斛黍斗其三

瞿大伯十斤直二斛清

杨子任二十斤直四

　　　　（以上为第二栏）　　　　　　　（74. E. P. T40：76A）

□□任取头直五斛

杨子仲取脾直四斛

李子产取肠直三斛五斗黍

陈伟均取脯直三斛

　　　　（以上为第一栏）

斡幼光取宽直二斛黍　凡肠

陈子房取边将迹直二斛清黍

唐子春取项直一斛清黍

孙任君取应脅于 直二斛清黍

陈伯取肝直二斛……□大凡直粟四十九斛

　　　　（以上为第二栏）　　　　　　　（74. E. P. T40：76B）

肉卅斤直百廿丁取　　　胃肾十二斤直册八尊取

肝一直册二尊取卩　　　祭肉少十六

肠一直廿七尊取　　　　粟直廿四祖取卩

　　　　（以上为第一栏）

牛□直百丁取卩　　　　祭肉直六十八丁取卩

胃八斤直廿四丁取卩　　祭肉直卅丁取卩

肋肉直七十丁取卩　　　牛头直百八十丁取卩

　　　　（以上为第二栏）　　　　　　　（74. E. P. T40：235A）

☑五升　官卒十一人盐三斗三升　武成卒☑

（74. E. P. T53：136）

　　汉简中也有随军家属领取月食的记载，如简：

　　弟大男谊年廿二　　　　●居署尽晦
　　　☑弟大男政年十八　　　　　九石母戚君取
　　弟大男谭年十六

（74. E. P. T40：23）

　　第十五隧卒陈齐　子大男恭年十五　三石六日取卩

（74. E. P. T40：27）

　　　　　　　　　　●妻大女君宪年廿四
　　止北隧卒王谊　　●子未使女女足年五岁
　　　　　　　　　　●子小男益有年一岁
　　皆居署廿九日　　七月乙卯妻取
　　用谷四石少

（74. E. P. T65：119）

（三）衣给

　　戍卒衣被官给，已为史学界公认。据《云梦秦简·金布律》"受（授）衣者，夏衣以四月尽六月稟（稟通廩：承受）之，冬衣以九月尽十一月稟之，过时者勿稟。后计冬衣来年。因有寒者为褐衣。（用枲即粗麻编制而成的衣，古时为贫贱者衣着。）为蒙布一，用枲三斤。为褐以稟衣；大褐一，用枲十八斤，直（值）六十钱；中褐一，用枲十四斤，直（值）卌六钱；小褐一，用枲十一斤，直（值）卌六钱。已稟衣，有余褐十以上，输大内，与计偕。都官有用口口口口其官，隶臣妾、舂城旦毋用。在咸阳者致其衣大内（致：券也。致其衣大内：凭券向大内领衣），在它县者致衣从事之县。县、大内皆听其官致，（听其官致：意为按照该机构的券。）以律稟衣。"由此可见，秦律对衣服供给时间按夏冬两季分稟，对制作材料、市价、供应机构等也做了明确规定。

　　《云梦秦简·金布律》中，还有关于稟衣标准的规定，"稟衣者，隶臣、府隶之毌（无）妻者及城旦，冬人百一十钱，夏五十五钱；其小者冬七十七钱，夏卅四钱。春冬人五十五钱，夏卅四钱；其小者冬卅四钱，夏卅三钱。隶臣妾之老及小不能自衣者，如春衣。亡、不仁其主及官者，衣如隶臣妾。"学者对此段理解存有疑惑①：谁给钱？是稟衣者缴费给衣服或免费的？春是指古代因犯罪或被俘等成为春膳的奴隶。《周礼·秋官·司寇上》："其奴，男子入于罪隶，女子入于春、稾。"郑玄注："郑司农云：'谓坐为盗贼而为奴者输于罪隶'……玄谓奴从坐而没入县官者。"《墨子·天志下》："丈夫以为僕圉（圉：养马的人）、胥靡，妇人以为春、酋。"孙诒让闲诂毕沅云："'酋'與'舀'声形相近。《说文》云'抒臼也'。亦春、稾义云。"唐段成式《酉阳雜俎·黥》："当黥者口钳为城旦，春。"如果《云梦秦简·金布律》此段中规定的稟衣者中，"城旦、春、亡、不仁其主及官者"均为奴隶，应该是为官府、郡国义务做事，应没有收入供给，其衣也应供给。结合前文，笔者认为似是免费衣物给养标准。

简牍中有较多关于边塞士卒衣物领取的记载，如居延汉简中：

皂復袭一领封　钱百封

修武县寺廷里王平　卩　韦绔一封

布復袭一领衣

布襜褕一领衣　袜一两封

（74. E. P. T56：69）

襜褕是指短衣。《方言》卷四："襜褕，江、淮、南楚谓之重裕，自关而西谓之襜褕，其短者谓之短褕。"《说文·衣部》："褕，直裾谓之襜褕。"裾是指衣服的前襟和后襟，《释名·释衣服》："裾，倨也，倨倨然直，亦言其在后常见踞。"可见该简为修武县寺廷里王平领取夏衣的记录。关于领取夏衣的记载还有，"官予夏衣如口　　直五百六万五千一百□□。E. P. T52：330"。

简牍 E. P. T58：115 有"羊皮袭一领受□□"的记载，羊皮袭领取应为冬衣。《后汉书·耿弇列传》："先是恭遣军吏范羌致敦煌迎兵士寒服。"佐证了冬衣给养。

为对比分析汉简中衣物价格，不能仅仅采用衣物价格，我们采用同一地

---

① 睡虎地秦墓竹简整理小组：《睡虎地秦墓竹简》，文物出版社，1978，第68页。

出土汉简中记载的衣物与其他商品（物品）的价格做一对比，即可知道衣物价格是很昂贵的：

受甲渠君钱千

出二百五十买羊一

出百八十买鸡五只

出七十二买骆四于

出百六十八粜米七斗

出百卅沽酒一石三斗

●凡出钱八百六钱今余钱二百

（E. P. T51：22）

察微隧卒陈留郡儒（《说文》："儒，引为贾也。"）宝成里蔡口子七月中兹赍卖缥復＝袍一领直钱千一百故候史郑武所

（E. P. T51：122）

第八隧卒魏郡内黄右部里王广　赍卖莞皁绔橐絮装＝一两直二百七十已得二百少七十遮虏辟衣所所到之处

（E. P. T51：125）

自言十月中赍卖糸絮二枚直三百居延昌里徐子放所

（E. P. T51：249）

☑絮二百卅二斤直二千四百二钱

（E. P. T51：257）

絮巾一直廿　　　　　　　　　　　　　　　（E. P. T51：301）

自言赍卖白紬褌一领直千五百交钱五百　　（E. P. T51：302）

☑自言五月中富昌隧卒高青为富卖皁袍一领直千九百

（E. P. T51：314）

将上述资料整理后，列表如下：

物　品	单　价	衣　物	单　价
羊	250/头	缥復袍	1100/件
鸡	36/只	糸絮	150/枚
骆	18/于	☑絮	10.35/斤
粜米	24/斗	絮巾	20/条
酒	10/斗	白紬褌	1500/?

将衣物价格与物品价格，折合为数量关系，如下：

折合量	缥復袍	糸絮	☑絮	絮巾	白紬褕
羊	4.4	0.6	0.414	0.08	6
鸡	30.55	4.16	0.29	0.55	41.66
骆	61.11	8.33	0.57	1.11	83.33
粜米	45.83	6.25	0.43	0.83	62.5
酒	110	15	1.03	2	150

（四）秋射

为保证军队和士卒战斗力，需要进行某种形式的军事训练，为检验训练效果，需要进行某种的比试，史籍文献多称"都试"，即是指每年秋天进行一次骑射演习，《汉书·燕剌王刘旦传》记载："将军都试羽林"；《汉书·韩延寿传》云："都试讲武"；《汉书·翟方进传》附《翟义传》有"九月都试"，都称"都试"。"都"解释为"首都、汇集"之意，"试"解释为"考较、考察"之意。

汉简中关于该事项之记录为"秋射"。"射"为古代六艺之一，指有关弓箭制作规范和使用技能的训练。《周礼·地官·大司徒》："三曰六艺，礼、乐、射、御、书、数。"郑玄注："射，五射之法。"射宫是古代习射与试士之所，《礼记·燕义》："春合诸学，秋合诸射，以考其艺而进退之。"郑玄注："射，射宫也。"孔颖达疏："择士习射之宫也。"居延汉简中有较多关于秋射的记载，如简：

> ●功令第卌五：士吏、候长、蓬隧长常以令秋试射，以为六程，═
> 过六赐劳矢十五日。　　　　（《中国简牍集成》·第七册285.17）
> □自言常以令秋试射署　　　　　　　　　　（E.P.T56：183）

《简牍新简释粹》中，对秋射进行了专门考证，枚举了较多简牍，如"秋射二千石赐劳名簿及令"；"右以令秋射，二千石赐劳名簿及令"等。[1]

---

[1]　薛英群、何双全、李永良注：《居延新简释粹》，兰州大学出版社，1988，第13页。

三 兵器管理

(一) 秦兵物管理

1974年3月，发现秦始皇兵马俑一号坑和1976年6月相继发现的秦兵马俑二号坑和三号坑，为研究秦朝兵制和兵器提供了直接证据。一号坑为步兵、车兵混合编组，坑四周为回廊，东西两端是守卫军队，南北两侧则排阵设防，中间9个过洞里，每个过洞4列纵队组合，兵车相间，构成主体。一号坑40多乘战车和6000多军士按进可攻、退可守之原则，组成常用的矩形军阵。二号坑在一号坑东端北侧20米的地方，总面积6000多平方米，为步兵、车兵、骑兵混合编组。三号坑比一号坑和二号坑面积小，出土陶俑数量较少，它是秦俑坑的统帅部所在之处，古谓"军幕"。

秦国实行全国军事化，全体国民由严密的军事体制管制，秦兵马俑的发掘，证明了秦国严密的军事体系和军队建制如下[1]：

兵役制度	郡县征兵制	
兵　　种	材官(步兵)、轻车(车兵)、骑士(骑兵)、楼船(水兵)	
军队体制	京师兵	守卫宫殿门户诸郎，由郎中令统领
		宫门卫屯兵，由卫尉统领
		京师屯卫军，征调郡国材士充任
	郡兵	维持地方治安，并随时接受中央征调
	戍兵	屯守边郡部队

秦兵马俑出土了大约10余种古代青铜兵器，按性质与用途分为长兵器（如矛、戈、戟）、短兵器（如吴钩、铜剑）、远射兵器（弓弩、箭镞）、礼兵器（如钺、殳）、防守兵器（如盾、铠甲）和指挥战斗联络信号（如钟、鼓、旗）。

矛是一种刺杀性的长兵器，它一锋两刃，安有长柄，秦矛一般长3米左右，也发现了最长的秦矛仅矛杆就有6.7米，概为战车上甲士用兵器。

戈也是一种长兵器，其头部弯曲，身上带柄，主要用于左右格杀和钩杀。秦戈一般较长，其刃部锋利，具有较大的杀伤力。

---

① 郭喜亭：《考古的故事》，中国书籍出版社，2004，第86页。

戟是长柄，顶端有直刃，两旁各有横刀，可以直刺和横击。郑玄注："戟，今三锋戟也，内长四寸半，胡长六寸，援长七寸。"《左传·襄公二十三年》："或以戟钩之，断肘而死。"

吴钩又称钩镰，是一种弯刀，半椭圆形，两面带刃，极为锋利。据记载，春秋时，吴王阖闾因防身需要，极需锐利武器。于是，他就许下重金以寻求造武器之人。一位工匠听说后，就杀死了自己的两个儿子，把儿子的血涂在了金块之上，铸成了两个金钩，献给吴王。为了证明吴钩的灵活性，工匠将钩放在地下，然后连呼儿子的名字，结果钩子双双飞到了工匠身上。吴王见状大喜，重赏工匠，并视该钩为珍宝，终日带在身上。吴钩因此名声大噪，在众兵器中占得一席之地。

铜剑是一锋两刃，剑身窄长，身后有柄的一种兵器。秦剑因近战需要，其长度较以前有所增加，所以，拔剑一般从身后拔出。相传，荆轲刺杀秦王时，秦始皇一边逃跑，一边想拔剑自卫，心慌无法将剑拔出。后侍卫提醒从后面拔剑，秦始皇才将剑鞘向后一背，拔出长剑，刺死了荆轲。

弓、弩均是古代的远射兵器。弓最早出现在一万年前的新石器时代，弩则在春秋时期出现。弓和弩的区别是：弓分为弓弦、杆和弓背。弩由弓、臂、机组合而成。秦弩由弓、木臂和弩机组成，木臂则是一长木柄，其末端装有弩机；弩机分为牙、望山、悬刀和健四部分。牙用于勾弦，望山用于瞄准，悬刀为扳机，健起加固作用。弩可拆开为弓单独使用。

箭镞的种类较多，如三刃铜镞、双翼铜镞、铜首铁铤镞和三棱铜镞等。秦俑坑出土铜镞，以三棱铜镞为主。三棱铜镞的上部为等腰三角锥形，其下为托，托为九边形，下面又有铤。铤呈圆柱形，铤分两段，前段较粗，后段较细。在射击时，把铜镞放入剑槽，使其一脊朝上，以便瞄准，同时把铤的后半段插入箭杆，便于将铜镞和箭杆连起来。镞呈流线型，在飞行时可减少阻力并稳定方向。

钺为礼兵器，是军中权威的象征。其形似宽斧，中腰部位安装木柄，便于战时操持。古时在作战之前选将时，都要在太庙进行选将仪式，被选中主将，将被授予钺。一旦主将掌握了钺，就意味着他已掌握了军中大权。

殳呈圆筒型，长约一丈二尺左右，其首端呈尖锥形，无刃。据《新唐书》记载，每逢朝会时，仪仗队都手执殳和叉，相对排列。

秦盾主要是作战时防身之用，呈圆形，其制作材质，包括皮革、藤条、青铜等。秦俑出土的秦盾为铜铸，上小下大，盾面有各类图案。

铠甲也做防御之用。铠一般金属制成，坚固结实，防护效果好，但较笨重，不利于士兵奔跑作战。甲则是用皮革或其他材料制成，轻便灵活，但很难阻挡剑、矛等的攻击。

秦俑坑中还发现了钟、鼓、旗等战争中用于信号联络的实物。秦俑坑中的钟、鼓大都置于战车之上。钟一般高 20～30 厘米，钟身有长柄，柄上有环，即钟是挂在战车上的。鼓则高约 10 厘米，直径在 50～60 厘米，一般被涂成棕红色。作战时，不同的钟声和鼓声，往往意味着不同的作战信号。一般来说，鼓声轻响，意味着部队前进；鼓声激越，则意味着进攻。《左传·庄公十年》中的《曹刿论战》有："夫战，勇气也。一鼓作气，再而衰，三而竭。彼竭我盈，故克之。" 说明了鼓是一种指挥战争的信号。钟声响起时，意味着停止前进；钟声洪大，则意味着撤退。与钟作用基本相同的是锣，《左传·僖公二十二年》中的《子鱼论战》有："三军以利用者，金鼓以声气也。利而用之，阻隘可也；声盛致志，鼓儳可也。"

为严格质量管理，工匠需将自己的名字刻在其产品（陶器、兵物）上，如果产品达不到质量要求，则要受处罚。1975 年出土的《睡虎地秦墓竹简》中的《秦律十八种·工律》规定："公甲兵各以其官名刻久之，其不可刻久者，以丹若桼书之。其叚（假）百姓甲兵，必书之，受之以久。入叚（假）而而毋（无）久及非其官之久也，皆没入公，以赀律责之。"

（二）居延汉简兵物管理

1. 分类登记及报告

汉简文献中，兵器利刃与守御器是不同的概念。居延汉简常见边塞兵器（常省称为"兵"），有弓、弩、矢、刀、箭、有方（栿）、弓弩附件的兰、服、犊丸、承弦等，盔甲类的铠、鞮瞀等杀伤性武器，此外，靳干、幡有时也列入兵器簿。兵器的配备，除库存储备外，大多因人而设，按人数发给吏卒个人使用、保管，随身佩带，甚至随人员的转移、调离而流动。兵器有官、私之别，官兵器均由征发单位或戍所发给。汉简中涉及兵器类的账簿主要包括以下几类：

兵釜磑簿、兵簿、弩簿、吏卒被兵簿、兵器出入簿、戍卒被簿、卒物故衣物出入簿

郭道扬教授将兵器类的簿书设置分为："专门登记进攻性武器出入的簿书、专门登记防守性器械之类的簿书和专门登记各类兵器损伤方面的簿书"

三类。① 李孝林教授在《中外会计史比较研究》中，也将"兵器类"作为一般账簿的专门一类。②

永元兵物簿是东汉永元五年（公元 93 年）至永元七年部分月份或季度报表。有永元五年六、七月月言簿各一份，永元六年七月一份。永元七年改为"四时簿"，上半年共两份。永元六年七月"月言簿"如下：

●广地南部言永元六年七月官兵釜磑月言簿。

承六月余官弩二张，箭八十八枚，釜一口，磑二合。

●赤弩一张，力四石，木关。

陷坚羊头铜鍭箭卅八枚。

故釜一口，鍉有固口呼长五寸。

磑一合，上盖缺二所，各大如踈。

●右破胡燧。

●赤弩一张，力四石五，木破，起缴往往绝。

盲矢铜鍭箭五十枚。

　　　　磑一合，敝尽不任用。

●右涧上燧。

●凡弩二张，箭八十八枚，釜一、磑二合。毋出入。

永元五年七月丙辰朔二日丁巳，广地

南部候长叩头死罪，敢言之。谨移六月见官兵釜磑

月言簿一编，叩头死罪，敢言之。

《中国简牍集成》（第六册）128·1

上列月言簿第一行是标题，点明报告单位、时间和报告名称。第二行是期初余额，第十二行是期末余额。最后三简是结尾。

这是一份由南部候长向广地候官上报的包括所属两个烽火台（右破胡燧和右涧上燧）的库存兵物季报。

2. 组织机构

汉张掖太守府属官的设置如下：

---

① 郭道扬：《中国会计史稿》（上册），中国财政经济出版社，1984，第 200 ~ 201 页。

② 李孝林：《中外会计史比较研究》，科学技术文献出版社，1996，第 107 ~ 108 页。

隧 汉简中的写法较多，或作"隊"，或作"燧"等。每个隧的人员，设隧长一人，戍卒 2～3 人。隧与隧之间的距离，视地势而定，远近略有出入。如简 E. P. T5：17 "甲渠第廿六隧北到第廿七隧二里百八十一步，候史一人，隧长一人，卒三人，凡吏卒五人"。第十一隧"去北界一里百五十五步，去南界一里百一十五步。"（E. P. T52：107），则其辖区为汉里二里二百七十步。"去第十二隧三里十（残），去第十隧二里二百（残）"（同上），则是第十一隧距第十、十二隧的距离。1 汉里约合今 415 米。而实地调查的距离，甲渠塞烽隧多在 1000～1300 米之间。隧长率领戍卒，负责日常候望、日迹、传送烽火、缮修器物和设施、运粮、伐茭与运茭，杂事甚多。所谓麻雀虽小，五脏俱全。

部 一般有 6～9 个隧组成。这一单位原多误作"候"，不仅容易与候官之"候"相混，且亦不是汉代实际称呼。因为在简牍之中，是直接称为"部"，所以"部"的称法已日渐为多数学者所接受。甲渠候官的第十部有第十至十六隧，塌南部有隧八，负责辖区廿余汉里。简文记"右塌南隧南到常固隧廿里百六十四步……塌南隧、故北隧、故南隧、千秋隧、益地隧、河上隧、胜胡隧"（简 E. P. T57：77）。部设的官员有候长和候史，月俸钱 900～1200 之间。候史俸同隧长。两人虽有同处一隧的情况，但多分别住在部之两端。部没有单独驻地，多设在隧中。如甲渠候官第四部就设在第四隧。甲渠候官第四隧，前西北科学考察团编号是 P1。位于甲渠候官南 5.3 公里的伊肯河西岸，蒙古名保都格。1974 年甘肃居延考古队曾做过试掘，除出土了 195 枚汉简之外，还基本上摸清了汉塞部的规模、形制和大小。第四隧的烽火台，残高 3.4 米，方形、夯筑、底边长 7.7（残）8 米。台南有坞，东西长 21 米、南北最宽 15.2 米。被墙一分为二的西院内的建筑最早，有房址二间；东院为后期增建，有房址三间。

候官 候望系统之中，部的高一级管理机构为候官，具体负责某一区域的防御，以甲渠候官为例，它具体负责居延都尉的西部防卫。北接珍北候官，南连三十井候官。南北全长约 40 公里。候官之长称"候"，吏俸六百石。其属官有丞、塞尉、士吏、令史、文书官有掾和书佐。甲渠候官辖区内有 10 部，约 80 个隧。全额吏员有百八人。其俸钱的差别，亦是其身份地位的象征。现以五凤四年（汉宣帝、公元前 54 年）为例，由此见其差额。简文为："五凤四年八月《奉禄簿》：候一人，六千。尉一人，二千。士吏三人，三千六百。令史三人，二千七百。尉史四人，二千四百。候史九人，其一人，候史拓有劾，五千四百"（E. P. T5：47）。甲渠候官，前西北科考团编号 P8。位于今额济纳旗南 24 公里处，俗名破城子。1931 年该处出土汉简五千条枚，1974 年又出土汉简约八千枚。遗址经发掘可知，它由障、坞两部分组成。障为方形，基宽 23 米，墙残高 4.6 米，厚 4~4.5 米。门在东南角。坞在障之南，近方形，边长 47.5 米，墙宽 2 米，残高 0.9 米。坞内有大小房间 37 间。通过对甲渠候官遗址的发掘，不但摸清了汉塞候望系统候官的大小规模，而且通过对其出土的一万多枚简牍的研究，我们对以此为中心的汉塞防御制度也有了足够的认识。

都尉 候官之上的防御机构是都尉府。在额济纳河流域（时称弱水），主要防御的都尉府汉代设有两个，即南部的肩水都尉和北部的居延都尉。居延都尉共有殄北、甲渠和卅井三个候官。汉之都尉甚多，《百官表》记："郡尉，秦官，掌佐守典武职甲卒，秩比二千石。有丞，秩皆六百石。景帝中二年改名都尉。"又记"关都尉，秦官；农都尉、属国都尉皆武帝初置。"本文所谈候望系统之都尉，非郡都尉、关都尉、农都尉，亦非属国都尉，应是部都尉。其地位明显要低于郡都尉。属官有丞、千人、司马和卒史、掾、城尉等。一般言，肩水都尉治所在大湾城，但是考虑到大湾出土的简牍"邮书课"之中，仍有南书到都尉府的记录，我们怀疑肩水都尉府还应在其南。所以，大湾城虽经过数次调查勘探，在此并不以此为都尉府规模的例子。

3. 岗位责任制度

汉承秦制，"张家山汉简"中已发现了规范详细的《盗律》和《贼律》。对兵物的管理尤为严格。如：

甲渠次吞隧簿

　　　　　　　　　卒四人

次吞隧长长舒　　一人省

　　　　　　　　　一人车父在官已见

　　　　　　　　　二人见

（以上为第一栏）

堠 户厌破不事用负二算　　　　堠坞 不涂垩负十六算

木长椎 二柄长负二算　　　　　反笱 一币负二算

直上蓬干柱柜木一解随三算　　天田坼八十步不涂不负一算

（以上为第二栏）

县索三行一里 六步敝绝不易负七算①
积薪垛皆不垩负八算
县索绝一里负三算　●凡负四四算　　　　　　　(74. E. P. T59：6)
(以上为第三栏)

　　该简为烽燧工作的考核记录。当时规定上级官府要定期检查，进行评定审核，优秀者奖，简曰"得算"，落后不合规定者罚，简曰"负算"。该简记录次吞隧人员虽能坚守岗位，但因管理不善，烽燧上很多设施因管理、维护、修缮或不合规范，固受到罚款四四算的处分。校算相符。兵物管理不当可能被斥免，如：

　　河平元年（公元前28年）九月戊戌朔丙辰，不侵守候长、士吏猛敢言之。将军行塞，举驱望隧长杜未央所带剑，刃生，狗少一。未央贫急、软弱，毋以塞，举请斥免，谒言官敢言之。　(74. E. P. T59：3、4)

　　该简为候长向甲渠官呈交的罢免所属隧长的请示。罢免的理由之一是兵物管理不善（刃生，狗少一）。
　　边塞岗位十分重要，简牍记载若擅离工作岗位为死罪。如：

　　隧长侯京、候长樊隆，皆私去署隧，报刺史，毋状，罪当死，叩头死罪死罪，敢言之。　　　　　　　　　　　　　　(74. E. P. F22：424)

　　汉简资料显示：各种兵物均设置相应账簿进行管理。如官吏配备的交通车辆，一律按官吏的姓名进行分户记载。连车上所配备的什件也要逐一登记，这些到一定时期还要进行专门的检查。如：

第二长别田令史　　德车一两
　　斧二　　　　　　　　桶二　　　　　　　　釜一
　　斤二　　　　　　　　□六　　　　　　　　输索豫十不输

----

① 笔者注：《居延新简释粹》第50页为负七算，《居延新简》第359页为负十算。笔者认为，若其余记录无误，根据扎差法应为负七算。

| 锯一？少一 | 承轴一 | 车屋三不输 |
| 椎一？少一 | 承□一小木五 | 驷相二？少二 |

（合校 47·5）

四　守御器管理

（一）类别

汉代官方兵器、守御器各有装备档案，前者称某单位某人"兵簿"、"被兵簿"，后者皆曰某单位"守御器簿"，两者多分簿造册，并不混淆。即使有同列一簿的，也必检署明白，如敦煌简"平望青堆燧兵、守御器簿"（《流沙》器物1），居延简"永元兵、物簿"（《甲》1），无一例外。① 出师宾《汉边塞守御器备考略》一文指出：汉代居延边塞的守御器备设施，按其功用，大约分为"警备食用类、取火发火器物类、烽火信号用具类、司时号令用具类、防攻斗具器物类、备用兵器附件类、坞堞射击观察装备类、侦迹设施类、守护安全设施类、戍务与维修工具类、杂用类和其它"十二大类，共107种之多。

（二）汉塞形制

长城源于战国诸侯间的边防和城墙。秦统一六国，连秦、赵、燕三国北部长城以拒胡，即为后人常称的秦始皇修建的万里长城。汉时称之为"塞"。明朝称为"边墙"。汉塞在甘肃境内，多样化的形制，并无一处是用砖砌成的。从兰州到酒泉，汉塞的主体形制是壕沟，其中个别地段仍清晰可见，宽8～10米，深约2米。由酒泉至玉门关才建有塞墙，玉门关以西到罗布泊则仅列亭鄣，并无塞墙和壕沟。除此之外，在有些地段，还充分利用地理条件，如龙首山主峰东大山一带，就以山体未加任何人工雕凿，在哈拉湖沼泽区，则利用沼泽为自然屏障。上述信息，仅反映了汉塞的一个方面，它代表了两千年以后，汉塞的保存状况。简牍文书又给我们提供了另一方面的信息，它告诉我们两千年前汉塞的一种实际情况，而这些正是实地调查发现不了的东西。即"天田"和"悬索"。

---

① 初师宾：《汉边塞守御器备考略》，甘肃省文物工作队、甘肃省博物馆编《汉简研究文集》，甘肃人民出版社，1984，第143页。

"天田"是汉塞地区为了调查人员出入情况的一种设施。具体方法是将一定宽度的地表锄画松软，或在一定的地带上铺以细沙。人马过之，必然在其上留下足痕。戍卒则以之痕迹判断是否有人偷越边塞，即汉简文书中的"日迹"。若发现有痕迹，则要判断是人、是马，或是野骆驼；若为偷越情况，不仅要查清出入情况（人员的多少、何地入、何地出），还要及时上报，备协查。为之，汉塞有一套完整的日迹制度。由此，则可以对汉塞边境地区的巡逻制度进行考察了。

"天田"，同后来的"土河"有一定的联系，甚至有人认为，就是唐代的"土河"。《通典·守拒法》记："土河，于山口、贼路横斩道，凿阔二丈，深二尺，以细沙、散土填平，每日检行，扫令净平，人马入境，即知足迹多少"（参见《汉简研究文集》第195页）。由《通典》所记可知："天田""土河"两者是有一定区别的。表现在它们所处的地理位置不同。"土河"仅限于交通要道，地理位置要求十分严格；"天田"则为汉塞的一种形制或辅助设施，对地理位置要求不甚严格，分布区域甚广。在其制作方面，"土河"要在挖沟和坑，内填细沙或散土；"天田"，要在地表保持松软，虽可能铺沙，但勿须挖沟或掘坑。溯"天田"和"日迹"之源，大致可推至战国。《墨子》中的记载虽与"日迹"有一定的区别，但其中的渊源应是存在的。《号隊》记："空隊要塞，人之所往来者，令何以迹。迹者，无下里三人，平明而迹。各立其表，城上应之。"《杂守》云："距阜山林，皆令何以迹。平明而迹。迹者无下里三人。各立其表，城上应之。"又云"诸距阜、山林、沟渎、丘陵、阡陌、部门若阎术可要塞，及为微职，可以迹知往来者少多，及所伏藏之处。"从上面引的三段文字可知：《墨子》书中所言"可以迹"，同汉简文书中的"日迹"极似。只不过，前者因时代限制，"可以迹"的地带都有明确的限定，不如汉简中汉塞之广泛。如其说《墨子》所记言是汉代简牍文书中"日迹""天田"的源头，不如说是唐代"土河"渊源更为妥帖。其区别之所在，即受时间、地域的限定，而其作用和功效是相同的，即"可以迹知往来者少多及所藏之处"。

"悬索"，简单地说就是绳索。汉塞或处在流沙地段，挖壕不能，修塞不易之处，拉一道绳索作为汉塞的标志，以备戍卒巡塞之用。"枨柱"就是支持绳索的柱子。在居延地区的一些地段，汉代之时的地理环境也许比现在略微好一些，但一些地带仍处在沙漠的侵逼之下，如前引简 E. P. T57：77除记有部隧之外，还对该部所辖汉塞的环境有所描述，由之可见沙漠对其影

响。简文为"其百一十五步，沙，不可作垣，松墼；十三里百七十步可作
凵墼，用积徒千五百七十人，去薪塞外三里"。沙化严重之处，以悬索既可
以作为标志，又可以为大风天，巡边之人提供凭借物，不致迷失方向而走
失。既然"悬索"是汉代塞墙的一种形式，所以，它有一定的长度；为保
证其功效的正常发挥，要对其进行修缮，确保完好无损。用简牍文书中对其
合格的鉴定语，即"完"。否则，就要受到处罚。如简文：

次吞隧长长舒……县索三行，一里卅六步，幣绝，不易，负十
算……县索缓一里，负三算。　　　　　　　　　　　　（E. P. T59：6）
第三隧长，见。卒一人，见。候史，见。天田皆画，县索完，枪柱
完（残）

（E. P. T59：23）
转射皆不承长辟，枪柱一栝，负二算。　　　　　　（E. P. T30：214）

上引三简，第1简中的"算"，很容易使人联想到汉代算赋百二十钱之
"算"，但两者不是一回事，有很大区别。这里的"算"，只是一个记算单
位，非百二十钱。简2是考核记录，第三隧的人员均齐，防御设施完备。简
3摘引自《居延新简释粹》，内容同简1，是对器具不整者的考核记录。从
中可见，器具不完备（悬索缓、断，枪柱不完）是要受处罚的。

从有关悬索出现的烽隧记录，到同实地调查相结合，我们发现悬索是同
塞墙并存的，并不仅仅存在于沙漠地带。E. P. T57：108"候史广德坐不循
行部橄"记录了甲渠第十三至第十八隧守御器具完备的情况，其中之一就
是都有悬索。第十三至第十六隧 属于甲渠候官第十部，第十七和第十八属
于第十七部。实地调查过程中，业已确定的烽隧有第十三是T11，第十四隧
是T10，第十五隧是A5，第十六隧T9，第十八隧是T8（初世宾《甲渠塞部
隧建置考略》提要）。在T11、T10、T9 和T8，均发现有塞墙遗迹（参见
《汉简研究文集》调查报告部分）。这种情况可能是由时间先后有别造成的。

（三）汉塞日迹制度

"日迹"就是每天查看天田上的痕迹，并对出现的痕迹做出相应的对
策。作为汉塞防御的重要措施之一，日迹弥补了白天候望未能解决的问题。
因为人马过之必留痕迹，所以，它可以说是一个全天候设施。内地亡人出

逃、兰越，塞外匈奴人马偷入，于此均得到具体反映。为之，日迹作为一制度，附之以相应措施，在汉塞得以圆满执行，即可称为"日迹制度"。当然也可以将其概括为汉塞的巡逻制度，大体包括以下几方面。

1. 天田的锄画

由于天田固有的特性，为保证其功能的正常而有效的发挥，要确保天田的疏松，就要对其进行保护和管理，即要对其进行锄画。汉简之中的常用语是"画天田"。画天田作为边境戍卒日常工作之一，对其量的考核是依一定格式的记录。这一记录在敦煌汉简之中有详细记载。首先，为使画天田的记录格式统一，方便考核，特别制定了格式，即简文"若干人画天田，率人画若干里若干步"（敦煌·1584）。其次，依此格式，又有许多实际记录的文书，其格式与上述文书格式极相似。足见上引文书的格式在实际中是客观存在和被广为使用的。如简文"六人画沙中天田六里，率人画三百步"（敦煌·1714）。画天田，即有此种必要，则天田是否锄画也就成为对部、隧吏卒进行考核的项目之一。已有简文虽没有明确的处罚简文，但从考核记录中的"天田不画"，明显应属于工作不认真的具体表现之一。

2. 日迹人员

官吏之中与日迹有关的最高官员是士吏。这从"士吏"以"迹候、通蓬火"为职的记录中体现出来，但是，现实生活中由于士吏不直接参与部、隧的日常事务，目前尚未发现士吏的日迹简。也许士吏之"以迹候、通蓬火"为职之语，仅是指士吏对部、隧有督察作用，本身并不直接参与日迹活动。候长，官吏之中有甚多日迹活动反映的最高者是候长。因为简牍文书中对其职责的记录，多为候长"以主领亭隧吏卒迹候为职"（E. P. T65：292）。日迹范围为所辖部。候史，"以日迹为职"（E. P. T59：1）此种职责限定仅见于候史，日迹范围亦在本部。隧长和隧卒作为汉塞边境的主要屯戍之人，是当然的日迹参与者和主要从事者。

3. 日迹方式

平旦而迹，即日迹的时间是在白天。以隧卒而言，参加日迹的隧卒多轮流工作，或每天一轮换，或十日，或半月，若一时其他戍卒都抽走为省卒，则一人也可日迹一月。隧卒在进行日迹时，还佩带有用于证明其身份的符，简牍文书自名"日迹符"。隧与隧之间的戍卒，为了证明彼此均已尽界完成日迹，双方要剖符刻券。即敦煌汉简1392所记："十二月戊戌朔，博望隧卒旦徼迹，西与青堆隧卒会界上，刻券……十二月戊戌，青堆隧卒旦徼迹，东与博望隧卒会界上刻券"。东汉之初，有一条简文明确记录吏组卒日记的不同时间，也许这种情况也适合于西汉时期。简文为："（建武七年）恭等令隧长日蚤迹，士吏、候长常以日中迹。"（E. P. T22：167）

4. 日迹记录

简牍文书之中，称日迹的记录为《日迹簿》。其种类有隧（年、月）《日迹簿》，部（年、月）《日迹簿》，候长、候史（年、月）《日迹簿》和候官年、月《日迹簿》。《日迹簿》，逐级上报，先有隧，然后有部，部的《日迹簿》送到候官处汇总，成为候官的《日迹簿》，最后要送到都尉府。常见《日迹簿》有：

(1) 七月癸酉卒张垣迹，尽丁亥积十五日。

第十七隧　七月戊子卒吴信迹，尽壬寅积十五日。

七月癸酉，卒郭昌省苣。

●凡迹积卅日，毋人马兰越塞天田出入迹。　　　　　（E. P. T51：211）

(2) 第四隧　建昭三年八月卒日迹簿　　　　　（E. P. S4. T2：4）

(3) 临木部初元五年吏卒日迹簿　　　　　（E. P. T59：28）

(4) 候长尊　　候史长秋丁未诣官，不迹　。闰月己卯从当曲隧

　　　　　　　北界迹，

　　　　　　　　　　南尽不侵隧南界，尽丁未积廿九日，毋越塞

　　　　　　　出入迹。　　　　　（E. P. T56：28）

(5) 甲渠候史公乘徐惠倩《日迹簿》：神爵四年二月丙申视事初迹，

　　　　　　　尽晦廿九日。三月廿九日。四月甲午迹尽丁未十四日，

四月戊申疾，

尽五月丙子廿九日，不迹……凡迹积二百六日　　（E. P. T53：68）

(6) 甲渠官。闰月乙亥，第七卒以来。诚北部《迹簿》。

　　　　　　　　　　　　　　　　　　（E. P. T51：129）

(7) 甲渠候官建昭五年九月《卒日迹簿》。　　（E. P. T51：13）

(8) 肩水都尉府。《迹候簿》。　　　　　（280：25i）

以上所引的八条简文，仅是从众多"日迹简"中选出来的颇具代表性的简文，以此力图体现出日迹文书所涉及的机构和人员。这些简文有的涉及直接参与日迹的人员和机构，如隧中的隧卒，部中的候长和候史；有的是日

迹文书所要上报的机构，如汇总机构候官和其同样还要再上报的都尉府。以简牍文书性质，有的属于日迹簿的内容，有的仅仅是日迹文书的标题，有的则是封检，如（6），则是将诚北部《日迹簿》文书，送到甲渠候官的封检；简（8）则是某处将《日迹簿》文书，送到肩水都尉府的封检。

日迹发现异常的记录。简牍中许多日迹简是没有异常情况的记录，但也有一些日迹简，记有日迹时发现了异常情况，类型甚多，现以简文为证：

（1）（残）迹二里所，地石坚失迹。辅等郭东（残）　（310：25A）

（2）（残）即野马也。尉亦不诣迹所，候长迹，不穷（残）

（E. P. T8：14）

（3）蚤食时到第五隧北里所，见马迹入河，马可二十余骑

（E. P. T48：55A）

（4）移檄书。居延守尉移檄部亭，吏从迹逐捕……（E. P. T56：128）

（5）（残）第廿三隧韦、从迹卒张道不以时迹状（残）

（E. P. T56：162）

（6）收降候长赏，候史充国　　四月乙巳日迹，积一日，毋越塞兰渡天田出入迹。酒丙午日出一干时，虏可廿余骑，萃出块沙中，略得迹卒赵盖众。丁未日迹尽甲戌，积廿八日，毋越塞兰渡天田出入迹。　　　　　　　　　　　　　（E. P. T58：17）

（7）（残）日居延关塞远何得出。牛子曰："欲渡天田，以杖画之。"疑斋∨牛子∨敢共　　　　　　　　　　　　　（112：10A）

（8）（残）所持木杖画灭迹，复越水门。　　　　　（336：32）

按此八简，第（1）简记发现有出入天田的痕迹，跟踪二里左右后，因地面坚硬，不知去向。简（2），记发现有出入痕迹，塞尉不参加，而候长或因懒没有追到底，或因权限所制也没有追到底。如为后者，则发现有情况后，必须报告高一级单位，由此方能完成追踪任务。简（3）记蚤食时，在第五隧此一里左右的地方，发现有二十余匹马的痕迹进到了河水里。简（4）记居延守尉发出紧急命令，让所属吏卒追踪捕捉某人。简（5）记两人不以时迹或逐迹的原因。简（6）实为收降部候长和候史在某年四月的日记簿，其中记录了当月第二天有胡虏二十余人将日迹卒赵盖众掳走的情况。简（7）和简（8），记他们偷越天田后，又用他们所带的木杖将痕迹抹去，以

掩盖事实。另外简 310：25 实应是 317：25A，《合校》有误。

5. 日迹的奖赏

汉塞所处环境恶劣，严寒、酷暑、风沙，使日迹工作极其辛苦。如简文记"日迹行廿三里，久视天田中，目玄"（E. P. T51：411）。为此，汉政府就以令的形式规定下来，对士吏候（史）长的日迹活动额外奖赏。"北边絜令第四：北边候长、候史迹二日当三日"（562：19）。"劳"和"功"是汉代记录官吏政绩的标准，或以为一功相当于四年之劳。"劳"的单位是日。以此令。候长（史）每日迹二日当以三日劳计算。"五凤三年十月甲朔甲辰，居延都尉德、丞延寿敢言之：甲渠候汉强书言候长贤日迹积三百廿一日，以令赐贤百六十日半日。谨移《赐劳名籍》一编敢言之。"（159：14）。"絜令"为部门律令的称法，简牍所见者有"大鸿胪絜令"、"太尉絜令"、"御史絜令"、"兰台絜令"和"卫尉絜令"。见诸文献者又有"光禄絜令"、"廷尉絜令"和"乐浪絜令"。具体地律令条文，为汉代法律制度的研究增补了新的资料。

6. 日迹簿揭示的信息

简牍文书中的《日记簿》，除了其本身反映的汉塞巡逻制度之外，还提供了诸多日迹之外的信息。这些系统的信息，对于我们研究汉塞的诸多方面是大有帮助的。具体地表现在：部和隧的关系，朔日干支推演纪年，日迹文书格式对简文的例补。例如部和隧的关系，数隧为一部。至于某一部是由哪几座烽隧组成，这一问题的解决，除依靠其他方面的信息外，其中最重要的一点就是《日迹簿》。《日迹簿》之中，候长和候史的日迹范围，是以其所辖部为标准的。所以，他们的《日迹簿》对于复原部与隧的关系极其有利。其中，又以甲渠候官序数隧最为突出，甲渠候官之中，由南向北依次有序数隧1到38座，常见的序数部有第四、十、十七和廿三部（万岁部虽有，也称第三部，但多数情况下，仍是以万岁部名字出现）。根据《日迹簿》的记录，这些部和隧的关系为：第四部辖第4～9隧，第十部辖第10～16隧，第十七部辖第17～22隧，第廿三部辖第23～29隧，第30～38隧则属于鉼庭部。如简文：

(1) 候长武光、候史拓：闰月辛亥尽己卯积廿九日，日迹，从第卅隧北尽鉼庭隧北界，毋兰越塞天田出入迹。　　　　　（E. P. T52：82）

(2) 候长寿、候史胜之：七月丙午迹尽乙亥积卅日，从第十隧南界尽第　　　十六隧北界，毋越塞天田出入（残）　　（E. P. T56：22）

(3) 候长充、候史谊：三月戊申尽丁丑积卅日，日迹，从第四隧南界

北尽第九隧北界，毋兰越塞出入天田迹。 （E. P. T56：25）

(4) 候长□，闰月……积□□日，日迹，从第廿三隧南界尽第廿九隧
北界，毋兰越塞天田出入迹。

候史□， ……丁未积□□日，□□，从第廿九隧>→尽第廿三隧
南界，毋兰越塞天田出入迹。 （E. P. T56：32）

判断部与隧的关系，除此之外，还有"奉钱簿"，以之不仅可以知道万
岁部辖有第 1～3 隧、万岁隧、却适隧和临之隧 （E. P. T51：193）；临木部
有穷房、木中、终古、临木、望虏、武贤和毋伤隧 （E. P. T51：409），而且
第四部除上述序数隧外，还有一个实名隧，叫临桐隧 （E. P. T50：12）。

以其所用于朔闰推算纪年，上述四简均记有每月起止时间和月的大小。
大者每月 30 天，小者每月 29 天。以月朔可知，它们的纪年分别是五凤二年
和甘露四年，其中后三简为同一年。对简牍文书中纪年简的推断，有月朔大
小依据之外，还有与之相关的人名和官名。有纪年候长、候史的出现，是讨
论日迹简纪年的依据之一；反过来，日迹简所用月朔，也是讨论人名纪年的
一个重要依据，如前面所引第(1)简候史拓，以本简月朔校《廿史朔闰表》
为五凤二年，以简文"五凤四年候史拓有劾"（E. P. T5：47） 的明确纪年，
又可反证朔闰推断的结论是正确的。

简牍文书的格式，是为了更好地进行管理而制定的。从现有的简牍文书
来看，最早的云梦秦简有"封诊式"。西汉之初，江陵汉简之中有"奏谳书"，
而简牍文书最完备之时，则是居延汉简所示的昭宣之时。因为，前两者仅是
文书格式在实际生活中的应用情况，后者虽多数属于文书格式的具体运用，
但也有一些简文属于纯文书格式。并且这些纯格式化的简文集中在这一时期。
我们所说的日迹简，纯文书格式的简尚没有发现，但是众多类同的文书格式，
无疑又是其有一定格式的最好说明。以前所征引的四条简文为例，候长（史）
的《日迹簿》要素有：官名、人名、月份、干支、日期、日迹方向、日迹范
围和作为日迹没有发现异常情况的结束用语——"毋人马兰越塞天田出入
迹"。而正是由于有这一格式可循，就引出下一个结论。即依文书格式对简牍
文书的释文提供可靠的例补。如前引简 E. P. T56：32 可为：

候长□　　闰月己卯尽丁未积廿九日，日迹，从第廿三隧南界尽第
　　　　　廿九隧北界，毋兰越塞天田出入迹。

候长□　　闰月己卯尽未积廿九日，日迹，第廿九隧北界尽第廿三南界，毋兰越塞天田出入迹。

（四）守御器簿

"守御器簿"是报告式账簿，新简 E·J·T30：1537～1558，旧简506·1都是如此，但内容很多，抄录两简如下：

铁铠银鍪各四见

六石具弩二见

第十八隧　　　稿矢铜侯百见　　　六石具弩二见

蚕矢铜鍭二百在部

（以上为第一栏）

系承弦六见●米三斛

枭长弦三见●兰□□

弩怖三见

幡三见●靳干在部

有方一见盾在部□

（以上为第二栏）　　　　　　　　　　　　　　（E. P. F8：2－3）

橐他箕当隧始建国二年（公元10年）五月守御器簿：

惊米一石，深目六，大积薪三，芮纬三，备九升，转射十一，小积薪三。

惊备三石，草烽一，汲器二。马矢橐一，布表一，储水罂二，刀橐一，布烽三，坞户上、下级各一，弩长臂二。

羊头石五百，坞户关二，狗二。长料二，枪卅，狗笼二，连梃四，芮薪二石☒，长梧四、木薪二石，小苣一百。

长椎四、马矢二百，程苣火，☒。长斧四，沙二石，瓦帚二。茹十近，鼓一，木椎二。烽火宵板一，烟造一，壶一。

木面衣二，破釜一，铁戊二。皮宵、草莫各一，瓦枓二。承垒四，瓦其二，烽干二，楼樏四。

　　☒二具☒

橐他箕当隧始建国二年（公元10年）五月守御器簿。

　　　　　　　　　　　　　　　　　　（74. E. J. T37：1537－1558）

该简详细记录了囊他箕当隧始建国二年（公元 10 年）五月守御器的期末库存情况，惜存有断简，并不完整。

定期的统计、呈报，是守御器备管理方面的一项制度。从出土简牍看，边塞记录的守御器备文簿应非全部档案，上级戍所似还存有配备边塞戍所守御器备底档。通过汇报和实地检查，可以掌握边塞相关守御器装备能力。上级戍所底档、边塞上报文簿与边塞实存三者必需相符，相互检校，可考核边塞守御器备的管理水平及人员政绩。

同 "兵器" 管理一样，如守御器备因管理不善也会受处罚，如 74. E. P. T57：108A 与 74. E. P. T57：108B 中有如下记载：

> 侯史广德坐不循行部、涂亭趣具诸当所具者，各如府都吏所举，部糒不毕，又省官檄不会会日，督五十。

再比如下简：

大黄力十石弩一右渊强一分负一算
甲渠侯鄣　八石具弩一右弙生负一算
六石具弩一空上蜚负一算
六石具弩一衣不足负一算
坞上望火头三不见所望负三算
上望火头二不见所望负二算
□扣弦一脱负二算
凡负十一算　　　　　　　　（合校 52·17，82·15）

该简校算相符。

五　其他簿

（一）马饲料记录

月晦日食马二斗
月二日食粟二斗
孙卿食马廪计　三日食二斗

四日二斗

十月廿三日食马二斗　　　　　　　　　　　　　　　　　　（414·1A）

晦日是每月末的那一天。本简是五次马饲料的领取记录。

根据累计凭证在谷出入簿上综合记录一笔就行了，如：

出麦大石三石四斗八升　闰月己丑食驿马二匹尽丁酉□（495·11）

安世隧卒　　　二十八日作　二十九日　　　八月晦日作

尹咸　　　　　三十五束　　三十七束　　　三十五束

　　　　　　　　　●□二十

九月旦伐茭　月二日□伐茭

三十五束　　三十□束　　　　　　　　　　　　　　　　（505.24）

茭：一种植物，常作马饲料。该简标志着原始记录表格的孕育或产生。

　　　　　　　　　　　　出茭十束

□○府卿出茭簿　　　出茭十束○

　　　　　　　　　　　　出茭十束　　　　　　　　　（E. P. T52：19）

驹望隧茭千五百束直百八十

平房隧茭千五百束直百八十

惊房隧茭千五百束直百八十

●凡四千五百束直五百卅尉卿取当还卅六口（1500×3＝4500，180×

3＝540）

校算相符。　　　　　　　　　　　　　　　　　　　（E. P. T52：149）

入茭六千束○　　　　　　　　　　　　　　　　　　（E. P. T52：604）

茭千五十束　　　群马七匹食　　　忠当负　　　（E. P. T59：356）

●高沙茭五千九百河南茭二万一千八百一十五束（E. P. T59：349A）

（二）过境中费

●劳边使者过境中费

梁米八斗　　直百六十

```
即米三石      直四百五十
羊二         直五百
酒二石       直二百八十
盐豉各一斗    直三十
酱将疂       直五十
●往来过费凡直千四百七十
●肩水见吏廿七人   率人五十五          (74. E. J. T21：2 - 10)
```

劳边就是尉劳边疆驻军，据原《发掘简报》，是地皇三年（公元 22 年）之物。该年，王莽"遣尚书大夫赵并使劳北边"。"过境中费"，指内部费用。"见"，有、存在。"率"，大约、大概、平均计算。1470 ÷ 27 ≈ 55，校算相符。

（三）守御器簿并非财产备查簿

郭道扬认为，守御器簿"其性质类似于现代所用的财产备查簿"①。"备查登记簿又称辅助登记簿，是对不属于上述两种账簿（指序时账簿和分类账簿，笔者注。）登记范围的某些备查事项进行补充记载的一种账簿……设置和登记这种账簿的目的，是在正式账簿之外，提供某些有用的参考资料或补充信息。"② 守御器簿的登记从出土简牍看，并非在正式账簿之外进行登记，与现代财产备查簿不符。"簿"（音 bu）在《汉语大字典》中的义项有"①登记册。如账簿、点名簿；②造册登记、清查；③文书；④朝笏、手板；⑤书写用的本子；⑥卤簿，天子外出时的仪仗队；⑦资格、阅历；⑧古代官职名；⑨领"③。"居延汉简所载守御器备资料，主要保存于下列几类简牍文书中：守御装备档案文簿、关于成务装备失误的司法文簿、吏卒功过劳绩的考课文簿、财物出入统计文簿和其它文簿。"④ 即守御器簿并非财产备查簿，应为简牍文书，其性质类似于现代所用的会计报告、统计报告类。报告类文书与账簿相联系，又有区别，不宜混淆。

① 郭道扬：《中国会计史稿》（上册），中国财政经济出版社，1984，第 201 页。
② 娄尔行：《基础会计》，上海三联书店，1993，第 53 页。
③ 汉语大字典编辑委员会：《汉语大字典》（第五卷），四川辞书出版社、湖北辞书出版社，1988，第 3023 页。
④ 郭道扬：《中国会计史稿》（上册），中国财政经济出版社，1984，第 144 页。

我们认为：守御器簿并非财产备查簿的另一个理由是，现代备查簿提供参考或补充的资料和信息，主要使用对象为信息提供者或内部使用，不对外报送。前文提及的"广地南部言永元七年正月尽三月见官兵釜磑四时簿"（128·1），为对外正式报告无疑。下简也能说明：

始建国二年五月丙寅朔丙寅，橐他守侯义敢言之，谨移莫当隧守御

器簿一编，敢言之　　　　　　　　　　　　　　（E. J. T37：1537A）

始建国二年为新王莽二年（公元10年），"移"即对外报告。移解释为对外报告，如简：

第十部永光三年五月候长侯史□簿　　　　　　　　　　（甲附35）

永光元年六月丙申朔　　　　甲渠鄣侯敢言之府移太守府

都吏书曰如县□得仰府所失亡　　　　　　　　　　　（甲附36A）

第五章　简牍赋税史料研究

　　我国早期赋税史研究，主要在传世文献的基础上进行的，很少涉及简牍的史料。新中国成立后，直到改革开放前，我国对古代赋税史的研究进展较为缓慢，有影响的研究成果不多。改革开放以后，我国古代赋税史研究逐渐发展起来，取得了一些重要的研究成果。比较有名的是由孙翊刚、董庆铮所著，中国财政经济出版社 1987 年出版的《中国赋税史》。该书被财政部确定为全国高等财经院校的财经类通用教材，但没有运用简牍史料。该书在1996 年由孙翊刚重新修订出版，仍未运用简牍资料。孙翊刚、王复华所著，中国财经出版社 1993 年出版的《中国工商税收史资料选编》第一辑"先秦两汉"部分，引用了少量的睡虎地秦墓竹简。较近的研究成果，是由孙翊刚、陈光焱分别担任主编、副主编，中国税务出版社出版发行的《中国赋税史》。该书是"十五"计划时期国家重点图书规划项目，引证史料颇为丰富，但简牍史料仍不多见。

　　其他有关赋税的研究成果，散见于有关经济、财政问题的研究之中。20世纪后期发现并陆续整理公布的战国秦汉简牍，促使相关研究焕发了新的生机。不少学者在研究秦汉时期社会经济发展的时候，越来越重视简牍史料的运用。其中也包括对赋税问题的研究。高敏著《秦汉史探讨》（中州古籍出版社，1998 年版），田昌五、臧知非著《周秦社会结构研究》（西北大学出版社，1998 年版），林甘泉主编《中国经济史·秦汉卷》（经济日报出版社，1999 年版），黄今言著《秦汉经济史论考》（中国社会科学出版社，2000 年版），袁林著《两周土地制度新论》（东北师范大学出版社，2000 年版），朱德贵著《汉简与财政管理新证》（中国财政经济出版社，2006 年版）等，这些成果在论述有关赋税问题时，都运用了大量的简牍史料。

一　土地与人口制度

土地和人口是古代社会生产最重要的两大要素，也是国家赋税收入的主要来源。以土地为征税对象的税收，包括田租（赋）、刍稾，而以人口为征税对象的税收，包括口赋、算赋等。战国至秦汉时期的简牍，记载了我国当时土地和人口制度的一些情况，为我们进一步研究古代的赋税制度提供了条件。

（一）授田制度

在封建社会时期，土地税是一个十分重要的税种。由于土地税的征收必然建立在一定的土地制度基础之上，因此研究古代赋税问题也就不能离开对土地制度的探讨。关于我国秦汉及其之前时期土地制度的研究，学术成果较为丰富，但"歧说亦往往有之"[1]。其根本原因在于史料缺乏。结合前人的研究成果，本书仅对战国秦汉时期的授田制度作一些探讨。

1. 授田数量与方式

夏商周三代，土地属奴隶主占有。《孟子》说："夏后氏五十而贡。"即每户（夫）给五十亩一块的土地。从商到周，则实行井田制。关于井田制，据《孟子·滕文公上》说："方里而井，井九百亩，其中为公田，八家皆私百亩，同养公田；公事毕，然后敢治私事"。即把大约九百亩的一块地分为九块，中间一块是公田，周围八块是私田，公田由八家共耕，公田里的收获物归奴隶主。夏商及西周时期，田赋制度就是建立在这种奴隶主占有土地的基础上，实行"贡"、"助"、"彻"法。授田制度是战国通例，而以商鞅变法以后的秦国最为典型[2]。据《吕氏春秋·乐成》记载："魏氏之行田也以百亩，邺独二百亩，是田恶也。"《孟子·滕文公上》载："有为神农之言者许行，自楚之滕，踵门而告文公曰：'远方之人闻君行仁政，愿受一廛而为

---

① 高敏：《从张家山汉简〈二年律令〉看西汉前期的土地制度》，《中国经济史研究》2003 年第 3 期。

② 臧知非：《西汉授田制度与田税征收方式新论》，《江海学刊》2003 年第 3 期。

氓。'"《周礼·地官·遂人》载："夫一廛，田百亩。"可见，战国时期授田的标准是"每夫百亩"。

山东临沂银雀山汉墓出土的竹简，为我们研究战国时期授田制提供了的珍贵资料。银雀山汉墓竹简有《守法》、《王法》、《田法》等十三篇。《田法》云："五十家而为里，十里而为州，十乡（州）而为州（乡）。州、乡以地次受（授）田于野，百人为区，千人为或（域）。人不举或（域）中之田，以地次相……"① 又云"三岁而壹赋田"。按，"赋"即授予之意，"赋田"与"授田"同意。《田法》反映当时普遍存在着国家授田制，这是勿庸置疑的。由"州、乡以地次受（授）田于野"可以得知，州、乡地方乡官是授田的具体负责人和主持者。这是国家授田制的一个重要特征。

《田法》云："……□□居焉，循行立稼之状，而谨□□美亚（恶）之所在，以为地均之岁……□巧（考）参以为岁均计，二岁而均计定，三岁而壹更赋田，十岁而民毕易田，令皆受地美亚（恶）□均之数也。"说明当时的国家授田制有均美恶的制度。这也是先秦时期授田的通例。魏国以授田百亩为标准份地，而邺地田恶，遂以一百亩当之②。《周礼·地官·司徒》"大司徒"职曰："凡造都鄙，制其地域而封沟之。以其室数制之，不易之地家百亩，一易之地家二百亩，再易之地家三百亩"郑玄注引郑司农云："不易之地，岁种之，地美故百亩；一易之地，休一岁乃复种，地薄，故家二百亩；再易之地休一岁，乃复种，故家三百亩。"一夫（即一家，五口之家）授田以百亩为基数，此为通行之率。《周礼·司徒》之属有"土均"一职，其职文曰："土均，掌平土地之政。以均地守，以均地事，以均地贡；以和邦国都鄙之政令、刑禁，与其施舍、礼俗，丧纪、祭祀，皆以地之恶为轻重之法而行之掌其禁令。"③ "土均"的职掌，系掌管均平土地税贡之事。何以均美恶呢？《周礼·地官》之属官有"司稼"一职，其职文曰："司稼掌巡邦野之稼，而辨穜稑之种，周知其名，与其所宜地以为法，而县（悬）于邑闾。巡野观稼，以年之上下出敛法，掌均万民之食，而赒其急，而平其兴。"④ 司稼的职掌有两个方面：一是巡视邦野，考察各类庄稼，搞清其品

---

① 银雀山汉墓竹简整理小组：《银雀山竹书守法、守令等十三篇》，《文物》1985 年第 4 期。
② 《吕氏春秋·乐成》："魏氏之行田也，以百亩。邺独二百亩，是田恶也。"
③ 《周礼·地官·司徒》。
④ 《周礼·地官·司稼》。

名与其所宜于生长的土壤；二是巡野调查观察庄稼之年景产量，在此基础上定出征敛租税之法。银雀山汉简《田法》之"循行立稼之状"，也是指由政府派出官吏巡行田野观察庄稼长势，进而"谨□□美亚（恶）之所在，以为地均之岁"。这就是通过评估产量，并由此而平地均之征。建立在调查产量、别地美恶基础之上，《田法》制定了"受地美恶"之法。其法比《周礼》"司稼"、"土均"所言精细，提供了更为具体的步骤，可补《周礼》之不足。

秦始皇统一之后，整齐土地制度，把六国的授田制度统一于秦制之下。云梦秦简《田律》的"入顷刍稾，以其授田之数，无垦不垦，顷入刍三石，稾二石"云云，就是秦统一以后的通制①。这"授田之数"就是指授予农民的土地数。从简文来看，秦朝的授田是以"顷"为单位进行的，继承了战国时期授田的方法。然而，由于史籍资料缺乏，我们今天仍然无法了解秦国授田制度的全貌。

张家山汉墓竹简的出土，为我们研究汉初的授田制度提供了难能可贵的新史料。《二年律令·户律》云：

> 关内侯九十五顷，大庶长九十顷，驷车庶长八十八顷．大上造八十六顷，少上造八十四顷，右更八十二顷，中更八十（310）顷，左更七十八顷，右庶长七十六顷，左庶长七十四顷，五大夫二十五顷，公乘二十顷，公大夫九顷，官大夫七顷，大夫五顷，不（311）更四顷，簪袅三顷，上造二顷，公士一顷半顷，公卒、士五（伍）、庶人各一顷，司寇、隐官各五十亩。不幸死者，令其后先（312）择田，乃行其余。他子男欲为户，以为其□田予之。其以前为户而毋田宅、田宅不盈，得以盈，宅不比，不得。②（张家山《二年律令》页310~313）

《二年律令·户律》反映的是汉初授田制的具体做法，因而是汉初存在授田制的有力证据。根据简文的记载，我们可以发现汉初授田制存在以下几个特点：

---

① 睡虎地秦墓竹简整理小组：《睡虎地秦墓竹简》，文物出版社，1978，第27~28页。
② 张家山二四七号汉墓竹简整理小组：《张家山汉墓竹简（二四七号墓）》，文物出版社，2001。

其一，按爵位等级授田，不同等级授田数量不同。根据上引律文，结合《二年律令》其他资料进行分析，可知汉初是按六个等级授田宅的①。第一个等次是侯爵级，包括彻侯和关内侯。彻侯因有封国，故无授田记录。第二个等次是卿爵级，包括大庶长至左庶长九级。在这九级中，最高级的大庶长可授田九十顷，最低的左庶长还可授田七十顷。卿爵级的授田原则，是等差下降，即每降一级少授二顷。第三个等次是大夫爵级，包括五大夫至大夫五级。大夫爵级与卿爵级授田相比，差距非常大。卿爵最低级的左庶长尚可授田七十四顷，而大夫爵最高的五大夫则降至授田廿顷，最低的大夫仅授田五顷。第四个等次是小爵级，包括不更至公士四级，授田宅的数量，最高的不更授田四顷，最低的公士仅授田一顷半，比庶人仅多半顷，略显有军功爵位者的优越地位。第五个等次是无爵位的公卒、士五、庶人，可授田一顷。第六个等次是犯有轻罪的司寇、隐官，可授田半顷。

其二，授田的基本单位为"顷"，平民的授田标准为每户百亩。汉初授田数量，根据爵位等级不同，有较大的差距。但有一点可以明确，就是授田的基本单位为"顷"。除了司寇、隐官授田五十亩（半顷）外，其余等级授田均以"顷"计。同时需要注意的是，公卒、士五、庶人等平民，可授田一顷（即百亩）。这表明：汉初授田制继承了战国以来国家授田制的基本做法。这也是汉初授田制度的一个重要特点。东汉郑玄曾说："汉无授田之法，富者贵美且多，贫者贱薄且少。"② 由此看来，这一说法对汉初的情况而言是不正确的。

其三，授田同时按爵位等级授宅。据张家山汉简《户律》记载：

> 宅之大，方卅步。彻侯受百五宅，关内侯九十五宅，大庶长九十宅，驷车庶长八十八宅，大上造八十六宅，少上造八十四宅，右（314）更八十二宅，中更八十宅，左更七十八宅，右庶长七十六宅，左庶长七十四宅，五大夫廿五宅，公乘廿宅，公大夫九宅，官大夫七宅，大夫（315）五宅，不更四宅，簪袅三宅，上造二宅，公士一宅半宅，公卒、士五、庶人一宅，司寇、隐官半宅，欲为户者，许之。③

---

① 朱绍侯：《论汉代的名田（受田）制及其破坏》，《河南大学学报》2004年第1期。

② 《周礼·地官》贾公彦疏引。

③ 张家山二四七号汉墓竹简整理小组：《张家山汉墓竹简（二四七号墓)》，文物出版社，2001。

（张家山《二年律令》页 314～316）

从上引律文可见，汉初授宅也是按爵位等级进行的，授宅数量差距很大。授宅最多的当属彻侯，为百五宅。公卒、士五、庶人等平民，授宅数量为一宅。授宅数量最少的是司寇和隐官，为半宅。与前述授田数两相比较，授宅数量与授田数量是完全对应。授宅的基本单位为"宅"，每宅的大小为"方三十步"。

2. 授田亩制大小

史学界一般认为：战国时期的田亩制度为"百步之亩"。银雀山汉墓竹简《田法》篇，比较集中地反映了战国时代齐国的粮食亩产、耕地面积、农业劳动生产率等问题。《田法》记载："岁收，中田小亩亩廿十斗，中岁也。上田亩廿七斗，下田亩十三斗，太上与太下相复以为率。"这里的"亩"是什么亩？所言亩的面积究竟多大，是百步之周亩，是《礼记·王制》所言之东亩，还是战国晚期流行西部的二百四十步之秦亩？整理小组注云："小亩与上文大亩相对，疑指百步之亩。"《汉书·食货志上》记李悝尽地力之教，谓农夫"田百亩，岁收亩一石半"。《田法》有："一人而田大亩廿（四者王，一人而）田十九亩者霸……"其中所称为大亩，与此相比，上引所言并非是大亩。李学勤先生研究《田法》后认为："简文所说的小亩就是《食货志》李悝所讲的亩，也就是周制百步之亩，《田法》的大亩应该就等于六小亩。"[1] 据此，则《田法》所说授田额，也是周制百亩或稍多一些。《食货志》李悝说"地方百里，提封九万顷"，是按百步为亩推算的。

《盐铁论·未通》云："古者制田百步之亩，民井田而耕，什而藉一，义先公而后己，民臣之职也。先帝哀怜百姓愁苦，制田二百四十步而一亩，率三十而税一。"[2]《盐铁论》的作者桓宽是汉武帝、昭帝时人，书作于昭帝时，其称先帝乃指汉武帝。他说这样的大亩是汉武帝所制，以当时人记当时事，当属可信。说明汉武帝时期，田亩制度统一为二百四十步的大亩。《二年律令·田律》对田亩面积、形制、阡陌系统有明确的规定：

---

① 李学勤：《简帛佚籍与学术史》，台湾时报文化出版企业有限公司，1994，第 371～372 页。
② 《盐铁论·未通》。

田广一步，袤二百四十步，为畛，亩二畛，一佰（陌）道；百亩
为顷，十顷一千（阡）道，道广二丈，恒以秋七月除千（阡）佰
（陌）之大草；九月，大除道□阪险；十月，为桥，修波（陂）堤，利
津梁。虽非除道之时而有陷败不可行，辄为之。乡部主邑中道，田主田
道。道有陷败不可行者，罚其啬夫、吏主者黄金各二两。□□□□□□
及□土，罚金二两。① （张家山《二年律令》页 246～248）

律文之"为"义为作、治之意。"畛"是田间小道，而非亩的面积单
位。由《田律》可知：汉初所授田亩为二百四十步之亩制。表明《盐铁论》
所反映汉初的田亩制度属实。

然而，二百四十步的亩制，并非始于武帝。《通典·州郡曲·风俗》：
"按周制步百为亩，百亩给一夫，商鞅佐秦。以一夫力余，地利不尽，于
是改制二百四十步为亩，百亩给一夫。"②表明在商鞅之前实行的是百步
之小亩，而二百四十步之大亩始于商鞅。1979 年四川青川郝家坪战国墓
出土的木牍《更修为田律》，记载了秦国武王时期（前 309 年）的田亩
制度：

田广一步，袤八则，为畛。亩二畛，一百（陌）道；百亩为顷，
一千（阡）道。道广三步。封高四尺，大称其高。埒（埒）高尺，下
厚二尺。以秋八月，修封埒（埒），正强（疆）畔，及登千（阡）百
（陌）之大草。九月，大除道及阪险。十月，为桥，修波（陂）堤，利
津梁，鲜草离（离）。非除道之时而有陷败不可行，辄为之。（青川郝
家坪《更修为田律》）

据青川木牍的记载，秦国的田亩制度规划中，规定以一顷田为单位而筑
"封埒"。杨宽认为：这可能与战国时期的国家授田制有关③。"封"是高四
尺的土台，连接两"封"的"埒"高一尺，底基厚二尺。"封埒（埒）"的
作用与阡陌相似，也起着地界的作用。秦国的田亩制度到底如何？学术界对

---

① 张家山二四七号汉墓竹简整理小组：《张家山汉墓竹简（二四七号墓）》，文物出版社，
2001，第 166 页。

② 《通典·州郡曲·风俗》。

③ 杨宽：《释青川秦牍的田亩制度》，《文物》1982 年第 7 期。

此争议较大，多数学者认为是二百四十步之亩，也有学者认为是四百八十步之亩①。朱红林先生引用安徽阜阳双古堆汉简"卅步为则"，认为青川木牍中的"袤八则"就是"袤二百四十步"，进而说明秦国实行二百四十步的大亩授田制度②。这与张家山汉简《田律》记载的亩制是一致的。臧知非先生也认为：秦武王《更修为田律》律文中的"畛"为田间小道，田亩制度中的亩的面积为二百四十步之亩③。笔者认为：比较张家山汉简《田律》和秦武王《更修为田律》两者的律文，《二年律令》之《田律》是秦武王《更修为田律》的继承和完善，秦武王《更修为田律》所记田亩当属二百四十步之大亩。

3. 授田的性质

战国时期的授田制，在性质上属于国有土地授权制。对这一点，史学界并无异议。判断土地是否属于国有制要有三个条件：一是国家为授田的主体；二是授田后国家要对土地及农业生产进行严格管理和限制；三是实行土地定期还授制度。前述银雀山汉简《田法》"州、乡以地次受（授）田于野"，可以得知，州、乡地方官是授田的具体负责人和主持者。这是实行国家授田制的重要条件。

银雀山汉简《王法》云："人不举或（域）中之田，以地次相……"其语虽不全，然可知是说人不举耕田将要受到一定惩罚，受而不耕、耕而获不多，都要受到处罚。又云："卒岁田入少入五十斗者，罚之。卒岁少入百斗者，罚为公人一岁。卒岁少入二百斗者，罚为公人二岁。出之之岁[□□□□]□者，以为公人终身。卒岁少入三百斗者，黥刑以为公人。"这是对受田收获量少而给予的处罚。又，"岁十月，卒岁之食具，无余食人七石九斗者，亲死不得含。十月冬衣毕具，无余布人卅尺、余帛人十尺者，亲死不得为●（幠）。……"《周礼·地官》"闾师"职文曰："凡庶民不畜者祭无牲，不耕者祭无盛，不树者无椁，不蚕者不帛，不绩者不衰。"这也是对受田不劳动者的一种处罚。从《田法》"卒岁田入少入"等受惩罚的规定来看，受田民都有官定的产量标准。这反映了国家以行政手段干预农业生产，体现国家授田后的管理。这是国有土地区别私有土地制度的一个重要特征。

① 胡平生：《解读青川秦墓木牍的一把钥匙》，《文史》第26辑。
② 朱红林：《从张家山汉律看汉初国家授田制度的几个特点》，《江汉考古》2004年第3期。
③ 臧知非：《西汉授田制度与田税征收方式新论》，《江海学刊》2003年第3期。

战国时期，实行土地定期还授制度。《汉书·食货志》："民年二十授田，六十归田。七十以上，上所养也；十岁以下，上所长也；十一以上，上所强也。"这是周代井田制中土地还授的情况。银雀山竹简《田法》规定："□□□以上，年十三以下，皆食于上。年六十（以上）与年十六以至十四，皆为半作。"这与上引《汉书·食货志》的制度其原则是一致的。银雀山汉墓竹简整理小组注曰："所谓'皆食于上'似指不负担赋税徭役而言"。张金光先生认为："食于上"是指被政府养起来，亦即不须从事体力劳动。民年六十岁以上，到始"食于上"的一段时间与"年十六以至十四"，皆为半作，即今之所谓半劳力。这里透露了《田法》授田制中田地还授年龄之限：以年十七至五十九为授田年限，即年十七授田，五十九归田。又，《田法》规定："三岁而壹更赋田，十岁而民毕易田。"由于适应田地定期撂荒耕作制的需要，《田法》规定了一定时期实行的换土易田制。这是一种小周期的定期还授制度。① 由此看来，银雀山汉简反映了授田后实行土地定期还授制度。这是与土地私有制具有本质区别的国有土地制度。

由此可见，银雀山汉简反映的战国授田制，是一种国有土地授田制。

商鞅变法后秦国的"授田制"到底是土地国有制，还是土地私有制？董仲舒："至秦则不然，用商鞅之法，改帝王之制，除井田，民得买卖，富者田连阡陌，贫者无立锥之地。"② 这是否说明商鞅以后，秦国的土地可以自由买卖并确立土地私有制度呢？有的学者认为：商鞅变法实行了"允许农民土地私有的任耕制"③。有的学者基于"赐田"即私有土地的观点，认为"秦在商鞅变法后，是土地国有制与土地私有制并存"④。臧知非等人认为：董仲舒之言系过秦之词，而非自商鞅以来就实行土地私有制⑤。袁林先生也认为：商鞅变法后实行土地私有制的说法不

---

① 张金光：《银雀山简中的官社经济体制》，《历史研究》2001年第5期，第60页；袁林的《两周土地制度新论》（东北师范大学出版社，2000）说，此句后续文字曰："什八人作者王，什七人作者霸，什五人作者存，什（原文误植为"作"）四人作者亡。"又曰："王者一岁作而三岁食之，霸者一岁作而二岁食之……"显然，不能说征发徭役越多国家越强盛、积蓄粮食越多。且其行文与《汉书·食货志》有关授田的文字非常相似，因而以理解为受田并从事农作的年龄界限为妥。

② 《汉书·卷二四·食货志》，中华书局，1962，第1137页。

③ 杨作龙：《秦商鞅变法后田制问题商榷》，《中国史研究》1989年第1期。

④ 施伟青：《也论秦自商鞅变法后的土地制度》，《中国社会经济史研究》1986年第4期。

⑤ 臧知非：《西汉授田制度与田税征收方式新论》，《江海学刊》2003年第3期。

能成立①。究竟孰是孰非？

判断私有制的一个重要标准，就是土地产权能否自由买卖。那么，商鞅变法后的秦国，是否有如董仲舒所言"民得买卖"呢？查云梦睡虎地秦简和天水放马滩秦简，特别是《日书》，商鞅变法之后秦国没有土地买卖的痕迹。与此成为对照的是，放马滩秦简中有某日"可受田宅"（乙种《日书》315 简）的记载②。据此，袁林先生认为：这说明秦国的土地私有权尚不存在。但笔者认为这种说法的理由也不充分。因为，没有发现土地买卖的史料，并不等于就没有土地买卖的现象。要说明秦国土地制度的性质，还需要从其他方面进行论证。

如前所述，判断土地是否属于国有制，必须符合国家为授田的主体、土地定期还授等三个条件。那么，秦商鞅变法后的土地制度是否符合这几个条件？据云梦秦简《田律》的"入顷刍稾，以其授田之数……"，秦国实行"授田制"无疑，表明国家对土地的控制。根据秦简《为田律》的记载，国家通过制定阡、陌、阡道、陌道、封、埒等田界，将土地割裂为以百亩顷为单位的整齐田块，并且每年定时维修这些田界，这只有在土地国有的条件下才有可能，如果土地私有，则田块无法规整划一，也很难定时统一维修田界。睡虎地秦简《封诊式·封守》云：

乡某爰书：以某县承某书，封有鞫者某里士五（伍）甲家室、妻、子、臣妾、衣器、畜产。●甲室、人：一宇二内，各有户，内室皆瓦盖，木大具，门桑十木。●妻曰某，亡，不会封。●子大女子某，未有夫。●子小男子某，高六尺五寸。●臣某，妾小女子某。●牡犬一。●几讯典某某、甲伍公士某某："甲党（倘）有【它】当封守而某等脱弗占书，且有罪。"某等皆言曰："甲封具此，毋（无）它当封者。"即以甲封付某等，与里人更守之，侍（待）令。（睡虎地秦简 P. 249）

秦简《封诊式·封守》，简文作为查封财产文书，记述了对"某里士伍甲"之家的查封情况，甲有房产、蓄臣妾，并非赤贫之家，查封账目亦细致全面，连"门桑十木"、"牡犬一"都未遗漏，唯独没有土地。可见，土

---

① 袁林：《两周土地制度新论》，东北师范大学出版社，2000。
② 何双全：《天水放马滩秦简综述》，《文物》1989 年第 2 期。

地并未成为私人财产的组成部分。然而，朱绍侯认为：秦汉的授田制是一种有授无还的土地长期占有制度，即政府一经把田宅授人，在一般情况下就不再收回①。那么，在这种"有授无还"的授田制度下，授田的买卖也成为一种可能。但现有史料并没有关于秦国土地定期还授的有关规定。另一方面，从秦国的税收制度看，秦国授田制实行"以其授田之数"征收制度。如果所授田亩可以买卖，按授田之数征税就难以实施。由此可见，秦国授田的买卖属国家禁止的行为。因此，秦国授田制度的基本属性是国有土地制度授田制。

与战国授田制度相比，秦国的授田制度有何特点？秦国是否严格实行国家授田制度？《史记·商君列传》曰："明尊卑爵秩等级各以差次，名田宅臣妾衣服以家次。"② 颜师古云："名田，占田也。"名田宅，就是以名占田。那么，通过"名田"方式得到的这些土地是否属于私有土地呢？因为缺乏史料证实其土地是否自由买卖，仍无法妄下结论。秦始皇三十一年"使黔首自实田"③。对此，学术界有两种解释：一是使农民"自行申报所占土地的数量"，国家承认其所申报的土地为合法占有，释"实"为"据实申报"，这是大多数学者的看法④。二是允许农民自由开垦、占有土地，释"实"为充实的意思⑤。无论按哪一种解释，均说明从此以后国家放弃了对土地的严格控制，农民可以自由垦田了。农民自由垦田，"民得买卖"土地也具有可行性，从而为土地私有化奠定了基础。高敏先生认为：始于秦的以名占田的名田制度，以及稍后的"自实田"制度，都是名田制度，即私有制度在发展历程中的表现形态。正是在这过程中，逐渐把官府的"授田"变成了私人的名田，也即把国有土地制逐渐转化成了私有土地⑥。我们虽然还不能据此判断秦代土地实现了私有化，但至少可以发现当时已经出现了土地私有制发展的苗头。从这一点看，董仲舒之言也并非完全不实。

---

① 朱绍侯：《论汉代的名田（授田）制及其破坏》，《河南大学学报》（社会科学版）2004年第1期。
② 《史记》卷六八《商君列传》，中华书局，1959。
③ 《史记》卷六《秦始皇本纪》，中华书局，1959，第239页。
④ 有代表性的论著如林剑鸣《秦汉史》，上海人民出版社，1989，第121页；林甘泉、童超：《中国封建土地制度史》第一卷，中国社会科学出版，1990，第125页。
⑤ 臧知非：《周秦社会结构研究》，西北大学出版社，1998。
⑥ 高敏：《从张家山汉简〈二年律令〉看西汉前期的土地制度》，《中国经济史研究》2003年第3期，第145~146页。

基于上述两点的认识，我们认为：秦自商鞅变法后，主要实行国有土地性质的"授田制"，并根据授田数量进行征税。但秦国的授田制度没有严格的土地定期还授制度，因而又不同于战国时典型的国有土地授田制。由于秦国实行"入顷刍稾，以其授田之数"的定额税制，在一定程度上刺激了农民自由垦田。"使黔首自实田"标志着秦代授田制已经受到破坏，土地买卖日益频繁，土地私有制已经开始发展。

汉承秦制。汉代的授田制度又如何呢？授田的性质，取决于受田者对土地的"处置权"（买卖、转让、继承等）的大小。张家山汉墓竹简《二年律令》记载了汉初有关土地还授、授田的继承、买卖等情况，为我们研究西汉时期的土地制度提供了宝贵的资料。

西汉时期，土地可以继承。对军功爵者而言，土地继承隶属于身份继承，采用的是法定继承制。《二年律令·置后律》云：

> 疾死置后者，彻侯后子为彻侯，其毋适（嫡）子，以孺子□□□子。关内侯后子为关内侯，卿后为公乘，[五大夫]后子为公大夫，公乘后子为官大夫，公大夫后子为大夫，官大夫后子为不更，大夫后子为簪裹，不更后子为上造，簪裹后子为公士，其无适（嫡）子，以下妻子、偏妻子。[1]（张家山《二年律令》页367~368）

《傅律》云：

> 不为后而傅者，关内侯子二人为不更，他子为簪裹；卿子二人为不更，他子为上造；五大夫子二人为簪裹，他子为上造；公乘、公大夫子二人为上造，他子为公士；官大夫及大夫子为公士；不更至上造子为公卒。[2]（张家山《二年律令》页359~360）

律文的"后"即法定继承人，每一个被继承人只能有一个"后子"；"卿"是大庶长至左庶长的通称。除了列侯和关内侯的爵位由其"后子"世

---

[1] 张家山汉墓竹简整理小组：《张家山汉墓竹简（二四七号墓）》，文物出版社，2001，第182~183页。

[2] 张家山汉墓竹简整理小组：《张家山汉墓竹简（二四七号墓）》，文物出版社，2001，第182页。

系同替之外，其余各爵级之"后子"均降级继承。"后子"的其他兄弟"傅籍"，即成年以后，最高爵位是不更，低者为公士；兄弟多者，有两人的爵级高出一级，其余再降级继承。

普通庶人财产继承，有协商继承和遗嘱继承两种方式。《二年律令·户律》："诸（？）后欲分父母、子、同产、主母、假母，及主母、假母欲分孽子、假子田以为户者，皆许之。"①（340）这实际上是协商继承。意思是说，"诸后"欲析产（田产）分居者，只要彼此同意，官府都是允许的，在户籍上注明就行了。被继承人若立遗嘱，则由官府主持，按法定程序进行。《户律》规定：

> 民欲先令相分田宅、奴婢、财物，乡部啬夫身听先令，皆参办券书之，辄上如户籍。有争者以券书从事；毋券书，毋听。所分田宅，不为户，得有之，至八月书户。留难先令、弗为券书，罚金一两。②（张家山《二年律令》页334~336）

"先令"即遗嘱，是在乡部啬夫等基层官员的参与和主持下建立的，写在可分为二份的券书上（即"参半券书"），立遗嘱人自留一份，乡和县各藏一份，如户籍，以防止篡改。家产分割如有争执，则按遗嘱执行；没有遗嘱者，不予理会。所分田宅无论是否立户，均归其所有，还没有单独立户的，到八月再行立户手续。

土地买卖是决定土地所有制性质的一个最重要的因素。张家山汉简也有关于土地买卖情况的记载。张家山汉简《二年律令·户律》云：

> 欲益买宅，不比其宅者，勿许。为吏及宦皇帝，得买舍室。（张家山《二年律令》页320）

这是说想扩大住宅而欲买宅者，如果所买之宅与原有居宅不相连的，不许。反之，如果相连，则自然是允许买宅的。另外，作为官府的"吏"和

---

① 张家山汉墓竹简整理小组：《张家山汉墓竹简（二四七号墓）》，文物出版社，2001，第178页。

② 张家山汉墓竹简整理小组：《张家山汉墓竹简（二四七号墓）》，文物出版社，2001，第178页。

在皇帝身边办事的人，是允许买舍室的，可见买宅地及买住宅，是吏及宦皇帝者的一种特权。《户律》又规定：

> 受田宅，予人若卖宅，不得更受。（张家山《二年律令》页321）

就是说，将本人所授田宅出售或送人者，国家不再重新授予。这表明汉初存在"授田"买卖的事实。从"不得更受"的规定来看，官府并没有完全禁止出卖"受田宅"或以受田宅"予人"的行为，而是间接予以承认。买卖"受田宅"的现象不断增加，官府对买卖土地的行为，也由被动承认变成变动为主承办。《户律》规定：

> 代户，买卖田宅，乡部、田啬夫、吏留弗为定籍，盈一日，罚金各二两。（张家山《二年律令》页322）

这里的"代户"，应理解为更换户主，原来的授田宅户一旦被人取代，就意味着原户主的授田全部变成了代户者的田宅。因此，"代户"可能是指某授田宅户全部或部分把田宅卖给代户者而言。买卖田宅后，需要在"乡部"、"田啬夫"及"吏"处办理"定籍"手续。如果"田啬夫"及"吏"有所留难或拖延，都要受处罚。这表明了官府对"代户"、"买卖田宅"等行为已由被动承办变为公开承认。承认了"授田宅"可以全部出卖和部分出卖，亦即土地与住宅买卖的合法化。

由此看来，汉初国家授田制不同于战国时期的授田制度，国家在法律上规定允许有条件买卖、继承政府所授田宅。西汉土地买卖已经比较普遍了。从法律意义上讲，西汉时期的土地制度已经私有化了，封建土地私有制已初步形成。

（二）人口制度

我国古代社会人头税主要包括算赋、口赋，属于当时的主体税类，构成了国家财政收入的主要来源。由于人口、户籍直接影响到国家的赋税收入，因而也是国家税源管理的重要内容。秦时商鞅主张强国须知十三数，包括"竟（境）内仓口之数，壮男、壮女之数，老弱之数，官士之数，以言说取食之数，利民之数，马、牛、刍、稾之数"，其中多与人口管理直接相关。

掌握人口，即控制了财富与劳动力资源，故商鞅亦云："举民众口数，生者著，死者削，民不逃粟，野无荒草，则国富，国富则强。"① 西汉立国之初，即把人口管理放在很重要的位置上。刘邦攻入关中，首先做的事是"籍吏民，封府库"②，目的亦在控制人口与财富。张家山汉简、尹湾汉简等简牍都有关于人口管理的记载，国内学者已对此做了一些研究。③

1. 人口登记制度

人口登记是人口管理的基础。通过人口登记，国家可以掌握人口的数量、性别、年龄等信息，并为人头税等赋税征收提供依据。我国秦汉时期，国家对人口实行严格的登记和管理。根据张家山汉简等简牍史料的记载，我们可以看到当时人口登记和管理的一些基本情况。

（1）人口登记的内容。

汉代人口管理通常采取居住地登记的原则，以户为基本单位造册。"比地为伍"指按居住地比邻五家为连保单位。张家山汉简《二年律令》记载：

自五大夫以下，比地为伍，以辨□为信，居处相察，出入相司。有为盗贼及亡者，辄谒史、典。田典更挟里门鑰（钥），以时开，伏闭门，止行及作田者；其献酒及乘置乘传，以节使，救水火，追盗贼，告得行，不从律，罚金二两④。（张家山《二年律令》页305~306）

人口登记的主要内容包括姓名、性别、年龄、身份，甚至健康状况等。居延汉简记载：

候长觻得广昌里公乘礼忠年卅（居延汉简37.35）
三礁燧长居延西道里公乘徐宗年五十⑤（居延汉简24.1B）

居延汉简记载了姓名、籍贯、爵位、年龄，甚至"家訾"等要素。人口

① 《商君书》第四篇"去强"。
② 《汉书·高帝纪》。
③ 参考李均明先生的部分成果，见李均明《张家山汉简所见规范人口管理的法律》，《政法论坛（中国政法大学学报）》2002年第5期，第18页。
④ 张家山二四七号汉墓竹简整理小组：《张家山汉墓竹简（二四七号）》，文物出版社，2001。
⑤ 谢桂华、李均明，朱国炤：《居延汉简合校》，文物出版社，1987。

的性别、年龄是关系徭役、赋税的重要因素，在有关人口登记中也有所反映。尹湾汉墓简牍《集簿》所见东海郡的统计报告，就有男女人口统计的记载："男子七十万六千六十四人，女子六十八万八千一百卅人，女子多前七千九百廿六。"①（尹湾汉墓简牍《集簿》）这是汉代东海郡的基层人口统计。对男女分别统计，有利于政府掌握国家的人口结构，也有利于徭役和赋税政策的实施。

汉代国家的人口统计，常划分为若干年龄段，如尹湾汉墓简牍《集簿》所见的东海郡人口：

> 年八十以上三万三千八百七十一，六岁以下廿六万二千五百八十八，凡廿九万六千四百五十九。年九十以上万一千六百七十人，年七十以上受杖二千八百廿三人，凡万四千四百九十三，多前七百一十八。②
> （尹湾汉墓简牍《集簿》）

据史籍所载，年龄段的划分与赋税有关。《汉仪注》："民年七岁至十四，出口赋钱人二十三，二十钱以食天子，另有三钱者，以补车骑马。"《汉书·高帝纪》："初为算赋。"《汉仪注》："民年十五以上至五十六出赋钱，人百二十为一算，为治库兵车马。"可见，登记人口年龄有利于官府掌握"人头税"的征收基数，是一项重要的赋税管理手段。长沙走马楼吴简有人口年龄及赋税的记载：

> □妻大女万十五算一（走马楼吴简2983）
> 妻大女汝年十五算一（走马楼吴简2991）
> 尾妻大女秃年十五算一刑右足复（走马楼吴简3328）

简文记载的三个妇女，均为年十五岁，被称为"大女"，而且要缴纳算赋。按汉制，七至十四岁为未成年人，出口钱；十五岁以上的人出算赋。今此三个已婚妇女，均年十五岁，而且均纳算赋，又被称为"大女"。

（2）人口申报和查验。

个人申报是人口与户籍登记的基础。秦王政十六年（公元前231年），

---

① 连云港市博物馆等：《尹湾汉墓简牍》，中华书局，1997。
② 连云港市博物馆等：《尹湾汉墓简牍》，中华书局，1997。

"初令男子书年"，即在户籍上增加男子登记年龄一项。睡虎地秦墓出土的《编年纪》就记载：秦国有一名叫"喜"的男子，于秦王十六年"自占年"。睡虎地秦墓出土就保存了当时一条秦国《傅律》："匿敖童，及占（瘾）不审，典、老赎耐，百姓不当老，至老时不用请，敢为诈伪者，赀二甲；典、老弗告，赀各一甲；伍人，户一盾，皆（迁）之。●傅律。"① 意思是：匿年十五以上未成年男子及申报瘾疾不实，典、老判处可以用金钱赎罪的耐刑。百姓不当入老，或至老时不用请，敢为诈伪者，罚铠甲二副；典、老不告，各罚铠甲一副；同伍之人，各户罚盾一面，皆迁徙之。睡虎地秦墓出土的《法律问答》还提到："甲徙居，徙数谒吏，吏环，弗为更籍，今甲有耐、赀罪，问吏可（何）论？耐以上，当赀二甲"② 说明民户迁徙，应主动报告官府，申请"更籍"，否则就要罚赀、判罪。如果相关的官吏不及时为之"更籍"，致使迁徙者被判耐以上罪者，相关的官吏应当被罚赀二甲。由此可见秦国执行户籍制度之严格。

汉代的个人申报主要为"占年"与"傅籍"。《二年律令》规定：

> 民皆自占年。小未能自占，而毋父母、同产为占者，吏以□以定其年。自占、占子、同产年，不以实三岁以上，皆耐。产子者恒以户时占其……罚金四两③（张家山《二年律令》页 325～327）

占年，申报年龄。汉初人人皆须申报年龄，年幼未有申报能力者，父母兄姐代为之，无亲属者则由官吏确定其年龄造册，不如实申报尚需承担法律责任，受相应处罚。到了该服役的年龄，尚须再次登记，汉律称"傅籍"。

官方查验人口通常于每年秋 8 月进行，《二年律令》规定：

> 恒以八月令乡部啬夫、吏、令史相杂案户籍，副臧（藏）其廷。有移徙者，辄移户及年籍爵细徙所，并封。留弗移，移不并封，及实不徙数盈十日，皆罚金四两；数在所正、典弗告，与同罪。乡部啬夫、吏主及案户者弗得，罚金各一两。（张家山《二年律令》页 328～330）

---

① 《睡虎地秦墓竹简》，文物出版社，1978，第 143 页。
② 《睡虎地秦墓竹简》，文物出版社，1978，第 213 页。
③ 张家山二四七号汉墓竹简整理小组：《张家山汉墓竹简》，文物出版社，2001。

查验人口的行为，史籍称"案比"。《周礼·小司徒》："及三年则大比。"《后汉书·安帝纪》注引《东观汉记》："方今案比之时，谓案验户口次比之也。"《二年律令》所载明确规定每年八月由县吏、令史与乡部啬夫共同核查户口，户籍正本藏于各乡，副本则送县廷备案。

2. 户籍管理

户籍管理是我国古代人口管理的重要手段。秦统一全国后，随着郡县制在全国范围内实行，户籍制度也更加严密。里耶秦简中就有一枚是关于移户问题的：

> 廿六年五月辛巳朔庚子，启陵乡□敢言之：都乡守嘉言：渚里☑。
> 劾等十七户徙都乡，皆不移年籍√。令曰移言●今问之，劾等徙☑。
> 书告都乡曰：启陵乡未有葉（牒），毋以智（知）劾等初产至今年数☑。
> □□谒令都乡具问劾等年数。敢言之。（里耶秦简 J1〔16〕9 正）
> □□□迁陵守丞敦孤告都乡主，以律令从事。/建手。
> 甲辰水十一刻〔刻〕下者十刻。不更成里午以来，犎手。（里耶秦简 J1〔16 号〕9 背）

汉高祖刘邦称帝后，颁诏："民前或相聚保山泽，不书名数，今天下已定，令各归其县，复故爵田宅"①，即令逃亡者返乡附籍。这实际上是一次全国范围的清理与整顿户籍。汉代有关户籍管理，在张家山汉简《二年律令》中有大量的记载。《二年律令·户律》规定：

> 民宅园户籍、年细籍、田比地籍、田命籍、田租籍，谨副上县廷，皆以篋若匣匱盛，缄闭，以令若丞、官啬夫印封，独别为府，封府户；节（即）有当治为者，令史、吏主者完封奏（湊）令若丞印，啬夫发，即杂治为；臧（藏）已，辄复缄闭封臧（藏），不从律者罚金各四两。其或为诈伪，有增减也，而弗能得，赎耐。②（张家山《二年律令》页331~333）

---

① 《汉书·高帝纪》。
② 张家山二四七号汉墓竹简整理小组：《张家山汉墓竹简（二四七号）》，文物出版社，2001，第278页。

上述简文表明：汉代官府设有专门的机构用于管理"户籍"等档案。"户籍"及其他档案入藏时，需要盛于箱柜并加封缄，封检上盖令、丞或官啬夫印章。日后需查阅文档，先检查是否完封才开启，用毕又缄封之。档案文件不能随意更改，否则判以"赎耐"的处罚。

汉代对人口立户也有规定。凡应单独立户而不立，将人口附着在别户门下，亦是不允许的。

> 诸不为户，有田宅，附令人名，及为人名田宅者，皆令以卒戍边二岁，没入田宅县官。为人名田宅，能先告，除其罪，有（又）畀之所名田宅，它如律令。（张家山《二年律令》页323~324）

由于汉代有些税种是按户收取，如《二年律令·田律》："卿以下，五月户出赋十六钱，十月户出当一石，足其县用，余以人顷自律人钱。"（255简）户数的减少，就意味着国家税收的损失，故不允许匿户的存在。

奴婢要纳入户籍管理。《户律》云：

> 民大父母、父母、子、孙、同产、同产子，欲相分予奴婢、马牛羊，它财物者，皆许之，辄为定籍。（张家山《二年律令》页337）

根据上述规定，奴婢与马牛羊等都属于主人的财产，并纳入户籍管理。

人口迁移、户籍登记内容变更，需要办理有关户籍变更登记。《二年律令·户律》云："有移徙者，辄移户及年籍爵细徙所，并封。"汉初曾有目的进行移民，如《汉书·地理志》："汉兴，立都长安，徙齐诸田，楚昭、屈、景及诸功臣家于长陵。后世世徙吏二千石，高訾富人及豪杰并兼之家于诸陵。"[①] 敦煌悬泉汉简所见徙民是有组织进行的，由官吏押送，有关简牍记载："建始二年三月戊子朔乙巳，氐池长延寿移过所，遣传舍佐普就，为诏送徒（徙）民敦煌郡。乘轺车一乘，马一匹，当舍传舍，从者如律令。"[②] 汉初这些人口被称为"客民"或"新占民"，如《新简》"新占民居延临仁

---

① 《汉书·地理志》。
② 胡平生、张德芳：《敦煌悬泉汉简释粹》，上海古籍出版社，2002。

里赵良"（EPT68·35·36）。《新简》："客民赵阂、范翁等"（EPT68·71）。

3. 对隐匿逃亡的惩罚

（1）对人口逃亡的惩罚。

汉初制定了严厉的法律，防止在编人口的逃亡流失。《居延新简释粹》：

> 甲渠言部吏毋作使属国秦胡、卢水士民者，建武六年七月戊戌朔乙卯，甲渠鄣守候敢言之。府移大将军府书曰：属国秦胡、卢水士民，从兵起以来，困愁苦，多流亡在郡县，吏匿之。明告吏民，诸作使秦胡、卢水士民畜牧，田作不遣，有无？四时言。谨案：部吏毋作使属国秦胡、卢水士民者，敢言之。①

对于人口逃亡者，法律规定要进行惩罚。《二年律令·亡律》记载：

> 吏民亡，盈卒岁，耐；不盈卒岁，系城旦春；公士、会士妻以上作官府，皆偿亡日。其自出也，笞五十。给逋事，皆籍亡日，輭数盈卒岁而得，亦耐之。（张家山《二年律令》页157）

亡，逃亡，亦称"亡命"。《后汉书·吴汉传》李贤注："命，名也，谓脱籍而逃亡。"一般吏民逃亡满1年当"耐"，不足1年则"系城旦春"。有爵之公士及公士妻以上，则可到官府劳作抵偿逃亡期。自首者可减刑为"笞五十"。

在押罪犯逃亡，要加重惩罚。《二年律令·亡律》云：

> 女子已坐亡赎耐，后复亡当赎耐者，耐以为隶妾。司寇、隐官坐亡罪隶臣以上，输作所官。（158简）城旦春亡，黥，复城旦春。鬼薪白粲也，皆笞百。隶臣妾，收人亡，盈卒岁，黥城旦春六岁；不盈卒岁，黥三岁。自出也，□□。其去黥三岁亡，黥六岁；去黥六岁亡，完为城旦春。（张家山《二年律令》页158、164～165）

---

① 甘肃省文物考古研究所：《居延新简释粹》，兰州大学出版社，1988。

上述规定适用于惩罚在押罪犯之逃亡。由于在押犯之逃亡属罪上加罪，故加重惩罚。

(2) 对隐匿逃犯的惩罚。

以各种方式有意或无意隐匿逃犯，要受到惩罚。《二年律令·亡律》云：

匿罪人，死罪，黥为城旦舂，它各与同罪。其所匿未去而告之，除。诸舍匿罪人，罪人自出，若先自告，罪减，亦减舍匿者罪。取（娶）人妻及亡人以为妻，及为亡人妻，取（娶）及所取（娶）为谋（媒）者，智（知）其请（情），皆黥以为城旦舂。其真罪重，以匿罪人律论。（张家山《二年律令》页 167 ~ 169）

诸舍亡人及罪人亡者，不智（知）其亡，盈五日以上，所舍罪当黥……赎耐；完城旦舂以下到耐罪，及亡收、隶臣妾、奴婢及亡盈十二月以上赎耐。取亡罪人为庸，不智（知）其亡，以舍亡人律论之。所舍取未去，若已去后，智（知）其请（情）而捕告，及诇告吏捕得之，皆除其罪，勿购。（张家山《二年律令》页 170 ~ 172）

针对隐匿者的惩罚，通常与被隐匿者的罪行程度挂钩，原则为"黥死罪，为城旦舂，它各与同罪。"

二 田租与刍稾

（一）田租（赋）制度

《说文·贝部》："赋，敛也。"《说文·禾部》："租，田赋也；税，租也。"据此可证，"赋"为一般的财政收入的通名，"租"或"税"才是"田赋"专称。《孟子·尽心下》中提到所谓"布缕之征"，"粟米之征"以及"田野之税"，就是指赋税[1]。我国封建社会，各种赋役种类颇多。但是，由于农业是封建社会的主要生产部门，因而基于土地的出产物而课征的"田赋"或"田租"，就成为赋税收入的主要部分，也是所占比重最大的国

---

① 翦伯赞：《秦汉史》，北京大学出版社，1983。

家财政收入之一。田赋的课征对象，既包括粟米等主要农产品，也包括刍、稾等农副产品。对后者的课税，史上又称为刍稾税。为研究方便，本书的"田租"特指对粟米等主要农产品的征税，而不包括对农副产品征收的刍稾税。

1. 田租负担

（1）秦代的田租。

秦始皇三十一年，实行"黔首自实田"①。秦时的赋税负担十分沉重，农民常"衣牛马之衣，食犬彘之食"，生活极端贫困，造成社会生产的严重破坏。据《史记》记载，当时无地的农民"耕豪民之田，见税十五"。除了承受豪强地主沉重的地租剥削和提供无偿劳役外，还要向国家交纳人头税。"田租口赋，盐铁之利，二十倍于古。"② 董仲舒之说言过其实，但秦代赋税沉重已成定论，成为导致秦朝动乱，以至灭亡的原因之一。

秦代的田赋相当沉重。史载："至于始皇，遂并天下，内兴功作，外攘夷狄，收泰半之赋，发闾左之戍。"③ 颜师古注云："泰半，三分取其二。""泰半"就是三分之二。这里的"赋"，应当是指田租而非口赋，因为只有田租的征收，才有按田亩产量计算出来的"泰半"的比例，其他租税是无所谓"泰半"的④。秦简关于田租的记载不多，我们无法证实秦代田租负担的准确数据。不过，我们还是可以从秦简了解当时田租征收的一些情况。

龙岗秦简记载⑤：

坐其所匿税臧（贝臧），与灋（法）没入其匿田之稼。▨（龙岗秦简147）

▢▢▢不到所租▢直（值），虚租而失之如▨（龙岗秦简143）

人及虚租希（稀）程者，耐城旦、舂▢▢▨；▢▢▢▨。⑥（龙岗秦简129）

---

① 司马迁：《史记》，中华书局，1959，第251页。

② 《汉书·食货志》。

③ 《汉书·食货志》。

④ 白寿彝：《中国通史》第四卷，上海人民出版社，1995。

⑤ 中国文物研究所、湖北省文物考古研究所编《龙岗秦简》，中华书局，2001。

⑥ 整理者认为：希程意即减少规定的田赋指标。见《龙岗秦简》，第116页。

□希（稀）其程率；或稼☒（龙岗秦简134）

　　不遗程、败程租者，□；不以败程租上☒（龙岗秦简125）

　　盗田二町，当遗三程者，□□□□□□☒（龙岗秦简126）

　　根据龙岗秦简的规定，对隐瞒田租者，按其所隐瞒田租获赃数额定罪，并依法没收其隐瞒田地上的庄稼。交纳田租，如果不到所租田地应该缴纳之值，虚报田租数额而设法逃漏者，要受到法律处罚。田租征收者，如果虚报田租或故意降低田租标准，要处以"耐城旦"等。国家对田租的征收是有一定标准的，"程率"就是国家规定的每个单位土地面积应缴纳的田租数量的标准。法律还规定，不应该逃避应缴纳的田租或降低田租标准，如果少报土地面积，盗占田地，要按逃漏田租处罚。

　　但从现有的秦简看，我们还未发现秦代田租的具体标准。秦代的田租负担，我们仅能根据传世文献和"汉承秦制"进行推断。

　　孟子说："贤君必恭俭礼下，取于民有制……夏后氏五十而贡，殷人七十而助，周人百亩而彻，其实皆什一也。"[①]周代通（彻）行十取其一，实际赋税是"什一"。西周的什一而税，东周礼制被诸侯破坏后就不断搞改革加税，这是一个王朝腐败没落的必然趋势。"初税亩"发生在鲁宣公十五年（公元前594年）："公田之法，十取其一。今又履其余亩，复十收其一。故哀公曰：'二，吾犹不足。'遂以为常，故曰初。"[②]可见，在先秦时期，田租存在"十取其一"之制。但到了春秋晚期以至战国时期，由于战乱和统治者自身的原因，田租负担有所加重。现有史料尚未发现战国晚期田租的实际负担情况，秦代的田租负担也不得而知。秦亡后，汉高祖采取"轻徭薄赋、与民休息"的政策，田租实行"十五税一"。由此我们判断，秦代的田租负担不得低于"十五税一"，这是下限。但是，秦代的田租负担是否如史家所言的"收泰半之赋"呢？秦代的田租尽管高于汉初"十五税一"（约6.67%），但不至于"收泰半之赋"（约66.67%）。因为，汉初天下刚定，国家财力虚空，纵然减税也难以削减到原来负担的1/10。秦代田租"收泰半之赋"的说法有夸大之意，而非实际田租负担水平。黄今言先生通过考

---

　　① 《孟子·滕文公上》。
　　② 《春秋左传正义》卷24《宣公十五年》，第665页。

证认为：秦实行的田租税率是"什一之税"①。

（2）汉初的田租。

汉初，为巩固封建地主阶级的统治，高祖刘邦确立了"还兵于民、恢复生产、轻徭薄赋、与民休息"的政策。具体到田租，其征收原则是"量使禄、度官用、以赋于民"②。当时，田赋实行"十五税一"的轻税政策。汉文帝刘恒接受了贾谊、晁错等人的建议，进一步推行轻税政策。文帝十二年（公元 168 年），诏免"租税之半"，实行三十税一。然而，汉代三十税一的田租，究竟是如何征收的？当时的田租负担到底如何？从现有的史料中我们很难得出明确的答案。据考证：江陵凤凰山 10 号汉墓简牍所记录的年代属于景帝初年，正好处于"文景之治"的鼎盛时期③。因此，凤凰山 10 号汉墓简牍可以反映汉代实行"轻徭薄赋"后的田赋情况。

江陵凤凰山 10 号汉墓发现的简牍，内容多为赋税及商业的记载，不但是考古学上的重大发现，也是极为罕见的汉代赋税文物。10 号汉墓出土的木牍 6 片，970 多字；竹简 170 多枚，约 1200 字。其中甲组大简 2 枚，较其他简长而宽，其一是市阳田租账，记有"市阳租五十三石三斗六升半"等 8 笔账，意为市阳里应收田租（农业税）总数 53.365 石，减去抵征田租的谷物酒 12.830 石，实定田租 40.535 石。有关简牍的原文记录及校算④见表 5 - 1。

表 5 - 1 江陵凤凰山 10 号汉墓简牍之田租

项 目	原牍记录	校算
田租抵征	其六石一升当藻物	6.01
	其一石大半升当麦	1.105
	其七升半当窖	0.075
	其一石一斗二升当耗	1.120
	其四石五斗二升当黄白秋	4.520
小计	凡十二石八斗三升	12.830
定收田租	定卅(石)五斗三升半	40.535
总计	市阳租五十三石三斗六升半	53.365

① 黄今言：《秦汉经济史论考》，中国社会科学出版社，2000，第 164 页。
② 《汉书》卷四，第 1127 页。
③ 裘锡圭：《湖北江陵凤凰山十号汉墓出土简牍考释》，《文物》1974 年第 7 期。
④ 根据裘锡圭《湖北江陵凤凰山十号汉墓出土简牍考释》记载的简牍资料整理，原载《文物》1974 年第 7 期。

第一笔记明市阳里应收田租总数，其后减去五笔抵征田租的谷物、酒和秏（共抵田租 12.83 石）定田租 40.535 石。这笔账分品种逐项记载，清清楚楚，逻辑严密，连半升（约合现代一两五钱）也要记，数量准确，即使在现代，亦不逊色。这枚简记的是田租，是缴给政府的农业税。简文一开始就说明是市阳里的田租而不是某一户的。总数才 53 石余，约合现在的 1600 多市斤。据《汉书·食货志》介绍：李悝记载"食，人月一石半"，53 石只够三个人吃一年的。一户农民就扣除五种珍贵的食品亦恐难能。因而甲组简所记载的不会是墓主人在市阳收的地租，而是具有农业税性质的田租。西乡收税官张偃记载的这笔实物实税，乃是对市阳里农业税数量和抵减品种，甚至包括若干纳税人纳税的汇总，所以用大简正是为了便于进行汇总核算和报告。

税率是税收制度的一个核心要素。汉初田租的税率究竟是多少呢？据《汉书·食货志》记载，"孝景二年，令民半出田租、三十而税一也。"① 江陵 10 号汉墓简牍恰在孝景二年前后，田租税率应当是三十税一。然而，当时的田租并不是按实际收获量征收的，而是按照一定的定额征收的，即实行的是定额税制。那么，汉初时田租的定额又是多少呢？

田租的定额与亩产相关。秦汉时期，亩产是多少？学界普遍认为那时平均粮食产量已达到 2～3 石，不同等级的田地亩产差别较大。② 银雀山竹书《田法》关于战国粮食亩产量有明确记载："岁收，中田小亩亩廿十斗，中岁也。上田亩廿七斗，下田亩十三斗，太上与太下相复以为率"，意即中田大亩四十八斗，上田六十四点八斗，下田三十一点二斗。③ 有人根据《汉书·匡衡传》匡衡收取封地四百顷的租谷千余石的记载，估计每亩租谷约三升左右，即一石的三十分之一。④ 这与《汉书》的记载较为吻合，应当可信。根据 4 号木牍，郑里廪簿所记田亩总数为 617 亩，二月定算 72 算。市阳里二月定算为 112 算，由此可以推算出，市阳里的田租数应为 960 亩。市阳里共收田租五十三石三斗六升半，以 960 亩计算，则每亩田租定额应为 5.5 升。这与每亩 3 升的定额似乎存在矛盾。存在两种可能情况：一是郑里

① 《汉书·食货志》（上）。
② 吴慧：《中国历代粮食亩产研究》，中国农业出版社，1985。
③ 叶玉英：《论张家山汉简〈算术书〉的经济史料价值》，《中国社会经济史研究》2005 年第 1 期，第 43 页。
④ 转引自裘锡圭《湖北江陵凤凰山十号汉墓出土简牍考释》。

廪簿所记的户数有可能小于郑里总户数，所记的田亩数当然也有可能小于郑里的总田亩数。如果郑里有大地主，实际田亩数就会比廪簿田亩数大得多。按这样推算，市阳里的田亩数可能就大于960亩，每亩定额3升也是可能的。二是江陵10号汉墓简牍时间正处于孝景二年前后，"令民半出田租、三十而税一"的政策，可能还没能完全贯彻，地方官员收税过程中，超过每亩3升定额的情况也可能存在。由此可见，江陵10号汉墓简牍所记载的田租，究竟是否实行"三十税一"，还需要作进一步的探讨。

（3）孙吴时期的田租。

根据走马楼吴简的记载，吴国的土地制度包括佃田制和屯田制。

吴国的佃田制度，对没有土地或者原有土地没有达到限额的农户，强制性规定了农民的生产定额，称为"常限田"。在完成常限田的生产之外，有余力者可申请多种，称为"余力田"。与佃田有关的租税，包括税米、租米、钱、布四种。所谓"税米"，是指佃种常限田者所缴纳的每亩1斛2斗的米；"租米"是指州吏、复民等以租田的形式，佃种常限田所缴纳的租米，而"余力租米"则是指佃种余力田所缴纳的租米。"田亩布米"和"田亩钱米"，是指本应按田亩缴纳的布和钱，折算成米，纳入于仓。所谓"杂米"，是指以各种名目征收的米的总称。吴简中佃田的租税情况，现摘录部分如下：

> 州中仓吏郭勋、马钦、张曼、周栋，起正月廿三日讫廿六日，受杂米三百卅八斛五斗八升：其十七斛九斗税米，其廿一斛五斗二升租米，其廿二斛五斗余力租米，其二百卅二斛二斗一升八备钱米，其三斛五斗金民限米，其十二斛私学限米，其三斛四升佃吏限米，其廿斛三斗五升田亩布米，其十五斛七斗田亩钱米，正月廿六日仓吏潘虑白。[①] （走马楼吴简 J22 - 2499）

> 谷邱郡卒潘调，佃田廿处，合一顷一十九亩。其二十六亩二年常限。其二十四亩旱，亩收布六寸六分，定收二亩，亩收米一斛二斗，合二斛四斗。亩收布二尺。其九十三亩余力火种田。其五十三亩旱，亩收

---

① 长沙市文物工作队、长沙市文物考古研究所：《长沙走马楼 J22 发掘简报》，《文物》1999 年第 5 期。

布六寸六分。定收卌亩，亩收布四斗五升六合，斛加五升，合十九斛一斗五升。亩收布二尺。凡为米廿一斛五斗五升。其二斛四斗税米，四年十二月十一日付仓吏郑黑毕。其十九斛一斗五升租米，四年十二月八日付仓吏郑黑毕。凡为布三匹一尺六寸，准入米六斛八升，四年十二月卅日付仓吏郑黑毕。其旱田亩收钱卅七，其熟田亩收钱七十。凡为钱五千卅八钱，准入米三斛一斗五升，四年十二月九日付仓吏郑黑毕。（走马楼吴简 4.463）

三州丘大女谢领，佃田三町，凡十亩，皆常限。其四亩一百廿步旱不收布。定收五亩百廿步，为米六斛六斗。亩收布二尺。其米六斛六斗，五年十二月十日付仓吏张曼、周栋。凡为布一丈一尺，准入米六斗六升，五年十二月廿日付仓吏张曼、周栋。其旱田不收钱，其熟田亩收钱八十。凡为钱四百卅，准入米三斗，五年十月十日付仓吏张曼、周栋。（走马楼吴简 5.10）

何丘男子殷疆，佃十三亩町，凡廿九亩一百廿步，皆二年常限。其十九亩旱败不收布。定收十亩，亩收米一斛二斗，凡为米十二斛。亩收布二尺。其米十二斛，六年正月廿六日付中仓吏郭勋、马钦。凡为布二丈一尺，准入米一斛五斗，六年正月十四日付中仓吏郭勋、马钦。其旱亩不收钱。其熟田亩收钱八十，凡为钱八百，准入米七斗一升二合，六年二月九日付孙仪……（走马楼吴简 5.330）

吴国对常限田、余力田，旱田、熟田等不同的佃田征收田租赋税，实行区别对待的政策。就常限田来看，熟田亩收税米一斛二斗、布二尺、钱七十钱（或八十钱），旱田不收税米和租米，亩收布六尺六寸、钱卅七钱。而对余力田对常限田和余力田的征收情况见表 5 - 2[1]。

与屯田之相应的，吴国对屯田所征收的租税是"限米"。限米是征收标准远远高于佃田所征收的任何一种租税。[2] 限米的征收标准，可见简文：

① 于振波：《走马楼吴简中的限米与屯田》，《南都学刊》（人文社会科学学报）2004 年第1期。

② 于振波：《走马楼吴简中的限米与屯田》，《南都学刊》（人文社会科学学报）2004 年第1期。

表 5－2　吴国田租征收标准

田　类型　田租	常限田		余力田	
	熟田	旱田	熟田	旱田
税米	1.2 斛	免	无	无
租米	无	无	4.56 斗(4 斗)	免
布	2 尺	6.6 寸	2 尺	6.6 寸(免)
钱	70 钱(80 钱)	37 钱(免)	70 钱(80 钱)	37 钱(免)

"领二年邮卒田六项五十亩，限米二斛，合为吴平斛米一千三百斛。"（走马楼吴简 5－1635）"领二年四家卫士田七十五亩，亩收限米二斛，合为吴平斛米一百五十斛。"（走马楼吴简 5－1669）"亩收限米二斛"就是限米的征收标准。"限米"的征收标准与常限田和余力田的租税相比，轻重程度如何？

常限田遇到旱灾，可以免征税米，并减轻钱、布的税额；复民、州吏佃种常限田，只按租田缴纳数额较少的租米。如果不考虑这些特殊情况，以嘉禾四年为例，在通常情况下，田家佃种常限田所缴纳的租税包括：1.2 斛税米，2 尺布，70 钱。嘉禾四年米、钱、布的折算标准是：1 尺布 = 0.5 斗米，1 斗米 = 160 钱[①]。根据这个标准，一亩常限田的租税总额相当于 1.344 斛米，或 2150 钱。同样以嘉禾四年为例，如果不考虑天灾等特殊情况，佃种余力田所缴纳的租税包括 4.56 斗米、2 尺布和 70 钱，这些租税的总额相当于 6 斗米或 960 钱。而根据嘉禾四年的米、钱、布折算标准，2 斛限米相当于 3200 钱。

比较发现，吴国长沙地区屯田 1 亩所缴的"限米"，比常限田各项租税的总额高出近 1/3，比余力田各项租税的总额高出 2/3。[②]

2. 征收方式

田租是秦汉时期主要税种。由于史籍记载不详，人们对秦汉时期田租的征收方式不甚明了，甚至存在较大的争议。高敏先生认为：汉代的田租是按亩和产量结合起来征收的。而田亩与产量两者的结合可以在每亩产量上获得统一，这样，既体现了租税之法皆依田亩所产的精神，又符合什五税一与三

---

① 《走马楼长沙吴简·嘉禾吏民田家莂》，文物出版社，1999，第 71～72 页。
② 于振波：《走马楼吴简中的限米与屯田》，《南都学刊》（人文社会科学学报）2004 年第 1 期。

十税一这种按产量征收田租的定率。① 杜绍顺先生却主张田租定额征收说，汉代田税的定额如果是三十税一，武帝以前是每亩（小亩）约三升，武帝以后是每亩（大亩）八升。汉代的田税定额不是始终不变的，而是随着平均亩产的提高而提高的。也就是说汉代田税采用的实际上是定额制而不是分成制。国家根据平均亩产量决定每亩征收定额，地方上再根据土地贫瘠定出等级，但平均起来与国家规定的定额相等②。谷霁光和黄今言认为：汉代田租征收办法是，既基于地，又基于户，基于户是实③。刘华祝认为：汉代田租按照比例税制征收，即"按照田亩单位面积产量计征"④。臧知非先生认为：汉代田税是以百亩为单位，而不是以亩为单位、按实耕亩数计征⑤。而李恒全先生则认为：从文献和考古材料看，汉代田税是以亩为单位、按实有亩数征收的。⑥ 田租的征收方式如何？究竟是定额税，还是定率税？是按顷征收，还是按亩征收？我们需要借助有关简牍资料进一步探讨。

（1）田租主要采取征收实物。

匡衡"遣从史之僮，收取所还田租谷千余石入衡家"⑦，即表明汉元帝、成帝时期，田租征收的是实物。东汉建国之初光武帝下诏："今军士屯田，粮储差积。其令郡国收见田租三十税一，如旧制。"⑧ 由此可见，田租的征收也当为实物。再如寇询为河内太守，"养马二千匹，收租四百万斛，转以给军。"⑨ 安帝永初元年，"调扬州五郡租米，赡给东郡、济阴、陈留、梁国、下邳、山阳"；永初七年"调零陵、桂阳、丹阳、豫章、会稽租米，贩给南阳、广陵、下邳、彭城、山阳、庐江、九江饥民。又调滨水县谷输敖仓。"⑩ 可知扬州、荆州等地的田租中有稻米，称作"租米"。江陵凤凰山

① 高敏：《秦汉赋役制度考释》，《秦汉史论集》，中州书画社，1982，第 63 页。他说："正因为汉代田租的征收办法是按田亩与产量结合的方式进行，所以在征收田租的过程中，需要由政府估计田亩单产，或把田地按肥瘠程度的不同划分为若干等级。"

② 杜绍顺：《汉代田税征收方法辨析》，《中国史研究》1985 年第 3 期。

③ 谷霁光：《论汉唐间赋税制度的变化》，《江西大学学报》1964 年第 2 期；还可以参见谷霁光《中国古代经济史论文集》，江西人民出版社，1985，第 146 页；黄今言：《汉代田租征课中若干问题的考察》，《中国史研究》1981 年第 2 期。

④ 刘华祝：《关于两汉的地租与地税》，《北京大学学报》1981 年第 4 期。

⑤ 臧知非：《汉代田税征收方式与农民田税负担新探》，《史学月刊》1997 年第 2 期。

⑥ 李恒全：《也谈西汉田税征收方式问题》，《江西师范大学学报》2000 年第 1 期。

⑦ 《汉书》卷八一《匡张孔马传》。

⑧ 《后汉书》卷一《光武帝纪》。

⑨ 《后汉书》卷一六《邓寇列传》。

⑩ 《后汉书》卷五《孝安帝纪》。

10 号汉墓简牍 "市阳租五十三石三斗六升半" 等史料，记明市阳里应收田租总数，其后减去五笔抵征田租的谷物、酒和耗（共抵田租 12.83 石），定田租 40.535 石。居延汉简 "右第二长官二处田六十五亩，租廿六石。"①（303.7 简）尹湾汉墓简牍《集簿》记载："一岁诸谷入五十万六千六百卅七石二斗二升少率升，出卅一万二千五百八十一石四斗□□升。"② 这些都是汉代田租征收实物的有力证据。

根据嘉禾吏民田家莂，吴国在长沙地区与佃田有关的租税，包括税米、租米、钱、布四种；与屯田之相应的，吴国对屯田所征收的租税是 "亩收限米二斛"。可见，孙吴时期，长沙地区的田租主要采取实物形式。但不同的是，吴简中有大量的 "准入米"，即官府 "准许佃户的租布、税钱折合为租米缴纳"③。这实际上是一种折纳征收制度。如：

> 下伍丘男子严追，佃田八町，凡二十一亩百四十步，皆二年常限。其十亩六十步旱败不收布。定收十亩二百二十步，为米十三斛一斗，亩收布二尺。其米十三斛一斗，五年十一月七日，付仓吏张曼、周栋。凡为布二丈二尺，准入米一斛二斗六升，五年十一月二十日付仓吏张曼、周栋。其旱田不收钱。数田收钱亩八十，凡为钱八百七十，五年十一月二十日付库吏潘慎。嘉禾六年二月二十日，田户曹史张惕校。④（走马楼吴简 5.16）

根据整理小组的研究，嘉禾四年米、钱、布的折算标准是：1 尺布 = 0.5 斗米，1 尺布 = 80 钱；1 斗米 = 2 尺布，1 斗米 = 160 钱⑤。嘉禾五年，米布之间的折算标准略有浮动，一般为 1 斗米折成 1.6 ~ 1.66 尺布，少数可折成 1.84 尺布，低时为 1.41 尺布。钱折米的浮动更大，低时 1 斗米折钱 50，高时达 150，有 3 倍的差距⑥。

---

① 《居延汉简甲乙篇》三0三·七（甲一五八五）。
② 连云港市博物馆：《尹湾汉墓简牍释文选》，《文物》1996 年第 8 期。
③ 丘东联：《略论长沙走马楼吴简中的佃田租税简》，《船山学刊》1998 年第 1 期。
④ 走马楼简牍整理组：《长沙走马楼吴简·嘉禾吏民田家莂》（上），文物出版社，1999，第 71 页、第 165 页。转引自朱德贵《汉简与财政管理新证》，中国财经出版社，2006，第 83 页。
⑤ 《走马楼长沙吴简·嘉禾吏民田家莂》，文物出版社，1999，第 71 ~ 72 页。
⑥ 蒋福亚：《略谈吴国国有土地佃田关系制度化的原因》，《首都师范大学学报》2003 年第 5 期。

（2）定额税还是定率税。

定额税与定率税是两种不同的征税形式。前者是针对课税单位的一定数量，规定一个固定税额；后者是针对课税对象规定一个征税比例。云梦秦简《田律》明确规定："入顷刍稾，以其受田之数，无垦（垦）不垦（垦），顷入刍三石、稾二石。"[①] 张家山汉简《田律》规定：

> 入顷刍稾，顷入刍三石，上郡地恶，顷入二石；稾皆二石。令各入其岁所有，毋入陈，不从令者罚黄金四两。收入刍稾，县各度一岁用刍稾，足其县用，其余令顷入五十五钱以当刍稾。刍一石当十五钱，稾一石当五钱。[②]（张家山《二年律令》页240~241）

资料表明：秦汉时期的刍稾税是典型的定额税，赋税数额与土地数量相关，而与产量无关。与此相对应，定率税是按照农作物收获量（产量）的一定比例征收的。那么，秦汉时期的田租，究竟是"定率税"，还是"定额税"呢？

汉高祖刘邦初定天下，"于是约法省禁，轻田租，什五而税一"[③]。由此可知，高祖时的田租征收率为什五税一。但实行不久，又有增加。惠帝即位（前195年），恢复为十五税一。文帝二年（前178年），为了鼓励农民生产，诏"赐天下民今年田租之半"[④]。既然惠帝时的田租率为什五税一，则文帝二年的田租率应为三十税一无疑。文帝于十二年复减收天下田租之半，十三年更免除民田的租税以"劝农"。到景帝二年（前155年）遂正式规定三十税一，成西汉定制。东汉光武帝初年，由于战乱未平，军费浩大，国家财用不足，田租一度复增为什一。建武六年（公元30年），即恢复旧制为三十税一，直到献帝建安九年（204年）曹操颁布新令："其收田租亩四升"[⑤]，才改为亩税四升的定额税制。如果仅从这些资料来看，汉代田租征收采用"定率税"无疑。然而仔细推究，却又存在以下问题：若按一定的

---

① 睡虎地秦墓竹简整理小组：《睡虎地秦墓竹简》，文物出版社，1978，第27~28页。
② 张家山二四七号汉墓竹简整理小组：《张家山汉墓竹简（二四七号）》，文物出版社，2001。
③ 《汉书·食货志》。
④ 《汉书·文帝纪》。
⑤ 《三国志·魏志·武帝纪注》。

税率征收田租，在实际征收的过程中，势必对各编户齐民当年的粮食产量要有准确的了解，汉代政府能否做到这一点？若不能做到这一点，政府何以保证其田租的征收？

关于中国古代粮食的产量，山东临沂银雀山汉墓竹书《田法》，为我们提供了这方面的珍贵资料，有如下记载："岁收，中田小亩亩廿斗，中岁也。上田亩廿七斗，下田亩十三斗，太上与太下相覆以为率。"这说明早在战国时期政府对全国的平均粮食亩产就已有一定的了解，这就是中岁中田每小亩产量廿斗，上田廿七斗，下田十三斗。但是，如果要严格实行"三十税一"的田租，政府还必须清除掌握农民的具体收获量。这有很大的难度。即使是在现代社会，政府要掌握农民的实际收获量，也不是一件容易的事。因此，汉代田租实行"三十税一"，在实际征收中，很可能就是按照田亩的平均产量来征收的。《田法》记载："卒岁田入少入五十斗者，□之；卒岁少入百斗者，罚为公人一岁；卒岁少入二百斗者，罚为公人二岁；出之之岁（□□）者，以为公人终身。卒岁少入三百斗者，黥刑以为公人。"这个材料进一步说明，农民交纳田租的多少，并不是以其实际产量来决定的。因为，衡量农民田租是否"少入"，若以实际产量来定，将失去实际意义。以平均产量征收田租，既有利于调动农民生产的积极性，又有利于保证国家的财政收入。

在田亩平均产量既定的情况下，"三十税一"的田租在实际征收中就转变为按田亩征收的定额税制了。若按"上田廿七斗"计算，"三十税一"的田租折合为每亩（小亩）2.7升。云梦秦简《法律答问》曰："部佐匿者（诸）民田，者（诸）民弗智（知），当论不当？部佐为匿田，且可（何）为？已租者（诸）民，弗言，为匿田；未租，不论□□为匿田。"[①] 这段话的意思是，部佐对已收取田租的土地，不上报为匿田，对未收取田租者，则不为匿田。说明秦代的田租已经实行按田亩征收的制度。《盐铁论·未通篇》记载文学曰："田虽三十而以顷亩出税，乐岁粒米粱粝而寡取之。凶年饥馑而必求其足。"这说明尽管汉代原则上是按三十税一征收田租，但在实际征收时，仍是履亩定额而税，否则就不会出现"乐岁寡取之，凶年必求其足"的现象。从已发掘的简牍资料中，我们也可以发现汉代"履亩而税"史实。

■右第二长官二处田六十五亩，租廿六石。（合校303·7）

---

① 睡虎地秦墓竹简整理小组：《睡虎地秦墓竹简》，文物出版社，1978。

右家五，田六十五亩一，租大石 廿一石八斗。（合校 303·25）

从上述两笔简牍资料看，汉代在居延地区征收田租与田亩直接相关。笔者认为：汉代在征收田租时，主要是根据田亩数来征收的。否则，没有必要在收取的田租前，注明田亩的数量。因此，汉代的田租实际上是一种"定额税"。但是固定田租额，也并非所有的土地都一样，而是先按土地美恶不同分等，再按各等的常年平均亩产和税率征税的。东汉许慎《五经异义》中说："汉制：收租田有上、中、下，与《周礼》同义。"汉代的田租占产量的比率，从西汉中期起，实际上又有所降低，远不到三十税一。这是因为随着农业生产技术的提高，实际亩产高于计税标准的平均产量。汉武帝时，以"哀怜百姓之愁苦，衣食不足"的名义，将全国各地不同的亩制统一改为两百四十步一亩的大亩。亩产量随亩面积加大而增长，但每亩所收田租仍依旧额并未增加。基于此，我们认为，汉代田租"三十税一"是一个名义税率，实际征收采用"履亩而税"的定额税制度。

（3）田租的计税依据。

有人认为，汉代田租是以百亩为单位，而不是以亩为单位和实耕田亩数计征的。[①] 其理由是：秦汉时期授田的基本单位是"顷"。按照商鞅之法，每夫百亩是授田的基本标准，立有军功获得爵位者，再另外增加土地，即军功赐田。军功赐田的基本单位也是一顷。《商君书·境内》云："能得甲首一者，赏爵一级，益田一顷，益宅九亩，一除庶子一人，人得入兵官之吏。"这里的"益田一顷，益宅九亩"就是在原有土地之外增加一顷田、九亩宅，若原有一顷则增加到二顷，原有二顷则增加为三顷。云梦秦简《田律》规定："雨为澍，及诱（秀）粟，辄以书言澎稼、诱（秀）粟及垦（垦）田毋（无）稼者顷数。稼已生后而雨，亦辄言雨少多，所利顷数。早（旱）及暴风雨、水潦、蟲、群它物伤稼者，亦辄言其顷数。"[②] 无论是遇到自然灾害，还是遇上了天降甘霖，地方政府要立即将受灾面积、受益情况、土地垦而未种者等都要上报，所有面积都以顷为单位。张家山汉简《二年律令》规定：

---

① 臧知非：《汉代田税征收方式与农民田税负担新探》，《史学月刊》1997 年第 2 期。又见《再谈汉代田税征收方式问题》，《江西师范大学学报》，2001 年第 2 期；《西汉授田制度与田税征收方式新论》，《江海学刊》2003 年第 3 期。

② 睡虎地秦墓竹简整理小组：《睡虎地秦墓竹简》，文物出版社，1978，第 24～25 页。

田不可田者，勿行，当受田者欲受，许之。①（张家山《二年律令》
页239）

关内侯九十五顷，大庶长九十顷，驷车庶长八十八顷，大上造八十六
顷，少上造八十四顷，右更八十二顷，中更八十顷，左更七十八顷……②
（张家山《二年律令》页310～313）

这表明西汉实行土地还授政策，授田的基本标准也是每夫百亩，即按顷
授田。又引云梦秦简《田律》："入顷刍、稾，以其受田之数，无垦（垦）
不垦（垦），顷入刍三石、稾二石。"③张家山汉简《田律》也规定"入顷
刍稾，顷入刍三石，上郡地恶，顷入二石；稾皆二石。令各入其岁所有，毋
入陈，不从令者罚黄金四两。收入刍稾，县各度一岁用刍稾，足其县用，其
余令顷入五十五钱以当刍稾。刍一石当十五钱，稾一石当五钱。"④（240、
241简）说明秦汉时期实行按顷计征刍稾税的制度。并进一步推断说，"既
然刍、稾和谷物都是田税，因用途不同而分开征收。那么，刍稾按顷定额，
谷物自然也是按顷定额。换言之，西汉的田税都是按顷计算的，土地一经授
予，无论种与不种，产量高低，都要按其授田顷数，根据户籍，按户以顷为
单位交纳固定数量的田税。"⑤但也有人提出了不同意见，认为"汉代田税
是以亩为单位、按实有亩数征收的"⑥。

笔者认为，秦汉时期田租的征收方式是以亩为单位、按实耕田亩征收
的。主要理由如下。

其一，刍稾税和田租是不同的税种，不能以刍稾税的征收方式推论田租
的征收方式。从广义上看，田租是针对土地出产物征收的各税种的总称，是
一个大的税类。从这点上看，刍稾税也具有田租的性质。但从狭义的角度上
看，田租特指对粮食征收的一种税，而刍稾税则是针对刍、稾征收的税种，

<hr>

① 张家山二四七号汉墓竹简整理小组：《张家山汉墓竹简（二四七号）》，文物出版社，2001，
第165页。
② 张家山二四七号汉墓竹简整理小组：《张家山汉墓竹简（二四七号）》，文物出版社，2001，
第175～176页。
③ 睡虎地秦墓竹简整理小组：《睡虎地秦墓竹简》，文物出版社，1978，第27～28页。
④ 张家山二四七号汉墓竹简整理小组：《张家山汉墓竹简（二四七号）》，文物出版社，2001。
⑤ 臧知非：《西汉授田制度与田税征收方式新论》，《江海学刊》2003年第3期，第149页。
⑥ 李恒全：《也谈西汉田税征收方式问题》，《江西师范大学学报》2000年第1期；又见《汉
代田税百亩征收说确难成立》，《江西师范大学学报》2001年第4期。

两者的征收对象迥然不同，因而属于不同的税种。从史料上看，田租与刍稾往往并列。云梦秦简《仓律》规定："入禾稼、刍、稾，辄为廥籍，上内史。刍、稾各万石一积，咸阳二万一积，其出入、增积及效如禾。"又云："禾、刍、稾积索出日，上赢不备县庭。出之未索而已备者，言县廷，廷令长吏杂封其廥，与出之，辄上数廷。其少，欲一县之，可也。"云梦秦简《田律》规定："禾、刍、稾撤木、荐，辄上石数县廷。勿用，复以荐盖。"① 此处"禾"即谷物，是田租征收的对象，与刍稾有明显的区别。《汉书·贡禹传》："已奉谷租，又出稾税。"《汉官仪》："田租稾税，以给经用。"可见，通常意义上的"田租"是与"刍、稾"不同的税种。由于征税对象的不同，"田租"和"刍稾税"的征收方式也不相同。明白了这一点，我们自然就不会根据"入顷刍稾"来推论田租采用同一征收方式了。

其二，刍稾税是否实行"按顷计征"也值得怀疑。刍稾税的征收方式，人们往往就是根据云梦秦简《田律》和张家山汉简《田律》得出的推断。但从相关史料看，我们仅知道刍、稾税"顷入刍三石、稾二石"的定额，但史料并未告诉我们不满一"顷"的授田如何征收。其"无狠（垦）不狠（垦）"的前提是"以其授田之数"。如果所授田亩不满一"顷"而刍稾税一律"按顷计征"，则明显不合理。因此，刍稾税在实际征收中还应当有"按田亩折算"的制度。江陵凤凰山 10 号汉墓出土的 6 号木牍记载的平里、稾上两地征收户刍、田刍和田稾的情况，其所征刍、稾都精确到"升"或"半升"，这只有以"亩"为单位征收才会出现。秦汉时期刍稾税的征收并不是单纯的"按顷计征"，而是以顷定额，顷、亩结合的计征方式。

其三，授田方式与征收方式没有必然联系，不能以授田方式来推论田租的征收方式。战国时期，商鞅变法推行"明尊卑爵秩等级各以差次，名田宅臣妾衣服以家次"② 的制度。其特点是首先严格户籍制度，再依名籍授田，有名于上，则有田于下，然后循名责实以收田税。在先秦诸子心目中，一个小农理想的田宅比例是百亩田、五亩宅。③ 臧知非先生说，"按照商鞅变法，每夫百亩是授田的基本标准，立有军功获得爵位者再另外增加土地，

---

① 睡虎地秦墓竹简整理小组：《睡虎地秦墓竹简》，文物出版社，1978。
② 司马迁：《史记》，中华书局，1962。
③ 田昌五、臧知非：《周秦社会结构研究》，西北大学出版社，1998，第 125~136 页。

即军功赐田。军功赐田的基本单位也是一顷。"① 并引用《商君书·境内》和云梦秦简有关"顷数"的记载，认为秦时土地面积以"顷"为单位，授田和征税也是以"顷"为单位。汉高祖刘邦称帝伊始，曾发布一道著名的"复故爵田宅诏"，继承了秦朝的土地制度。从《二年律令·户律》简牍（310～313 号）可以发现，西汉时期的授田数主要是以"顷"为单位，但也不全部按"顷"授田。"司寇、隐官各五十亩"，表明"亩"也是授田的单位。因此，由授田方式来推断田租"按顷计征"也是存在问题的。即使我们认定当时采取了"按顷授田"的方式，我们也不能得到田租"按顷计征"的结论。因为，采取"按顷授田"与"按顷计征"，必然有一个前提：授田数与实耕田亩数相一致，或者相差无几。史料表明：秦自商鞅变法以后，"用商鞅之法，改帝王之制，除井田，民得买卖，富者连阡陌，贫者无立锥之地"②。《二年律令·户律》规定：

> 受田宅，予人若卖田宅，不得更授、代户、贸卖田宅，乡部、田啬夫、吏留弗为定籍，盈一日，罚金各二两。③（张家山《二年律令》页 321～322）

可见，秦汉时期土地买卖现象十分普遍。其结果必然导致每户"授田数"与实际耕占田亩数产生较大的差异，田租"按顷计征"已不可行。

（二）刍稾税

《说文》："刍，刈草也，像包束草之形。"又："稾，杆也。杆，禾茎也。"刍是牧草，稾则是农作物的秸秆，两者都可以供马牛等牲畜做饲料之用。春秋以前，已经存在刍、稾税的征收。不过，那时的刍、稾税通常是在发生战争时临时征收的，并不是固定的税种。战国至秦，由于战争频繁，对牛马草料的大量需求，使刍、稾税逐渐成为固定的税种。关于秦汉的刍、稾税制度，史籍记载十分简略，以致人们对当时刍、稾税的征收数量和征收办法，均不甚明白。秦汉简牍的发现，无疑为我们对当时刍、稾税的研究提供了有力证据。

---

① 臧知非：《再谈汉代田税征收方式问题》，《江西师范大学学报》2001 年第 2 期。
② 《汉书》卷二四《食货志》，中华书局，1962，第 1137 页。
③ 张家山二四七号汉墓竹简整理小组：《张家山汉墓竹简（二四七号）》，文物出版社，2001。

1. 秦国与西汉前期刍稾税比较

（1）秦汉刍稾税的简牍史料。

1975 年云梦秦简出土后，由于简文有涉及刍、稾税者，从而使人们对秦国的刍、稾税制度的认识加深了。秦简规定：

> 入顷刍、稾，以其受田之数。无垦不垦，顷入刍三石、稾二石，刍自黄及茤束以上皆受之。入刍、稾，相输度，可也。禾、刍、稾彻（撤）木、荐，辄上石数县廷。勿用，复以荐盖。（云梦秦简《田律》）

> 入禾稼，刍、稾，辄为癝籍，上内史。刍、稾各万石一积，咸阳二万一积，其出入、增积及效如禾。禾、刍、稾积索出日，上赢不备县廷。出之未索而已备者，言县廷，廷令长吏杂封其癝，与出之，辄上数廷。其少，欲一县之，可也。癝在都邑，当□□□□者与杂出之。①（云梦秦简《仓律》）

从这些简文得知：秦国的刍、稾税是按照"授田"数量征收的，不论垦种与否都得交纳。刍、稾税以土地数量多少为依据，具有土地税的性质。刍稾税征收的数量，是每顷田交刍三石、稾二石，刍税与稾税的比例是3:2。刍、稾税采用实物交纳，凡干叶和乱草够一束以上者，均可作为"刍"税提交。刍、稾均以重量计算，缴纳时由纳税者将刍、稾运送到储存的仓库，过称入仓。故仓库往往是"禾"（粮食）与刍、稾（饲料）并存，其保存与出入仓库的制度也相同。租谷及刍、稾征收后，必须入仓并及时向县廷报告粮草的石数，并有严格的"出入仓"规定等。

江陵张家山汉简《二年律令》和江陵凤凰山 10 号汉墓简牍，有大量关于西汉初期的刍稾税的记载。

> 入顷刍稾，顷入刍三石；上郡地恶，顷入二石；稾皆二石。令各入其岁所有，毋入陈，不从令者罚黄金四两。收（240 简）入刍稾，县各度一岁用刍稾，足其县用，其余令顷入五十五钱，以当刍稾。（张家山汉简《二年律令》页 240～241）

---

① 睡虎地秦墓竹简整理小组：《睡虎地秦墓竹简》，文物出版社，1978，第 27～28 页。

　　这是汉初征收刍稾税的有力证据。根据《二年律令》的规定：每顷地应缴纳刍税三石，但由于上郡土地贫瘠，上郡刍税每顷二石。稾则不管土地肥瘠，一律按每顷二石征收。所交纳刍稾必须是当年收获的，不许交纳往年的陈旧刍稾，不服从命令的罚黄金四两。对所征收的刍稾，各县要对一年中所需要的实物数量做出预算，在收够所需数量后，其余折算为每顷五十五钱征收。

　　1973 年在江陵凤凰山 10 号汉墓出土的简牍，其中的五号木牍及三号木牍都涉及西汉前期的刍、稾税制度，尤其是三号木牍，提供了一个完整的关于刍、稾税征收情况的实例。江陵凤凰山 10 号汉墓出土的简牍，其年代的下限为景帝四年，上限为文帝晚年[1]。因此，我们可以通过三号、五号木牍，了解西汉文景时期刍、稾税制度的有关情况。凤凰山 10 号汉墓简牍三号木牍，正面记录的是当利里定算的数量及该里正月、二月算赋的分配情况，该牍背面有"刍二石为钱"语。三号木牍全文见表 2 - 1。

　　凤凰山 10 号汉墓简牍三号木牍，记录了平里和稾上里刍、稾税的征收情况，实质上这是一份有关刍、稾税的统计报告。从六号木牍记载的情况来看，平里应收刍税 31.37 石，其中：户刍 27 石，田刍 4.37 石；扣除 8 斗刍折钱和 6 石刍折稾后，定收刍 24.69 石（简牍有误差，应为 24.57 石，也有可能是释文误差的原因）。平里应收田稾 2.245 石，刍折合稾缴纳的有 12 石，共收稾税 14.285 石（同样存在误差，应为 14.245 石）。稾上里应收刍税 14.66 石，其中：户刍 13 石，田刍 1.66 石；扣除 2 斗折钱、1 石折稾后，定收刍 13.46 石。稾上里应收田稾 0.83 石，加上以刍折稾的部分 2 石，共收 2.83 石。

　　（2）秦汉刍、稾税制度的比较。

　　汉承秦制。西汉时期的刍、稾税是在秦制的基础上发展而来的。但汉代的刍、稾税制度不是秦制的直接沿用，而是有一些变化和发展。对此，学者们已经有了较深入的研究[2]。

　　通过对秦汉简中关于刍、稾税规定的比较，我们发现秦汉刍、稾税制度有以下几个相同点：其一，按土地数量多少征收刍、稾税，秦和西汉初期也

---

① 裘锡圭：《湖北江陵凤凰山十号汉墓出土简牍考释》，《文物》1974 年第 7 期。

② 参见黄今言《从张家山竹简看汉初的赋税征课制度》，《史学集刊》2007 年第 2 期。又见高敏《论西汉前期刍、稾税制度的变化发展》，《郑州大学学报》（哲学社会科学版）2002 年第 7 期。

相同；其二，在刍、稿税的征收标准上，顷入刍三石、稿二石，秦和西汉初期也相同；其三，在征税的形态上，秦与西汉初期的刍、稿税主要以实物形态征收。

西汉初期与秦相比，刍、稿税制度有以下不同。

第一，西汉初期开始出现了刍、稿折纳制度，而秦无刍、稿折纳制度的规定。根据《二年律令》的规定，在"足其县用"征收刍、稿税实物之外，其余刍、稿税实行"令顷入五十五钱以当刍、稿"的折钱缴纳制度。刍、稿折钱的标准是：每一石刍折合十五钱，每一石稿折合五钱。如果刍、稿的市价高于法律所规定的标准，则按征收刍、稿时的市价折算收钱。文景时期，刍、稿税的折纳之制不仅有刍、稿折钱制度，也有"以刍折稿"的制度。

第二，秦汉时期对刍、稿的质量要求不同。据云梦秦简的规定，秦"当自黄及莠束以上皆受之"，对刍、稿的质量没有特别的要求。从《二年律令》得知：西汉初期征收刍、稿税，不得以往年的陈旧刍、稿当作缴纳对象，违者要罚出黄金四两。西汉初期也出现了当税的质量优于栗税质量的迹象，这可以从每石当折合十五钱和每石栗折合五钱的价格差看出来。

第三，秦汉对刍、稿的定额规定不同。秦代根据授田数量，每顷入刍三石、稿二石，不论土地贫富。西汉初期规定每顷地缴纳刍税三石与稿税二石的同时，对贫瘠的上郡地区规定优惠的税额"顷入刍二石"。秦时却无此规定。

第四，秦汉刍、稿税的征收依据有所不同。尽管秦汉都是按照土地税量征收，但对具体征税依据的规定却有所不同。秦代刍、稿税是根据"受田之数"征收的，不论是否耕种都要征收。而西汉的刍、稿税制度无此规定。这也反映了西汉时期土地制度与秦时相比，应经有了新的变化。

第五，西汉时期出现了"户刍"和"田刍"两种形式之分。凤凰山10号汉墓简牍记载了"田刍"、"户刍"两种形式。其中，"田刍"属于按顷征税的形式，与秦代刍、稿税的征收方式相同，具备典型的"刍税"性质。而"户刍"是一种按户征收的制度，就征税对象而言"户刍"是一个新的税种。① 《二年律

---

① 按：多数学者认为，"户刍"是刍税的一种征收方式。我们认为，"户刍"属于"户赋"的一种形式，就其征税对象而言，"户刍"是根据户籍征收的，而不同于"刍税"针对土地出产物的征收，因而"户刍"是区别于刍税的另一种税收形式。

令·田律》所云"卿以下……十月户出刍一石"的规定，就是按户征刍的制度。而且这种按户征刍制度，在"足其县用"的情况下，也实行多余的刍折钱缴纳的办法。秦时的刍、稾税制度，显然无此规定。

第六，产生了不出田租和不纳刍、稾税的特权高爵户。汉初对"卿以上"的高爵户"自田户田"，不仅不出田租，也不出刍稾，有特殊的优惠政策。这一点秦代没有规定。

2. 征收方式

关于秦代刍、稾税的征收方式，仅有云梦秦简《田律》之"入顷刍稾"一条可资参考。云梦秦简《田律》规定："入顷刍稾，以其受田之数，无垦不垦，顷入刍二石、稾一石。"这种把刍、稾税征收与土地联系起来，即按土地征收刍、稾税的方法，应该是秦自战国延续下来的。战国同时期的一些诸侯国，也征刍、稾税，其征收方式与秦似乎不同。如银雀山汉墓竹简《田法》规定："稾民得用其什一，刍人一斗，皆藏于民。"意思是农户可以使用收获的刍、稾，但稾只能用十分之一，刍只可能用一斗，余皆"藏于民"。所谓"藏于民"，乃是暂为保藏而不得私用之意。这种征收方式只考虑刍、稾的实际收获量，与秦国、刍稾征收方式有明显区别。秦国刍、稾税的征收方式如何？

（1）实物课征制。

《史记·秦始皇本纪》载二世元年四月，"尽征其材士五万人为屯卫咸阳，令教射狗马禽兽。当食者多，度不足，下调郡县转输菽粟刍、稾，皆令自赍粮食，咸阳三百里不得食其谷"。《汉书》卷六十四《主父偃传》谓"秦皇帝……又使天下飞刍挽粟"，颜师古注曰："运载刍、稾，令其疾至，故曰飞刍也。挽，谓引车船也"。根据这些文献记载，我们可以得知秦统一六国后征收刍、稾税用于军需，供狗马禽兽之食，所征刍稾为草料禾秆之类的实物。云梦秦简《田律》记载："入顷刍、稾，以其受田之数。无垦不垦，顷入刍三石·稾二石。入刍、稾，相输度，可也。禾、刍、稾撤木、荐，辄上石数县廷。"刍、稾均以"石"（重量单位）计算，缴纳时由纳税者将刍、稾运送到储存的仓库，"过称"入仓。这是秦代刍、稾税征收实物的有力证据。

汉代有刍、稾税征收实物的记载。《汉书》记载："长安地狭，上林中多空地，弃，愿令民得入田，毋收稾为禽兽食。"① 这说明汉高帝时，存在

___

① 《史记》卷五三《萧相国世家》。

征收刍、稾税的事实，其目的是用于"禽兽食"，可见汉代刍、稾税征收也是实物形式。张家山汉简《二年律令·田律》记载："入顷刍稾，顷入刍三石；上郡地恶，顷入二石；稾皆二石。令各入其岁所有，毋入陈，不从令者，罚黄金四两。"（241号简）汉代对刍、稾税的质量提出了要求，"毋入陈"明显是针对实物形态的刍、稾而做出的规定。江陵凤凰山10号汉墓简牍记载的刍、稾税，采用了"石"、"升"、"斗"的计量单位，同样反映了汉代刍、稾税征收实物的事实。

（2）折纳课征制度。

关于汉代赋税的折纳课征制度，高敏、于振波等学者们做了较为充分的研究。张家山汉简《二年律令·田律》记载：

> 县各度一岁用刍稾，足其县用，其余令顷入五十五钱以当刍稾。刍一石当十五钱，稾一石当五钱。刍稾节（即）贵于律，以入刍稾时平贾（价）入钱。[①]（张家山《二年律令》页240～241）

该条的意思是，各县要对一年中所需要刍、稾的数量做出预算，在收够所需数量后，其余按每顷五十五钱征收。刍、稾税与钱的折算标准是：一石刍折算为十五钱，一石稾折算为五钱。上述简牍，反映了汉初刍、稾税折钱征收的事实，刍、稾折钱的标准十分明确。同时，从折钱的数额来看，汉代"刍"的价值高于"稾"。在刍、稾折钱过程中，如果刍、稾价格高于《田律》规定的折算价格，要以缴纳刍、稾时的"平贾"折算。由于"平贾"是政府制定的低于市价的平均价格，按"平贾"折钱，实际上是对百姓在价格上的一种剥削。通过上述简文也可以知道，汉代"以刍稾折钱"的前提，是"足其县用"，即刍、稾税的征收必须满足官府对刍、稾数量的需要，在此基础上，才实行"以刍稾折钱"。可见，征收刍、稾税的目的很明确，就是用于战略储备。

江陵凤凰山10号汉墓简牍，同样反映了刍、稾折钱的情况。前引六号木牍载："平里户刍廿七石，田刍四石三斗七升，凡卅一石三斗七升。八斗为钱，六石当稾。定廿四石六斗九升当□"、"稾上户刍十三石，田刍一石

---

① 张家山二四七号汉墓竹简整理小组：《张家山汉墓竹简（二四七号墓）》，文物出版社，2001，第165～166页。

六斗六升，凡十四石六斗六升。二斗为钱，一石当稾，定十三石四斗六升给当□"等。其中，"八斗为钱"说明了文景时期"以刍折钱"征收的事实。但从凤凰山 10 号简牍中，我们没有发现"以刍折钱"的金额和标准。由于文景时期与吕后二年相差不远，文景时期刍、稾折钱仍然遵循"刍一石当十五钱，稾一石当五钱"的标准。

与《二年律令》记载的刍、稾税折纳方法不同的是，凤凰山 10 号汉墓简牍还反映了刍、稾之间的折纳方法。凤凰山 10 号汉墓六号木牍记载了"六石当稾"、"刍为稾十二石"、"一石当稾"、"刍为稾二石"等情况，说明当时刍、稾税存在刍、稾之间的折纳制度。也就是说，当时的折纳，并不限于将刍、稾折变成钱缴纳，刍、稾之间也可以折变。我们需要明确的是：刍、稾之间的折纳制度究竟是刍、稾间的相互折纳，还是单方面的折纳？裘锡圭先生说："刍的价值大于稾，一石刍可以抵二石稾。"[1] 照这种理解，刍、稾折纳就是"以稾折刍"，稾税就会以刍的形式缴纳。我们认为这种说法欠妥，这明显与六号木牍记载的事实不相符。于振波先生将"二斗为钱，一石当稾"理解为将一部分刍折成钱和稾来征收[2]。笔者赞同此说。通过六号木牍我们可以进一步了解到，平里刍税项目中的"六石当稾"，意思是说用刍税六石折合为稾缴纳；平里稾税项目中的"刍为稾十二石"，意思是说平里采取以刍税折合的稾达十二石。由此可见，文景时期刍、稾折纳制度，实际上是"以刍折稾"的制度，即将刍折合为稾缴纳。因此，刍、稾折纳制度是一种单方面的折纳制度，而不是相互折纳的制度。那么，刍、稾折算的比例又是多少？根据平里"六石当稾"、"刍为稾十二石"以及稾上里"一石当稾"、"刍为稾二石"的记载，我们可以推算出当时刍、稾折算的比例是：一石刍相当于二石稾。按照《二年律令》"刍一石当十五钱，稾一石当五钱"的规定，一石刍相当于三石稾。为何会有如此差异呢？有人认为：这大概是按市价、"平贾（价）"折算的结果。[3] 当然，也不能排除折算比例确实发生了变化。

（3）征收依据。

有人根据"顷入刍二石、稾一石"的记载，认为秦汉时期的刍、稾税

①　裘锡圭：《湖北江陵凤凰山十号汉墓出土简牍考释》，《文物》1974 年第 7 期。
②　于振波：《从简牍看汉代的户赋与刍稾税》，《故宫博物院院刊》2005 年第 2 期。
③　于振波：《从简牍看汉代的户赋与刍稾税》，《故宫博物院院刊》2005 年第 2 期。

实行按顷征收制度，刍、稾税以顷为单位征收，不足一顷的也要按一顷征收，每顷缴纳刍二石、稾一石。也有人认为："顷"只是刍、稾税的测算标准，而具体征税多少，则要根据实有土地面积而定。① 究竟孰是孰非？我们仍然要根据有关简牍的记载进一步探讨。

在实行严格的百亩授田制度下，"顷入刍二石、稾一石"规定了每顷刍、稾税的定额，官府按其授田之数"以顷计征"，是合情合理的。在这种情况下，授田数与农民实际占有土地数量是一致的，因此"以顷计征"实际上就是按实际占有土地数量征收，两者并无矛盾。然而，问题的关键是，秦至商鞅变革以后及西汉初期是否严格执行了百亩受田制度？据《史记》记载，秦始皇三十一年"使黔首自实田"②。大多数学者释"实"为"据实申报"之意，意味着国家承认百姓所申报的土地为合法占有。这说明国家开始放弃对土地的严格控制，农民可以自由垦田了。在这种情况下，国家的授田数量与百姓实际占有土地数量就存在差距了，如果刍、稾税仍然按照授田之数"以顷计征"，就意味着国家将放弃部分税收利益。我们认为：这种可能性不大。相反，"使黔首自实田"表明国家对农民垦荒的默认，同时也加强了管理，"自实田"的目的，也是为国家征税提供依据。百姓垦荒的土地，自然属于国家征税的范畴。但与国家授田不同的是，"自实田"的土地不会按顷计算，征税也不会"以顷计征"。

汉代授田制在秦代的基础上进一步发生了变化，土地私有性质的"名田制"进一步发展，土地买卖更为普遍。如张家山汉简《二年律令·户律》规定：

> 欲益买宅，不比其宅者，勿许。为吏及宦皇帝，得买舍室。受田宅，予人若卖宅，不得更受。代户，买卖田宅，乡部、田啬夫、吏留弗为定籍，盈一日，罚金各二两。（张家山《二年律令》页320~322）

说明汉初存在土地买卖的情况。在这种情况下，国家授田数与百姓实占

---

① 前一观点的主要代表是臧知非先生，他在《汉代田税征收方式与农民田税负担新探》等系列文章中认为：汉代田租（包括刍稾税）是以百亩为单位，而不是以亩为单位和实耕田亩数计征的。后一观点主要代表是李恒全先生，他在《秦汉刍稾税征收方式再探》等文章中坚持认为：汉代田税、刍稾税是以亩为单位、按实有亩数征收的。

② 《史记》卷六《秦始皇本纪》，中华书局，1959，第239页。

土地数量就会出现更大的差距。刍、稿税如果采用按受田之数"以顷计征"，已经不符合当时土地分配的实际情况。

基于上述认识，我们认为秦汉时期刍、稿税的征收，应当是按实占土地计征。根据云梦秦简"入顷刍稿，以其受田之数，无垦不垦，顷入刍二石、稿一石"的规定，秦代刍、稿税根据授田数量征收，而不论是否耕种。笔者认同李恒全先生的观点，这里的"顷入刍二石、稿一石"只是表明了刍、稿税的征收标准，而不是说不满一顷也要按一顷计征。也就是说，在实际征收刍、稿税过程中，可以将每顷"刍二石、稿一石"折合为"亩"进行征收。凤凰山 10 号汉墓六号简牍记载的刍、稿税，其计量单位有"石"、"升"、"斗"，这就进一步证实了汉初的刍、稿税，实行按亩征收的办法，而非按顷计征、不满一顷也要按一顷计征。

3. 户赋的性质及其与刍、稿税的关系

（1）户赋的性质。

汉简中有不少关于"户赋"、"户刍"的记载。关于汉代"户赋"的性质，学术界争议颇大。田泽滨先生认为：所谓的"户赋"，既不是"租税"以外的另征，也非专设的一种税目。[1] 高敏先生认为：汉代的"户赋"是按人头征收的口钱、算赋和按顷亩征收的刍、稿税，都改为按户征收的结果，并不是什么新税目。[2] 于振波先生则认为：张家山汉简中所提到的"户赋"，确实是一个单独的税目。[3] 朱德贵先生也认为：汉代存在户赋，采取的征收方式是"以訾征赋"[4]。汉代"户赋"的性质究竟是什么，我们还需要作进一步的探讨。

张家山汉简《二年律令·田律》云：

> 卿以下五月户出赋十六钱，十月户出刍一石，足其县用，余以入顷，当律入钱。（张家山《二年律令》页 255）

这笔简文是关于"户赋"的重要史料。根据简文的记载："卿以下"这

---

[1] 田泽滨：《汉代的"更赋"、"訾算"与"户赋"》，《东北师大学报》（哲学社会科学版）1984 年 6 期。

[2] 高敏：《关于汉代有"户赋"、"质钱"及各种矿产税的新证》，《史学月刊》2003 年第 4 期。

[3] 于振波：《从简牍看汉代的户赋与刍稿税》，《故宫博物院院刊》2005 年第 2 期。

[4] 朱德贵：《张家山汉简与汉代户赋制度新探》，《学术论坛》2006 年第 6 期。

些人"五月户出赋十六钱"和"十月户出刍一石",因为都是按户缴纳,故简称为"户赋"。"余以入顷,当律入钱"是指《二年律令·田律》"顷入刍二石……稾皆二石"、"刍一石当十五钱"、"稾一石当五钱"(241 号简)而言。高敏先生认为:"赋"钱本指口钱、算赋之义,汉代口钱为每人每年23 钱,算赋为每年每人 120 钱,刍税为户顷入二石。"卿以下"的爵位者,每年只于"五月户出赋十六钱",比一般庶民应纳的口钱、算赋少得多;每年"十月户出刍一石",比他们按照爵位的授田顷数所应出的刍税也要轻得多。这是对"卿以下"获爵者的极大优惠。因此,可以肯定汉代的所谓"户赋",不是什么新税目,而是把口钱、算赋的按人头收的"赋税",改为按户出税和把按"顷亩入刍"的刍税,改为按户征收而已。① 根据高敏先生的观点:"卿以下"有爵者按户征收"户赋",不再征收口钱、算赋和刍、稾税了。若果真如此,汉代对有爵者的赋税既少又轻,体现了"极大的优惠"。但高敏先生的上述结论,还具有一定推测的性质。

于振波先生认为:"户赋"非包含了口钱、算赋和刍、稾税的"诸赋集合"②。理由是:其一,《二年律令》中没有发现爵位与口钱、算赋关系的规定,而且户赋的数额又太小,从数量上看,它不可能包括按田亩面积征收的田租、刍税、稾税和按人头征收的口钱和算赋。其二,刍、稾主要用作牲畜的饲料,《二年律令》中已明确规定:不论刍、稾还是户赋,都是"足其县用",并不上缴郡国或中央府库,这与口钱、算赋在性质上是截然不同的。余振波先生的说法不无道理。

笔者认为:要明确汉代"户赋"的性质,就必须明确"户赋"与口算钱、刍税、稾税的关系。如果我们能够找到"户赋"缴纳者,不在征收口算钱和刍、稾税的史料,自然可以说明"户赋"是"诸赋集合",而不是独立的税种。情况果真如此吗?

查有关史料,我们难以发现口钱、算赋按爵位减免的有关规定。江陵凤凰山 10 号汉墓出土的四号、五号木牍,关于西汉初年的"口钱"、"算赋"有大量记载。江陵汉简反映的是汉景帝时期的史实,它与《二年律令》记录的时期相差不远。我们发现:江陵汉简四号木牍每"算"最高卅五钱,

---

① 高敏:《关于汉代有"户赋"、"质钱"及各种矿产税的新证》,《史学月刊》2003 年第 4 期。
② 于振波:《从简牍看汉代的户赋与刍稾税》,《故宫博物院院刊》2005 年第 2 期。

最低为八钱。四号木牍中的口钱、算赋是按人头计算的，未发现按户征收的情况。由此我们可以进一步证实，《二年律令》中的"户赋"并不包括口算钱。

那么，汉代的"户赋"是否包括刍、稾税呢？《二年律令·田律》255号简"卿以下五月户出赋十六钱……"究竟是什么意思？按照高敏先生的观点，"卿以下"的有爵者五月、十月分别以钱、刍出"户赋"，并以此取代口算钱和刍税的征收。但我们从有关史料中无法获得"卿以下"免征刍、稾税的直接证据。因此，高敏先生认为："户赋"包含了刍、稾税的观点，并没有充分的理由。《二年律令·户律》却有"卿以上"不征刍、稾税的规定：

> 卿以上自田户田，不租，不出顷刍稾。（张家山《二年律令》页317）

于振波认为："卿以上所自田户田，不租，不出顷刍稾"是指爵位在卿爵以上的人，其法定标准范围内的田地，不出田租，也不交给刍、稾税。杨振红认为："自田户田"可能指"卿以上"自己经营土地的部分，自己经营土地的成本一般较高，所以国家对这部分土地给予一定优惠，不收田租和刍、稿税。[①] 笔者认为："户田"应指国家按制授予的田，"自田"应指其原有的或通过其他渠道获得的田。这段律文是对"卿以上"高爵者的税收优惠规定，对其"自田"和"户田"一律免征田租和刍、稾税。317号简明确规定了刍、稾税的免税范围是"卿以上"高爵位者。这也说明，除了"卿以上"的高爵位者之外，包括"卿以下"的低爵位者和无爵位者都要征收刍、稾税。由此可见，"卿以下"既要缴纳"户赋"，也要缴纳刍、稾税，"户赋"并不包含刍、稾税。

由上面的分析可以得知：西汉时期"户赋"既不包括口算钱，也不包括刍、稾税。它是一个独立存在的税种，而非"诸赋的集合"。

（2）汉代"户赋"与刍、稾税的区别。

由《二年律令》255号简，以及江陵凤凰山10号汉墓简牍可以得知：汉代存在征收"户刍"的情况。根据前文的论述，我们认为"户刍"是

---

① 杨振红：《秦汉"名田宅制"说——从张家山汉简看战国秦汉的土地制度》，《中国史研究》2003年第3期。

"户赋"的一种征收形式，是与刍、稾税不同的单独税种。那么，作为"户赋"的"户刍"与作为刍、稾税的"田刍"究竟有何不同呢？两者相比较，我们可以发现以下几点不同之处。

第一，征收的对象不同。据《二年律令·田律》云："入顷刍稾，顷入刍三石；上郡地恶，顷入二石；稾皆二石。"（240简）刍、稾税是一种土地税，其征税对象是授田。授田越多，刍、稾税交纳越多。而《二年律令·田律》所载"五月户出赋十六钱，十月户出刍一石……"（255简），明显可见，户赋是按"户"交纳，具有人头税的性质，其征税对象是"户籍"。户赋是按户征收的，与其所占有的田地多少无关。与刍、稾税相比较，"户赋"具有独立的课税对象。由此可见，"户赋"是独立于刍、稾税的一个税种。

第二，征收范围不同。据《田律》317简，"卿以上"不征收田租、刍税和稾税。而据《田律》255简，"卿以下"出户赋。我们无法从简牍中明确"以上"和"以下"是否包括"卿爵级"。按照一般理解："卿以上"和"卿以下"应当包括"卿爵级"。笔者认为："户赋"的征收范围就是"卿以下"的有爵者和无爵者。而刍、稾税的征收范围就是大夫、士爵等低爵位者和无爵位者。爵位与刍、稾税及户赋征收范围的关系，我们就可以通过表格列示出来（见表5-3）。

表5-3　爵位与田租、刍稾税及户赋的关系

赋税　爵位	侯爵 （彻侯、关内侯）	卿爵 （大庶长以下到左庶长）	大夫、士爵及无爵者 （五大夫以下到庶人）
田租			征
刍稾税			征
户赋		征	征

注：参见于振波《从简牍看汉代的户赋与刍稾税》，《故宫博物院院刊》2005年第2期。

第三，征收的标准不同。据上引《田律》255简，"户赋"每年交纳十六钱和一石刍，按法定折算标准"刍一石当十五钱"计算，总计每年户赋三十一钱。而据《田律》240简，刍、稾税是每顷三石刍和两石稾，按法定折算标准计算，每顷每年征收五十五钱。

第四，征收形式不同。"户赋"的法定征收有两种形式：钱和刍。在"足其县用"的条件下，按户征收的"刍"可以折钱交纳。刍、稾税的法定

征收形式：刍和稾。在"足其县用"的条件下，其余令顷入五十五钱以当刍稾。虽然户赋中也有刍，但户赋中的"刍"，不能与刍稾税的"刍"混为一谈。

综上所述，笔者认为西汉时期"户赋"是以田租、刍稾税同时并存的一个税种。"户赋"与刍稾税相比，在征收的对象、征收范围、征收的标准和征收形式上都有明显的不同。

三 算赋、口赋

算赋，属于用于军事性质的人口税，始于秦国及秦王朝时期。《史记·秦本纪》载秦孝公十四年"初为赋"；《史记·商君列传》谓商鞅变法中有"民有二男以上不分异者倍其赋"的规定。《后汉书·南蛮传》载秦昭王与夷人约定："复夷人顷田不租，十妻不算。"李贤注曰："一户免其一顷田之税，虽有十妻，不输口、算之钱。"可见算赋在秦昭王时期就已正式出现。但由于目前已经出土秦简十分有限，我们还未从秦简中发现有关算赋的记载。汉代继承秦制，汉高祖四年即令"初为算赋"[1]。汉代的"人头税"有算赋和口赋。江陵凤凰山 10 号汉墓简牍的四、五号木牍，记载了市阳里征收口钱、算赋和当利里每年每月"定算"等情况，为我们研究西汉时期算赋和口赋提供了珍贵的资料。[2] 长沙走马楼吴简也有大量关于口算钱的记载。

（一）汉初"口钱"之征

口钱，亦称口赋。秦代已有口赋之名。《汉书·食货志》载董仲舒曰："（秦）田租口赋，盐铁之利，二十倍于古。"[3]《七国考·秦食货》引《大事记》曰："秦赋户口，百姓贺死而吊生。故秦谣曰：'渭水不洗口赋起。'"可知秦人从很小起就缴纳口赋，其负担之重，到了"百姓贺死而吊生"的地步。秦代口赋的缴纳数额，史籍中没有记载。秦之"口赋"的性质，当属"人头税"无疑。它与汉代的"口赋"是否相同呢？高敏先生也认为：秦之所谓"口赋"，实际是口钱与算赋的合称。[4] 我们认为："秦赋户口"

---

① 班固：《汉书·高帝纪》，中华书局，1962。
② 李孝林：《世界罕见的赋税史实物》，《重庆工业管理学院学报》1997 年第 5 期。
③ 司马迁：《史记》，中华书局，1959。
④ 高敏：《从江陵凤凰山十号汉墓出土简牍看汉代的口钱、算赋制度》，《文史》第二十辑。

可以理解为两层意思：一是指官府按"户口"征税；二是指官府按户籍和人口征税。就前者而言，所谓"口赋"就是"户赋"。云梦秦简《法律答问》云："可（何）谓'匿户'及'敖童弗傅？匿户弗繇使，弗令出户赋殹（也）。"① 可见，秦有"户赋"之名，不可能用"口赋"来称谓"户赋"。那么，"秦赋户口"合理的解释就只有第二层意思了。因此，我们认为：秦代的"口赋"应当包括按户征税和按人征税两个内容。另外，从已有的史料来看，秦代除"口赋"之外，无"算赋"的记载，因此秦代的"口赋"不同于汉代对未成年人征收的"口赋"，而应包括对成年人征收的人头税。综上所述，我们认为：秦代的"口赋"是包括户赋以及按人口征收的人头税的总称。

汉初是否有对未成年人征收的"口钱"呢？关于汉代"口钱"的起征时间，有以下几种观点。

（1）汉武帝前有"算赋"而无"口钱"。其依据是，《汉书·高帝纪》记载："（高帝四年，公元前203年）八月，初为算赋。"注引如淳曰："民年十五以上至五十六出赋钱，人百二十为一算，为治库兵车马。"多数学者据此认为：西汉于高帝四年八月开始对成人征收"算赋"，汉初不存在"口钱"征收的问题。持这种观点的学者还指出：汉初屡有减免"算赋"的情况，却未有减免"口钱"的诏令。

（2）汉武帝时开始征收"算赋"和"口赋"。据《汉书·贡禹传》："禹以为古民亡赋算、口钱，起武帝征伐四夷，重赋于民。民产子三岁，则出口钱，故民重困……"② 有人认为："算赋"、"口钱"始于武帝。但这种看法与史实不符。因为，贡禹以为古民亡赋算、口钱，武帝时才开始征收算赋、口钱，而史书明确记载高祖四年（公元前203年）就"初为算赋"。因此，武帝始征算赋、口赋是难以置信。

（3）汉初即有"算赋"也有"口赋"之征。其依据是，《汉仪注》曰："民年七岁至十四，出口钱人二十，以供天子。至武帝时，又口加三钱，以供车骑马。"

我们认为：汉初有对未成年人的"算赋"之征，理由如下。

其一，汉承秦制，包括赋税制度。秦朝的人头税，既要对成年人征收，

---

① 睡虎地秦墓竹简整理小组：《睡虎地秦墓竹简》，文物出版社，1990，第132页。
② 班固：《汉书》，中华书局，1962。

也要对未成年人征收。从现有史籍看：汉初未见有对未成年人免税的记载。因此，汉代继承秦代的人头税，应当包括对未成年人的征税。"初为算赋"是对秦代"口赋"制度的继承，不应当与后世针对成人征收的"算赋"混为一谈，三国时人如淳的"注引"很可能是根据汉代后世的情况而言的，并不适用于汉初的情况。

其二，《汉书·禹贡传》所载史实，属于"当代人记当代事"，有较大的可信度。"重赋于民"的意思是对百姓加重征收赋税。"民产子三岁，则出口钱"，强调"口钱"征收年龄为三岁，以此说明从武帝时起"重赋于民"的事实，而不是说汉武帝时起开征"口钱"。

其三，《汉仪注》所言"至武帝时，又口加三钱"，是武帝"重赋于民"的另一表现。

综上所述，现有传世文献并未排除汉初存在对未成年人征收"口钱"的情况，反而说明了汉武帝前就征收"口钱"的事实。但是，我们从传世文献中还不能清楚了解"口钱"独立于"算赋"征收的具体时间。

江陵凤凰山十号汉墓四号木牍，有大量"口钱"的记载。十号汉墓所出简牍的年代断限，在汉景帝四年（公元前153年）左右，因而能够反映汉武帝之前的赋税情况。四号木牍是否说明了汉初（武帝前）存在对未成年人单独征收的"口钱"呢？裘锡圭先生认为："四号木牍所记的口钱是另一个意思（也许是算赋中规定上缴给皇帝的一个项目）"[①]，而不是汉武帝后对未成年人征收的"口钱"。因为，从木牍记载的情况来看，口钱与吏奉、传送等一样，仅是算赋支出的一个项目而已，它不是与"算赋"并列的一个税种。如果将此处的"口钱"作为一个独立的税种，那么"吏俸"、"传送"是否也可作为一个独立的税种呢？显然，史籍中没有这样的记载。

由此可见，汉初"算赋"是对秦代"口赋"的继承，它既包括对成年人的征收，又包括对未成年人的征收。汉初对未成年人征收的部分，在武帝之前仅仅作为算赋的一个项目，但未有"口钱"之名。因此，汉初并不存在"算赋"、"口钱"并征之制。[②]

---

① 裘锡圭：《湖北江陵凤凰山十号汉墓出土简牍考释》，《文物》1974年第7期。

② 高敏先生认为汉初存在"口钱"、"算赋"并征之制。参见高敏《从江陵凤凰山十号汉墓出土简牍看汉代的口钱、算赋制度》，《秦汉史探讨》，中州古籍出版社，1988）。笔者认为，江陵凤凰山汉简所反映的"口钱"只是"算赋"的一个项目，而不是与"算赋"并存的"口钱"。

（二）算赋的征收

《汉书·高帝纪》载四年（前203年）"八月，初为算赋"。《后汉书·皇后纪》欲"汉法常因八月算人"。李贤注引《汉仪注》："八月初为算赋，故曰算下。"长期以来，多数学者据此认为汉代征收算赋的法定时间是在每年的八月，例如《中国大百科全书·中国历史·秦汉史》的"算赋"辞条："汉代每年八月进行户口调查，称作'案比'，即于此时征收算赋，因此称'八月算人'。"钱剑夫先生也据"八月算民"指出："汉代征收算赋是有规定时间的，就是每年八月。"[①]陈直先生与韩连琪先生等人，也都认为"八月算民"是两汉通制。高敏先生对此提出了不同的看法，认为汉初并不存在"八月算民"的定制。[②]汉代的口算赋征收时间，究竟是否实行"八月算民"，我们可以结合有关简牍资料进一步探讨。

关于赋钱出入的记载，如：

> 入秋赋钱千二百，元凤三年九月乙卯口☒。（合校280·15）
> 中赋八月，奉钱以九月；中赋九二☒。（合校193·22）
> 居延甲渠次吞燧长徐当时，未得十月尽九月积三月奉用钱千八百。
> 神爵二年正月庚午除，已得赋钱千八百。（合校57·8）
> 元康二年十一月癸丑☒。
> 赋钱☒卅☒。（合校242·30）

"合校"280·15简既有"秋赋"名称，又有九月上缴的具体时间，似乎更确证汉代算赋系每年八月征收。然而，这是昭帝时的制度，无法确定汉初也是如此。第193·22号简文残缺，但从残存的这些活中，似乎可以看出征收"算赋"的时间，有的是八月，有的是九月，并非全在八月一次缴纳，即有分次缴纳的迹象。第57·8号简文前句意思是徐当时应得三月奉钱数，后一句的意思是他除为燧长后已收得"算赋"钱数。故前云"奉钱"，后云"赋钱"。徐当时正月除燧长，已收得赋钱千八百，则征收算赋的时间明显

---

① 钱剑夫：《秦汉赋役制度考略》，湖北人民出版社，1984，第60页。
② 高敏先生认为：汉初存在"口钱"、"算赋"并征之制。参见高敏《从江陵凤凰山10号汉墓出土简牍看汉代的口钱、算赋制度》，《文史》，第二十辑；又见《秦汉史探讨》，中州古籍出版社，1998。

地不限于每年的八月。第 242·30 号简文意为元康二年十一月官府收入赋钱若干。果如此，则征收"算赋"的时间确有不限于每年八月的可能。然而这些朦胧的迹象，由于简文残缺，得不到确证，又缺乏文献上的印证，也使人长期惑而不解。

江陵凤凰山 10 号汉墓出土的四号、五号木牍，为我们提供了西汉初期"算赋"征收时间的佐证。我们将有关简牍整理为表 5 -4 和表 5 -5①。

表 5 -4　四号木牍定算及每算纳钱情况

里名	时间	定算	每算赋钱	赋钱	用途
市阳里	二月	112	35	3920	吏俸
		112	10	1120	口钱
		112	8	896	传送
	三月	109	9	981	
		109	26	2834	
		109	8	872	
	四月	109	26	2834	
		109	8	872	
		109	9	981	
		109	9	981	
	五月	109	9	981	
		109	26	2834	
		109	8	872	
	六月	120	36	4320	
郑里	二月	72	35	2500	吏俸
		72	8	576	传送
		72	10	720	口钱

简文的当利、市阳与郑里均为里名。从上引简文中，我们还可以看到：当利里正月定额之后，当月即开始征收口钱、算赋，二、三月也征收口钱、算赋。同样，市阳里的口钱、算赋征收，则从二月开始，历三月、四月、五月，止于六月，月月征收，根本不限于"八月算民"，即月月皆可以算民。根据这些简牍史料，高敏先生认为汉初的口钱、算赋征收时间可以是八月，但并非固定于每年的八月；所谓"八月算民"的"汉法"，并非汉初之制，

---

① 裘锡圭：《湖北江陵凤凰山十号汉墓出土简牍考释》，《文物》1974 年第 7 期。

表 5 - 5　五号木牍定算及每算纳钱情况

里名	时间	定算	每算纳钱	用途
当利里	正月	115	42	转费
		115	14	吏俸
		115	13	吏俸
		115	□	传送
		115	□□	□□
	二月	100	14	吏俸
		100	13	吏俸
		100	2□	□□缮兵
	三月		14	吏俸
			13	吏俸
			6	传送

"八月算民"之制的固定化，可能在东汉时期。[1] 可见，高敏先生的见解是有充分依据的。然而，我们也要注意"八月算民"之制，并不一定就是口算钱的征收时间问题。陈明光先生认为："八月算民"包含着"为赋多少"即计税的程序之意，汉朝地方官府计算各个民户下一财政年度的赋钱应缴数额的程序是完成于每年"八月算民"之际。至于起征完纳时间，据江陵凤凰山汉墓木牍资料所示，是从次年的正月起征，并据四号木牍记载市阳里的纳算账目截至六月，认为汉制算钱可能最迟于六月份全部征毕缴清。[2] 陈明光先生之说与高敏的看法并无矛盾。

（三）算赋的定额

对于汉代算赋定额问题，学术界有较大分歧。汉代的算赋，《汉书·高帝纪》注引《汉仪注》说"百二十为一算"。对于《汉仪注》所说的"百二十为一算"，史学界的传统观点是除文帝时"民赋四十"和偶有减免外，终两汉之世，"赋额"皆为百二十钱。然而，也有学者对此提出了质疑[3]。

---

[1]　高敏：《从江陵凤凰山10号汉墓出土简牍看汉代的口钱、算赋制度》，《文史》第二十辑。《秦汉史探讨》，中州古籍出版社，1998。

[2]　陈明光：《析汉代的"假税"与"八月算民"》，《中国社会经济史研究》1992 年第 2 期。

[3]　朱德贵先生对此作了梳理，参见《汉简与财政管理新证》，中国财政经济出版社，2006，第 9～10 页；秦开凤也作了梳理，参见《汉代算赋定额的探讨》，《晋阳学刊》2004 年第 4 期。

韩连琪认为：高帝十一年前赋无定额，高帝十一年后，赋额为六十一钱，文景时赋额为四十钱，武帝时赋额始确定为一百一二十钱①。日本学者加藤繁认为：宣帝甘露二年以前，除中间文帝时四十钱外，"赋额"一般为一百九十钱，宣帝甘露二年至成帝建始二年，"赋额"为一百六十钱，成帝建始二年后"赋额"为一百二十钱。② 王云先生认为：汉时先后存在五个不同数量的算赋定额，除加藤繁得出的这一个定额外，两汉还有两次减赋，从而得出昭帝元平元年以前的二百一十三钱，昭帝元平元年至宣帝五凤二年的二百钱。③ 岳庆平认为：汉代狭义的"赋额"是指上缴"赋额"，是取民之"赋额"的一部分。上缴"赋额"存在一个演变过程，汉高帝四年至十一年并无定制，汉高帝四年至十一年始为六十三钱；汉武帝时升为一百二十钱，此后基本固定，终两汉之世，除偶有减免外未再变更。广义的"赋额"，指取民之"赋额"，其中包括以各种名目向十五岁至五十六岁的成年者征收的所有人头税。"赋额"中的一部分上缴中央，另一部分用于地方开支，取民之"赋额"从无定制，因地而异，因时而异。④ 高敏先生根据江陵凤凰山 10 号汉简市阳里十四次征收之和，得出每算定额为二百二十七钱，加上市阳里下半年所征收的赋钱，应为每算四百多钱。⑤ 蒋非非认为：汉初算赋征收是有定额的，全年一算为一百二十钱，部分提前预征，八月算民时正式结算，决不可以认为累计相加各月数字得出的即为征收的赋额。累计得出的高额算赋让在遭秦末战乱后社会经济尚未恢复时期的农民无法承受。而若在四十至一百二十文间，就不至于入不敷出。⑥ 郑学檬则认为：四、五号简牍可能具有特殊性，它反映的可能正是封国的赋敛超越常制的情况。四、五号简牍反映的也可能是南郡为供应军费而增赋的情况，故不能以这种特殊性去断然否认文献记载所反映的普遍性。⑦ 秦开凤通过对吏俸的计算，得出简文中征收吏俸的数额与文献记载的赋钱用于吏俸的数额基本相符，可补证汉初算赋征收是有每算四十的定制。但这与简文记载的算赋征收总额

① 韩连琪：《汉代的田租口赋和徭役》，《文史哲》1956 年第 7 期。
② 加藤繁：《关于算赋的研究》，《中国经济史考证》，商务印书馆出版，1959。
③ 王云：《关于汉代的算赋定额》，《辽宁师范大学学报》1987 年第 4 期。
④ 岳庆平：《汉代"赋额"探试》，《中国史研究》1985 年第 4 期。
⑤ 高敏：《从江陵凤凰山十号汉墓出土简牍看汉代的口钱、算赋制度》，《文史》第二十辑。又《秦汉史探讨》，中州古籍出版社，1998。
⑥ 蒋非非：《算赋制度问题探讨》，《平准学刊》（第三辑），光明日报出版社，1989。
⑦ 郑学檬：《中国赋役制度史》，上海人民出版社，2000。

十分不符，原因在于简文记载的正是临江国为应对战乱而预征了数年算赋的特殊情况。①

从学者们的研究看，汉武帝后的赋税定额"人百二十钱一算"，学者们没有太大的意见。学者们争论的焦点，就是汉初算赋定额的问题：汉初是否存在固定的算赋定额？若存在定额，定额又是多少？学者们对自己的观点提出了一定的理由，但也有一些不足之处。传统观点是基于传世文献得出的结论，未能看到凤凰山汉简反映的情况，因而不能令人信服。而一些史学家又过分依赖简牍记载的情况，以此否定传世文献的记载，其中也包含有一些"猜测"的成分，因而也未必可信。我们要研究汉初算赋的定额，需要明确以下几个问题。

（1）汉初算赋有无定额问题。《汉书》注引《汉仪注》："民年十五以上至五十六出赋钱，百二十为一算，为治车马库。"② 历史学家们通常认为，一百二十钱就是汉代算赋定额。裘锡圭根据江陵凤凰山汉墓简牍反映的情况，认为汉初算赋并不存在一算百二十钱的定额。③ 钱伯泉等学者也认为，汉初算赋无定额之制④，"百二十为一算"应当是汉武帝以后的情况。

（2）算赋的征税范围问题，即算赋对哪些人征收的问题。我们需要考虑的情况有三种：第一种情况，是汉初算赋只对成年人征收，而对未成年人不征收；第二种情况，是汉初算赋对成年人和未成年人都征收，且成年人与未成年人的赋额统一；第三种情况，是汉初算赋对成年人和未成年人都征收，但成年人与未成年人的赋额不同。对于前两种情况，我们可以根据一定时期内算赋的总额，计算平均每算的赋额，以此作为算赋定额的标准。高敏先生根据江陵凤凰山 10 号汉简计算得出：每算定额为二百二十七钱，就是基于这样的计算方法。从凤凰山 10 号汉墓简牍记载的情况看：每月的各次定算相同，我们还没有发现专门针对未成年人的算赋征收情况。这有两种可能：一是汉初根本没有专门对未成年人征收的算赋；二是简牍史料记载不全面，没有反映未成年人的算赋征收情况。根据我们前文的研究，我们认为：汉初算赋不仅对成年人征收，而且也对未成年人征收，但对未成年人未实行单独征收。因此，我们在计算汉初算赋平均赋额时，不考虑成年人和未成年人算赋额的不同情况。

① 秦开凤：《汉代算赋定额的探讨》，《晋阳学刊》2004 年第 4 期。
② 班固：《汉书·高帝纪》，中华书局，1962。
③ 裘锡圭：《湖北江陵凤凰山十号汉墓出土简牍考释》，《文物》1974 年第 7 期。
④ 钱伯泉：《汉初算赋口钱辨》，《中国社会经济史研究》1983 年第 4 期。

（3）算赋的征收次数和征收期问题，即算赋是全年征收，还是数月征收的问题。从凤凰山汉简反映的情况来看：市阳里二、三、五月各征收了三次，四月征收了四次，六月征收了一次，共计十四次。当利里、郑里也有多次定算征收的情况。这些史料充分说明了汉初算赋不是一次性征收完毕，而是分次征收的。由于简牍只反映了上半年的情况，我们还不了解全年算赋征收的次数。汉初算赋是每月都征收，还是只在上半年征收？这是关系我们对其算赋赋额判断的一个重要因素。有学者根据市阳里的记载，估计上半年每算二百二十七钱，加上其余半年，每年则多达四百多钱。[①] 这个数字远远超过了"百二十钱"的标准，有人质疑这与文景时期"轻徭薄税"的政策不符，难以置信。[②] 要科学合理确定算赋额，我们应当充分考虑算赋征收次数的情况。根据简牍的记载，我们认为：汉初算赋从每年正月开始预征，并在六月前缴清，下半年进行清算。因此，我们推算汉初算赋额，只以上半年的征收情况为依据，不考虑下半年的情况。

（4）算赋是否存在预征的问题。根据凤凰山汉墓简牍，汉简所记录的各月算赋是预征数目，正式收齐上缴仍然在每年八月至九月，因此"八月算民"制度是存在的。[③] 也有学者认为：汉初江陵地区战乱频繁，政府急需大量钱财用于应对战乱，出现了预征数年算赋的情况。[④] 多数学者都承认汉初存在算赋预征的制度，但对算赋的预征期限却有不同的看法。江陵凤凰山10号汉墓简牍反映的算赋，究竟是一年还是数年的预征？从现有的历史资料看，我们还未找到汉代预征数年赋税的证据。基于此，我们认为：江陵凤凰山汉简只反映了一年的算赋情况。

基于以上考虑，我们可以推算汉初算赋平均赋额如下：我们以市阳里算赋征收情况作为推算的依据。根据凤凰山10号汉墓简牍的记载，市阳里二月、三月、四月、五月和六月有定算，但正月无定算。我们不考虑正月算赋征收的问题。根据十四次算赋征收的情况，计算出算赋总额为25298钱。市阳里定算总数为1546算，平均每次每算16.36钱，按计算14次，每年的算赋额为229钱。这个结果与裘锡圭先生的计算结果227钱有2钱之差。这个结果与汉武帝之后"百二十钱一算"相比，明显有些过重了。

① 裘锡圭：《湖北江陵凤凰山十号汉墓出土简牍考释》，《文物》1974年第7期。
② 岳庆平：《汉代"赋额"探试》，《中国史研究》1985年第4期。
③ 蒋非非：《算赋制度问题探讨》，《平准学刊》（第三辑），光明日报出版社，1989。
④ 秦开凤：《汉代算赋定额的探讨》，《晋阳学刊》2004年第4期。

（四）算赋的用途

口钱、算赋渊源于古代的军赋，它的用途多与军役及军需品有关。《汉书·食货志》在说明赋的征收目的时说："赋，共车马甲兵士徒之役，充实府库赐予之用。"《汉仪注》也说"民十五以上至五十六出赋钱，人百二十为一算，为治库兵车马"，又说："七岁至十四，出口钱，人二十，以供天子。至武帝时，又口加三钱，以供车骑马。"据此，知秦、汉之口钱、算赋，确多用之于军役及军需品，一小部分作为天子之经费。然而，居延汉简中，屡见以赋钱充吏俸的简文，《居延汉简甲编》"出赋钱二千七百，给令吏三人十月积三月奉"（611简文），"□□□第二燧长尊，得十月尽十二月积三月奉为钱千，前已赋毕"（198号）等，均是例证。这与《汉仪注》及《汉书·食货志》所载赋的用途是有所不同的。由于居延汉简为汉武帝以后的简文，人们可能会认为赋钱充吏俸是汉武帝以后的情况。那么，汉武帝以前的是否存在赋钱充吏俸的制度呢？史书对此没有明确的记载。江陵凤凰山10号汉墓出土的简牍，为我们汉初算赋的用途提供了重要的证据。

根据江陵凤凰山10号汉墓出土的简牍，西汉初期，就已经有赋钱充吏俸的制度。其5号木牍所载的"当利正月定算百一十五"，为当利里正月应纳赋钱总数；"正月算卅二给转费"、"正月算十四吏奉"、"正月算十三吏奉"、"正月算□传送"等语，是分别说明当利里正月应纳的115算赋钱中，有42算用之于"给转费"，27算用之于充"吏奉"，若干算用之于"传送"（可能是上缴）。这显然是记载当利里的赋钱按用途分配数额的简文。从赋钱的上述四种用途中，可以看出：充"吏俸"应是算赋收入的主要用途之一。这证明居延汉简所载的以赋钱充吏俸的制度，是西汉之初就有的制度，并非始于汉武帝以后的制度。

5号木牍又载"当利二月定算百"，其按用途分配的情况是这样："二月算十四吏奉"、"二月算十三吏奉"、"二月廿□□□缮兵"。由此可见：二月充吏俸的赋钱，也同正月一样是27算；同样，当利里三月用以充俸的赋钱也是27算，因为简文有"三月算十四吏奉"及"三月算十三吏奉"的记载。当利里正月、二月、三月的赋钱，用以充俸者均为27算，这就确证这些用充吏俸的赋钱，都是用之于当利里的。但当利里二月的赋钱按用途分配数额中，有"算□□□缮兵"的话，这显然同军用及军役有关，可见《汉仪注》所载关于口钱、算赋的用途是可信的，只是非以全部赋钱充军用而已。此外，市阳里及郑里的二月所征赋钱中的最多一次，即每算征收35钱的那一次，也分别作为"吏奉"，可见这是作为市阳里与郑里的吏俸。这说明汉代的各地方机构的吏俸，都取之于本里、本乡的口钱、算赋，而非由国家另外给予。

从赋钱分配数额来看，四号木牍：市阳里二月吏俸3920钱、口钱1120钱、传送896钱，其中吏俸占66.04%；郑里二月吏俸2500钱、传送576钱、口钱720钱，其中吏俸占65.86%。五号木牍只记载了定算的情况，当利里二月定算100，吏俸有两笔合每算27钱，善兵每算廿□□□钱，基本可以判断，吏俸所占比例在50%以上。由此可见，汉初算赋用途主要是用于"吏俸"，而不是用于军需。这与《汉仪注》所载赋钱用途有较大的差异。据《汉书·食货志》："汉兴……天下既定，民亡盖藏，自天子不能具醇驷，而将相或乘牛车。上于是约法省禁，轻田租，什五而税一。量吏禄，度官用，以赋于民。"[1] 这就是说，汉初征收算赋目的，是为了支付"吏禄"和"官用"，算赋数额是由吏禄的多少和官用大小决定的。江陵凤凰山10号汉墓简牍，记载了汉初算赋主要用于"吏俸"，正与《食货志》可以相互印证。

（五）算赋的征收管理

1. 赋钱的征收机构

据《汉书·百官公卿表序》所说"乡有三老、有秩、啬夫、游徼。三老掌教化，啬夫职听讼、收赋税，游徼徼循、禁盗贼……皆秦制也"[2]，秦和汉初就是由乡啬夫负责赋税的征收工作。又《续汉书·百官志五》云："乡置有秩、三老、游徼。本注曰：有秩，郡所署，秩百石，掌一乡人；其乡小者，县置啬夫一人，皆主知民善恶，为役先后；知民贫富，为赋多少，乎其差品……又有乡佐，属乡，主民收赋税。"[3] 据此可知乡设乡佐，"主民收赋税"的制度是东汉时的制度。那么，西汉初期赋钱的基层征收机构是什么呢？

凤凰山10号汉墓四号木牍所记载的市阳里与郑里，是属于西乡管辖的

---

① 班固：《汉书》卷二四《食货志》，中华书局，1962。
② 班固：《汉书·百官公卿表序》，中华书局，1962。
③ 班固：《续汉书·百官志五》，中华书局，1962。

两个里。根据裘锡圭等人的观点：市阳里与郑里各设有里正，简称为
"正"①，与《续汉书·百官志》所载"里有里魁"者不同。市阳里、郑里
的里正都叫偃，二里口钱、算赋收得之后，均由他们上缴所属西乡的"乡
佐"名缠、名赐、名意、名得奴者②，而这些乡佐又是西乡的官吏名偃者的
助手，是协助偃主管征收赋税事宜的低级官吏，则此偃相当于乡有秩或乡啬
夫。尽管学术界对简牍释文有不同的见解，但仍可说明如下情况。

第一，汉初的口钱、算赋征收，是以里为范围进行的，直接征收者为里
正。

第二，"里正"将所征得之口钱、算赋，按时上缴所属乡的"乡有秩"
或"乡啬夫"之助手——"乡佐"，"有秩"或"啬夫"，并不直接向乡里
居民征收赋税。

第三，"里佐"不止一人，均有"主民收赋税"之责，可补《汉书》
及《续汉书》之缺。

第四，汉初里设"里正"，证以《韩非子·外储说右下》所载秦庄襄王
时，又改名为"里正"，可知"里正"之名为秦、汉所共有。汉初乡设乡
佐，其职责是"主民收赋税"，与东汉之制同。

由此可见，汉代赋税的直接征收者是"里正"，而乡啬夫主要负责赋钱
的收缴管理。凤凰山10号汉墓简牍，也说明了在汉初就有"乡佐"之职。
这些史料与《汉书》所记有所不同，因而是对传统文献的重要补充。

2. 算赋征收的方法

第一，是"定算"。即根据里内人口数确定全里应纳口钱、算赋的总
量。根据当利里的情况，正月、二月均有定算之举，而且每月定算数量不
同，正月为115算，二月为100算；市阳里二月为112算，三月为109算，
六月为120算；郑里二月为72算，可见都是经过了定算手续的。在定算之
后，就进入定量征收的征收阶段，即各里以所征得口钱、算赋上缴于所属
乡。

第二，是按算计征。即每次征收定算总数中，每算的一定分量。如市阳
里二月曾征收三次赋钱，第一次按定算112算征收，每算中的35钱，第二
次为每算中的10钱，第三次为每算中的8钱。

---

① 按：我们认为，"正"可能是现代会计工作中常用的"××元正"的源始。
② 见本书第一章。

第三，分月分次征收。每月可征收一次，亦可征收二次、三次、四次不等。如市阳里的赋钱，二月、三月、四月、五月、六月，均曾征收，其中二、三、五月各三次，四月四次，六月一次。郑里也是二月征收了三次赋钱。每次所征收的量，仅仅是各里总定算额中，每一算中的一部分。赋钱每月征收的次数多少及每次征收每算中的钱数多少，大约均视需要与可能而定。以市阳里与郑里的情况来说，以每月征收三次者居多，每次以征收每算中的 8 钱、9 钱者占多数，最高一次征收达 36 钱，最少为 8 钱。

第四，赋钱上缴。各里赋钱虽每月征收多次，但上缴于乡时，既可以分次上缴，也可以一月上缴一次。如市阳里四月份共征收赋钱四次，其中第四次有"四月五千六百六十八"一句，而此数恰为该月四次征收数量之和，故知此句是总结四月份四次征收的赋钱总数，目的是为了上缴。市阳里五月份也有"五月四千六百八十七"语，同样是该月三次征收赋钱之和。如果不是为了上缴，记载四月、五月份征收赋钱之和，就成为没有意义的事了。

3. 算赋的征免年龄

江陵凤凰山 10 号汉墓简牍，没有记载赋钱征收的年龄结构。但根据史书的记载，汉代的口算钱征收，对于不同年龄有不同的规定。尹湾汉墓简牍《集簿》为西汉东海郡上计朝廷时用的材料，其内容涉及西汉末年东海郡人口、赋税，对我们研究汉代算赋征免年龄具有重要史料价值。根据《集簿》记载：

> 年八十以上三万三千八百七十一，六岁以下廿六万二千五百八十八，凡廿九万六千四百五十九，年九十以上万一千六百七十人，年七十以上受杖二千八百廿三人，凡万四千四百九十三人，多前七百一十八。[1]（尹湾汉墓简牍《集簿》）

这里统计的是东海郡内各年龄段的人口数，八十岁以上为 33871 人，九十以上为 11670 人。汉代之所以十分重视各年龄段人口的统计数字，大约是为了合理计划征发兵士、劳役和征收人口税的需要。尤其对于当时的人头税口钱和算赋的征收具有重要意义。

---

[1] 连云港市博物馆：《尹湾汉墓简牍释文选》，《文物》1996 年第 8 期。

据《西汉会要》注引《汉仪注》所载：西汉时"民年七岁至十四，出口赋钱，人二十三，二十钱以食天子；其三钱者，武帝加口钱，以补车骑马。"① 又据《汉书·贡禹传》云："宜令儿七岁去齿，乃出口钱。"因而，产生了"令民产子七岁乃出口钱"，自此始的定制。② 口钱每人每年虽只有二十三钱，但在整个国家财政收入中是相当重要的。《集簿》把六岁以下另作统计，显然此为非税户之意，可见，西汉后期的确存在七岁始纳口钱之制。算赋是口钱既除以后的另一种人头税。《汉仪注》曰："民年十五岁以上至五十六出赋钱，百二十为一算，为治车马库。"③ 算赋的征收年龄为十五岁至五十六岁，汉武帝以后每人每年120钱。《集簿》提到东海郡将九十岁以上与七十岁以上受杖者的人数统计上报朝廷，表明西汉时，东海郡政府重视养老制度，对"授杖者"在徭役、算赋等方面实行优惠、减免政策。

长沙走马楼三国吴简中，十五岁以上称为大男、大女，开始缴纳算赋。有关简牍如下：

□妻大女万十五算一 （走马楼吴简2983）

妻大女汝年十五算一 （走马楼吴简2991）

尾妻大女秃年十五算一刑右足复 （走马楼吴简3328）

得侄子公乘猫年十五算一 （走马楼吴简3362）

□子男尚年十五算一 （走马楼吴简8454）

☑□年十五算一 （走马楼吴简8510）

前三简记载的为妇女，均为年十五岁，而被称为"大女"，要缴纳算赋。第四、五简所云均为男性，都为十五岁，也都要缴纳算赋，属于成年男子。最后一简即在性别不详，但可以肯定其年龄为十五岁，也需要缴纳算赋。

那么，孙吴时期算赋免征年龄又是多少呢？按汉制"民十五岁以上至五十六出赋钱"，算赋免征年龄应为五十七岁。但吴简中没有明确记载免征年龄。有关简牍如：

---

① 翦伯赞：《秦汉史》，北京大学出版社，1983。

② 连云港市博物馆：《尹湾汉墓简牍释文选》，《文物》1996年第8期。

③ 班固：《汉书·高帝纪》，中华书局，1962。

常迁里户人公乘何著年五十四算一刑两足复　（马楼吴简 2950）

富贵里户人公乘胡礼年五十四算一踵两足复☒　（走马楼吴简 2957）

老男胡公年六十一踵两足　（走马楼吴简 5162）

老男赵友年六十五　（走马楼吴简 5211）

兴妻老女麦年六十四　（马楼吴简 8931）

　　根据简牍记载：民年五十四岁应纳算赋。六十一岁及以上老男、老女已无征收算赋的记载。由此可见，孙吴时期算赋得免纳年龄当在五十五岁至六十一岁之间。吴承汉制，我们进一步认为吴国算赋免征年龄为五十七岁的可能性较大。

（六）孙吴时期的口算赋

　　孙吴政权对长沙地区的"赋"主要有口赋、算赋等。口算钱的征收，在走马楼吴简中也有所反映。如：

入广成乡嘉禾二年口算钱四百　（走马楼吴简 5197）

入模乡嘉禾二年口钱钱四千四百　（走马楼吴简 5212）

入广成乡嘉禾二年口算钱四千　（走马楼吴简 5214）

入南乡嘉禾二年口算钱一千三百五十　（马楼吴简 5229）

入广成乡嘉禾二年口算钱一千　（马楼吴简 5244）

　　上述简牍记载的"口钱"、"口算钱"，充分说明了孙吴时期存在口钱、算赋征收制度。孙吴时期的口算制度与汉代有何关系？孙吴时期是否继承了汉代的口算赋制度？我们可以将走马楼吴简与江陵凤凰山汉简中记载的口算钱进行比较，以说明孙吴时期口算钱的发展变化。通过比较，我们认为：孙吴时期的口算钱制度具有以下几个特点。

1. 大小口分别征收

　　根据走马楼吴简 4436 号记载："其三百卅四人小口口收钱五合一千六百七十"，孙吴长沙地区"小口"每人征收 5 钱，334 人合计征收 1670 钱。4464 号简记载"其六百八人大口口收钱廿八合一万七千廿四钱"，表明"大口"每人征收 28 钱。何谓"大口"、"小口"？我们从吴简中未发现关于"大口"、"小口"的划分标准。但可以肯定的是："小口"是指应纳口钱的未成年人。按照汉制，"民年七岁至十四，出口赋钱，人二十三"，两汉在多数时期口钱征收标准为每人23钱。孙吴时期"小口"的口钱征收，比汉代已有所降低。"大口"是否就是与"小口"相对的成年人呢？据4464号简"大口口收钱廿八"，我们无法得知其为"口钱"或是"算钱"，故不能妄下结论。

据走马楼吴简4980号记载："其二百五十二人算人收钱一百廿合三万二百廿"，孙吴时期成人算赋的征收标准为每人120算，这与武帝之后算赋定额是一致的。但据9791号简牍记载："其□百廿人算，人收钱百卅⊠"，每人收取算钱130钱，这又表明孙吴时期算赋并没有严格实行每人120钱的标准。

2. 征收时间

汉代有"八月算民"之制。据江陵凤凰山10号汉墓简牍，汉初算赋实行分期征收的办法，每年正月到六月都有征收算赋征收的记载。从凤凰山10号汉墓简牍中，我们未发现七至十二月征收算赋的记载。吴简记载："入南乡顷佃丘谷苏嘉禾二年口算钱一千三百五十嘉禾三年三月□□日"（39）、"入都乡口算钱五百一十嘉禾元年十一月五日"（1623）、"入模乡口算钱一千九百嘉禾元年十二月九日"（1677）等等，反映了三月、十一月、十二月口算的钱的收入情况。其中，39号简反映了嘉禾三年三月收到南乡嘉禾二年的口算钱，说明当时乡里存在拖欠税款、迟迟不交的问题。1623简、1677简记载都乡、模乡分别在嘉禾元年十一月、十二月上交的口算钱，应当是当年的口算钱。这说明在孙吴时期，口算钱的征收实行按月份起征收的制度，这与凤凰山10号汉墓简牍记载的情况相同。但不同的是，凤凰山10号汉墓简牍反映的口算钱征收期，却集中表现在上半年，而吴简中的口算钱征收时间，即有上半年的月份，也有下半年的月份，可以推论每个月都有口算钱的征收。由此可见，汉代"八月算民"之制在孙吴时期已经不复存在。

3. 口算钱的用途

汉代的口算钱具有特定的用途。凤凰山10号汉墓简牍记载了算赋的具体用途，包括"给转费"、"吏奉"、"传送"、"缮兵"等项目。可见，汉代口算钱的用途明确，算赋征收入库时就已按用途分类管理。吴简记载的口算钱，没有明确指明其用途，如"入广成乡嘉禾二年口算钱四百"（5197）、"入模乡嘉禾二年口钱钱四千四百"（5212）、"入广成乡嘉禾二年口算钱四千"（5214）等，这些简牍只记载了口算钱的来源地、所属年份、金额，但并没有记载其用途。可见，孙吴时期的口算钱，在性质上已经由汉代的"目的税"转变为"一般税"。这在赋税的发展史上，具有重要的意义。

4. 民户、吏户分别征收

江陵凤凰山 10 号汉墓简牍所记载的口算钱，没有对算民实行分类征收的办法。如四号木牍"市阳二月百一十二算＝卅五钱三千九百廿正偃付西乡偃佐缠吏奉卩受正忠（？）"、"市阳二月百一十二算＝十钱千一百廿正偃付西乡佐赐口钱卩"、"市阳三月百九算＝九钱九百八十一正偃付西乡佐赐"等等，我们未发现对算民分类征收的情况。走马楼吴简 4985 号竹简记载："☑右小武陵乡领四年吏民一百九十四□民口九百五十一人吏口□□□算一千三百卅四钱。"据此简所载：小武陵乡管辖的 194 户"吏民"中，民口 951 人，吏口若干人，合计征收算赋一千三百卅四钱。从此简中可以看出："吏民"是分别按"民口"若干与"吏口"若干统计。实行民籍与吏籍的分离和民口与吏口分别统计的制度，除了加强对吏民的控制之外，可能还有便于分别按不同标准征收口钱、算赋的用意。[①] 走马楼三国吴简记载：

> 今年实得二百五十五户，口一千一百一十三人，收吏口……十一钱。（走马楼吴简 9392）
>
> 口迁里领吏民户二百五十五户，口一千一百一十三人，收□□口算钱合六万二千一百一十八钱。（走马楼吴简 9402）

据 9392 简可知："吏口"每人征收算赋的标准为 11 钱。这比一般"民口"每人每年 120 钱（或 130 钱）少了许多。说明孙吴时期对"吏口"实行了特殊优惠的算赋政策。9402 号简记载的算钱 62118，仅相当于 1113 口"民户"成年人 133560 钱（按每人 120 钱计算）的一半，表明其算钱中既包含有"民户"小口的算钱，也包含有"吏户"的算钱。

5. 实物折纳口算之制

走马楼三国吴简记载：

> 入模乡二年林丘邓改口算麂皮二枚 嘉禾二年十二月廿日丞弈付库吏潘☑。（走马楼吴简 8264）

[①] 高敏：《从〈长沙走马楼三国吴简·竹简（壹）〉看孙权时期的口钱、算赋制度》，《史学月刊》2006 年第 2 期。

此简前段显然是说模乡林丘的邓改以鹿皮二枚充当自己的口算赋完纳。这就反映出孙吴时期口算赋的缴纳，开始由以现金缴纳变成以实物缴纳的事实，开启了以实物折纳口算钱的大门。

这一变化十分重要，因为它为口算赋的现金税，全部变化成实物税的大变化准备了条件。①

四 更赋

（一） 汉代存在"更赋"之征

汉代的成年男子，每年要为官府供应一定的劳役，可以亲身服役，也可以出钱代役。汉代按人征收的诸赋，还包括成年男子的代役金，即更赋。《汉书·昭帝纪》元凤四年（公元前77年）诏曰："三年以前逋更赋未入者，皆勿收。"② 注引如淳曰："更有三品，有卒更，有践更，有过更。古者正卒无常人，皆当更迭为之，一月一更，是为卒更也。贫者欲得顾更钱，次直者出钱顾之，月二千，是为践更也。天下人皆直戍边三日，亦名为更，律所谓徭戍也。虽丞相子，亦在戍边之调。不可人人自行三日戍，又行者当自戍三日，不可往便还，因便住一岁一更，诸不行者出钱三百入官，官以给戍者，是为过更。律说，卒践更者，居也，居更县中五月乃更也。后从尉律，卒践更一月，休十一月也。"如淳所说，在内地服役，一月一更，不去者可雇人代役，工钱是2000钱；去边境做戍卒，每年3日，不去者须缴纳300钱给官府，由官府发给戍者。元凤四年诏，是关于征收更赋的最早记载，其内容是诏免元凤三年以前的更赋，由此可知在元凤三年以前已有更赋。③

汉昭帝以后，文献中也有关于"更赋"、"过更"的记载。如《汉书·翟方进传》：翟方进向汉成帝"奏请一切增赋，税城郭壖及园田，过更，算

---

① 高敏：《从〈长沙走马楼三国吴简·竹简（壹）〉看孙权时期的口钱、算赋制度》，《史学月刊》2006年第2期。

② 《汉书》卷七《昭帝纪》，第229页。

③ 按：学术界对"更赋"有不同的理解。以劳榦、韩连琪及臧知非为代表的学者，主张更赋是"月为更卒"的代役钱；高敏等学者却认为：更赋是"戍边三日"的代役钱（三百钱），"月为更卒"的代役钱是二千钱。参见朱德贵《从出土材料看汉代更赋的征收机构及其征收时间问题》，《学术论坛》2005年第8期。

马牛羊，增益盐铁"①。又《汉书·王莽传》："汉氏减轻田租，三十而税一，常有更赋，罢癃咸出。"② 这条材料表明：至少在西汉末年，征收更赋已是常制，而且"罢癃"（废疾之人）也不能免。到了东汉，文献中有关更赋的记载显著增多③。《后汉书》帝纪中的记载：中元二年（公元57年），汉明帝因羌人在陇西造反，发天水三千人，"复是岁更赋"；永平五年（公元62年），"复元氏县田租、更赋六岁"；汉和帝永元六年（公元94年），优恤流民还归者，"复一岁田租、更赋"，等等。

由以上史料可知："更赋"有时称作"过更"、"更"。但它并不是徭役的名称，而是与田租、口算等并列的赋税项目。更赋是国家法定的赋税之一，是缴纳给国家的一种税目④。关于汉代"更赋"征收的具体情况，史籍记载不详。居延汉简有一些关于"更赋"的记载。如："入元年五月六日逋更钱千二百，五凤三□□"（E. P. T56：98）、"□出十一月更钱五百，甘路二□"（E. P. S4. T2：93）、"更钱五千具□从张田具"（135.6），等等。这些史料充分说明了汉代确实存在"更赋"之征。那么，汉代究竟如何实现"更赋"征收的？其用途又如何呢？我们需要利用出土文献对这些问题进一步探讨。

（二）汉代如何征收"更赋"

1. 更赋的征管机构⑤

汉代的赋税征管机构，史书有记载。《汉书·百官公卿表》曰："大率十里一亭，亭有长。十亭一乡，乡有三老、有秩、啬夫、游徼。三老掌教化。啬夫职听，收赋税。游徼徼循禁贼盗。"⑥ 又《续汉书·百官志五》："乡置有秩、三老、游徼。本注曰：有秩，郡所署，秩百石，掌一乡人。其乡小者，县置啬夫一人。皆主知民善恶，为役先后，知民贫富，为赋多少，平其差品。……又有乡佐，属乡，主民收赋税。"⑦ 由此可见，"乡"是赋税

---

① 《汉书·翟方进传》。
② 《汉书·王莽传》。
③ 马怡：《汉代的诸赋与军费》，《中国史研究》2001年第3期。
④ 高敏：《秦汉赋税制度考释》，《秦汉史论集》，中州书画社，1982，第77页。
⑤ 朱德贵先生对此已有研究。参见前引《从出土材料看汉代更赋的征收机构及其征收时间问题》一文。又见《汉简与财政管理新证》，中国财政经济出版社，2006，第109~112页。
⑥ 《汉书·百官公卿表》，第742页。
⑦ 《续汉书·百官志五》。

的主要征收机构。赋税的征管又具体由"乡啬夫"或"乡佐"负责。那么，汉代赋税是否就是由"乡啬夫"或"乡佐"直接征收呢？这些文献对此没有明确记载。根据我们对江陵凤凰山 10 号汉墓简牍的研究，汉代在"里"设有"里正"，"里正"职责在于征收税赋，并上缴"乡佐"（见前文）。可见，汉代的"乡啬夫"或"乡佐"只是赋钱的管理者，而不是直接征收者。

"更赋"的征收又是如何进行的呢？居延汉简中关于"更赋"征管的记载，有关简牍：

> 秩护佐敢言之：况更赋给乡里☒。（合校 212·55）
> 荥阳秋赋钱五千，东利里父老夏圣等教数，西乡守有秩志臣、佐顺临，□□亲具。（45.1A）

简 212.55 意思是说："况"的更赋已经缴到乡里了。这是"☒秩护佐"的赋税报告。该简说明："更赋"是直接缴入乡里的，而不是由"里正"收缴后再缴入乡里。这与凤凰山 10 号汉墓简牍记载算赋的缴纳方法明显不同。简 45.1A 是西乡守有秩志臣、佐顺临署名的赋钱收据。简文的意思是说，西乡守有秩志臣、佐顺临受到荥阳（地名）的秋赋钱五千，由东利里父老夏圣等"教数"（清点款项之意）。朱德贵先生说，该简反映了"赋钱是由乡里派人运送至边郡"[①] 的。我们不同意这种观点。首先，从简牍原文看，我们无法得知"荥阳"是否就是一个"乡"，也不能说明"东利里"就是属于荥阳。其次，"教数"的目的是核实付钱的数目，如有赋钱征收者和运送者来进行，赋钱接受者难以认可，因而显得无意义。我们认为：赋钱应当是乡以上"县"或"郡"集中后再转运边郡。因为，汉代"乡"的数目众多，赋钱由各乡直接运至边郡，在操作上难以实施。何况，史料中也没有"乡里"直接向边郡输送赋钱的证据。

2. 更赋征收管理

汉代"更赋"是一项重要的税收，征收管理十分严格。据居延汉简记载：

> 建平五年八月戊□□□□，广明乡啬夫宏、假佐玄敢言之：善居里

---

① 朱德贵：《汉简与财政管理新证》，中国财政经济出版社，2006，第 111 页。

男子丘张自言与家买客田，居延都亭部欲取检，谨案张等更赋皆给，当得取检，渴移居延，如律令敢言之。（合校 505·37A）

"更赋皆给"者，言不给更赋，不得行官道间。国家对边郡居民更赋的征收，由乡啬夫负责，里民申请出外或迁居它地时，须由乡啬夫向上级出具是否"更赋皆给"的证明，方可准许。简文还有：

永始五年闰月己巳朔丙子，北乡啬夫忠敢言之：义成里崔自当自言为家私市居延，谨案自当毋官狱征事，当得取传，调移肩水金关、居延县索关，敢言之。闰月丙子觯得丞彭，移肩水金关、居延县索关书到。如律令/橡晏、令史建。（合校 15·19）

这里"毋官狱征事"，意即除了完成赋税外，还要没有触犯法律，不是前科犯。"更赋皆给"、"毋官狱征事"表明申请者必须不是正在服劳役、兵役或刑役的人员，已经完成劳役定额，纳完赋税，由此可见，政府对边郡居民管理之严格。

3. "更赋"的用途

如淳曰："诸不行者出钱三百入官，官以给戍者，是为过更。"可见，"更赋"由官府收取，后再由官府支付给戍边者。按汉制"戍边三日"，不去戍边者缴纳 300 钱代役（更赋）。汉代戍边的役期一般是一年，"令戍卒岁更"①。役夫戍边若一岁而更，扣除自己应尽的戍边义务外，为他人代役 300 多日，应得 30000 钱左右。据居延汉简记载：汉代戍卒的口粮、部分衣装，乃至家属的口粮都是由官府供应的，因此官府大概不会将代役金如数发给戍卒。居汉延简有不少关于"赋钱"收支的记载。例如②：

未得四月尽六月秋三月奉用钱千八百已得赋钱千八百（合校 82·332）

出赋钱二千七百给令史三人七月积三月奉（合校 104·35）

---

① 《史记·汉兴以来将相名臣年表》。
② 谢桂华、李均明、朱国炤：《居延汉简释文合校》，文物出版社，1987。

出赋钱八万一百给佐史八十九人十月奉（合校 161·5）

金曹调库赋钱万四千三……（合校 139·28）

以上简文中所提到的"赋钱"，未明确记载其性质。有人认为：以上简文中所提到的"赋钱"，有可能是指更赋，或主要是指更赋①。我们从江陵凤凰山 10 号汉墓简牍了解，"算赋"的主要用途也是"吏奉"。但需要注意的是，算赋充吏奉制度主要是满足地方官吏的俸钱（见前文），而非用于边郡之"吏奉"。因此，我们认为：居延汉简所记载的"赋钱"，当主要来自于更赋。

但这里的"赋钱"支出，是否为给予戍边者的代役钱，这就值得怀疑了。从其支付的用途看，主要是用于"月奉"。据 161·5 号简，我们可以计算出人均"月奉"为 900 钱。同样，我们根据 104·35 号简，也可以计算出人均"月奉"为 900 钱。若以月 30 日计算，每天平均 30 钱。这样的"月奉"水平是高，还是低？我们可以进一步引用居延汉简的有关材料：

　　　　　　　　　　侯一人六千

五凤四年八月奉禄簿　尉一人两千

　　　　　　　　　　士吏三人三千六百

（以上为第一栏）

令史三人二千七百

尉史四人二千四百　　凡□……☑

侯史九人其一人侯史拓有劾五千四百□

（以上为第二栏）　　　　　　（E. P. T5：47）

甲渠候官有侯一人，月俸六千；尉一人，月俸二千；士吏三人，每人月俸一千二百；令史三人，每人月奉九百；尉史四人，每人月奉六百。由此可见，甲渠候官吏最高月俸达 6000 钱，低者仅 600 钱。戍边者的月俸应当低于官吏的最低月奉。由此可见，前引"出赋钱"应当是支付给官吏的俸钱，而不是给予戍边者的代役钱。当然，这也不排除更赋也用于"戍边者"的情况，但目前还没有发现有关史料证实。

――――――――――

① 马怡：《汉代的诸赋与军费》，《中国史研究》2001 年第 3 期。

五　其他各税

（一）矿产资源税

在秦代，已经有比较发达的冶铁技术。《盐铁论·非鞅篇》说："商君相秦，外设百倍之利，收山泽之税"[1]。"山泽之税"说明资源税在战国晚期的秦国就可能开始征收。《睡虎地秦墓竹简》应该是关于战国晚期的比较详细的资料，但是在此竹简中，并没有发现关于资源税的记载。汉初，"海内为一，开关梁，驰山泽之禁"[2]。汉初，推行休养生息政策，促进了私营工商业的发展，当时就有了"农不如工，工不如商，刺绣闻不如倚门市"[3] 的情况。私营工商业的发展，同时促进了工商业税，包括资源税的发展。《史记·平准书》曰："量吏禄，度官用，以赋于民。而山川园池市井租税之入，自天子以至于封君汤沐邑，皆各为私奉养焉，不领于天下之经费。"[4]《汉旧仪》亦曰："山泽渔盐市税，以给私用。"这些史料已充分说明汉初就已经开征了资源税。张家山汉简却给我们提供了比较详细的关于资源税的资料。张家山汉简《二年律令·金布律》规定：

> 诸私为（卤）盐，煮济、汉，及有私盐井煮者，税之，县官取一，主取五。采银，租之，县官给（橐），□十三斗为一石，□石县官税□□三斤。其□也，牢橐，石三钱。租其出金，税二钱。租卖穴者，十钱税一。采铁者，五税一，其鼓销以为成器，有（又）五税一。采铅者十税一。采金者，租之，人日十五分铢二。民私采丹者，租之，男子月六斤九两，女子四斤六两。（《金布律》页436~438）

这条简文表明：西汉之初，采矿业已经得到了很大的发展，当时的矿产资源税的征收范围，包括盐、银、铁、金、丹等。经营采矿业的主体是私人。官府对不同矿产资源、不同经营方式的征税办法及税率有别。

---

[1]　《盐铁论·非鞅篇》。
[2]　司马迁：《史记·货殖列传》，中华书局，1959。
[3]　司马迁：《史记·货殖列传》，中华书局，1959。
[4]　司马迁：《史记·平准书》，中华书局，1959。

（1）煮盐税，包括（卤）盐、井盐及在济水、汉水流域的煮盐，"县官取一，主取五"，税率为六分之一。"县官"是官府的代称，"主取五"之"主"，当是盐田或盐井的所有权人。

（2）采银税，分四种情况征收：使用官府提供的工具和自备工具者，分别按产值交纳不同比例的税收，前者比例大，后者比例小；若将银矿出租或者出卖则"十钱税一"；另外，还有"租其出金"，税二钱。

（3）采铁税，税率为"五税一"，即五分之一。若是"鼓销以为成器"，兼卖铁器者，税率又加五分之一。

（4）采铅税，税率为"十税一"，即十分之一。

（5）采金税，按每人每天计算，税率为"人日十五分铢二"。

（6）采丹税，按每人每月征税，且男女有别，"男子六斤九两，女子四斤六两"。

根据《二年律令》的记载，我们可以发现，汉初矿产资源税具有如下特点。

其一，对不同的矿产资源分别征收，税率差异较大。

其二，征收方式税钱与税物并存。如煮盐业"租其出金"税二钱，就是税钱的方式，"石三钱"、"十钱税一"也表明采取了税钱的方式。但对于采丹者"男子六斤九两，女子四斤六两"，却是税物的征收方式。

其三，定率税与定额税并存。如"五税一"、"十税一"、"十钱税一"都属于定率税，而"石三钱"、"人日十五分铢二"、"男子六斤九两，女子四斤六两"等有属于定额税。

《二年律令》对煮盐者、采铁者和采铅者没有规定明确的税基：对煮盐者"县官取一，主取五"；对"采铁者，五税一，其鼓销以（四三七）为成器，有（又）五税一；采铅者十税一"。如果只规定税率而无税基，官府如何征税呢？显然，官府在实际征税时应当有明确的税基。然而，这个基数从何而来？这在律文中没有明晰的规定，但从文献中可以寻得答案，这就是自我申报，根据申报的数字按律征税，也就是"占租"制。《盐铁论·水旱》贤良语云："故民得占租鼓铸煮盐之时，盐与五谷同价，器和利而中用。"这里的"占租"之"占"就是推测、揣度的意思。《史记·货殖列传》云："诸贾人末作赊贷买卖，居邑稽诸物，及商以取利者，虽无市籍，各以其物自占，率缗钱二千而一算。"《汉书·昭帝纪》始元六年"秋七月，罢榷酤官，令民得依律占租，卖酒升四钱"。师古注："占谓隐度其实，定其词也。"《汉书·食货志》云：汉武帝令"各以其物自占，率缗钱二千而算一。诸作有租及铸，率缗钱四千算一"。秦汉简牍中也可发现有关"自占"制度的记载。《云梦秦简·编年记》记载秦王政十六年七月墓主喜"自占年"。张家山汉简《二年律令·户律》规定：

> 民皆自占年。小未能自占，而毋父母、同产兄为占者，吏以□比定其年。自占、占子、同产年，不以实三岁以上，皆耐。（张家山《二年律令》页 325～326）

这里的"占"都是申报的意思，"自占"即自我申报。汉昭帝之"罢榷酤官，令民得依律占租"，是指废除汉武帝实行的榷酤制度，恢复执行汉武帝以前的工商管理制度。何谓"占租制"？臧知非先生认为："占租制"是一种以个人申报为基础的定额税制，"不论实际产值或者营业额多少，税收数量一经确定是不变的"[1]。杨振红先生提出了另一种观点，他认为："占租制"即所谓的申报纳税制，要申报的，首先是其产量或营业额，然后根据其行业的税率，确定其应交纳的税额。[2] 比如《汉书·昭帝纪》谈到的"卖酒升四钱"，是贩酒业的税率，贩酒者要申报的，首先是他当天或当月卖酒的数量，然后乘以"升四钱"的税率，得出当天或当月的税额。我们认为：定额税制通常是针对实物税而言的一种征税方式，对货币税而言，无定额税之说。《二年律令·金布律》所记载的矿产资源税，并非全部为实物税，因此将"占租制"理解为"定额税制"是不准确的。"占租制"的实质是纳税申报制，纳税人必须申报其计税基础（产量、营业额等），至于是按"定额"征收，还是"定率"征收，还要取决于不同的矿产资源及其经营方式。

（二）关市税

1. 市税

秦汉时期存在"市租"的税目。《史记·齐悼惠王世家》载："主父偃

---

① 臧知非：《张家山汉简所见西汉矿业税收制度试析》，《史学月刊》2003 年第 3 期。
② 杨振红：《从张家山汉简看秦汉时期的市租》，《中日学者论中国古代城市社会》，三秦出版社，2007。

方幸于天子，用事，因言：'齐临菑十万户，市租千金，人众殷富，巨于长安，此非天子亲弟爱子不得王此……'。"司马贞《索隐》："市租谓所卖之物出税，日得千金……"随着工商业的兴起，商品经济的发展，当时已有"朝食不足，暮收市租；暮食不足，朝收市租"之谓。①《睡虎地秦墓竹简·关市》中提到"为作务及官府市，受钱必辄入其钱缿中，令市者见其入，不从令者赀一甲"。这是秦律中关于市税的记载，但律文没有指明市税税率，也没有指明征收监管部门，只是规定从事集市经营，不论是私营，还是官营都要交税，并且是自动上缴，要让监管的人看到，对于不从者有"一甲"的惩罚制度。这在当时已经是比较严重的惩罚，对不从者的惩罚，就可以看到当时对这项税的重视程度。

西汉初期，在社会经济恢复过程中，有关"市肆"或"列市"日渐增多，商品交易也较频繁。但此时市税如何征收，文献记录不详。张家山汉简《二年律令》中，记载了汉初市税征收的一些情况。张家山汉简《二年律令·市律》云：

> 市贩匿不自占租，坐所匿租臧为盗，没入其所贩卖及贾钱县官，夺之列，列长、伍人弗告，罚金各一斤。啬夫、吏主者弗得，罚金各二两。诸缿给人以有取，及有贩卖贸买而缿给人，皆坐臧与盗同法，赎耐以下有迁之。有能捕若诇吏，吏捕得一人，为除戍二岁；欲除它人者，许之。（张家山《二年律令》页262）

整理小组注：占，申报。自占，自己申报。列，市肆。《汉书·食货志》"小者坐列贩卖"，注："若今市中卖物行也"。列有伍的组织，见《睡虎地秦墓竹简·秦律十八种》之《金布律》"贾市居列者及官府之吏"条。给，欺骗之意。该条律文是汉初有市税之征的实证，也反映了当时征税中的某些做法。简文的大意是说：市贩商人必须如实向官府申报或登记应交市税的税额，不许隐瞒不交。不然，"坐所匿租臧（赃）为盗"，官府没收其所贩卖的货物及行商的钱，并剥夺其在"列市"的经营权。列长、伍人对市贩隐瞒市税不予告发者，分别罚金一斤。负责收税的啬夫、吏主失职，分别罚金二两。市贩在买卖过程中，凡以欺诈他人赢利、获赃者，"与盗同法"，

---

① 刘向：《新序》，《百子全书》，岳麓书社，1993。

要进行严肃处理，等等。

实行"占租制"，也是汉初市税征收的一个特点。这种征收制度，要求纳税人如实申报，律文中提到对于隐藏不报的有一定处罚，特别对于上级官吏，没有告发的，有严厉的处罚。汉时对不同的市场有不同的市税，收税的方法亦有别，有市籍税、集市交易税、特种交易税三种市税类型。从上引《二年律令·市律》材料来看，似乎纳税对象主要是"市贩"，而非大的"囤积商"等。因此，要求他们通过自己"占租"的方式向官府纳税，并作出了不得隐瞒税、偷税等等的规定。这反映了当时市税的重要，监督管理的严格。

有学者将占租理解为"是一种以个人申报为基础的定额税制，不论实际产值或者营业额多少，税收数量一经确定是不变的"①。对于这种看法，笔者不敢苟同。占租，即所谓的申报纳税制，要申报的，首先是其产量或营业额，然后根据其行业的税率，确定其应交纳的税额。比如《汉书·昭帝纪》谈到的"卖酒升四钱"，是贩酒业的税率，贩酒者要申报的，首先是他当天或当月卖酒的数量，然后乘以"升四钱"的税率，得出当天或当月的税额。当然，在现实施行过程中，很可能为了方便，采取将一定时间内的平均产量或销量作为一个恒定的基数，而固定征收一个常数。但显然它是从起初的占租制中衍生出来的，而非其本质。

汉初的市税率，在《市律》中未载。但《汉书·食货志》说："天下已平，高祖乃令贾人不得衣丝乘车，重租税以困辱之。"② 又《二年律令·金布律》规定：凡出卖铁器者，税率为"五税一"，即五分之一。《汉书·食货志下》载王莽时税收改革曰："诸取众物鸟兽鱼鳖百虫与山林水泽及畜牧者，嫔妇桑蚕织纴纺绩补缝，工匠医巫卜祝及它方技商贩贾人坐肆列里区谒舍，皆各自占所为于其在所之县官，除其本，计其利，十一分之，而以其一为贡。敢不自占，自占不以实者，尽没入所采取，而作县官一岁。"③ 其中记载当时的市税税率"十一分之，而以其一为贡"，即实行十一之税。这些记录反映了汉代的市税较重，乃无可疑。

走马楼三国吴简有"地僦钱"的记载。如：

---

① 臧知非：《张家山汉简所见西汉矿业税收制度试析》，《史学月刊》2003 年第 3 期。
② 《汉书·食货志》。
③ 《汉书·食货志》。

郡士张□僦钱月五百，大女王汝僦钱月五百，大女郑汝僦钱月五百。[1]（11 - 4601）

大男张士僦钱月五百，大男李自僦钱月五百，大男卫朱僦钱月五百。（11 - 4603）

临湘言部吏潘狗收责食地就钱起正月日讫三月卅日有人悉毕。□（11 - 4345）

领四月地僦钱二万二千五百。（11 - 4351）

三月簿领地僦钱七万五百。（11 - 4432）

"地就钱"是指城镇内集市商贾租赁的摊位钱，具有明显的"市税"性质。根据简牍资料记载：孙吴时期临湘城内地就钱，实行定额税制度，每人每月五百。

2. 关税

"关"为关口要道。设"关"之制，早在先秦文献中已有很多记载。设"关"的作用，起初主要是讯察、稽查行旅，后来就逐渐有了关税之征。关市之赋[2]，是周代九赋之一。春秋战国时期，随着商品经济的迅速发展，向工商业征收的关市税，成为各国赋税收入的一个重要的来源。《管子·幼官》载："市赋百取二，关赋百取一"[3]，又《大匡篇》曰："桓公践位十九年，弛关市之征，五十而取一"。马王堆帛书《战国纵横家书》朱己谓魏王章载："通韩上党于共、宁，使道安成之口，出入赋之，是魏重质韩以其上党也。共有其赋，足以富国，韩必德魏、重魏、畏魏，韩必不敢反魏。"朱己就是以扩充韩魏间的关税收入说服魏王的。可见，先秦时期关税具有十分重要的意义。

秦国商鞅"重关市之赋"，用关市盘剥私商的利润，以限制其发展。云梦睡虎地秦简有《关市律》，说明商鞅变法后的秦国，可能已有关市税的征收。

西汉初期，对"关口"、"关市"把得很严。曾一度对南越有过禁止铁器、铁农具及马牛出关的规定，如《史记·南越列传》说："高后时，有

---

① 王素等：《长沙走马楼简牍整理的新收获》，《文物》1999 年第 5 期。

② 《周礼·天官·大宰》。

③ 《管子·幼官》。

司请禁南越关市铁器"①。又《汉书·两粤传》说：惠帝在位时，也令"毋
予蛮夷外粤金铁田器，马牛羊即予，予牡，毋予牝"②。今据张家山汉简，
当时对其他关要之地，也有相关或近似的规定，如《二年律令·津关令》
载：

　　制诏御史，其令杆关、郧关、武关、函谷关、临晋关，及诸其塞之
河津，禁毋出黄金，诸奠黄金器及铜，有犯令。（张家山《二年律令》
页429）
　　制诏御史，其令诸关，禁毋出私金□□……（张家山《二年律令》
页493）
　　罐议：禁民毋得私买马以出杆关、郧关、函谷关、武关及诸河塞津
关。其买骑、轻车马、吏乘、置传马者，县各以所买。（张家山《二年
律令》页506）

　　这些事例说明：汉初对"关口"高度重视，对有的出口物资是严加控
制的。
　　西汉初期，是否存在关税之征？以往一直是个疑点，未能得到史料证
明。张家山汉简《算数书》有关税的记载。兹列简文如下：

　　狐、狸、犬出关，租百一十一钱。犬谓狸，狸谓狐：而皮倍我，出
租当倍哉。问出各几何。得曰：犬出十五钱七分钱六，狸出卅一钱七分
五，狐出六十三钱七分钱三。术（術）曰：令各相倍也并之七为法，
以租各乘之为实，实如法得一。（张家山《算数书》页34）
　　狐皮卅五（载）、狸皮廿五（载）、犬皮十二（载）皆出关，关并
租廿五钱，问各出几何。得曰：狐出十二钱七十二分钱十一，狸出八钱
七十二分钱九，犬出四钱七十二分钱十二。术（術）：并贾为法，以相
各乘贾为实。（张家山《算数书》页36）
　　人负米不知其数以出关，关三，三税之一。已出，余米一斗。（张
家山《算数书》页39）

① 《史记·南越列传》。
② 《汉书·两粤传》。

上述简牍明确记载了关税的征收情况。据彭浩先生考证,《算数书》比《九章算术》至少要早一个半世纪或者更多,其中一部分算题是西汉初年的,大部分算题的形成不会晚于秦代,有些是战国时代的。《算数书》所载关税究竟是否为汉初的情况,学术界颇有争议。有学者认为:《算数书》所载"关税",是战国至西汉初期的情况,[1] 其理由如下。

(1)秦有《关市律》和关税之征,汉承秦制,文献中未见汉初有"更制",或不收关税的律文。

(2)文帝前元十一年(公元前 169 年),下令"除关",取消关税,表明此前的汉初,已有征收关税之制。

有学者认为:张家山汉简所载的关税是指战国至秦代的,[2] 其理由如下。

(1)汉初曾为了恢复经济而罢关税。《史记·货殖列传》云:"汉兴,海内为一,开关梁、弛山泽之禁。是以富商大贾周流天下,交易之物莫不通,得其所欲。"[3] 张家山汉简《二年律令·津关令》所见的关津,如武关、函谷关、临晋关、扞关、郧关,主要是用于军事防御、控制人员往来、查验违禁物品、缉拿罪犯等。《津关令》是针对过关手续、违禁惩罚所作的规定,没有征税的内容,可证西汉初确实取消了关税。汉文帝十一年,还下诏令"除关,无用传"[4]。

(2)《算数书》所载"负米"米二斗二升四分二,过了二个关卡,除去关税,就仅乘下一斗了,米的关税如此之高,与商鞅变法后秦国"重农抑商"、"重关税之赋"的思想一致。"负米"出关,只带了二斗二升左右的米,不是贩卖粮食,而是用于旅途中食用的,却还要收这么重的关税,可见,当时对粮食的流通是严加控制的。

关税的征收方式如何?《算数书》简文谓:"狐、狸、犬出关,租百一十一钱"、"狐皮卅五裁、狸皮廿五裁、犬皮十二裁皆出关,并租廿五钱",表明这些动物出关要交一定的税,而且,狐、狸、犬出关,比其皮制品出关,税额要高。对于"负米",关税达到"三税之一"。从简文中可见:当

---

① 黄今言:《从张家山竹简看汉初的赋税征课制度》,《史学集刊》2007 年第 2 期。

② 叶玉英:《论张家山汉简〈算数书〉的经济史料价值》,《中国社会经济史研究》2005 年第 1 期。

③ 《史记·货殖列传》。

④ 《汉书·文帝纪》。

时的关税由征收钱币的（狐、狸、犬及其皮制品），也有征收实物的（米）。就税率形式而言，狐、狸、犬及其皮制品当属定额税，"负米"当属定率税。可见，在关税征收中，"实物税"与"货币税"并存，"定率税"与"定额税"并存，这与《二年律令》所记载的矿产资源税的情况类似。

第六章 简牍统计史料研究

我国古代所谓"计",包括统计、会计和审计。为了既保持体系的完整,又减少重复,本书兼顾古代各该专业活动的特点和现代的理解,适当区分。即统计的特点是大量观察,会计的特点着重微观的反映与控制。统计核算以实物形式为主,兼顾价值量度;会计核算以价值形式为主,兼顾实物量度。审计则是由第三者对会计资料的审查和监督。

"文革"后,首先出版的《统计发展史》① 未使用简牍史料。相继出版的《中国统计史略》②、《中国统计史》③,使用《睡虎地秦墓竹简》和少数旧居延汉简,不仅大量简牍史料未能利用,还把反映战国晚期统计活动的《睡虎地秦墓竹简》定为秦汉时代,不妥,本书第二章"一、云梦睡虎地11号墓竹简所属时代与其反映的时代"已经论证。为纪念国家统计局成立五十周年,该局信息办于2002年6月17日发布著名统计史学者莫曰达先生的内容丰富的专论《秦汉统计史》,依然把睡虎地秦墓竹简反映的时代定为秦汉,只用6例居延汉简,其他简牍未见。他如中国统计出版社相继出版的莫曰达《先秦·秦汉统计思想史》(2001) 和《中国古代统计思想史》(2004),都未见简牍史料。我们还进入国家图书馆的网络图书馆,未见其他中国古代统计史专著。可见,我国古代统计史研究,对简牍的使用很不够,应当深入发掘、研究简牍史料。

---

① 陈善林、张浙:《统计发展史》,立信会计图书用品社,1987。
② 刘淑鹤:《中国统计史略》,湖北人民出版社,1990。
③ 李惠村、莫曰达:《中国统计史》,中国统计出版社,1993。

一　统计内容

《商君书·去强篇》："强国知十三数，竟内仓口之数（国内仓库和人口数字）、壮男壮女之数、老弱之数、官士之数、以言说（说客）取食之数、利民（商人和工匠）之数、马牛刍稿之数。不知国之十三数，地虽利、民虽众、国愈弱至削（被侵削）。"战国时代，商鞅变法，必然实践自己的主张，"十三数"应为统计内容。随着社会、经济的发展，统计内容进一步扩展。

（一）人口与户籍统计

人口统计与户籍制度是为征收赋税服务的。兵役、力役、赋税、丁税都与人口统计和户籍有不可分割的关系。周秦汉时代的户籍，已按统一的要求和规定的格式，将人户情况编入簿册。

我国西周已经颁布了人口和财产统计的法规。据《周礼》，小司徒"乃颁比法于六乡之大夫，使各登其乡之众寡六畜车辇，辨其物，以岁时入其数，以施政教，行征令。及三年，则大比；大比，则受邦国之比要。"把统计户口、财物的规定，颁布给六乡的大夫，要他们查明各乡的人口、六畜、车辇，以及各家的财物，按季（一年四季）将数目向上呈报，以便施行法令，征发赋役。每三年有一次总校；总校的时候，收受邦国呈报的簿册。[1]小司徒"乃均土地，以稽其人民，而周知其数"。"均平配置土地，稽查人口，详细了解他们的数目。"[2]《周礼·小司寇》："及大比，登民数，自生齿以上登于天府。内史、司会、冢宰贰之，以制国用。"到三年大比时，小司寇统计百姓人数，从生牙齿的小孩算起，登记保存在天府。内史、司会、冢宰都有人口统计副本，以便掌握国家财政费用的开支。王安石《周官新义》释："及大比，登民数，自生齿以上登于天府者，生齿则有食之端；有食之端，则将任之以职。故自生齿以上，登其数于天府。则宝而藏之，内史、司会、冢宰贰。以制国用者，国用以赋敛制之，赋敛多寡以民制之故也。民轻犯法，多由于贫。民之贫，以赋敛之重。赋敛之重，以国用之靡。故使刑

---

[1] 巫宝三：《中国经济思想史资料选集（先秦部分）》上册，中国社会科学出版社，1985，第300页。

[2] 巫宝三：《中国经济思想史资料选集（先秦部分）》上册，中国社会科学出版社，1985，第302页。

官（案：司寇主管官刑）献民数。而内史、司会、冢宰贰之，以制国用也。"①《周礼》："乡大夫之职……以岁时登其夫家之众寡，辨其可任者。国中自七尺以及六十，野自六尺以及六十有五，皆征之。"乡大夫的职务……每年四季按时查明所属人民的男女数目，知道能胜任力役的有多少。王城中自二十岁至六十岁，郊野自十五岁至六十五岁，都要征发服役。②《周礼》："闾师掌国中及四郊之人民、六畜之数，以任其力，以待其政令，以时征其赋。"③《周礼·遂人》："以岁时登其夫家之众寡，及其六畜车辇，辨其老幼废疾，与其施舍者……"施：读"弛"，施舍谓弛舍其征役。遂人每年按时校对户口、男女人数和六畜、车辇的数目，查明老幼废疾与应免除徒役的人数。

《周礼》关于人口统计的内容十分丰富，20世纪40年代，著名教授潘光旦将其仔细整理、概括，在《周官中的人口查计制度》专论中，绘出表6-1。④

表6-1 周官中的人口查计制度

现代人口调查与登录事项			周官中的调查项目
人口调查登录	普查	乡村人口与市镇人口	国中、都鄙、郊野之分
		性别	男女、夫家
		年龄	成名以上、生齿以上；老幼；七尺至六十、六尺至六十五
		婚姻状况	娶、嫁；无夫家
		职业	服公事、无职事
		教育	贤、能
		其他	身份：贵贱；奴婢
	登记	出生	登下死生
		婚姻	娶判妻入子
		迁徙	徙（授、旌节、无授无节三种）
		疾病	废疾
		死亡	登下死生

① 王安石：《周官新义》，商务印书馆，1937，第205页。
② 巫宝三：《中国经济思想史资料选集（先秦部分）》上册，中国社会科学出版社，1985，第305页。
③ 巫宝三：《中国经济思想史资料选集（先秦部分）》上册，中国社会科学出版社，1985，第308页。
④ 原载《社会科学（国立清华大学）》，1949年5月2日，转引自〔日〕池田温《中国古代籍账研究》，中华书局，1984，第44页。

这些说明我国早在周朝，人口统计已经发展到相当高度。

秦孝公（公元前 361 年至前 338 年）任商鞅为相，商鞅变法，在设置郡县的基础上，实行五家为户、十家为什的编户制度。秦始皇统一六国（公元前 221 年）后，把这一制度推行到全国。户口和田地是当时统计的主要内容。

睡虎地秦简《封诊式》[①] 包括各类案例，有一例可以大体说明战国时代的秦国户口和财产统计的内容和格式：

> 某里士伍甲家室、妻、子、臣妾、衣器、畜产。
> ●甲室、人：
> 一宇二内，各有户，内室皆瓦盖，木大具，门桑十木。
> ●妻曰某，亡，不会封。
> ●子大女子某，高六尺五寸。
> ●臣某，妾小女子某。
> ●牡犬一。

家产有堂屋一间、卧室两间，房屋门户、瓦盖，木结构齐备，门前有桑树十株。妻某已逃亡，查封时不在场。臣指男奴，妾是女婢。其内容比较齐备。这是当时查封某里士五甲家庭财产的记录，也是应该注意的事项。这些事项，可以看成当时财产统计的必要内容。

公元前 206 年汉代立国后，丞相萧何在秦代编户的基础上，建立户籍制度，将其纳入《户律》。汉代的户籍，不仅列有户数、口数、姓名、年龄等项目。还记载着土地、房屋、其他财产，以及婚姻状况等内容。户籍制度执行情况，是中央政府考核地方官吏治绩的重要方面。

尹湾汉简集簿（木牍 1）[②] 公元前一世纪后期，东海郡的统计年报。其人口按男、女、老、幼分别列报：

> 户廿六万六千二百九十，多前二千六百廿九，其户万一千六百六十二获流。

---

① 《睡虎地秦墓竹简》，文物出版社，1978，第 249 页。
② 李孝林、熊瑞芳：《尹湾汉简集簿研究》，《统计研究》2004 年第 9 期；《我国首见的郡级统计年报——尹湾汉简集簿再探》，《统计与决策》2005 年第 12 期。

口百卅九万七千三百卅三，其（？）四万二千七百五十二获流。

男子七十万六千六十四（？）人，女子六十八万八千一百卅二人，女子多前七千九百廿六。

年八十以上三万三千八百七十一，六岁以下廿六万二千五百八十八，凡廿九万六千四百五十九。

全文详见下文表6-4东海郡统计年报表。

非洲早有经济、人口统计。古埃及最早的年代记录——《帕勒摩碑铭》中，有反映经济统计的珍贵史料，如下。

某某年：建造一百肘的没药香木大船——"两地礼拜船"，并造60艘十六肘（或十六桨手）的王家划船。击破尼西人的国土，获男女俘虏7000，大小牲畜200000……①这里记录的是古埃及第四王朝创始人斯尼弗鲁（约在公元前2600年前后）远征尼西人的战果。"一百肘约等于52.3米，在当时肯定是世界上最大、最长的船，而造船的木料又分别取自黎巴嫩和东非。"②"获男女俘虏7000"应是早期的人员统计。

（二）农田统计

商鞅变法，"除井田，民得买卖"。睡虎地秦墓竹简《法律答问》：

> "盗徙封，赎耐。"可（何）如为"封"？"封"即田千佰。顷半（畔）"封"殹（也），且非是？而盗徙之，赎耐，可（何）重也？是，不重。（P.178）

盗徙封，就是偷偷地移动田界的标志，只有出现私有土地，才可能出现"盗徙封"的行为。这条答问说明，私有土地的田界都是受到法律保护的。偷移田界，就是犯罪行为，要科以"赎耐"，判刑四年。秦始皇统一六国后，在秦始皇三十一年（公元前216年），颁布"令黔首自实田"的法令，要占有土地的封建地主和自耕农向国家报告占有土地的数额。

---

① 朱龙华：《世界历史》（上古部分），北京大学出版社，1991，第91页。

② 朱龙华：《世界历史》（上古部分），北京大学出版社，1991，第92页。

《秦律十八种·田律》：

> 入顷刍稾，以其受田之数，无垦（垦）不垦（垦），顷入刍三石、稾二石。刍自黄穗及蘑束以上皆受之。入刍稾，相输度，可殹（也）。（P. 27~28）

每顷田地应缴的稾，按照所受田地的数量缴纳，不论垦种与否，每顷缴纳刍三石，稾二石。刍，从干叶和乱草够一束以上均收。缴纳刍稾时，可以运来称量。规定了每顷土地向国家缴纳的租税数额。如果隐瞒土地，少交或不交地租，则要受到法律的惩处。前面提到的《法律答问》："部佐匿者（诸）民田……已租者（诸）民，弗言，为匿田……"（P. 218）如果部佐已向农民征收田租，而不上报，就以"匿田"论处。秦国法律禁止部佐匿田，说明当时对农田统计的数字质量要求相当高。

户口和农田，是当时统计的主要内容，其他关于财物、产品、产量等方面的统计，也都有规定。

> 啬夫免而效，效者见其封及隄（题），以效之，勿度县，唯仓所自封印是度县，终岁而为出凡曰："某廪出禾若干石，其余禾若干石"。仓啬夫及佐、史，其有免去者，新仓啬夫，新佐、史主廪者，必以廪籍度之，其有所疑，谒县啬夫，县啬夫令人复度及与杂出之。禾赢，入之，而以律论不备者。（《秦律十八种·效》P. 119）

啬夫免职而进行核验，核验的人可以根据仓库的封缄和题识核验，而不必加以称量，只称量原田仓主管人员独自封印的仓。到年末应统计出仓总数："某仓已出谷物若干石，尚余谷物若干石。"仓啬夫和佐、史，如有免职离任的，新任的仓啬夫，新任管仓的佐、史，必须根据仓库簿籍加以称量，如有问题，应向县啬夫报告，由县啬夫令人重加称量，并一起参加出仓。谷物多于应有数的，应交官，不足数的依法论处。

尹湾汉简集簿有东海郡全面的耕地和农林统计。

> 提封五十一万二千九百九十二顷八十五亩二□……人如前。
>
> （以上为木牍正面）

□国邑居园田廿一万一千六百五十二□，□十九万百卅二……卅五（?）万九千六□□…… 长生。

种宿麦十万七千三百□十□顷，多前千九百廿顷八十二亩。

春种树六十五万六千七百九十四亩，多前四万六千三百廿亩。

"提"总共，"封"疆界，是东海郡土地总面积。次行缺字较多，影响理解。考古论著认为："系有关东海郡国邑居园田和定垦田顷亩数总计。"①第三行是种宿麦（冬小麦）的种植情况统计，末行是春天种树统计，反映春季农业种植情况。

（三）财产统计

上文已经结合人口统计，介绍了我国周朝的财产统计。

战国晚期的秦国，专门制订了"都官及县效律"②。效通校，校核、清查的意思。秦国法律对财产清查有明确规定，如清查公有器物，发现长余或不足……（P. 101），讲的就是盘点制度。秦律讲到盘点的不少。有临时盘点，也有定期盘点。

交接盘点是临时盘点的一种。上文《效律》规定仓啬夫及佐、史中有免职的，新任者要根据廥籍加以称量，如有问题，应向县啬夫报告，令人重新称量。如果发现，库存物品超出了账册数字，应该将超出部分归公，如果数量欠缺较少，可以整个称量。（仓律 P. 39）

《效律》规定年末应报某仓已出谷物若干后，尚余谷物若干石。（P. 119）这是年终的定期盘点。

西汉武帝末期算收缗钱，初限于商工业，其后乃推广到一般人民的财产。缗为贯钱之丝，铜钱一千，贯之以缗，而便于授受，故铜钱称为缗钱。缗钱税的对象起初是各种商品，后来是个人所有的财产，以钱计算，征之以税，或对铜钱的放款额课之以税，故称算缗钱。富豪隐匿财物以逃税，或避免献金。武帝大怒，遂使杨可主告缗，就是奖励人民告发隐匿，予以没收财物之半。《汉书·武帝纪》：元鼎三年（公元前114年）"十一月，令民告缗

---

① 谢桂华：《尹湾汉墓所见东海郡行政文书考述》（上），《尹湾汉墓简牍综论》，科学出版社，1999，第28页。

② 《睡虎地秦墓竹简》，文物出版社，1978，第113页。该书竹简未编号，凡引用该书的材料，均加注页数，下同。

者以其半与之"。这样，缗钱税终于具有财产税的性质。告缗是元狩六年（公元前117年）开始的，其结果获得了庞大的收入。但行之五年，扰民不堪，遂废。告缗既废，缗钱税事实上也就停止了。通过缗钱税，对人民财产情况的统计是比较清楚的。

居延汉简有多例财产统计的原始记录，訾算簿、訾簿，就是当时人员的财产记录。这里抄录两例：

> 候长觻得广昌里公乘礼忠，年卅。
> 　　小奴二人，直三万。用马五匹，直二万。宅一区，万。
> 　　大婢一人，二万。牛车二两，直四千。田五顷，五万。
> 　　轺车二乘，直万。服牛二，六千。●凡訾直十五万。（合校37·35）

既有单项金额，又有合计。3 + 2 + 1 + 2 + 0.4 + 0.6 + 1 + 5 = 15，验算无误。把奴婢折合成金钱，大婢一人相当于田两顷（两百亩）的金额。

与上例类似，索科洛夫根据古希腊杰莫斯费纳对阿费巴的谈话编制出表6 – 2。[①]

表6 – 2　古希腊资产清册

1. 动产	3 塔兰 56 米纳，或28.5%
2. 奴隶(52 人)	2 塔兰 50 米纳，或28.0%
3. 各类珠宝	3 塔兰 50 米纳，或21.8%
4. 生产原料	2 塔兰 30 米纳，或18.1%
5. 房屋	2 塔兰 30 米纳，或3.60%
合计:12 塔兰 46 米纳,或100%	
1 塔兰 =60 米纳 =25.5 公斤	1 米纳 =425 克

37·35汉简时属公元前一世纪，虽然晚于上述古希腊的财产清册，但为西汉实物，而且核算相符，不像前者是后人编制的。

古埃及有更早的财产清查史料。《帕勒摩碑铭》记录古埃及"每隔两年进行一次的土地黄金大清查……早在第一王朝即已出现……此碑关于第二王

---

① 〔俄〕索科洛夫：《会计发展史》，中国商业出版社，1990，第12页。

朝最后二王实行清查的记录就有相当的代表性……其前一王（可能是哈谢海姆）共实行 10 次清查，后一王（可能是哈谢海姆威）则实行 8 次清查"。王朝在公元前 3100 年至前 2890 年，第二王朝最后二王在公元前 2700 年前后。全国性的经常性的土地大清查，必然有统计记录。

《帕勒摩碑铭》还明确记录：

Ⅵ. 第五王朝

第五年：上下埃及之王乌塞尔卡弗以（此）作为他的纪念，对于：

赫里奥坡里诸神灵，每一［……］和每一［……］节日，二十份面包和酒；在乌塞尔卡弗地产中［……］土地三十六斯塔特；

〔号为〕塞普·拉［SP—R′］的太阳庙诸神，在乌塞尔卡弗地产中土地二十四斯塔特，每月二牛、二鹅；

拉［神］在北部诸州的土地四十四斯塔特；

〔女神〕哈托尔，在北部诸州的土地四十四斯塔特；

荷鲁斯［……］之房屋的诸神，土地五十四斯塔特；〔在〕克索伊斯州布陀［城］建立他的神庙的神笼；

塞巴［SP′］，土地二斯塔特；建造他的神庙；

在南部圣宫［Ntry］的〔女神〕涅赫布特，每月十份面包和酒；

在伯耳努［PR—NW］的布陀，每月十份面包和酒；

在南部圣宫［Ntry］的诸神，每月四十八份面包和酒。

第三次清查大牲畜之年。①

埃及古代，分为早期王朝、古王国、中王国和新王国时期。乌塞尔卡弗是古埃及第五王朝（公元前 2489 年至前 2345 年）的第一任法老，在位 7 年，这里记录的应属公元前 25 世纪末期。当时在古埃及，已经是"第三次清查大牲畜之年"。一斯塔特约合 2735 平方米，但有人认为：古王国时期要大三四倍，即一斯塔特约合一万平方米左右。本例说明埃及古王国时期，已经建立了全国性的统计调查，调查对象包括人口、土地、黄金、大牲畜等，作为财产的战俘，也是重要的统计对象。经常性的统计已经出现。

---

① 文硕：《西方会计史》（上），中国商业出版社，1987，第 19 页。

（四）兵物统计

《周礼》："里宰掌比其邑之众寡，与其六畜、兵器，治其政令。"里宰掌管调查本邑人口和六畜、兵器的数目，执行有关政令。这里说明周朝已经有了兵物统计制度。

居延汉简作为汉代边境地区屯兵防御日常活动的档案文书，其中有很多与兵物记录和管理的资料。可分两类：一类是兵簿或被兵簿，记录刀剑弩矢等兵器；一类是守御器簿，记录兵器以外的其他战斗器具。

●吞远部五凤四年戍卒被兵簿。（合校 311·35）

五凤三年（公元前 53 年）六月临木部卒被兵簿。（合校 198·19）

●甲渠万岁候长就部五凤四年七月戍卒被簿。（合校 82·39）

第四长官七月兵簿。（合校 521·11）

受具弩簿。（合校 123·32）

●官取□□卒七月尽九月物故衣出入簿。（合校 56·40A）

●肩水候官元康四年十月守御器簿。（合校 126·11）

二　统计方法

统计方法是为统计报告服务的。这里，先从统计报告开始。

（一）统计报告

1. 上计制度

上计制度，是指下级官员逐级向上呈送统计、会计报告。"每年，地方官吏事先把赋税收入的预算写在木券上，送交朝廷。年终时，地方官吏必须把实际情况（收入、开支、损耗等），向朝廷报告。"[1]

中国最早的统计报告，可以追溯到四千年前。《通典·食货四》："禹别九州，量远近，制五服，任土作贡，分田定税，十一而赋。"《史记》："自

---

① 林剑鸣：《秦史稿》，上海人民出版社，1981，第 361 页。

虞夏时，贡赋备矣。"早在夏商之世，赋税制度已经初步发展。① 随着赋税制度的建立和发展，各级政府财政组织的经济责任也建立起来了。而这种经济责任关系的维持和实现，必然借助于统计报告的形式。由于历史久远，当时的统计、会计报告，尚待进一步考证。就已知史料看，晚于古埃及和巴比伦。

我国统计报告制度在周朝已经相当发展。《周礼·天官》："岁终，则令百官府各正其治，受其会。"宋朝王安石解释说："受其会者，受其一岁功事财用之计。"② 又《周礼·天官》："三岁则大计群吏之治，以知民财、器械之数，以知田野夫家六畜之数，以知山林川泽之数，以遂（考核）群吏之征令。"《商君书》"强国知十三数"，显然是它的进一步发展。当时，会计、统计并未分离。"财用"属于会计反映和控制的内容，其他则属于统计内容。

周王朝规定：每年终和三年大计，小宰和司会按规定对所属报送的统计、会计报告，统一勾考后呈送大宰，最后由大宰呈报天子。天子根据报告期的财政经济收支情况，论其功过，进行赏罚。战国晚期的秦国，并以法律形式对上计的内容、时间、准确性等作出明确规定。③

在统计、会计报告期限方面，周朝有严格的规定。据《周礼·天官·冢宰》："岁终，则令群吏正岁会，月终，则令正月要，旬终，则令正日成，而以考其治。"岁会、月要、日成相当于今天的年报、月报、旬报。报告的作用是"考其治"。《周礼·天官·宫正》："月终则会其稍事（月俸），岁终则会其行事（业绩）"说明考核的内容。周朝还规定了三年"大计"制度。"及三年则大比。大比，则受邦国之比要。"（《周礼·地官·小司徒》）比要，就是送请校计的户口财物报告。三年大比，小司徒接受天下邦国报送的比要，对报告要审核，不仅司会要参互考核，外部审计系统的宰夫、内史也要"以逆会计"。周朝对报告期的严格规定，在一定程度上反映了中央王朝对国家和地方政府的严格控制。

古希腊时期（公元前 5 世纪至公元前 3 世纪），雅典的官厅，也要求按严格的期限呈送报表。④ 当时的雅典主要是年度报告，还没有月报和旬报。

① 孙羽刚、董庆铮：《中国赋税史》，中国财政经济出版社，1987。

② 王安石：《周官新义》，商务印书馆，1937，第 22 页。

③ 李孝林：《我国早期统计会计报告制度的发展》，《重庆商学院学报》1989 年第 1 期。

④ 〔俄〕索科洛夫：《会计发展史》，中国商业出版社，1990，第 11 页。

直到公元前 3 世纪中叶，古希腊的庄园报告的分期上，才有了新的发展。当时的报告包括：月份汇总表、年度汇总表和三年汇总表。① 这在很大程度上反映了希腊庄园经济的新要求。在古罗马时期，官厅会计也要求财务官定期编制，并上报会计报表。但比较而言，西周对会计报告期限的规定，比古希腊和古罗马更具体、更严格。这种规定，有利于定期考核官吏们的政绩和各"邦国"的财政收支状况，从而有利于加强中央王朝对国家经济的控制。因此，周朝定期编制并上报统计、会计报告制度，成为以后各代纷纷效仿的典范。

周朝中央政权的行政领导接受统计、会计报告，已经有了初步分工。《周礼·天官》小宰"受群吏之要，赞冢宰受岁会。"《周礼·司会》郑玄注："司会主天下之大计，计官之长。"当时受计的分工，如表 6-3 所示。

表 6-3　周朝受计分工

分　工	日成	月要	岁会	比要（大比）
冢　宰			∨	∨
小司徒				∨
小　宰		∨	∨	∨
司　会	∨	∨	∨	∨

《礼记·王制》："以岁之成质于天子，冢宰斋戒受质。"疏："质，平也。谓奉上文书，听天子平量之。"冢宰受计要斋戒（吃素）沐浴，说明周朝上计仪式隆重而又严肃。西欧中世纪也有类似的做法，报表"编报人首先应该起誓，他将提交有关主人收入的报告是忠实的，符合规范的，在他记录的手卷中，只记载那些符合主人利益的合法的开支。准确地说，司录应对廉洁编制报告起誓"②。这说明，在古代，无论中外，报送统计、会计报告都是很严肃的事。尤其是在周朝，上计制度已成为当时政治经济制度的重要方面。周朝的上计仪式，从一个侧面反映了王朝对上计的关注。

古代统计、会计报告，可分为口头报告和计簿（账簿、报表）两类。《周礼》"听出入以要会"，"受其会，听其致事"，说明当时"上计"活动的一个重要方面，就是听取报告。显然，这种报告应当以精炼的文字和口头报告进行表述。据《韩非子·外储说》："田婴相齐，人有说王者曰：岁终之

---

① 杨树枝：《会计大辞库》卷一，黑龙江朝鲜民族出版社，1991，第 52 页。
② 〔俄〕索科洛夫：《会计发展史》，中国商业出版社，1990，第 11 页

计，王不一以数日之间自听之，则无以知吏之奸邪得失也。王曰：'善'。田婴闻之，即遽请于王而听其计。"这说明直到战国时期的"上计"，听取口头报告仍然是重要的形式。西方早期的会计报告也是如此。英文的"审计"（Auditing）一词，其原意就是"听"汇报。中西方何以如此相似？可能有三个方面的原因：第一，由于当时社会经济发展水平低，经济事项比较简单，能够通过口述和文字叙述的形式，将统计、会计信息全面表达出来；第二，当时统计、会计正处于早期的发展阶段，记录的方法还比较落后，经济事项的发生及其结果，还必须依赖头脑和文字进行记录；第三，文字初创，书写困难，报告的工具，如黏土板、竹简等十分笨重，只得借助于口头报告。

"上计"的命名，始于公元前六世纪下半纪的春秋晚期，而不是像某些文章所说的始于战国。刘向《说苑·政理篇》："晏子治东阿三年，景公召而数之曰：'吾以子为可而使子治东阿，今子治而乱。子退而自察也，寡人将加大诛于子。'晏子对曰：'臣请改道易行而治东阿，三年不治，臣请死之。'景公许之。于是明年上计，景公迎而贺之曰：'甚善矣，子之治东阿也。'"《晏子春秋·内杂篇》也有这个故事。齐景公于公元前六世纪在位，属春秋晚期。同样晏子春秋也做过类似上文。

进入战国时代，对"上计"的记载更多。如：赵襄子（在位始于公元前457年）以任登为中牟令，"上计，言于襄子"（《吕氏春秋·知度篇》）。魏文侯（在位始于公元前446年）时，"东阳上计，钱布十倍"（《新序·杂事篇》）。同时，西门豹为邺令，"期年上计"（《韩非子·外储说左篇》）。"上计之制，六国亦有之"（《秦会要订补·职官上》），这说明当时的上计制度在全国已普遍运用，比西周的统计报告制度又是一大进步。

史书记载：秦国"也实行上计制：每年，地方官要事先把赋税收入的预算写在木券上，送交朝廷。年终时，地方官必须把实际情况（收入、开支、损耗等）向朝廷报告，这就谓之上计"①。睡虎地秦简《仓律》反映县上报的有"食者籍"（领取口粮人员的名籍）、"它费"（既有"其他费用"，必然有各项经费）、"与计偕"中体现的会计报告（P.42），还有分品种的粮食产量、畜籍。秦律规定："都官岁上出器求补者数，上会九月内史。"（P.105）都官每年上报已注销而要求补充的器物数量，在九月报给内史。看来，既要上报器物注销年报，又要上报要求补充的器物计划。此律说明，

① 林剑鸣：《秦史稿》，上海人民出版社，1981，第219页。

不仅按年报告实绩，还要按年报告求补计划，并以法律做出规定。作为法律规定，应当是普遍实行的。

秦国于年终后上计。《秦律十八种·仓律》："县上食者籍及它费太仓，与计偕，都宫以计时雠食者籍。"（P. 42）各县于年终将粮食支出情况和其他费用，连同每年上计报告中的统计簿籍一起报送。又《秦律十八种·金布律》："已禀衣，有余褐十以上，输大内，与计偕。"（P. 66）这是说，发放过衣服以后，剩余褐衣（粗麻布制的衣服）十件以上，应送交大内（京师府藏），并连同计簿，将按照规定发放的衣服数字，呈报上级。这里的所谓"与计偕"，有两层意思：一是上计本身就是一种包括年度数字在内的，从下到上的报告制度；一是同上计一起，还有一些其他有关的统计数字，也要按照规定上报。秦代上计制度还有一个特点，即由柱下史（御史大夫）审阅各郡县、各部门呈送的有关户口、垦土及钱谷出入的上计报告。御史大夫行使监督之权，对上计进行审理，可能源于西周的内史。①

"……到十月牒书数，上内［史］"（P. 41），这里说的是粮食产量年度统计。到十月用牒（薄小的简牍）写明数量，上报内史。秦以十月为岁首，故在十月上报上年的粮食产量。律文中的方括弧，是补入的漏字。

"至计而上廥（Kuai，仓也）籍内史"（P. 100），到每年上报账目的时候，应将仓库的簿籍上报内史。这里说明上计时间已是周知的常识，用不着明确提出。

上两律都规定粮食产量和仓库粮食账，上报给秦王的中央机构内史，而不是经过郡转报，说明制定此律的时候尚未设置郡。秦国的第一个郡（上郡）置于秦孝公13年（公元前349年），从而可见，秦国开始以法律明确规定统计报告的时间和内容，不会晚于公元前四世纪前半纪。

有的论著因而认为秦国的上计制度"并非由县上计于郡、再由郡上计于朝廷，而是由县直接上计于朝廷"②，给人以偏概全之感。据《史记·范睢蔡泽列传》："昭王拜王稽为河东守，三年不上计。"这是失职行为。秦昭王公元前306年即位，王稽为河东郡守，上计程序为"县—郡—秦王。"换言之，秦国上计，置郡前只能是"县—秦王"，置郡后就变成了"县—郡—秦王。"

---

① 参阅本书第七章。
② 高恒：《秦简中与职官有关的几个问题》，《云梦秦简研究》，中华书局，1981。

秦国实行全面的上计制度，取得丰硕的成果。《史记·萧相国世家》称：刘邦灭秦进咸阳时，萧何"收秦丞相御史律令图书藏之"，"具知天下厄塞、户口多少、强弱之处、民所疾苦者"。苏子由《元祐会计录序》："汉祖入关，萧何收秦图籍，周知四方盈虚强弱之实。汉祖赖之，以并天下。"上计制度的辉煌成果从而可见。

上计制度，到汉代更发展成为一种全国性的、综合性的统计报告制度。每年（或几年）从县开始，逐级向中央上报计簿，也称计书。《东汉会要》卷二十七："郡国岁尽，遣上计掾吏，条上都内众事，谓之计簿。"上计成为中央政府全面了解全国政治经济情况的一种重要制度，计簿内容除财政经济收支实况外，还有人户方面的实况、官吏的功过和民间生活情况。当时，每年（或几年）由县派遣计吏将计簿送郡，经郡审理后，再由郡委派上计吏统率代表团携带计簿赴京上计。有时皇帝还要亲临受计，仪式非常隆重。通过上计，层层考核下级。

四川出土的汉代砖画《考绩》

"汉承秦制"而发展之。最突出的成就之一，是专门制定了《上计律》。它可能是世界上第一部以统计、会计报告和考核（审计）为主要内容的专门的法律。《上计律》规定：凡计簿中有欺瞒不实者或不及时的均治罪。据

《汉书》记载：汉武帝元狩二年（公元前 121 年）众利侯上谷太守郝贤，其计簿中有欺骗行为，汉武帝元鼎二年（公元前 115 年）建成侯拾因年终误了上计期限，两人都受到免职处分。从而可见，秦律所规定的"以其年计之"的会计年度原则的实践。有的专著指出：在欧洲，最早将统计、会计报告法律化的国家是法国。[1] 路易十四在 1673 年公布了法国商法《商事王令》，其中对商人编制会计报告提出了明确的要求。此后，拿破仑商法、希腊商法、荷兰商法也相继对会计报告做出了类似规定。而汉代对统计、会计报告制度的法律化比它们早一千五百多年。

上计制度要求，每年自下而上的逐级呈递上计报告——上计簿。每年各县委派计吏将上计簿送到郡国，由太守或上计长吏主持审理本郡一年来的财政收支及人户变化情况，并根据中央的规定做出下一年度的安排。然后，各郡一般由上计长吏率领有关人员诣京上计。有时还要提出一些问题，让有关人员当场回答，以尽可能掌握详细的第一手资料。但上计这种制度，如稍加松懈，就会发生问题。宣帝时，这种制度就出现了弊伪。《汉书·宣帝纪》：黄龙元年（公元前 49 年）诏曰："上计簿具文而已"。汉宣帝知道上计簿不实的严重性。他从加强御史对"上计"的监察职务入手，来杜绝"计簿欺谩"方面的问题："御史查计簿，疑非实者，按之，使真伪毋相乱"。御史官逐郡审核上计簿，倘若发现有伪造不实的行为，便根据情节轻重，严加惩处，以防止上计簿混乱的情况。

西汉皇帝，不仅亲自过问上计之事，而且物色有经济管理才干的官员去主管这方面的事。汉高祖六年（公元前 201 年）任命张苍为计相。汉武帝时，东郭咸阳、孔仅先后为大农丞，稍后，又把桑弘羊提拔到大司农和御史大夫的位置上。宣帝时，任命耿寿昌为大司农中丞。此外，严助、黄霸、朱买臣等都当过计官。

下文的统计报表部分有西汉后期的实例：尹湾汉简集簿是我国公元前一世纪的郡级年报，也是我国现存的最早的郡级统计年报，其完备程度，根据我国现有资料，可谓前无古人。

这里有一个与上计有关的故事。《史记·陈丞相世家》："孝文皇帝既益明习国家事，朝而问右丞相勃曰：'天下一岁决狱几何？'勃谢曰：'不知。'问'天下一岁钱谷出入几何？'勃又谢：'不知。'汗出沾背，愧不能对。于

① 杨宗昌：《简明西方会计史》，辽宁人民出版社，1992，第 84 页。

是上亦问左丞相平。平回:'有主者'。上曰:'主者谓谁?'平曰:'陛下即问决狱,责廷尉;问钱谷,责治粟内史。'上曰:'苟各有主者,而君所主者何事也?'平谢曰:'主臣!陛下不知其驽下,使待罪宰相。宰相者,上佐天子理阴阳,顺四时,下育万物之宜,外镇抚四夷诸侯,内亲附百姓,使卿大夫各得任其职焉。'孝文帝乃称善。"从而可见当时皇帝及主管官吏对待上计之事的重视程度。

产生于西亚两河流域的苏美尔—巴比伦文明,"按发生之早,成就之高和对后世影响之大而言,两河流域文明皆与埃及文明相当。"现摘录一部分乌尔第三王朝时期(公元前2113年至前2006年)苏美尔经济报告文献,如下:

(一)王家地产中,奴隶部队管理人和会计
关于使用交托给他们的劳动力的报告
……
第十一栏
1. 共计:119665/6个劳动者。
2. 共计:一天(4)6281/3个挑夫。
……
5. 没有剩余和透支。
6. 核算业务的作品。
7. 卢加尔鼓德(经济管理人)。
8. 时天神(?)最高大僧侣及兰那尔神最高僧侣受任(?)之年。
(二)苏美尔女俘营
……
第八栏
1. 总计:(按)40西拉计者女奴94。
2. 总计:30西拉者女奴1。
3. 总计:(按)20西拉者女奴22。
4. 总计:(按)20西拉者女奴4。
………
9. 他们的大麦一鼓尔又25西拉。
10. 给战俘谷物分配。
11. 什格伊舒布加尔之月(温马城的第二月)。

12. 时为英兰那女神大神殿最高僧侣受任之年（国王布尔新的第五年）。①

该表很有特色：

（1）分栏、分类列报，如每一女奴按价值（西拉）分类，乃现代分类表的鼻祖。

（2）两表从第一栏起分别至其末栏，文字简练，反映清楚。

（3）两表的末两行，都列明了编表的时间和经济管理人。

在公元前 21 世纪，就有这样先进的统计报表，怎能不令人大开眼界，击掌称叹！古巴比伦"报表编制并没有严格的时间规定，报表的保存期限可以是 3 ~ 4 年，也有的是 15 年"②。

古埃及第十八王朝图特摩斯三世（公元前 1504 年至前 1450 年）远征亚细亚的收入报告书③，是一份统计报告。

1. 从列腾努国家获得的战利品

全体军队（在此所地拿走的战利品表）：

王公三人。

妇女三十人。

战俘八十人。

奴隶及女奴，连他们的儿童，共六〇六。

2. 列腾努国家的贡物

陛下从这个国家得来的贡物表：

奴隶及女奴五一三。

马二六〇四。

黄金四五得朋二又九分之一基特。

作为查希（D'－HY）国家捐税的银杯……

一切的军（需品）……

（银制战车）……

① 文硕：《西方会计史》，中国商业出版社，1990，第 38 ~ 42 页。
② 〔俄〕索科洛夫：《会计发展史》，陈亚民译，中国商业出版社，1990，第 7 页。
③ 〔俄〕索科洛夫：《会计发展史》，陈亚民译，中国商业出版社，1990，第 7 页。

牡牛、无角牛、阉牛二八。

牛五六四。

小牲畜五三二三。

神香的容器二〇二八件。

3. 森格儿国家的贡物

……

4. 亚速的贡物

……

5. 塞浦路斯的贡物

……

6. 努比亚的赋税

下贱的库什的赋税。

黄金 300 + X 得朋

黑（人的奴隶和女奴）300 + X

伊尔木（Yrm）大公之子……

总计六十四

牡牛和无角牛一〇五

牛一七〇

总计二七五

该报告按来源地将所得分成战利品、贡物、赋税等类别，各类别下面又设若干项目，既有细数核算，也有总额核算，十分清楚明了。根据现有史料，可能是统计报表的鼻祖。

古希腊，统计、会计报告的报送，是按照具体事务进行的。当时雅典城邦不设皇帝和国王，全体公民选举主席团直接参加国家管理。财计官职由选举产生，包括三种：会计官、公卖官、出纳官。其中，会计官的主要任务是为每届主席团登记官吏的账目，处理政府的各项收支业务，并负责把账目和核算的结果，提交陪审法庭。公卖官是在议事会的领导下，负责出包、出租、拍卖等事务，他所编制的会计报告，主要是对议事会负责。出纳官所编制的会计报告，则应提交议事会办公厅复算。这样分别提交会计报告，有利于国家管理部门分工负责、高效运转，同时也便于国家对各个部门的监督和控制。周朝虽然在接受统计、会计报告方面有了一定的分工，但这种分工主要是从报告间隔期限方面来考虑的，它与古希腊对统计、会计报告的分工不同。古希腊按具体事务分别提交报告，实质上体现了一种萌芽的分权思想。而周朝逐层上报，直至国王，实质上体现的是一种王权观念。

上述史料证明：非洲和西亚早期统计工作的伟大成就。欧洲已有的统计报告要晚得多。"约 1250～1300 意大利米兰，威尼斯等城市开始编制统计报告。"[①] 而我国于公元前一世纪就有了郡级报告，比意大利早了近 1300 年。

2. 报告期间

统计报告期限，早在周朝已有严格规定。据《周礼·天官·冢宰》："岁终，则令群吏正岁会，月终，则令正月要，旬终，则令正日成，而以考其治。"岁会、月要、日成相当于今天的年报、月报、旬报。《周礼·天官·宫正》，"月终则会其稍事（月俸），岁终则会其行事（业绩）"。会，计算、考核也，说明考核内容。西周还规定了三年"大计"制度。"及三年则大比。大比，则受邦国之比要"（《周礼·地官·小司徒》）。比要就是送请校计的户口、财物报告。三年大比，小司徒接受各邦国报送的比要。

秦国对统计期间以法律做出严格的规定，并贯彻到日常工作中。"官相输者，以书告其出计之年，受者以入计之。八月、九月其有输，计输所远近，不能逮其输所之计，移计其后年，计毋相谬（miu，差错）。工献输官者，皆深（固定）以其年计之。"（P.58）"以其年计之"成为按年计算的法规。官府运输、生产都要严格遵守年度原则。"稻后禾熟，计稻后年。"（P.41）如果稻在谷子之后成熟，应把稻计算在下一年的账上，因为秦以十月为岁首，晚稻的成熟和收获在九、十月间，因而统一规定禾后成熟的晚稻，都算在次年的账上。

为了确保统计资料的真实性、可比性，使统计资料在全国范围内不重复、不漏计，秦律对统计时间作了规定，见之于云梦秦简的有："已获上数，别粲、糯、秸（hu）稻。别粲、糯之酿，岁异积之……到十月牒书数，上内［史］"（P.41）。这里说的是粮食产量的年度统计。稻谷收获后上报产量时，应将粲（籼）稻和糯稻区别开来。要把用以酿酒的籼稻和糯稻区别开来，每年单独保管（贮积）……到十月用牒（薄小的简牍）写明数量，上报内史。这里说的是粮食产量要分别品种，按年上报。律文中的圆括弧是对释文的注释，方括弧是补入的漏字。

---

① 陈善林、张浙：《统计发展史》，立信会计图书用品社，1987，第 396 页。

秦律不仅规定了统计年报，还明确规定了临时报告，如《秦律十八种·田律》：

> 雨为澍（及时雨）及秀粟（谷物抽穗），辄以书言澍稼秀粟及垦田赐无稼者顷数。稼已生后而雨，亦辄言雨少多，所利顷数。旱及暴风雨、水潦、台虫、群它物伤稼者，亦辄言其顷数。近县令轻足行其书，远县以邮行之，尽八月□□之。（P. 24～25）

下了及时雨和谷物抽穗，应即书面报告受雨抽穗的顷数和已开垦而没有耕种的田地的顷数。禾稼生长后下了雨，也要立即报告雨量多少，和受益田地的顷数。如有旱灾、暴风雨、涝灾、蝗虫、其他害虫等灾害，损伤了禾稼，也要报告受灾顷数。《秦律十八种·田律》：

> 禾、刍稾撤木、荐（草垫），辄上石数县廷。（P. 28）

谷物、刍稻撤下木头和草垫，应即向县廷报告粮草石数。

汉承秦制，在报告期间方面，没有大的变化，仍然是月报、季报、年报。

3. 报告内容

上引秦律，说明秦国统计报告的部分内容，如稻谷产量要按粲、糯、秸稻分别上报，仓库保管账、禾苗生长、雨旱灾情等都要上报。见之于秦律的统计报告内容还有：

> 程（量也）禾、黍□□□□以书言年……（P. 40）

计量谷子、黍子……要按年以文书报告其产量。看来，不仅是稻米，其他粮食也要上报。战国晚期的秦国并以法律形式对上计的内容、时间、准确性等做出明确规定。[1]

> 入采稼、刍稾，辄为廥籍，上内史。（P. 38）

---

[1] 李孝林：《我国早期统计会计报告制度的发展》，《重庆商学院学报》1989 年第 1 期。

谷物、刍稿入仓，要记入仓的簿籍，上报内史。秦《仓律》规定：

> 县上食者籍及它费太仓，与计偕。（P.42）

各县要将领取口粮人员的名籍和其他费用，与"计"偕同缴送给太仓。太仓是朝廷收储粮食的机构。此律说明报告的种类有三：一是领口粮人员的名籍；二是"它费"；三是"与计偕"中体现的计簿或"报表"。

秦律规定：

> 都官岁上出器求补者数，上会九月内史。（P.105）

都官每年上报已注销而要求补充的器物数量，在九月报给内史。看来，既要上报器物注销年报，又要上报要求补充的器物计划。此律说明，不仅按年报告统计实绩，还要按年报告求补计划，并以法律做出规定。作为法律规定必然是普遍实行的。这说明早在公元前三世纪，我国某些方面的计划工作已经相当开展。

居延汉简反映了统计报告的进一步发展，出现了月言簿（月报）、四时簿（季报、半年报）和一岁集（年报）等名称和实物。四时簿全文见第一章表1-1；月言簿全文见第八章表8-8，下文是四时簿或年报。

> ▨ 建昭二年四月
> 尽六月四时簿（合校217·2A）
> ▨ 更始二年七月尽
> 十二月四时簿（合校210·1）
> ▨ 元康三年十月尽四年
> 九月吏已得奉一岁集（合校126·42A）
> ▨ 居摄三年
> 计簿算（合校70·13）

"▨"是汉简中楬类形制上的标志器物或文书的标签。

永元五年是公元93年，建昭二年是公元前37年，更始二年是公元24年，元康三年是公元前63年，居摄三年是公元8年。

秦以十月为岁首，至次年九月为一年，并以法律规定了"以其年计之"的年度原则（《云梦秦简·金布律》）。《续汉书·百官志》注引卢植云："计断九月，因秦以十月为正故。"汉武帝太初元年（公元前104年）改用太初历、以正月为岁首。合校126·42A为年报，时在公元前37年，已经改用太初历67年，仍以十月为岁首，为什么？因为居延地处边疆，交通不便，为了保证按时上计，像近代统计、会计那样固定错综，仍以九月为年终，或有可能。

除上述的兵物、俸禄统计外，还有多种名籍、仓库保管账、谷出入簿、钱出入簿、铁器簿、吏被兵簿、吏除及遣、日迹簿、过关出入簿等，见下例：

> 元凤元年十一月己巳朔乙未，驲马农令宜王、丞
>
> 安世敢言之，谨速移卒名籍一编，敢言之。（合校19·34）

谨移，报送。敢言之，汉代文书中的常用语，多用在下级对上级，谦称。可见这是元凤元年（公元前80年）十一月二十七日，是驲马田官农令宜王、丞安世上报田卒名籍时所写的书信。从而证明卒名籍需要上报。下例均同。

> 本始三年八月戊寅朔癸巳，张掖肩水都尉☑
>
> 受奉赋名籍一编，敢言之。（合校511·40）
>
> 元延三年四月丙戌朔甲寅，南部
>
> 五月食名籍一编，敢言之。（合校75·9）
>
> 建始二年八月丙辰朔☑北部候长光敢言之☑
>
> 廪盐名籍一编，敢言之。（合校141·2）
>
> 五凤三年十月甲辰朔甲辰，居延都尉德、丞延寿敢言之，甲渠候汉
>
> 彊书言：候长贤日迹积三百廿一日，以令赐贤劳百六十日半日。谨移赐劳名籍一编，敢言之。（合校159·14）
>
> 河平四年十月庚辰朔丁酉，肩水候丹敢言之，谨移传驲马名籍
>
> □□，敢言之。（合校284·2）
>
> 始元六年二月己卯朔☑
>
> 移铁器簿一编☑（合校520·1）
>
> 元康三年二月甲子朔丙寅☑
>
> 吏被兵簿一编，敢言之。（合校403.2）

　　建始二年正月以来尽

🔲

　　十二月吏除及造。（合校 84·20AB）

五凤五年……谨移日迹簿一编，敢言之。（合校 267·15A）

　　甘露二年十月尽

🔲

　　三年九月吞。（甲附九 A）

　　远仓过关

🔲

　　出入簿。（甲附九 B）

从上述可见，上计，不仅要报报表，还要将部分账簿上报。

4. 统计报表

可分为基层报表和郡级报表。

（1）基层报表。

作为法律的云梦睡虎地秦简，只是规定了对报表的要求，未见统计报表的格式，公元前二世纪前半纪的江陵汉简五号木牍，可以为我们提供现存的最早的统计报表。

早在 1994 年，我们曾指出：江陵凤凰山 10 号汉墓"五号木牍可能是现在能够见到的我国最早的赋税统计报表实物"[①]。

它记录在一块木板的两面。全文见本书第二章。为什么说它是报表，论证详见前文。这里摘录其二月、三月原文及校算如下：

市阳二月百一十二算算卅五钱三千九百廿正偃付西乡佐缠吏奉𠂤受正忠（?）二百卌八（112×35＝3920）

市阳二月百一十二算算十钱千一百廿正偃付西乡佐赐口钱𠂤（112×10＝1120）

市阳二月百一十二算算八钱八百九十六正偃付西乡偃佐缠传送𠂤（112×8＝896）

市阳三月百九算算九钱九百八十一正偃付西乡偃佐赐（109×9＝981）

市阳三月百九算算计六钱二千八百卅四正偃付西乡偃佐赐（109×26＝2834）

---

① 李孝林：《江陵 10 号汉墓统计史料研究》，《西安统计学院学报》1994 年第 2 期。

市阳三月百九算算八钱八百七十二正偃付西乡偃佐赐（109×8＝872）

"五号牍叙述清楚，格式规范，查中外会计、统计史籍，这样科学的报表，在公元前二世纪，尚属首见。"① 但是，五号木牍只是乡下收税人员的半年报，居延汉简为我们提供了大量公元前、后一世纪的统计、会计报告实物。当时不仅有月言簿、四时簿（季报、半年报）、年报，一些会计账簿也要上报。都是基层统计、会计报告实物，未见郡级报告。

下面是汉塞守望基本单位烽火隧编制的人员、兵物统计，上报给部候长：

甲渠武贤隧北到诚北隧四里

候史一人	六石具弩二	兰兰冠各二
隧长一人	弩幅二	糸承弦十
卒四人	槀矢百	枲长弦五
凡吏卒六人	矢五百五十	革甲鞮瞀各四
服三年	靳干幡各四	（合校99·1）

随着经济的发展，簿籍越来越多，已经出现了综合上报的迹象。下例是公元前41年至公元前38年三月的粮食清查报告。

●永光三年尽建昭元年三月食月别刺。（合校142·32A）
●冣凡粟二千五百九十石七斗二升少，
　　凡出千八百五十七五三斗一升，
　　今余粟七百卅三石四斗一升少，
　　校见粟得七百五十四石二斗。（合校142·32B）

别刺疑为副本，如别本、别券。"冣凡"是期初余额和本期收入的"合计"，校算相符。少指1/3升。校见粟指盘点实存，减账面结存（今余），长余二十石七斗八升大（2/3升）。

永元兵物簿是东汉永元五年（公元93年）至永元七年部分月份或季度

---

① 李孝林：《从江陵凤凰山10号墓简牍研究西汉早期会计史》，《北京商学院学报》1996年第 2期。

的报表。计有永元五年六月、七月，永元六年七月的"月言簿"各一份，永元七年一季度、二季度的"四时簿"各一份。永元七年一季度"四时簿"见表1-1。

上述四简除第99·1号简外，都采用我国传统的旧管、新收、开除、见在的"四柱法"。

上述四类简已经具备统计报表的实质，鉴于它们还没发展到表格式，可称之为"叙述式报表"。

（2）县级年报。

　　亭长廿一人，受乐成侯国三人，凡廿四人。

　　凡亭以下五十人，受乐成侯国四人，定长吏以下五十四人。

　　乡八，聚卅四，户七千九百八十四，口万五千七百卅五。

（E. P. T50：3）

从统计内容看，只是一个县的综合统计。

（3）部级年报。

　　建昭元年十月尽二年九月，

　　▨大司农部丞簿录簿算，

　　及诸簿十月旦见。（合校82·18B）

建昭元年，公元前38年。大司农，"掌管租税钱谷盐铁等事"。该简是主管经济的部级年报。足证，当时主管经济的部门已经有全国性年报。惜无具体内容。

（4）郡级年报。

杜佑《通典》："汉制：郡守岁尽，遣上计掾、吏各一人，条上郡内众事，谓之计簿。"尹湾汉简集簿就是一例。

尹湾汉简集簿（木牍1）①，是公元前一世纪后期，东海郡的统计年报。

---

① 李孝林、熊瑞芳：《尹湾汉简集簿研究》，《统计研究》2004年第9期；《我国首见的郡级统计年报——尹湾汉简集簿再探》，《统计与决策》2005年第12期。

乃"成帝晚年（最可能是元延年间）之物"①。元延年间为公元前12年至前9年。考古专家指出："集簿，则是我国首次发现的郡国向朝廷呈报的上计簿。"② 现称统计年报，郡相当于省。

报告内容，包括行政建制数目、郡属区域、机构、官员、人口（男、女、老、幼）、田亩、种植、财政（赋税）钱粮入出，分组清楚、规范。不仅有总量指标，有的还有增长数、平均数。郡（省）级统计报告以及两端开口组、强度相对指标、分类法等在实际工作中的应用时间，不仅改写中国统计史，有的还开世界统计史的先河。木牍1共22行，为了便于研究、引用，在每行的前面，笔者另编序号，见表6-4。

表6-4 东海郡统计年报表

(1)县、邑、侯国卅八：县十八，侯国十八，邑二。其廿四有堠(?)，都官二。

(2)乡百七十，□百六，里二千五百卅四，正二千五百卅二人。

(3)亭六百八十八，卒二千九百七十二人；邮四百，人四百八，如前。

(4)界东西五百五十一里，南北四百八十八里，如前。

(5)县三老卅八人，乡三老百七十人，孝、弟、力田各百廿人，凡五百六十八人。

(6)吏员二千二百三人：大守一人，丞一人，卒史九人，属五人，书佐十人，啬夫一人，凡廿七人。

(7)都尉一人，丞一人，卒史二人，属三人，书佐五人，凡十二人。

(8)令七人，长十五人，相十八人，丞卅四人，尉卅三人，有秩卅人，斗食五百一人，佐使、亭长千一百八十二人，凡千八百卅人。

(9)侯家丞十八人，仆、行人、门大夫五十四人，先马、中庶子二百五十二人，凡三百廿四人。

(10)户廿六万六千二百九十，多前二千六百廿九，其户万一千六百六十二获流。

(11)口百卅九万七千三百卅三，其(?)四万二千七百五十二获流。

(12)提封五十一万二千九十二项八十五亩二□……人，如前。

　　　　（以上为木牍正面）

(13)□邑居园田廿一万一千六百五十二□□十九万百卅二……卅五(?)万九千六……长生。

(14)种宿麦十万七千三百□十□项，多前九千廿八百八十二亩。

(15)男子七十万六千六十四(?)人，女子六十八万八千一百卅二人，女子多前七千九百廿六。

(16)年八十以上三万三千八百七十一，六岁以下廿六万二千五百八十八，凡廿九万六千四百五十九。

(17)年九十以上万一千六百七十八人，年七十以上受杖二千八百廿三人，凡万四千四百九十三，多前七百一十八。

(18)春种树六十五万六千七百九十四亩，多前四万六千三百廿亩。

(19)以春令成户七千卅九，□二万七千九百廿六，用谷七千九百五十一石八(?)斗□升半升、率□二斗八升有奇。

(20)一岁诸钱入二万[万]六千六百六十四万二千五百六钱。

(21)一岁诸钱出一万四千五百八十三万四千三百九十一。

(22)一岁诸谷入五十万六千六百卅七石二斗二升少□升。出卅一万二千五百八十一石四斗□□升。

① 连云港市博物馆等：《尹湾汉墓简牍》，中华书局，1997。

② 连云港市博物馆中国文物研究所编《尹湾汉墓简牍综论》，科学出版社，1999，第30页。

尹湾集簿可分为六部分：

第一部分（1）至（4）行，是行政建制数目和东海郡的辖区统计。

（1）行，县、邑、侯国统计，记录县级行政区划数，"其廿四有堠（？）"，说明东海郡的38个县、邑、侯国中，24个有了望敌情的土堡；"都官"指盐铁官，西汉盐铁专卖，盐铁官直属中央大司农，故名。

（2）行，乡、里和里正数目，乡辖里，里的主管称里正。

（3）行，亭、邮统计，亭是治安机构，每亭有卒4～5人，邮指邮驿，木牍1反映东海郡的34所邮驿共有邮人408；"如前"，与以前的集簿一样，未变。

（4）行，是郡属区域。

第二部分（5）至（9）行为人员统计，分3组：第一组1行，记录民众中有位无禄的"贤达"数，将（5）行与（1）、（2）行比较，可见县、邑、侯国与乡三老各一人。孝、弟、力田的爵位低于三老，《汉书·文帝纪》十二年三月诏"其遣谒者劳赐三老、孝者帛人五匹，悌者、力田二匹"。第二组4行，吏员2203人是（6）至（9）行合计，各行不同职务分别统计。第（6）行为太守府吏员，凡27人；第（7）行为都尉府吏员，凡12人；第（8）行为县以下吏员，凡1840人；第（9）行为侯家丞吏员，凡324人。居延新简有公元前33年的吏员簿：

●甲渠候官竟宁元年吏员簿（E. P. T51：23A）

第三部分是户口统计，"多前"指报告期增加的户数，"获流"指流民入户数。汉户律规定：凡任意迁徙，隐瞒户口人丁者，凡户口上报不实者，凡逃亡躲避赋税征收者，均按户律中的相应条文处理。对户籍的登记与管理，是中央考核地方官员工作好坏的一条重要的标准。在每年的八月核查人口时，对那些户口管理好，在任职期间做到"户口岁增"的官员，就会得到皇帝的提升和重用，而那些对户口管理不善，弄虚作假的官员就会得到惩罚。[①]（10）、（11）行是户数和人口数，（15）行是男女分类统计，女子多前7926人，（16）、（17）行是人口中按老幼分组统计。老，按90岁以上、80岁以上和70以上受杖者三组统计，幼指六岁以下。

宋朝苏子由《元祐会计录序》"汉祖入关，萧何收秦图籍，周知四方盈

---

① 莫曰达：《先秦.秦汉统计思想史》，中国统计出版社，2000，第159页。

虚疆弱之实，汉祖赖之，以并天下。"这里的图籍，包括统计年报和户籍等资料。汉朝建后，立即着手户籍方面的建制，并将户籍制度作为制定《九章律》的重要内容，上升到法律高度，用法律来保障赋税的征收，防止人户的欺瞒伪诈，迁徙流失。田律规定农民占田，要按田申报交税，如申报不实，须受处分。[①] 在各重要方面，律法都作了一些具体的惩罚规定。而此报告的内容，包括行政建制数目、郡属区域、机构、官员、人口、田亩、种植、财政（赋税）钱粮出入，这种统计调查并非面面俱到，而是着重调查统计一些关系国计民生的事务。

第四部分是耕地和农林统计，（12）行东海郡土地总面积，"提"总共，"封"疆界，（13）行缺字较多，影响理解。考古论著认为："系有关东海郡□国邑居园田和定垦田顷亩数总计。"[②]（14）行是种宿麦统计，（18）行是春季各种农作物种植统计，反映春季农业的种植情况。

第五部分是赈济贫困统计，如（19）行"以春令存户七千卅九"，即按制度于春季救济贫困农户若干。[③]"成"为"存"字，《说文》作"恤问"讲。反映用谷总数。率，比率。每人平均二斗八升多。

第六部分是财政收支，（20）行岁入钱，（21）行岁出钱，（22）行岁诸谷入出。（20）行 266642506－（21）行 145834391＝12080115，当年财政盈余率高达45%。当年诸谷盈余94005石8斗。

机构、官员、人口（男、女、老、幼）、田亩、种植、财政（赋税）钱粮入出，分组清楚、规范。不仅有基础数字，有的还有增长数、平均数。

尹湾汉简集簿体现的统计方法如下。

（1）计量单位。

使用的计量单位齐全，既有价值量度（诸钱）、劳动量度（凡五百六十八人、口），实物量度单位更多：面积如顷、亩，容积如石、斗、升、半升，长度如里，还有年龄和树的计量，更有复合计量单位，如率口二斗八升有奇。计量时与前期比较使用"如前"、"多前"。总量指标用"凡"。

（2）调查方法。

汉代的编户制度，是在秦代户籍制度的基础上发展起来的。汉高帝初进

---

① 莫曰达：《先秦·秦汉统计思想史》，中国统计出版社，2000，第160页。

② 谢桂华：《尹湾汉墓所见东海郡行政文书考述》（上），《尹湾汉墓简牍综论》，科学出版社，1999，第28页。

③ 高恒：《汉代上计制度论》，《尹湾汉墓简牍综论》，科学出版社，1999，第135页。

咸阳，萧何十分注意搜集秦丞相府的图籍文书。汉朝建立，后当即着手编户方面的建制，并将编户制作为《九章律》的重要内容，将编户制度上升到法律的高度，用法律来保障赋、口赋、更赋及算赋的征收，防止人户的欺瞒伪诈，迁徙流失。汉户律规定：凡任意迁徙，隐瞒户口人丁者，凡户口上报不实者，凡逃亡躲避赋税征收者，均按户律中的相应条文处理。对户籍的登记与管理，是中央考核地方官员工作好坏的一条重要的标准。在每年八月核查人口时，对那些户口管理好，在任职期间做到"户口岁增"的官员，会得到提升和重用，而对那些人户管理不善、弄虚作假的官员，就会受到惩罚。[1] 田律规定农民占田，要按田申报交税，如申报不实，须受处分。[2] 在各重要方面，律法都做了一些具体的惩罚规定。统计报告的内容，包括行政建制数目、郡属区域、机构、官员、人口、田亩、种植、财政（赋税）钱粮出入，这种统计调查，并非面面俱到，而是采用典型调查法，着重调查统计一些关系国计民生的事务。下文结合尹湾汉简集簿详细分析。

（3）统计指标。

第一，总量指标（数量指标）。

总量指标应用如：

(1) 县、邑、侯国卅八：县十八，侯国十八，邑二。

(20) 一岁诸钱入二万万六千六百六十四万二千五百六钱。

(21) 一岁诸钱出一万万四千五百八十三万四千三百九十一。

入 – 出 = 盈亏，该郡的财政状况为：266642506 钱 – 145834391 钱 = 120808115 钱。

当年，东海郡财政盈余率达 45.3%。

第二，相对指标（质量指标）。

对比的方法是相对指标辨证的方法，它对人们认识客观事物有着重要的意义。尹湾汉简集簿已有强度相对指标的应用。如 (19) 以春令成户七千卅九，人口二万七千九百廿六，用谷七千九百五十一石八斗□升半升、率口二斗八升有奇。

强度相对指标或强度分析法，是对两个性质不同，但有联系的社会经济

① 莫曰达：《先秦·秦汉统计思想史》，中国统计出版社，2000，第159页。
② 莫曰达：《先秦·秦汉统计思想史》，中国统计出版社，2000，第160页。

现象的总量指标进行对比，用来表明现象的普遍程度，一般用以反映国民经济发展的强弱程度。《中国统计史》以《新唐书·食货志》为例，认为我国早在唐代，即已应用了强度分析法计算强度相对数。[①] 尹湾集簿证明：早在公元前1世纪，我国强度分析法已应用在实际工作中，如第19行，"率口二斗八升有奇"，即平均每人二斗八升多。

《敦煌汉简》的骑士作墼（ji，砖坯），和居延汉简都用"率"：

> 二人，积墼五千五百六十，率人积二千七百八十墼。（T. Ⅵ. b. i. 71.）
> 廿三日戊申，卒三人。
> 伐蒲廿四束，大二韦。率人伐八束。
> 与此三百五十一束。（合校 161·11）

"率"，比率，每人伐八束。这是生产平均数。"与此"，合计，共 351 束。

> 三月甲辰，卒十四人。
> （以上为第一栏）
> 其一人，养。
> 定作十三人，除沙三千七百七十石，率人除二百九十石。
> （以上为第二栏）
> 与此七万六千五百六十石。
> （以上为第三栏）（E. P. T51：117）

（4）统计分组。

数量分组：第16行、17行应用数量分组，说明东海郡年长者与年幼者的人数。一定年龄的老少人口分别统计，说明西汉上计重视年龄结构。

年龄	80岁以上	6岁以下	合计	90岁以上	70岁以上受杖	合计	多前
人	33871	262588	296459	11670	2823	14493	718

---

① 李惠村、莫曰达：《中国统计史》，中国统计出版社，1993，第117页。

所谓"受杖"，是给"王杖"，西汉老年人口享受的一种国家优待，汉代规定，一般从 70 岁开始由国家赐予王杖，持王杖者享有特权①。而 70 岁、80 岁和 90 岁的老人，又有不同的优待措施。作为统计方法，按年龄段统计，既方便管理，又方便使用。

这里，既采用等距指标，又采用异距指标。

在统计资料整理中，把原始资料按某一数量标志进行分组，并按一定顺序排列，同时列出各组的总体单位数的称为次数分布。它可以反映研究对象中，所有单位在各组间的分组状态和分布特征。我国早在宋代，就已经在按数量标志分组的基础上，创造了完整的次数分布表，在世界统计史上写下了光辉的一页。② 尹湾汉简集簿将其提前越千年。

西晋为实行占田、课田和户调制，规定了人口的年龄分组。《中国统计史》针对晋武帝（266～289 年）时的统计史料指出："'以下'、'以上'的组距写法是一种叙述式写法，这种两端开口组，在世界统计分组史上尚属创举。"③ 集簿应用两端开口组，比西晋早了近 300 年。这种写法，在欧美最早见于英国统计学者琼斯（G. C. Jones）的 A First Course in Statistics（1921）强度分析法。④

战国晚期《睡虎地秦墓竹简·效律》的惩罚规定，是一个按数量标志（差错的大小）所做的异距分组：

按差钱多少分组

110～220

220～1100

1100～2200

2200 以上

品质分组：第 15 行应用品质分组，说明男子、女子的数目，可以看出男女比例，女子多前 7920 人。说明增长数的应用。男女分别统计，说明西汉已重视性别比例。户 266290，多前 2629，其户 11662 获流，获流与律法中规定的重视人口增长相得益彰。

---

① 大庭脩：《汉简研究》，广西师范大学出版社，2001，第 38～59 页。
② 李惠村、莫曰达：《中国统计史》，中国统计出版社，1993，第 149 页。
③ 李惠村、莫曰达：《中国统计史》，中国统计出版社，1993，第 85 页。
④ 李惠村、莫曰达：《中国统计史》，中国统计出版社，1993，第 94 页。

性别	男子	女子		计
		数量	多前	
人数	706064	688132	7926	1394196

配第在 17 世纪将品质分组法应用在实际工作中。[1]

品质分组的另一例，是尹湾汉简集簿第 13~15 行：

提封五十一万二千九十二顷八十五亩二□……人，如前。

□国邑居园田廿一万一千六百五十二□□十九万百卅二……卅五万
九千六……长生。

种宿麦十万七千三百□十□顷，多前千九百廿顷八十二亩。

复合分组：为了区分社会经济现象的类型，反映统计总体的结构，揭
示现象间的依存关系。在本年报中针对研究对象的具体情况将所收集的统
计资料进行一系列的分组，如第 6~9 行，既按部门分组，又按职务分组；
既按品质标志分组，又按数量标志分组。可编制吏员统计复合分组表如
下。

职务\部门	太守	都尉	令	长	相	丞	尉	卒史	属	书佐	啬夫	秩	斗食	佐使亭长	仆	先马	小计
太守府	1					1		9	5	10	1						27
都尉府		1				1		2	3	5							12
县以下			7	15	18	44	43					30	501	1182			1840
侯家丞	1	1				18									54	252	324
合计	1	1	7	15	18	64	43	11	8	15	1	30	501	1182	54	252	2203

仆含行门大夫，先马含中庶子。

（5）分类法的实践。

用品质指标进行复杂的分组，在统计分组上称为分类法。《中国统计
史》将分类法在我国实际工作中的应用，定在宋朝天禧年间（1017~
1021 年），并称之为"分类法的创始"[2]。尹湾集簿将分类法的创始提前越

---

① 陈善林、张浙：《统计发展史》，立信会计图书用品社，1987，第 89 页。

② 李惠村、莫曰达：《中国统计史》，中国统计出版社，1993，第 148 页。

千年。

（6）统计分析法的应用。

动态分析法的应用。社会经济现象不仅是相互联系的，而且是发展变化的。所以，统计既要在现象的联系中进行对比分析，又要在现象的运动中进行对比分析。为此，就需要进行动态分析，从数量的变动，认识增长量和社会经济现象的发展规律。动态分析法应用的一项重要分析指标为增长量，用以说明社会经济现象，在一定时期内增加的绝对量。

统计中的对比分析法，在我国公元前一世纪的郡级统计报告中已有应用，虽然系统的理论概括无人进行，科学的统计名词也尚未确立，但在具体的应用上，已充分体现了各种分析法的内容与实质，并在世界统计史上处于先进的地位。

平均分析法的应用。在本报告中已有平均分析法的应用，如"率口二斗八升有奇"。它是以算术平均数来表示这种平均水平，以便分析历年来的救济水平。

（7）次数分布表的创始。

在统计资料整理中，把原始资料按某一数量标志进行分组，并按一定顺序排列，同时列出各组的总体单位数，称为次数分布。它可以反映研究对象中所有单位在各组间的分组状态和分布特征。我国早在宋代，就已经在按数量标志分组的基础上，创造了完整的次数分布表，在世界统计史上写下了光辉的一页。东海郡统计年报记载：

> 男子七十万六千六十四人，女子六十八万八千一百卅二人，女子多前七千九百廿六。年八十以上三万三千八百七十一，六岁以下廿六万二千五百八十八，凡廿九万六千四百五十九。

由上述男、女总数一百三十九万四千一百九十六人，可以得出六岁以上的人数廿九万六千四百五十九人。现按次数分布表的格式，自较低组向较高组排列，列表如下。

年龄	80 岁以上	6～80 岁	6 岁以下	合计
人数	33871	1097737	262588	1394196

不难看出,早在公元前一世纪我国就有了次数分布表。

(8)统计报表比较。

"约1250~1300年意大利米兰、威尼斯等城市开始编制统计报告。"① 我国公元前一世纪的郡级报告,比米兰、威尼斯早了近1300年。不仅作者手头上的多种统计、会计史,就是上网和到多家图书馆查找,也没有发现更早的郡级报告。在已发现的现存的郡(省)级统计报告中,尹湾汉简集簿,不仅是我国的最早者,某些方法也是世界之最。

"公元2年,中国史籍上第一次出现关于全国郡国、县邑、疆域、垦田、户口和货币数量的完备记载。"② 尹湾汉简集簿是我国公元前一世纪的郡级年报,其完备程度,充分说明我国早在公元前1世纪,就有完成此报表的能力。遍查重庆理工大学的多种统计、会计史书和国内外各大网站,并委托西南财经大学图书馆、清华大学图书馆查找,也未发现更早的郡级统计报表。在已发现的现存的郡(省)级统计报表中,尹湾汉简集簿是我国之最早者,是否是世界之最?希望同行查证。尹湾汉简集簿在某些方面,特别是在统计方法方面,必将改写中国统计史,甚至改写世界统计史。

我国早期的"上计",包括统计、会计报告,尹湾汉简集簿仅是统计报告,证明西汉晚期,统计、会计报告已经分离。

上述对尹湾汉简集簿的研究,熊瑞芳同学全程参与。

(二)原始记录

原始记录是统计、会计核算的基石。要保证核算的正确性。必须建立原始记录制度。

1. 契券——原始凭证

为了便于统计,秦《仓律》规定:

> 入禾仓,万石一积而比黎之为户。县啬夫若丞及仓、乡相杂以印之……(P.36)

谷物入仓,以一万石为一积而隔以荆巴,设置仓门,由县啬夫或丞和

---

① 陈善林、张浙:《统计发展史》,立信会计图书用品社,1987,第396页。
② 陈善林、张浙:《统计发展史》,立信会计图书用品社,1987,第395页。

仓、乡主管人员共同封缄，并给仓啬夫和乡主管廪给的仓佐"各一户"，"自封印"，以便出仓。

睡虎地秦简证明，秦国的原始凭证已经发展到一定高度，有两联、三联凭证。

　　……禀大田而无恒籍者，以其致到日禀之，勿深致。（P.29）

禀，领取或发给，向大田领取饲料而未开设固定账户的，按其领取凭证所到日期发给，不得超过凭证的规定。"致"，在这里是领料凭证。

《法律答问》有"亡校右券为害"的规定（P.228），丢失了作为凭证的右券就是造成危害。

　　人与叁辨券，以效少内，少内以收责之。（P.61）

叁辨券，可以分成三份的券。县、都官在点验或会计中有罪而应赔偿者，经判处后，有关官府啬夫，即将其应偿钱数分摊于其官长和群吏，发给每人一份木券，以便向少内缴纳，少内按券收取。看来，三辨券共三份，由缴款人、收款单位和主管单位分持。它是现代多联凭证的鼻祖。见之于法律，足见其成熟程度和流行的广度。

江陵凤凰山 10 号汉墓简牍体现的原始记录，不仅记录清楚，而且格式有序，比较规范化。下面分别介绍一号牍、六号牍、戊组简和己组简。

（1）一号牍（804）。正面分三列十六行，记有姓名和数字，数目先多后少，秩序井然。

载翁仲七十	王翁季五十	杨公子卅
庄伯五十	胡兄五十	靳悍卅
□小伯五十	袁兄五十	张父卅
□翁仲五十	汜氏五十	
陶仲五十	姚季五十	
王它五十	张母卅	
	张苍卅	

（以上为正面）

不予者　　陈黑　　宋则齐

（以上为背面）

既然背面是"不予者"的姓名，正面所记当为"予者"的姓名和数字。如是实物数字，当有名称和单位，疑是收款表。

（2）六号牍（803）。正面至背面第一行是随葬物清单，正面上中下共分三栏，格式比较整齐。

（正面）

竹笥二	尺卑：一具	案一	脯二束
望笥一	会卑：一具	布橐食一	豚一
函一	食检一具	縑橐米二	柯一具
大奴一人	椠一具	布帷一长丈四二福	赤杯三具
大婢二人	小于一具	瓦器凡十三物	黑杯五
卑：一具			
（以上第一栏）	（以上第二栏）	（以上第三栏）	（以上第四栏）

（背面）

酒□二斗一

四年后九月辛亥平里五大夫张偃□□

地下口偃衣器物所以□□器物□令

□以律令从事

出土随葬物品与清单一致。六号牍背面说明墓葬时间、墓主人张偃的住址在平里，爵位是五大夫。正面四栏，格式规范。

（3）戊组简。

安国臣二户	赤行	（855）
郭乙二户	儋行　少一日	（849）
越人□二户	唐行　少一日	（852）
寇□都二户	兼行　少一日	（850）
□昆论二户	善行　少一日	（851）
任但二户	□行	（860）

江陵 10 号墓简牍有合股经商契约（二号牍）和出售货物账（丙组简）。二号牍规定："病不行者罚日卅。"因而戊组简似属考勤记录。

（4）己组简共 32 支，每支简只记一姓名。

大女杨凡（？）　　（869）
女延（？）　　　　（870）
杨阌　小　　　　　（871）
☑小　　　　　　　（869）

云梦秦简《仓律》规定：男性身"高不盈六尺五寸"（约 1.5 米）、女性身"高不盈六尺二寸（约 1.4 米）皆为小"。居延汉简戍卒家属禀食簿说明：年 15 岁以上为大，14 岁以下为小。可见该简是"花名册"。可能与丁组简（徭役计算表）有关。

居延汉简为我们展示了大量的距今 2000 年左右的各种原始记录。

居延甲渠候长张忠，未得正月尽三月积三月奉月钱三千六百。已赋毕。（合校 35·5）
☐居延甲渠第卅八隧长王承明，
（以上为第一栏）
未得五凤元年十月尽二年正月辛酉积三月八日奉用钱千九百六十，
已得赋钱千九百六十。
……
（以上为第二栏）
●凡未得积十二月十九日奉用钱七千五百八十，
已得赋钱七千五百八十。
……
（以上为第三栏）（E. P. T51：238）
鄣卒许镇，毕。钱千六百。尸五月丙寅自取☑。（合校 285·21）
临桐隧长赵仁，九月奉钱六百，以偿朱子文，子文自取。（合校 6·17）

五凤元年是公元前 80 年。

"已赋毕"和"卪"相当于"付讫"。简文可以看成当时俸钱发放的记录档案，属于《俸钱出入簿文书》。前三简也可能是领钱人的申请或领条。特别是最后一简，私人俸钱抵债，并且由债权人直接领取，反映了汉代的又一种债务处理方式和方法，值得注意。也可以看成俸钱发放过程中的一种形式。

尚子春十斤，直二斛。

　　　　萧子少十斤，直二斛。

　　　　郑子任十斤，直二斛。

宜农辟取肉名。孟子房十斤，直二斛。

　　　　陈伯十斤，直二斛。

　　　　许子十斤，直二斛。

（以上为第一栏）

郑昭十斤，直二斛。●凡肉百二十斤，直二十三斛。

胡羿十斤，直二斛。清黍，●凡付夫人粟二十黍斛。

田子柳十斤，直二斛。清黍，十二斛黍斗，其三。

翟大伯十斤，直二斛。清☑。

杨子任二十斤，直三☑。

（以上第二栏）（E. P. T40：76A）

付肉数量与价值，校算相符。本牍分两面，B 面也是分两栏，内容、格式略同，只是标题"宜农辟取肉名"略去，以免重复。该件已经具有当代清单的特点，不仅格式清晰，一目了然，更有利于简化核算手续。

第七隧长王庆粟三石三斗三升少，陈尊取。卪

（以上为第一栏）

卒杨武粟三石三斗三升少，陈尊取。卪

卒陈尊粟三石三斗三升少，自取。卪

（以上为第二栏）（E. P. T51：60）

这是领粟凭证。卪，是收付完毕的符号。

为了简化核算的手续，现代统计广泛使用的累计凭证，可以上溯到居延

汉简。现举二例：

月晦日，食马二斗。

月二日，食粟二斗。

孙卿食马廪计　三日，食二斗。

四日，二斗。

十月廿三日，食马二斗。（合校 414・1A）

晦日是每月末的那一天。本简是五次马饲料的领取记录。

根据累计凭证，在谷出入簿上综合记录一笔就行了，如：

出麦大石三石四斗八升，闰月己丑，食驿马二匹，尽丁酉□（合校 495・11）

2. 名籍——备查簿和凭证

名籍即名册。居延汉简中的名籍，有的相当于现代的备查簿，有的相当于原始凭证。下面分成四类进行介绍。

（1）吏卒名籍和卒家属名籍。

元康三年十月尽四年

九月戍卒簿。（合校 5・14）

元康三年是公元前 63 年，这是年度的戍卒名册。

●甲渠候官建始二年正月邮卒名籍。（合校 143・1）

●鉼庭第廿三部五凤四年三月病卒名籍。（合校 45・15）

●右城北部卒家属名籍，凡用谷九十七石八斗。（合校 203・15）

☑卒家属在署名籍。（合校 185・13）

简首粗圆点“●”表示封面简或总计，建始二年是公元前 31 年，五凤四年是公元前 54 年。卒家属因年龄不同而将粮食供应分为四个等级。下简是卒家属名籍实例：

俱起隧卒王并妻大女严，年十七，用谷二石一斗六升大。

子未使女毋知，年二，用谷一石一斗六升大。

●凡用谷三石三斗三升少（合校 203·13）

汉代 0～7 岁为未使年龄，7～14 岁为使的年龄。汉量制，大指 2/3 升。校算相符。

●右城北部卒家属名籍，凡用谷九十七石八斗。（合校 203·15）

部，汉代边塞地区候望系统的一级机构，高于隧，低于候官。一般六至九隧为一部。这是当期卒家属名籍用谷的总计。

居延甲渠候官鸿嘉三年七月尽九月吏名籍。（E. P. T50：31）

●甲渠候官建始二年（前 31 年）正月郣卒名籍。（合校 143·1；206·30）

●甲渠候官五凤四年（前 54 年）戍卒定罢物故名籍。（E. P. T53：37）

■车父名籍。（合校 157·4）

●右城北部卒家属名籍，凡用谷九十七石八斗。（合校 203·15）

☑卒家属在署名籍。（合校 185·13）

物故，死亡。车父即车夫。从下例可见吏卒名籍的详情。

☑……●凡三人

☑……●凡三人

☑张成，郭政，王襃，●凡三人。

☑王习，张并，●凡三人。

（以上为第一栏）

第十泰卒，爱彭，杜诩，王萌，王隆，●凡三人。

第二十三卒，苏晏，苏循，鲍永，张宗，●凡三人。

饼庭卒，董恽，单昌，沐恽，●凡三人。

（以上为第二栏）

田恽、成泽，从。

卒赵千、扬元仲，省。

（以上为第三栏）（E. P. T43：39A）

居延新简公元初年的"骑士名籍"（E·J·F3）62 枚，上中下三排横写，按军营编队，分别登记 100 余名骑士的姓名、职务、籍贯。尚待发表。从已经发表的下简可见一斑。

右前骑士全稽里李☑（E. P. T14：13）

《集成》释："右前骑士，将军军阵有五营之制，即左、右前，左、右后和中军（营）。此简为骑士名籍。"

（2）考绩名籍。

王士吏未到，未知来时。隧长傅育未到，今白召之。

吏未到名。隧长王良未到，今日当到。

隧长常业未到，未知来时。通辨之，请辨白。（E. P. T4：46）

●右五命上大夫增劳名籍。（E. P. T5：32）

●□赐劳名籍。（E. P. T53：7）

始建国五年九月丙午朔乙亥，第二十三隧长宏敢言之，谨移所自占书功劳墨将名籍一编，敢言之。（E. P. T5：1）

●凤五年三月病卒名籍。（E. P. T56：210）

《周礼·夏官·司勋》"事功曰劳"，考校劳绩，而后进爵秩。

肩水候官并山燧长，公乘司马成，中劳二岁八月十四日，能书会计，治官民，颇知律令，武。年卅二岁，长七尺五寸。觻得成汉里，家去官六百里。（合校 13·7）

（3）奉赋名籍。

建昭二年□吏奉赋名籍。（合校 236·IA）

▣为封泥孔，是上报时用以密封的。

●居延甲渠候官永始三年正月尽三月吏奉赋名籍。（合校73·16）

奉赋名籍相当于现代的工资名册。建昭二年是公元前37年，永始三年是公元前64年。

（4）廪名籍。

●建平五年十二月官吏卒廪名籍。（合校203·6）
☑元寿二年十一月卒家属廪名籍。（合校276·4A）
●戍卒家属在署廪名籍。月小☑（合校191·10）

戍守西陲的吏卒及其家属，粮食供应是最繁重的工作之一，不仅分别制定了粮食供应标准，还按月分别编造廪名册，其式如下：

第廿三部卒十二月廪名。

　　廿二人。
第廿六卒寿安。
第廿六卒韩非人。
第廿七卒石赐。
第廿八卒曾相熹。

第廿三卒李婴。第廿四卒张猛。
第廿三卒苏光。第廿五卒曹逢。
第廿三卒郭长。第廿五卒韩意。
第廿四卒成定。第廿五卒张肩。
第廿四卒石关。第廿六卒张建。
第廿八卒羊实。第卅卒钟昌。
第廿八卒马广。第卅卒高关。
第廿七卒张愿。第廿九卒□□。
第廿九卒褒赣。
第廿九卒左赏。（合校24·2）

这是第廿三"部"卒的粮食供应名册，从中可见：第廿三部管理第廿三隧到第卅隧，共八个隧，每个隧基本上是三名戍卒。因为吏卒的粮食供应标准是一样的，这里仅是戍卒，不包括隧长、候长等低级官吏，因而只列个名单就行了。戍卒家属的粮食供应主要是按照年龄区别的，年龄不同标准不同，其廪名籍，见上述合校203·7简。

（5）其他名籍。

●第四部，甘露三年八月，吏肄射伤弩名籍。(E. P. T58：32)
●甲渠候长赏部，元康二年四月，戍卒被兵名籍。(E. P. T58：33)
元康四年（公元前62年）九月乙酉朔壬寅，☒。
兵名籍一编，敢言之。(E. P. T59：547)

兵，指兵器。

●甘露三年（公元前55年）戍卒行道贳卖，
衣财物名籍□□。(E. P. T53：218)
外贳卖官袭一领备南隧长陈长买所贾钱。(合校88·13)

贳，赊也。汉代边郡运输困难，戍卒在经济困难时，一般会将随身携带的布、帛，或领到的衣物出售，补贴日常所需，买者均是官吏。因为是贳卖行为，双方签订协议契约，约定具体的还钱时间。其中记录有具体的时间、地点、当事人和证人（任者、旁人）。贳卖者设立专籍，足证贳卖者众多[1]，既是赊欠，还要订立契约。简文如：

戍卒，东郡聊成昌国里恋何齐，贳卖七稷布三匹，直千五十，屋兰定里石平所。舍在郭东道南。任者，屋兰力田亲功。临木隧。(E. P. T56：10)
●元康三年四月，甲渠候官卒所齑承名籍 (E. P. T57：65)

齑（ji），持物赠人。郑玄谓："齑、资同义。"

	卒庞□	卒王□□□□□☒
八月廿一日卒始茇名籍	卒王□□	卒王□　　　☒
	卒张□□	卒王□□☒ (E. P. T43：25)

① 张俊民：《居延汉简贳卖衣财物刍议——汉简札记之一》，《西北史地》1990 年第 1 期，第 58～61 页。王子今：《汉代丝路贸易的一种特殊形式：论'戍卒行到贳卖衣财物'》，《秦汉社会史论考》，商务印书馆，2006。

■初元二年二月□□□□

　　□牛车名籍（合校 43·25）

　　●传马名籍（合校 203·39）

　　●竟宁元年戍卒病死衣物名籍（合校 49·17）

　　●赐劳名籍（合校 24·4）

初元二年是公元前 47 年，竟宁元年是公元前 33 年。

3. 生产记录

下例是戍守西陲的戍卒生产分工记录：

　　其二人养。二人涂泥。□人注泥。

　　省卒廿二人。四人择韭。一人注竹关。

　　●二人□。五人涂。（合校 269·4）

第卅四燧卒富承治墼八十。治墼八十。治墼八十。除土。除土。除土。除土。除土。除土。（合校 89·22）

安世燧卒 尹咸。	二十八日作三十五束。 ●□二十	二十九日作，三十七束。	八月晦日作，三十五束。	九月旦伐茭，三十五束。	九月二日口茭，三十□束。

　　　　　　　　　　　　　　　　　　　　　　（合校 505·24）

茭是饲草，晦日是每月最后一日，记录了安世燧卒尹咸连续五天的伐茭实绩。四写作"亖"。

说明此简属王莽时代。该简已经预示表格的诞生。这种简牍的形制，是先在简牍上用书刀阴刻出线格，然后再在线格中添上不同的文字。这种表格编成简册后，整齐划一，比较美观。

下例是见之于《疏勒河流域出土汉简》的骑士作墼（ji，砖坯）的记录。

　　丁未

　　骑士十人　　其一人候　　人作百五十，凡墼千二百

　　其一人为养　　其八人作墼（664）

己酉

骑士十人　　其一人候　人作百五十壁

其一人为养　八人作壁　凡壁千二百 （666）

二人积壁五千五百六十率人积二千七百八十壁 （89）

第 664、666 号简记录作壁的实绩，人作百五十壁。第 89 号简积壁率超过前简 18 倍，疑是一定期间的实绩统计。这里，已经运用平均数。

4. 饲料出入记录

☑丙辰　　　出茭卅束，食传马八匹。

出茭八束，食牛。（合校 32·15）

此简是某一天的领料记录。下例是五日序时记录。

月晦日，食马二斗。

月二日，食粟二斗。

孙卿食马廪计三日，食二斗。

四日，二斗。

十月廿三日，食马二斗。（合校 414·1A）

　　　乙亥出麦一石，又驿小史一石，十六。

　　　丙子出麦八斗，茭十九。

光光　丁丑出麦石二斗，茭廿。

　　　戊寅出麦石二斗，茭十五。

　　　己卯出麦九斗，茭廿。

四月十三日乙亥，庚辰出麦石二斗，茭廿一。

　　　　辛巳出麦石二斗，又一石，小史。

　　　　壬午出麦石二斗，茭廿五。

　　　　癸未出麦石二斗，茭廿。

　　　　甲申出麦二斗，茭廿二。

　　　　乙酉出麦石二斗，茭二。

　　丙戌出麦石二斗，廿六。

　　丁亥出麦九斗，廿五。小史。凡三石。

戊子出麦石二斗，廿四。

己丑出麦石二斗，廿八。凡十五日。

庚寅出麦

辛卯出麦（合校 562·1A）

　四月六日驿小史从尉史仲山取麦一石，前后二石。又石，凡三石。
（合校 562·1B）

　562·IA 简是 4 月 13 日到 27 日的每日出麦及荚的记录，相当于现代的累计凭证，或可认为是早期的统计台账。据干子朔日，简牍专家陈直教授认为：此简属西汉元帝建昭二年（公元前 37 年）。[①] 从日期看，562·1B 简记录在前，似应为 A 简。

5. 销售记录

　现代一些零售商店中，仍然流行着"销售划码"——销售统计的原始记录，居延汉简中，可以看到与它的源始类似的记录方式，如：

廿斤	廿斤	廿二斤半	十斤
廿一斤半	廿七斤半	廿五斤	●凡肉五百卌一斤，直二。
廿九斤	廿六斤半	廿斤	千一百六十四。脂六十三。
廿三斤半	卅斤	廿九斤	斤，直三百七十八。脂肉并。
廿六斤半	卅斤	廿一斤半	直二千五百卌二。
卅斤	廿五斤	十八斤	凡并直三千二百卌十二。
卅六斤	廿七斤	廿三斤	脂肉六百四斤（合校 286·19A）
头六十	肝五十	乳廿	
肺六十	迹廿	舌廿	
胃百	□百钱	颈十钱	界十
宽卅	心卅斤	□十	
二百	黄将十		
	肠益，卅。卖𥇙直六百七十 ●凡四百五十（合校 286·19B）		

　据《辞源》："𥇙，亦售"；从"卖𥇙"可见两简是销售记录。286·19B

―――――――――

① 陈直：《居延汉简研究》，天津古籍出版社，1986，第 23 页。

简所列出售后计直 670 钱，加 A 简腊肉并直 2542，并直 3212，校算无误。A 简详细数量相加应为 541.5 斤，合计时将尾数半斤舍去。2164 + 378 = 2542，亦相符。

6. 值勤记录

> 第三隧　卒□□甲申迹尽癸巳，积十日。
> 卒张枼甲午迹尽癸卯，积十日。
> 卒韩曼金甲辰迹尽壬子，积九日。
> 　凡迹廿九日，毋人马兰越塞天田出入迹。（合校 257·3）
> 十月戊寅卒董益迹尽丁亥十日。
> 十月戊子卒王相迹尽丁酉十日。
> 十月戊戌卒王甚迹尽丁未十日。
> 　凡卅日迹，毋越塞出入迹。（合校 257·19）

以上二简，属于日迹简。关于天田，据《汉书·晁错传》苏林注："以沙布其表，旦视其迹，知匈奴未入。"是汉塞地区为了调查人员出入情况的一种设施。具体方法是将一定宽度的地表锄划松软，或在一定的地带上铺以细沙。人马过之，必然在其上留下足痕。戍卒则以之痕迹判断是否有人偷越边塞，即汉简文书中的"日迹"。若发现有痕迹，则要判断是人、是马，或是野骆驼；若为偷越情况，不仅要查清出入情况（人员的多少，何地入、何地出），还要及时上报，协查追踪。这样，在汉代边塞的日常活动中形成了一套完整的日迹制度。由此，则可以对汉塞边境地区的巡逻制度进行考察了。

塞，墙，天田和塞，汉简中常相提并用。墙之外为天田，并行。汉常称外逃越境为"兰越塞天田"。毋，无也。两简分别连续记录 29 日或 30 日，都是一个月，显然是按月统计的值勤记录。下例是每日的值勤记录。

> □□□日迹　　戊寅十一日迹
> 甲戌七日迹　　己卯二十日迹
> 乙亥八日迹　　庚辰十三日迹
> 丙子九日迹　　辛巳□□□□
> 丁丑十日迹　　壬午□□□□
> 　　　　　　癸未☑（合校 219·15）

很显然，根据219·5类简进行统计，登记第257·3类简。前两简似乎具有统计台账的性质。

从原始记录中，可以窥见统计分组和统计标志的源始。当时已经有文书格式要求了。两千年前，统计记录之精细，分类之精审，书写之规范化，实在令人惊叹！

（三）统计台账

公元前二世纪的江陵10号汉墓出土的木牍，为我们留下了早期统计台账的类似者。

1. 乙组简

郑里禀簿　凡六十一石七斗（散简811）

户人圣能田一人口一人　田八亩　□移越人户　贷八斗二年四月乙☑（散简812）

户人犟能田一人口三人　田十亩　十尸　贷一石（散简813）

户人击牛能田二人口四人　田十二亩　十尸　贷一石二斗（散简814）

户人野能田四人口八人　田十五亩　十尸　贷一石五斗（散简815）

户人厌冶能田二人口二人　田十八亩　十尸　贷一石五斗（散简816）

户人□能田二人口三人　田廿亩　今□奴□　贷二石（散简817）

户人立能田二人口六人　田廿三亩　十尸　贷二石三斗（散简818）

户人越人能田三人口六人　田卅亩　十尸　贷三石（散简819）

户人不章能田四人口七人　田卅亩　十尸　贷三石五斗（散简820）

户人胜能田三人口五人　田五十四亩　十尸　贷五石四斗……（散简821）

户人房能田二人口四人　田廿亩　十尸　贷二石（散简822）

户人稷能田二人口六人　田廿亩　十尸　贷二石（散简823）

户人小奴能田二人口三人　田卅亩　十尸　贷三石□一石五……

（散简 824）

  户人□能田三人口四人 田廿亩 十卩 贷二□（散简 825）

  户人定□能田四人口四人 田卅亩 十卩 贷三石（散简 826）

  户人赍肩能田三人口六人 廿七亩 十卩 贷二石七斗（散简 827）

  户人□奴能田四人口七人 田廿三亩 十卩 贷二石三斗（散简 828）

  户人□奴能田三人口□人 田卌亩 十卩 贷四石（散简 829）

  户人□□能田四人口六人 田卌三亩 十卩 贷三石三斗（散简 830）

  户人公士能田三人口六人 田廿一亩 十卩 贷二石一斗（散简 831）

  户人骈能田四人口五人 田卅亩 十◪（散简 832）

  户人朱市人能田三人口四人 田卅亩◪（散简 833）

  户人□奴能田三人口三人 田□四亩◪（散简 834）

  户人□□能田二人口三人 田廿亩十◪（散简 835）

  ［户人］公士市人能田三人口四人 田卅二亩◪（散简 836）

乙组简共 25 支，第一支简书明账簿名称和发生额总计，与其后 24 支简的发生额之和正好相等。能田指劳动力，"口"指全户人口，各简均按每亩贷一斗计算。禀，稟俗字，"今本多讹为稟。"① "卩"，即"节"字，假借为"结"，表示收付结清。"十"贷款人是画押，相当于现代的签名盖章。这是我国保存下来的最早的画押实物。"十卩"是"十"和"卩"两个符号的结合。以上各简的记录格式一致，已经规范化了。古巴比伦"经营业务的当事人和证人应在黏土版上画押署名，记录官记下他们的名字，记录即告结束"②。

2. 四号牍

  当利正月定算百一十五   二月算廿缮兵卩

---

① 《中华大字典》，中华书局，1978，第 1502 页。

② 〔美〕迈克尔·查特菲尔德：《会计思想史》，文硕译，中国商业出版社，1989，第 5 页。

正月算卅二给转费卩	三月算十四吏奉卩
正月算十四吏奉卩	三月算十三吏奉卩
正月算十三吏奉卩	三月算六传送
正月算　传送部	
正月算卩	
当利二月定算百	
二月算十四吏奉卩	
二月算十三吏奉卩 （散简807）	
（正面第一栏）	（正面第二栏）

"算"，计口征赋的单位。过去认为"算赋"是人头税，江陵汉简证明按人征收的杂税也称"算"。四号牍按月分类登记，校核无误。

（四）统计表

统计表是用数字表明所研究对象的表式。现代统计表是具有主栏和宾栏的表格。作为其创始或鼻祖，则是叙述式，已经进行初步的分组和汇总，并按一定的规矩排列书写。

我国早期的统计表，实物见之于简牍的较早者，是公元前 2 世纪的江陵汉简。

1. 三号木牍（808）

表 1-2 是平里和槀上里的刍、槀税统计表。

2. 甲组大简

甲组大简两枚，较其他简长而宽。其一是市阳田租（809）的统计表：

原简记录	校算
市阳租五十三石三斗六升半	53.365
其六石一升当橐物	6.100
其一斗大半当麦 *（以上为第一栏）	0.105（?）
其七升半当荅	0.075
其一石一斗二升当耗	1.120
其四石五斗二升当黄白术	+4.520
凡□十一石八斗三升（以上为第二栏）	11.830
定卅□石五斗三升半　监□（以上为第三栏）	41.535

注：*第七笔应为第二笔至第六笔记录之和，《黄文》释校相符，差异在第三笔，如为一斗半升则相等。

齍物是作祭祀用的谷物，箸是一种酒，秏是一种稀少的稻类。第一笔记明市阳里应收田租总数，其后减去五笔抵征田租的谷物、酒和稻，共抵田租11.83 石，定田租41.535 石。这笔账分品种逐项记录，清清楚楚、逻辑严密。连半升（约合现代一两五钱）也要记，数量准确，即使在现代，亦无逊色。

这枚简记的是田租，它不应理解为占产量一半以上的地租，而是缴给政府的农业税。简文一开始说明是市阳里的田租，而不是某一户的。总数才53 石余，约合现在1600 多市斤，没有贷给郑里25 户的谷种多。据《汉书·食货志》介绍，李悝言："食，人月一石半"，53 石只够三人吃一年的。一户农民就扣除五种珍贵的食品亦恐难能。因而不是墓主人在市阳收的地租。"孝景二年，令民半出田租，三十而税一也。"（《汉书·食货志》）所以，田租是农业税。10 号汉墓葬于孝景四年，农业税率当为十五税一或三十税一，市阳的粮食定产当为800 石或1600 石左右。

甲组简记载的这笔实物税，乃是对市阳里农业税数量和抵减品种，甚至包括若干纳税人纳税的统计，所以用大简，正是为了便于进行汇总计算和反映。

对于三号木牍和甲组大简，基于古代账簿也要上报的实际，我曾把它们看作原始的统计报表。鉴于它们都是某种农业税的一个里的汇总计算表，把它看成是统计表的源始，是否更合适一些？

需要说明的是原简牍排列规范，但无线条。为了醒目，线条格式及校算都是笔者加的。

3. 丁组简（837~843）

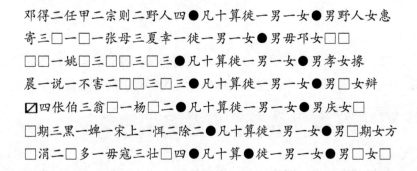

邓得二任甲二宗则二野人四●凡十算徙一男一女●男野人女惠
寄三□一□一张母三夏幸一徙一男一女●男毋邡女□□
□□一姚□三□□三□三●凡十算徙一男一女●男孝女椽
晨一说一不害二□□三□三●凡十算徙一男一女●男□女辩
☑四伥伯三翁□一杨□二●凡十算徙一男一女●男庆女□
□期三黑一婢一宋上一悑二除二●凡十算徙一男一女●男□期女方
□涓二□多一毋寇三壮□四●凡十算●徙一男一女●男□女□

此类简的共同点是每只简均记十算。第一支简中的"野人四"，郑里禀簿中有"户人野能田四人,口八人"。能田,即有劳动能力的成年人,能田四人正当出四算,所以这些简记的是算赋账(《弘文》)。"徙",黄盛璋释为"遣",裘锡圭释为"徙"。裘锡圭认为:"大概是跟赋税逐役有关的事情。"我赞成这个看法。因为"算"是纳税的计量单位。每只简都凑成十算,或许是为了便于计算和安排。简尾的"徙一男一女●男□女□"就是按十算安排的。从简尾看,可能与按十算征发的徭役有关。因而丁组简属于徭役计算表。

三 统计管理制度

(一) 统计质量

正确性是数字的生命。云梦睡虎地秦简律文,对核算的正确性提出了严格的要求:"计毋相谬"(P.58)。从江陵 10 号汉墓大批会计简牍看,通过核算,只发现丙组简有一笔错 2 钱,3 号木牍有两笔分别差 0.12 石和 0.04 石,都是尾差,余均无误。说明秦律对核算正确性的要求已经基本做到。这样的正确性,即使在今天亦可谓高矣!其正确性与下文就要介绍的法律责任的严厉处理有关。

(二) 管理制度

为了确保各年度统计资料的可比性,秦律对一些可能跨年度的活动,作出明确规定,并首次提出"以其年计之"的原则。

有米委赐,禀禾稼公,尽九月,某人弗取之,勿予。(睡虎地 P.44)

禀,赐谷也,下所受亦曰禀。有赏赐的米,或向官府领取谷物,到九月底,该人尚未领取,不再发给。秦以九月为年终,所以这是当年有效。

稻后禾熟,计稻后年。(睡虎地 P.41)

如果稻在谷子之后成熟,应把稻计算在下一年的账上。因为秦以十月为岁首,晚稻的成熟、收获在九、十月间,乃统一规定禾后成熟的晚稻,都算在次年的账上。

> 授衣者，夏衣以四月尽六月稟之，冬衣以九月尽十一月稟之，过时者勿稟。后计冬衣来年。（睡虎地 P. 66）

发给衣服的，夏衣从四月到六月发给，冬衣从九月到十一月底发给，过期不领的不再发给。冬衣应记在下一年账上。冬衣发放的时间跨两年，所以统一规定作次年的账。

> 官作居赀赎债而远其计所官者，尽八月各以其作日及衣数告其计所官，毋过九月而毕到其官，官相近者，尽九月而告其计所官，计之其作年。（睡虎地 P. 85）

在另一官府劳作抵偿赀赎债务而距原计账官府路远的，应在八月底分别把劳作天数和领衣数通知原计账官府，在九月底前都送到，所服役的官府路近的，在九月底通知原计账官府，计算在劳作的当年以内。规定九月底前送到，是为了把劳作天数和领衣数计入当年账务。距原计账官府路远的，提前于八月底轧账，是为了保证原计账官府可以按年轧账。这种提前轧账的办法，在交通不便的边远地区，现在仍然实行。

> 官相输者，以书告其出计之年，受者以入计之。八月、九月中其有输，计输所远近，不能逮其输所之计，□□□□□□□移计其后年，计毋相谬。工献输官者，皆深以其年计之。（睡虎地 P. 58）

官府输送物品，应以文书通知其出账的年份，按受者同年入账。如在八月、九月输送，由于时近年终，要估计所运处所的远近，不能赶上运入处所（年终）结账的……改计入下一年账内，双方账目不要矛盾。工匠向官府上缴产品，都应固定按其生产年度计账。

古时交造不便，物品运输，在途时间较长。为确保"计毋相谬"，以法律做出这些精密的规定，不能不令人惊叹！即使在今天，对于在途商品和异地销售的入账时间，仍然是讨论的课题。2200 多年前，竟能做出这样明确的规定，充分反映了我国古代核算水平所达到的高度。迄今为止，尚属史无前例。

为了确保统计质量，居延汉简有校核实例：

> 校甲渠候移正月尽三月四时吏名籍，第十二隧长张宣，史。案府籍宣不史，不相应，解何？（合校129·22）
>
> 校候三月尽六月折伤兵簿，出六石弩弓廿四付库，库受啬夫久廿三，而空出一弓，解何？（合校179·6）
>
> 四时簿出付、入受不相应，或出输非法，各如牒。书到。（合校394·4）

上述三简都是收到上计季报，经校核发现问题后，给报告单位的校核通知。

宗前受茭五十二积，今白五十三积，多一积。误。毋状，当坐，罪当死，叩（合校317·11A）

宗前受茭五十三积，今茭五十二积，死罪（合校317·11B）

这是通过校核，发现错误后给上级的报告。

（三）法律责任

1. 法律规定

睡虎地秦简《效律》规定："同官而各有主也，各坐其所主。"（P. 117）在同一官府任职而掌管的方面不同，分别承担所管方面的罪责。这说明秦国已经以法律形式规定了分工负责的原则，从中央到地方都是这样。秦律把数字差错分成两类。第一类差错是"计校相谬也"（P. 125），即经过查对发现的差错。第二类是"计脱实及出实多于律程，及不当出而出之"（P. 125），指账实不符及乱销账，由于造成财产损失，因而处分更重。列表如下：

第一类错误	第二类错误	处　分
220 钱以下		谇官啬夫
221～2200 钱或人户、马牛一	22～660 钱	赀一盾
过 2200 钱或人户、马牛二	过 660 钱	赀一甲

"石卅钱"（P.88），又《汉书·食货志》李悝言："食，人月一石半……石三十"钱。一方面，造成22钱以上的损失，不过半个月的口粮，就罚一块盾牌，其价值显然超过22钱，足见处罚的严厉。另一方面，这样的差错（现在看来，价值半个月口粮的差错并不算大），必然不多，如果不能基本消灭，哪个啬夫和计算人员也承担不起这么严厉的处罚。

《校律》规定："计，用律不审而赢、不备，以效赢、不备之律赀之，而勿令偿。"（睡虎地 P.125）计账不合法律规定而有出入，按核验实物时超出或不足数的法律处罚，但不令赔偿。对于计算错误，要根据官吏的职责分别处罚。"官啬夫赀二甲，令丞赀一甲，官啬夫赀一甲，令丞赀一盾。其吏主者坐以赀、谇如官啬夫。"（睡虎地 P.123～124）对单位负责人官啬夫比令丞加倍处罚，对主管该事的官吏和官啬夫一样加倍处罚，是因为官啬夫和主管该事的吏对计账错误，更应承担责任。这样，必然有利于管理水平的提高。《校律》还规定："误自重也，减罪一等。"（睡虎地 P.126）如果自行查出错误，减轻处罚，体现了区别对待的方针。

《校律》规定："禾、刍稾积㢆，有赢、不备而匿弗谒，及诸移赢以偿不备，群他物当负偿而伪出之以彼偿，皆与盗同法。"（睡虎地 P.100）谷物、刍稾贮藏在仓库里，有超出或不足数而隐瞒不报，以及种种移多补少，假作注销，而用以补垫其他应当赔偿的东西，都和盗窃同样论处。彼偿，补垫。"大啬夫、丞知而弗罪，以平罪人律论之，又与主㢆各共偿不备。"平，相等。对上述情况，大啬夫、丞知情而不加惩处，以与罪犯同等的法律论处，并和管仓者一起赔偿缺数。

秦国的法律，包罗丰富，规定具体，相当于现在的法律、条例和制度。作为上层建筑组成部分的秦法，反映了新兴封建主为维护统一而实施严刑峻法的历史。其严密管理的部分，有继承性的方面。睡虎地秦简更反映了公元前3世纪至公元前4世纪，我国统计工作所达到的高度水平。

2. 对违法行为惩处的史实

对统计报告制度，凡有违反，就要分别情况，承担法律责任，受到惩处。古代有关这方面的法律条文，大体如下。

（1）对延误报送日期的惩处。如汉律规定：凡上计不及时者治罪。据《汉书·王子侯表》，汉武帝元鼎二年（公元前115年），建成侯拾，因年终误了上计期限，"受到免职处分"。唐代对各项统计报告的报送期限，都有严格要求，如有延误，就要依法论处。《唐律疏议》卷十："诸公事因行而稽留，及事有期会而违者，一日笞三十，三日加一等，过杖一百，一月加一等罪，止徒一年半。"又："若朝集使及计账使之类依令各有期令，而违不到者，一日笞三十。三日加一等……"汉简有法律条文：

> 发致及有传送，若诸有期会而失期，乏事，罚金二两。非乏事也，及书已具，留弗行，行书而留过旬，皆盈一日罚金二两。（张家山·行书律页269（F179））

（2）对违反报送程式的惩处。例如，据《宋史·刑法志》：宋神宗时，规定统计簿册一律按规定格式及书法缮写，违者科以杖罪。又据《宋会要·食货》：南宋绍兴"十三年（公元1143年）九月一日诏，州县租税簿籍令转运司降样行下（统一规定格式下达），并谨慎书写，如细小草书从杖一百科罪，勒令永不得收叙（永远开除公职）。其簿限一日改正"。处分是相当重的。

（3）对报告不实与错漏的惩处。秦律规定：如果统计数字与实际情况不符，不按规定进行统计，有关人员就要受到法律惩处：或啐（斥责），或赀（罚缴实物）。而赀的办法，有罚一个盾牌、一副铠甲或两副铠甲的。对统计数字上的弄虚作假，秦律把它视同盗窃罪一样论处。《秦律十八种·效》："禾、刍稿积廥，有赢、不备而匿弗谒，及诸移赢以偿不备，群它物当负偿而伪出之以彼偿，皆与盗同法。"（P.100）仓库里的谷物、刍稿，如有超出或不足的情形，而隐瞒不报，或者用移多补少、假作注销的手段来垫补应予赔偿的东西，都要同盗贼一样论处。

汉《户律》规定：凡任意迁徙、隐瞒户口人丁的，户口上报不实的，一律按有关条文惩处。《上计律》规定：凡计簿中有欺瞒不实的，治罪。

汉初《二年律令》对文书错误有处罚规定。如：

> □□□而误多少其实，及误脱字，罚金一两。误，其事可行者，勿论。（张家山页17）
> 诸上书及有言也而谩，完为城旦舂。其误不审，罚金四两。（张家山页12）

据《汉书。武帝纪》，元狩二年（公元前121年），众利侯上谷太守郝贤，就因为计簿中有欺骗行为，受到免职处分。唐代基层单位由里正负责编造户籍，据《唐律疏议》卷十二，凡里正漏报户口，如果是无意造成的。"一口笞四十，三口加一等，过杖一百。十口加一等，罪止徒三年"；如果是有意欺瞒的，"出入课役一口，徒二年；二口加一等。十五口流放三千里。"唐代对计簿中有欺瞒的，也定有惩处办法。

（四）统计人员和统计机构

春秋时，管仲就提出要贯彻财计制度，必须设置相应的财计机构和委派财计官员。

战国时代，秦、赵两国设有内史官职，掌财政，包括主管会计、统计该算。地方基本上实行郡县两级制，两级都相应设有财计方面的官员。

为了维护政权，秦代建立了一套体系比较完整的封建官僚机构。汉承秦制，逐渐出现了一些专职的统计官吏，但大量的统计工作，仍由各级行政组织完成。统计活动只是依附于各种行政、业务活动的附属活动。汉代负责统计的机构，大体可分为综合统计系统和部门统计系统两类。

综合统计系统。它是同上计制度密切关联的一套统计组织。这套组织，西汉时期（公元前206年至公元25年）由丞相亲自领导。《汉书·张苍传》：在萧何为丞相时，"令苍以列侯居相府，领主郡国上计者"，时称"计相"。可见，从汉高祖立国，相府里已设有专官协助丞相主管全国的综合统计了。到了东汉（公元25～220年），这项工作，划归尚书台领导。综合统计由郡县编制，而原始资料的收集和提供，则由亭、乡基层政权负责。郡、县、亭、乡都设有上计官吏。西汉时郡的上计吏由郡丞担任，后来由郡选派掾吏担任。

部门统计系统。综合统计是按行政组织逐级上报的，部门统计则分别业务主管部门进行统计。全国的部门统计由九卿分掌。九卿之中，春常（掌礼仪祭社），负责宗庙祭扫方面的统计；郎中令（掌宫殿门户）、卫尉（掌宫廷警卫）、太仆（掌舆马车服），负责宫廷事务方面的统计，宗正（掌序录王国嫡庶之次及其他王族之事），负责宗室谱牒方面的统计；少府（掌宫廷收支），负责王室财政收支方面的统计。最重要的是治粟内史（后改称为"大司农"，掌国家财政经济），负责全国财政经济方面的统计。治粟内史下属大仓（掌粮仓）、均输（掌运输，执行国家均输政策）、平准（掌物价）、都内（掌国库）、籍田（掌国有土地）五个主管部门，分别负责粮食、运输、物价、钱币出入、土地等方面的统计。治粟内史的属官，还下伸到郡县，他们分别负责地方的部门统计。

西汉前期的统计、会计工作尚未分开，讲到"计"往往是同时包括统计和会计。

<blockquote>

八月丁丑鄣卒十人。

	其一人，守阁。	二人马下。一人吏养。
	一人守邸。	一人使。
	一人取狗湛。	一人守园。
	一人治计。	一人助。

（合校267·17）

</blockquote>

该简与267·22简大体相同。"候之下有鄣尉，候官直属之卒又叫鄣卒"。在候官直属的鄣卒十人中有一人"治计"——从事统计、会计工作，开班组核算之先河。

计曹许建（合校236·5）

居延计掾卫丰……（合校505·13）

上计佐使郝卿、卿，千人令史（合校503·12）

计曹是统计、会计的机构，也是负责统计、会计工作的官职。计掾是计官或其他部门的统计、会计人员。上计佐使则是负责上计官员（上计吏）的办事人员。

第七章　简牍审计史料研究

　　我国较早出版的古代审计史著作未使用简牍史料，如郭道扬《会计发展史纲》第四讲①中国审计史部分和文硕《世界审计史》第四章中国封建社会国家审计的发展②。

　　李宝震、王建忠《中国审计简史》③ 和项俊波《审计史》④，仅用《睡虎地秦墓竹简》。方宝璋《中国古代审计史概论》⑤，既用《睡虎地秦墓竹简》，也用少数居延汉简。但是，所有上述审计史论著，都把反映战国晚期审计活动的《睡虎地秦墓竹简》定为秦汉时代，不妥。本书第二章"云梦睡虎地11号墓竹简所属时代与其反映的时代"已经证明。

　　李金华主编的四卷本巨著《中国审计史》，由中国时代经济出版社于2004～2005年相继出版，体现了我国审计史研究的新高度。其第一卷是古代审计史，内容充实。既用金文，又用《睡虎地秦墓竹简·效律》，并称《睡虎地秦墓竹简》反映战国时期的审计，还引用少数居延汉简，较其前出版的审计史著作有突破性进展。至于简牍中的大量审计史料，亟待发掘。

　　《中国审计史》第一卷⑥第二章引用《商君书·去强篇》："强国知十三

---

①　郭道扬：《会计发展史纲》，中央广播电视大学出版社，1984。
②　文硕：《世界审计史》，企业管理出版社，1996。
③　李宝震、王建忠：《中国审计简史》，中国审计出版社，1989。
④　项俊波：《审计史》，中国审计出版社，1990。
⑤　方宝璋：《中国古代审计史概论》，《中国史研究》1996年第1期。
⑥　李金华主编《中国审计史（第一卷）》，中国时代经济出版社，2004，第45～46页、第73～75页。

数，竟内仓口之数（国内仓库和人口数字），壮男壮女之数，老弱之数，官士之数，以言说（说客）取食之数，利民（商人和工匠）之数，马牛刍槁之数。不知国之十三数，地虽利、民虽众、国愈弱至削（被侵削）。"第三章以3页篇幅引用尹湾汉简《集簿》。把两者都作为审计内容，值得商榷。尹湾汉简《集簿》内容有：机构、官员、人口（男、女、老、幼）、田亩、种植、财政（赋税）钱粮入出总数，是典型的统计年报①。商鞅"十三数"也是统计的重要内容，主要部分不是会计内容。不应把对统计报表的审查称为审计。

一　周朝审计组织已经达到相当高度

为金文和简牍证实的《周礼》，反映周代的实践或思想，审计产生于西周说，已经成为最流行的观点。

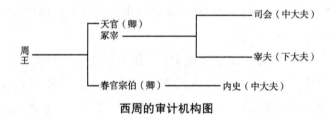

西周的审计机构图

天官冢宰，或称大宰（大，泰韵）、太宰，六卿之首，是国家行政系统首脑，相当于后代的宰相。

（一）《周礼》记述的审计机构

1. 司会审计——内部审计的鼻祖

为郭店楚简证实的《礼记》，其《王制》篇说："司会以岁之成质于天子。"《周礼》介绍：司会是国家会计机构，汉郑玄注："司会主天下之大计，计官之长"。司会的爵位为中大夫，仅次于六卿而与小宰（冢宰副职②）相同。"凡在书契版图者之贰，以逆群吏之治而听其会计"（保管书契版图的副本，听取、接受百官的会计报告，据以考核他们的治绩）。郑玄注：

---

① 李孝林、熊瑞芳：《尹湾汉简集簿研究》，《统计研究》2004 年第 9 期；《我国首见的郡级统计年报》，《统计与决策》2005 年第 12 期。
② 李孝林等：《中外会计史比较研究》，科学技术文献出版社，1996，第 268 页。

"逆受而钩考之，疏察其是非也。""以参互考日成，以月要考月成，以岁会考岁成，以周知四国之治，以诏王及冢宰废置"。参互，相参交互或相互参考。运用书契版图的副本（包括百官报来的会计报告）和"职内"的收入、"职岁"的支出、"职币"的余财，参互考核旬报、月报和年报，以便了解邦国和诸侯的治绩。呈报周王和冢宰，进行升迁或处罚。从而可见司会的职责广泛，权力较大，他不仅负责管理会计工作和财政工作，还负责考核各官府的政治、经济治绩，并呈报周王和冢宰进行赏罚。《周礼·天官·司书》："凡上之用、财用，必考于司会。"可见，司会既是"计官之长"，又要"逆群吏之治而听其会计"，明显具有国家内部审计的性质，成为内部审计的鼻祖。

2. 宰夫审计——隶属于行政系统的国家审计的鼻祖

西周主要的审计官员是宰夫。"宰夫之职，掌治朝之法，以正王及三公、六卿、大夫群吏之位。掌其禁令，叙群吏之治"，"掌治法，以考百官府郡都县鄙之治，乘（计也）其财用之出入，凡失财用物辟名（账实不符）者，以官刑诏（报告）冢宰而诛之。其足用长财善物者，赏之"。《周礼》的这些记载，前边是讲宰夫的监察职能，后者是说他有就地稽查财物入出之权，即经济监督。因此，周朝的宰夫兼具监察和国家审计职能。宰夫独立于司会部门之外，已具有一定的独立性。并且，宰夫审查考核各级部门，对于查出的问题，呈报冢宰，不受其他官员干预，这说明宰夫已具有较高的权威性。但是，有的专家仅凭宰夫"爵位是下大夫，位居司会之下"这一点，就认为其"地位还较低，因而权威性还不高"[1]。我们认为爵位高低并不能完全说明权威性的大小。天、地、春、夏、秋、冬六官虽然都是上大夫（卿），但是天官却位于六卿之首，相当于后世的宰相，其权威性高于其他五卿，不言而喻。又如在西汉的时候，就曾出现过轶六百石的小官——刺史，可以督察轶二千石的大官。小官可以稽察大官，关键在于监察官吏系统垂直管理。宰夫虽为下大夫，但他具有较强的独立性，与司会不存在被领导和领导的关系，这是宰夫审计权威的有力保证。相反，由于宰夫隶属于冢宰之贰的小宰，因而其权威性还是很高的。并且，宰夫有权越级直接向冢宰乃至国王报告，这就大大提高了宰夫审计的权威性。西汉的刺史也是如此。明清之际的思想家顾炎武在《日知录·部刺史条》曾甚加赞许："夫秩卑而命之尊，官小而权之重，此大小相制，内外相维之意也。"当然，宰夫爵位低

---

① 李宝震、王建忠：《中国审计简史》，中国审计出版社，1989，第6页。

于司会，对其权威性有所影响，但总的说来，宰夫的权威性还是比较高的，并不是"位卑权轻"。除宰夫之外，其上级小宰和冢宰有时也亲自进行审计工作。"大宰之职……岁终，则令百官府各正其治，受其会，听其政事。"小宰"听出入以要会（月计曰要，岁计曰会），以听官府之六计（考核官府的六项标准），弊群吏之治"。"赞冢宰受岁会。"例如，"酒正支出造酒的材料及用酒多少，根据酒人每十日呈报的日计，于每月月终总计呈报小宰审核，每年年终报请大宰审计"（《周礼今注今释》第 52 页）。冢宰和小宰的爵位是相当高的，其审计有相当的权威性。

对于宰夫审计的性质，学术界有不同的认识。有的说："内部审计的主持者为司会……外部审计的主持者为宰夫。"① 有的说："宰夫为小宰属官，对于小宰内部财经机构的审计属于内部审计，对于小宰之外的财经部门，如司会及地方机构的审计，则属于外部审计。"②

这里，关键在于宰夫和小宰的隶属关系。既然司会审计是内部审计，宰夫③隶属于国家行政主管——大宰，相当于当代隶属于国务院的审计署那样，宰夫审计开隶属于行政系统的国家审计之先河。

3. 内史审计——独立于行政系统之外的国家审计雏形④

据《周礼·春官宗伯下》"内史掌王之八柄之法以诏王治"。"八柄"是爵、录、废、置、杀、生、予、夺。内史掌管"八柄"法规，诏告周王，治理天下。"执国法及国令（政令）之贰（副本），以逆会计"。"掌叙事之法，受讷访（接受群臣谋议），以王听治。"内史协助周王管理八柄之法，"以考政事，以逆会计"，显然具有外部审计的职能。其爵位为中大夫，仅次于冢宰等六卿而高于宰夫。并独立于天官冢宰行政系统之外，隶属于权力很大的主管祭祀和宗族事务的春官宗伯，从而加强了内史的地位，使其更好

---

① 李宝震、王建忠：《中国审计简史》，中国审计出版社，1989，第 6 页。

② 方宝璋：《中国古代审计史概论》，《中国史研究》1996 年第 1 期。

③ 《中国审计史》第一章引用《周礼》后说："宰夫下属……比其他职官和司会等为多。"（中国时代经济出版社，2004，第 24 页）不妥。查《周礼·叙官》："大宰，卿一人。小宰，中大夫二人。宰夫，下大夫四人。上士八人，中士十有六人，旅下士三十有二人。府六人，史十有二人，胥十有二人，徒百有二十人。"总数 213 人，这是整个大宰机构的人数，宰夫及所属仅占一部分。退一步说，整个大宰机构的人数，也比司会 233 人、内史机构 319 人都少。该书引用时删去"大宰，卿一人。小宰，中大夫二人"。砍去头部，断章取义，不仅造成误解，也暴露引用者的治学态度。

④ 李孝林：《周、汉审计史新议——兼评〈中国审计史〉第一卷》，《北京工商大学学报》2006 年第 5 期。

地发挥"以逆会计"的审计职能。① 内史属官有外史、御史。"御史掌邦国、都鄙及万民之禁令，以赞冢宰，凡治者受法令焉，掌赞书。凡数从政者。""凡数"，释文作"数凡"，考核也。宋朝王安石在《周官新义》中说："凡数从政者，若今御史掌班簿。"《汉书·张苍传》注引如淳曰："秦以上置柱下史，苍为御史，主其事。或曰：主四方文书也。"唐朝司马贞《史记索隐》曰："周秦皆有柱下史，谓御史也。……老聃为周柱下史。今苍在秦代亦居斯职。方书者……主四方文书也。"《水经注》十九"渭水"："昔李耳为周柱史"。《史记》记载：老子姓李名耳字伯阳，号曰聃。《周礼》亦有"凡四方之事书，内史读之，王制录，则赞为之，以方出之。"看来，内史、柱下史，职责近似，可能是周朝不同时期独立于行政系统以外的爵位很高的具有审计职能的官吏，开后世御史大夫的先河。李耳和张苍，或许是有名可考的最早的"审计长"。

内史审计的特点如下。

（1）"以考政事，以逆会计"，"凡数从政者"，审计对象不仅限于王室宗族，而且是涉及邦国、都鄙。

（2）地位较高，位居中大夫。

（3）"以昭王听治"，直接向周王报告。

（4）官员较多。据《周礼》，内史机构319人，较司会多86人，多36.9%。查《后汉书》志第十九，周公相成王时，民1371万人，内史机构人数相对较多。初步认为内史审计是独立于行政系统以外的国家审计的雏形。

（二）金文证实《周礼》记述的审计机构

体现我国审计史研究新高度的《中国审计史》② 第一章，依据金文挖掘出西周时期实际的审计活动，惜未分析其与西周审计组织的联系。

大宰琱生复审岁贡。琱（diao）生，周宣王（公元前827年至前782年）时任大（泰韵）宰。"召伯虎簋"（gui，古代盛食物的器具）记载："召伯虎于四年（公元前824年）年终已献其要（综合算之谓要，会计簿书），因有未谛（di，细察，谛当，恰当，精确），于翌年岁首，复受大宰琱

---

① 李孝林：《从云梦秦简看秦国的会计管理》，《江汉考古》1984年第3期；李孝林《试论周朝审计的历史地位》，《现代审计》1990年第6期。

② 李金华主编《中国审计史》，中国时代经济出版社，2004。

生之命前来合勘。"经审计查明："其未谛之由"是纳税人没有交纳贡税。六卿之首的大宰不可能做具体的审计工作，只能依靠其所属审计机构——宰夫。

周朝的司会审计和宰夫审计，众所公认。他们审计的结果，都要报告大宰，进行赏罚。因为大宰是司会和宰夫的直接领导。大宰珊生复审岁贡的故事，进一步证实了《周礼》关于司会审计和宰夫审计的记载。

史颂监"造贮"。据《史颂鼎》、《史颂簋》记载：西周中期，周王命史官颂"监司新造贮"（核验新送到的进贡物资），"官司成周贮廿家"，对成周廿处仓储进行核查、审计。

诸史核验地产。《卫盉》、《九年卫鼎》、《格伯簋》、《五祀卫鼎》、《散盘》等记载了多个史官核验地产的故事，《格伯簋》和《五祀卫鼎》都出现过"内史"职官，后者，内史友寺刍率领属员勘定田界。

一般认为史官是"掌文书者"，为何具有审计职能？这只能用西周内史主管国家审计解释。反之，金文也证实了内史审计的可信性。

许多论著讲到周朝审计，首推宰夫。比较一下，内史职位高于宰夫，职员多于宰夫，机构大于宰夫，超然于行政系统之外，独立性强于宰夫。研究周朝审计，不应忽视内史。而当代中国审计史论著，除拙著外，未见论及内史审计者。

司会审计、宰夫审计、内史审计分别开内部审计，隶属于行政系统和独立于行政系统以外的国家审计之先河。周朝国家审计有多种形式，不够统一，这正是产生初期的特点。

综上所述，奴隶社会后期的周朝，审计活动和组织都有了一定程度的发展，不仅有众所周知的司会、宰夫，还有具备审计职能隶属于春官宗伯的爵位更高的内史。显然。当时的审计已有内部审计和国家审计，[①] 审计制度达到相当高度，绝不是刚产生时的情况，其前必然经历过一个漫长的发展阶段。《周礼》、《礼记·王制》和金文证明，周朝国家审计和内部审计发展的高度。

二 审计依据与审计方式

早在春秋战国时期，就出现了"明法审数"这一古老而又著名的审计原则，高度概括了当时的审计依据和审计方式。其含义有二：一是审计人员

---

① 李孝林等：《中外会计史比较研究》，科学技术文献出版社，1996，第238～240页。

应熟悉有关法律，依法行事；二是审计人员必须审查国家财政收支情况。该原则说明当时国家审计人员所从事的审计工作及其依据，在世界早期审计史中，很有特色。

（一）审计依据

我国早期审计的显著特点之一，是有法可依，有章可循。据《周礼》，大宰"掌建邦之六典，以佐王治邦国"，"以八法治官府"，"以八则治都鄙"，"以九赋敛财贿"，"以九式均节财用"，"以九贡致邦国之用"。"六典"是六种典制的简称；"八法"是管理百姓的通法；"八则"是管理都鄙的原则；"九赋"是当时的九种赋税；"九式"是九种常见的财政支出；"九贡"是征纳贡物的九种名目。小宰和司会均"掌邦之六典八法八则之贰（副本）"，"执邦之九贡九赋九式之贰"，即执掌它们的副本，以此为依据进行审计。"六典"、"八法"，"八则"作为审查的依据，其内容多涉及行政、礼仪、刑赏等。而作为审计概念的审查，更多强调经济方面的内容，因而以"九贡"、"九赋"、"九式"为主要的审计依据。内史"掌王之八柄之法以诏王治"，"掌叙事之法"。可见，内史审计的依据，主要是国家法律。有法可依，有助于提高国家审计的权威性。周代还规定了严格的审计赏罚制度。作为内部审计的司会"以周知四国之治，以诏王及冢宰废置"；宰夫"凡失财用物辟名者，以官刑诏冢宰而诛之。其足用长财善物者，赏之"；内史"执国法及国令（政令）之贰（副本），以逆会计"；冢宰"三岁则大计群吏之治而诛赏之"。

春秋战国时期，诸候在法制建设方面相继进行了改革，成文法竞相问世。其中以魏国的《法经》和秦国的《秦律》最为著名。

《法经》已佚，根据《唐律疏议》卷一记载，共分为"盗法"、"贼法"、"捕法"、"杂法"和"具法"等六律。当代，有些论著曾介绍其诸多涉及审计、会计等经济法规方面的内容。未见其出处，不敢采用。

云梦睡虎地秦简的《秦律》① 制订于秦统一前的战国晚期，从会计审计法规的角度看，《秦律》包罗丰富，内容具体，已经达到相当高度。既有对会计核算的审计处理法规，又有对财物保管、出入的审查处理法规，还有对

---

① 睡虎地秦墓竹简整理小组编《睡虎地秦墓竹简》，文物出版社，1978。该简未编号，下文引用只夹注该书页码。

违法行为审计处理的法律规定。

秦简《效律》规定：对于会计错误，要根据官吏的职责分别处罚。

> 令、丞罚一甲，官府的啬夫和主管会计应罚二甲；令丞罚一盾，啬夫和主管会计应罚一甲。（睡虎地 P. 125～124）

对啬夫和主管会计加重处罚，是因为他们对会计错误更应承担责任。作为单位首长的啬夫对会计质量承担重责，必然有利于会计水平的提高。《效律》还规定：如果自行查出错误，减罚一等。（P. 126）体现了区别对待的方针。

秦简《效律》规定：谷物有超出或短少而隐藏不报，或移多补少，假作注销，"皆与盗同法"（同罪）。大啬夫、丞知情而不加惩处，与罪犯同样论处，并和管仓者一起赔偿。（P. 100、119）秦"效律"：

> 仓啬夫及佐、史，其有免去者，新仓啬夫、新佐、史主廥者，必以廥籍度之……。（睡虎地 P. 99）

廥籍是仓库保管账，新的仓库主管人员怎样"以廥籍度之"？该条明确规定令人重加称量。《效律》还规定："效公器、赢、不备……"（P. 101）核验官府器物而发现超出或不足。这里说的都是盘点制度——以账面余额为据，点验实物，从而发现"赢、不备"之数。

在《法经》和《秦律》的基础上，汉代制订《汉律》九章。《汉律》将上计的规定，单独列作一篇，即《上计律》，已佚，根据有关文献记录，它规定：①上计中无论公卿考课州郡，或者刺史考课郡守，均须认真负责，如考课不实则反坐其罪。②凡计簿中欺谩不实者治罪。③对负责上计的官员严加要求，如发现执行者犯法，则要予以重惩，等等。① 希望将来地下出土的简牍能够重现上计律。

张家山 247 号汉墓《二年律令》，是西汉初期执行的重要法令，对会计、审计有重要规定。

> 亡书，符券……罚金各二两。（张家山·贼律页 52）

---

① 方宝璋：《上计制度中的兼职审计》,《当代审计》1993 年第 2 期。

书，文书。符券，《说文》：符"信也。汉制以竹长六寸，分而相合"。这些，包括会计、审计文书。

为伪书者，黥为城旦舂。（张家山·贼律 13）

伪书，假账；黥，刺面，刑名。《周礼·司荆》注："墨，荆也。先刻其面，以墨窒之"；城旦、舂，西汉初年刑徒名。

□□□而误多少其实，及误脱字，罚金一两。误，其事可行者，勿论。（张家山·贼律 17）

错误偏离实际，及错字、掉字，罚金一两。错误，不影响行动，不追究。

总之，我国早期审计的有关法律制度已经达到相当高度。它们不仅内容丰富，而且用法严格，还能区别对待。在世界审计史和法制史上，都是灿烂辉煌的篇章。在国外，也有一些成文或不成文的有关审计处理法规，例如古巴比伦的《汉谟拉比法典》中就有某些关于审计的律条；在古埃及，记录监督官，如果发现谁的会计账簿或收支计算书出现差错或舞弊的行为，轻者处以笞刑或罚款，情节严重者以断肢或死刑处之。在古希腊，如果发现官吏存在问题，法庭就对他处以刑罚或罚金。当时著名的政治家伯利克利就曾因擅自挪用公款罪而被罚款。

（二）审计方式

从中外早期审计的方式方法来看，都使用了听计、查账等方法，并将就地审计和送达审计相结合。

1. 听计

《周礼》中多次出现"听"字。例如"听出入以要会"，"凡在书契版图者之贰，以逆群吏之治而听其会计。""则冢宰听之"等等。据《说文解字》，"听"字原义为"聆也"，有平治、治理、断决等引申义。这与我国早期审计通过听证来断决"群吏之治"的做法是相吻合的。正因为"听"是为了"治理、断决"，故听字便有了"平治、治理、断决"等引申义。在国外，古代审计也是"由会计人员大声朗读会计记录，审计人员听取这些记录，进而判断会计记录是否正确来进行的。"英语的 Audit 和法语的 Audition，均源于拉丁语 Audire（听），可以证明。直到 14 世纪，英国的审计工作仍然是通过听取账户记录来进行的。中外早期审计为何"不谋而合"？主要是因为当时的文字资料，如简牍、泥版等十分笨重，书写不详，加以官吏"不学无术"，有"斗字不识"者，其中包括一些国王或皇帝。自己不识字，就只有采用"听"的方法了。"听计"之法具有较大的局限性。官吏在千里之外写定的计书，国君要在一次听断中明察虚实，显然是不可能做到的。并且，这往往也会给某些奸吏弄虚作假创造可乘之机。据《韩非子·外储说右下》记载：在齐王主持上计期间，某些奸吏乘他听计睡着时，"尽揄刀削其押券升石之计"。明目张胆地弄虚作假。即使如此，在当时的历史条件下，"听计"仍然不失为一种比较好的审计方法。

2. 查账

司会"以参互考日成，以月要考月成，以岁会考岁成。""考"者，审核也。司会以司书的记录，与职内的收入账、职岁的支出账相互核对，进行内部审计；宰夫"乘其财用之出入"，乘者，计算、复核之意也，乃是对会计簿书的核对。

> 县上食者籍及它费太仓，与计谐。都官以计时雠食者籍。（睡虎地·仓律）

雠：音 chou，意为核对，复核。上计时与计簿协同，县官上报领取口粮人员的名籍和其他费用簿籍给太仓，都官在上计时复查食者籍。汉代，"御史察计簿"，包括"赋钱出入簿"、"钱出入簿"、"谷出入簿"等。在古罗马，也是对会计账目进行审查。例如，对私人金融家来说，他们被审计的账册主要包括三类：一是日记账，或称备忘录；二是现金出纳账，用于反映关于金融业务的各项现金收支，是审计的主要账簿；三是顾客总账。在古希腊，审计官埃乌苏诺衣主要审核各官吏报送的财产目录、证据文书和会计账册。可见，不论古今中外，查账法都是审计工作的重要方法之一。这是审计自身特点所决定了的。下面是汉代的查账简牍。

> 校计相除，官负啬夫郎钱八百册。（悬泉Ⅱ0214①：127）
> 踵故承余，府遣掾校兵物，少不应簿，拘校天凤。（E. P. F25：3）

踵，踵迹、接踵，踵承近义，踵故承余，指会计账目的连续性。查账，就是基于这种连续性，基于永续盘存，盘点制度才能生效。

3. 就地审计和送达审计相结合

周朝和汉代既有送达审计，又有就地审计。送达审计指下级将报表、账簿等送交上级机构审查。如：

> 三月壹上见金、钱数二千石官，二千石官上丞相、御史。（张家山·金布律页430）

> （县）三个月上报余钱给郡府，由郡府上报丞相、御史。以供审计。

> 效谷移建昭二年十月传马簿，出悬泉马五匹，病死，卖骨肉，直钱二千七百册，校钱簿不入，解（何)？☑（悬泉0116②：69)

建昭二年是公元前37年。敦煌郡府审查效谷县报来悬泉置的传马簿和钱出入簿，发现：死马五匹，在传马簿已出账，其骨肉钱2740却未记入钱簿。"解何"？通过审计发现问题，要报告单位效谷县和悬泉置作出解释。

另一种是就地审计，主管官府派出专门人员对下属组织进行审计：

> 令史弘校第廿三仓谷。十月簿余谷穄穈大石六十一石八斗三升大。（合校206·7)

据《关于令史弘的文书》[①]，弘是甲渠候官主管钱粮的令史。校核所属第廿三仓的谷出入簿，检查库存，证实簿余，这是汉朝审计记录的实物。

下简是下级单位将审计结果报告上级：

> ●甲沟言三时簿、本有折伤兵簿、各与完兵簿异。候所移三时簿。（E. P. T48·141)

从西周开始，就一直实行的"上计"制度，是典型的送达审计。又如

---

① 〔日〕森鹿三：《简牍研究译辑·第一辑》，中国社会科学出版社，1983，第28页。

秦汉时期的太仓、内史等中央财经主管部门，他们对下级机构的审计方式，也主要是采取事后定期送达审计，即每年年终由下级呈送会计账簿及其他簿籍到中央，由主管部门进行审计。古埃及的谷物监督官每年向君主提供一次收成决算报告书。这些都是早期的送达审计方式。此外，早期审计还采用就地审计的方式。《周礼·宰夫》："凡失财用物辟名者，以官刑诏冢宰而诛之。其足用长财善物者，赏之。"辟名，空头账，冒列虚账之意也。显然，如不进行实地稽查，是不可能发现"辟名者"和"善物者"的。足以证明我国周朝已经实施了就地稽查审计。秦汉时期的御史巡回审计，也是一种就地审计方式。汉朝上计、受计的地点有时在京都，有时皇帝行幸郡国，分别是送达审计和就地受计。在古罗马哈德良和马卡斯安理略统治时期，一些城市经常在公共建设方面挥霍浪费，这使统治者大伤脑筋，于是派出了一批监察官，对这些城市的会计账目和兴建的公共设施进行就地审计。就地审计方式是送达审计的一种补充形式。它便于了解被审计对象的实际情况，以及时发现和制止不法事端。

我国早期审计除了采用上述方法之外，还创造性地运用了其他更加先进的审计方式和方法。

（1）查询法。是向被审对象以外有关人员调查询问，了解书面资料未能详尽提供的信息，以及书面资料本身存在的问题。汉朝上计时，皇帝或丞相、御史大夫亲自询问有关地方的情况，以便对地方政情计籍虚实有充分的了解。如《汉书·循史传》载："后诏使丞相御史问郡国上计长吏守丞以政令得失，或对言前胶东相成伪自增加，以蒙显赏，是后俗吏多为虚名云."。

> 校候三月尽六月折伤兵簿：出六石弩弓廿四付库。库受啬夫久廿三，而空出一弓。解何？ ☒（合校179·6）

审计某候3～6月折伤兵簿，折伤兵器六石弩弓24付给仓库，仓库啬夫只收到23，缺少一弓，是何原因？要求被审单位回答。

（2）比较分析法。上计后的最终结论，往往是通过"综合各方面的情况来进行评议，定出诸官吏政绩等等，作为奖惩的依据"[①]。如《后汉书》

---

① 方宝璋：《汉时期的财经监察法》，《当代审计》1993年第3期。

云："丞尉以下，岁诣郡，课校其功。"又"岁竟，丞相课其殿最，奏行赏罚"。汉简有实例：

> 效谷移建昭二年十月传马簿，出悬泉马五匹，病死，卖骨肉，直钱二千七百卌，校钱簿不入，解（何）？☑（悬泉0116②：69）

建昭二年是公元前 37 年。敦煌郡府审查效谷县报来悬泉置的传马簿和钱出入簿，发现：死马五匹，在传马簿已出账，其骨肉钱 2740 却未记入钱簿。"解何"？审计发现问题，要报告单位效谷县和悬泉置做出解释。

（3）随机抽样法。据〔美〕迈克尔·查特菲尔德《会计思想史》，随机抽样法已在周代的审计中加以运用。"旬报是解释地反映现状，司会按随机抽样法加以审查，月报和年报则接受详细审查。"[①] 在西方，抽样技术作为一种审计方法，到 1895 年才产生于英国。比较起来，周代审计采用的方法达惊人高度。

（4）分析性复核法。主要是账账、账实之间的数据钩稽复核。"与计偕"法附参考文于后……还有"计偕物"方式。与计偕方式便于分析性复核方法的应用。

4. 审计种类

（1）财政财务收支审计、财经法纪审计和经济政绩审计。

三种审计都已出现，但其职能尚含糊不清，常常混为一体。周审计官员以"九赋"、"九式"等法规为依据，对会计记录以及收支活动的合法性、有效性进行审查，检查各种收入是否如数取得；各项开支是否符合规定；各项财产是否受到侵犯和妥善保管等等，并据此评定官吏的政绩。说明当时的审计工作是以财政财务收支审计为主，包含财经法纪审计和经济政绩审计。从战国开始，上计开始侧重于经济政绩的审计考核。"钱布十倍"（《新序·杂事第二》），"上计而入三倍"（《淮南子·人间训》），以赋税收入的多少作为考核官吏政绩的主要依据。同时，上计也审查群吏是否廉洁奉公，田婴相辅齐王上计，就是要知吏之奸邪得失（《韩非子·外储说右下》），此即财经法纪审计。古埃及、古罗马的国家审计，侧重于财政财务收支审计；古希腊的官吏离任审计，侧重于经济政绩的审计和财经法纪审计。各国具体情况

---

① 〔美〕迈克尔·查特菲尔德：《会计思想史》，文硕译，中国商业出版社，1990，第 10 页。

不一样，审计侧重点略有差异。

《周礼·司会》："以参互考日成，以月要考月成，以岁会考岁成，以周知四国之治，以诏王及冢宰废置。"参互，相参交互或相互参考。运用书契版图的副本（包括百官报来的会计报告）将"职内"的收入、"职岁"的支出、"职币"的余财，参互考核旬报、月报和年报，以便了解邦国和诸侯的治绩。呈报周王和冢宰，进行升迁或处罚。

（2）官吏离任审计。

历史往往有惊人的巧合。在古希腊，所有官员在离任时，均必须按规定在离职后 30 天以内，向审计官员罗基斯塔埃报送自己的会计账册，不得拖拖拉拉，延宕时日。只有在审计官确认他们报送的账簿记录中，不存在任何差错和贪污、受贿行为之时，才允许他们离职。否则，就要交法院裁决。大约同时，中国也出现了类似的审计制度。

睡虎地秦简"仓啬夫及佐、史，其有免去者"（P. 99）条规定：仓啬夫和佐、史，如有免职离任的，新任的仓啬夫，新任的管仓的佐、史必须按照粮食出入的簿籍加以清点，办好交接手续……

> 实官佐、史被免、徙，官啬夫必与去者效代者。节（即）官啬夫免而效，不备，代者［与］居吏坐之。故吏弗效，新吏居之未盈岁，去者与居吏坐之，新吏弗坐；其盈岁，虽弗校，新吏与居吏坐之，去者弗坐。它如律。（睡虎地秦简·效律 P. 96）

实，《国语·晋语》注：谷也。保管谷物的官员调动，必须交接并点验谷物。如已经点验，由新任者和留任者负责。如不点验，一年内由离任者和留任者共同负责。一年后，虽未点验，由新任者和留任者共同负责。秦国对经管钱财物资和账目的人员，在调动或免职时进行离任审计考核，做好交接手续，明确各自承担的经济责任。

汉承秦制，西汉初期的《二年律令》明确规定了离任审计。

> 实官史免徙，必效☑（张家山·效律页349）

保管谷物的官员免职、调动，必须对其主管的谷物校核。该简下部折断，是上例云梦睡虎地秦效律的延续。

效案官及县料而不备者，负之。（张家山·效律页 351）

核验官员及称量计数，数量不足者，赔偿。

出实多于律程，及不宜出而出，皆负之。（张家山·效律页 352）

谷物付出超过法规规定，及不合理的支出，都要赔偿。

5. 定期审计和不定期审计相结合

周朝每旬有旬报，每月一月报，岁终有年报，每三年还要举行"大计"。这些会计报告，按规定都必须进行定期的钩考、审核。春秋战国以后，"上计"制度是每年一次。这些是不折不扣的定期审计。此外，御史大夫和都御史等"上计"制度，是我国早期审计独具特色的一种审计形式，下面将做专门论述。

至计而上贆（Kuai，仓也）籍内史。（P. 100）

到每年上报账目的时候，应将仓库的簿籍上报内史。这里说明上计时间已是众所周知的常识，用不着明确提出。

县道官令长及官（?）比（?）长而有丞者□免、徙，二千石官遣都吏效代者。虽不免、送（徙），居官盈三岁，亦辄遣都吏案效之。效案官而不备，及故吏不效新吏，新吏罪之；不盈岁，新吏弗坐。（张家山·效律页 347~348）

县道官长免职或调动，郡守派遣官员核验物资向新任官员交代。此条明确规定离任审计和三年审计，并明确责任划分的原则。

下面是不定期报告和不定期审计，如《秦律十八种·田律》：

禾、刍稾撤木、荐（草垫），辄上石数县廷。（P. 28）

谷物、刍稾撤下木头和草垫，应即向县廷报告粮草石数。

离任审计，也属于不定期审计。

在古希腊，一般在官吏离任时，才对他们的会计账册进行审查，这显然不利于审计官员对在职官吏的随时监督，这或许正是造成古希腊"舞弊行为似乎也经常发生"的重要原因之一。

总之，我国早期审计所运用的方式方法是当时最为先进的，即使与现代审计相比，有的方面也相差无几。而审计方法是衡量审计发展水平的重要标准之一，我国早期审计的成就是不言而喻的。

三　汉简中的审计活动

汉简证明当时审计活动已经多种多样。下面分类介绍。

（一）审计通知

汉代主管官府通知下级进行审计：

> ……书到，付受与校计，同月出入，毋令缪，如律令。（E. P. F22：462A）

F 代表该简出土于房屋内。缪通谬，谬误。依据法令，进行审计，消灭错误。

> 建……　居延……　　卅井……
> □□□官奴婢捕虏乃调给有书，今调如牒。书到，付受相与校计，同月出入，毋令缪，如律令。（E. P. F22：580）
> ☑书到，拘校处实，牒别言。遣尉史弘贳☑（合校317·6）

"拘"读 gou，通钩，钩稽。汉简常见的"拘校"即"钩校"（jiao），"乃钩稽比较之意"。"牒"汉代文书的一种形式，"别言"单独另行报告。牒别言，书面另外报告。

> ☑□长、丞拘校，必得事实，牒别言。与计偕。如律令。敢告卒人。（E. P. T53：33A）

"敢告卒人"，"敢告"一词是汉代文书的习惯用语，有主动报告、敢于承担责任之义，当然也有尊重别人的意思。"卒人"，是对高级官府中吏员的称谓，多与"部都尉"连称，如"部都尉卒人"。

☑拘校，令与计簿相应。放式移遣服治☑（E. P. T52：576）

"放式"是文书所应该模仿的格式，"放"同"仿"。汉代的一些账簿具有一定的格式，让人一目了然。按照一定的格式完成与"计簿"相对应的账簿。移，上报。治，治簿。"移遣服治"，派人送来做治簿。"治簿"，将在第八章龙门账产生末重点讨论。

☑□拘校出入，不应法者举白。（E. P. T51：649）

"举白"，检举、报告。发现不符合制度规定的情况，应检举报告。

（二）审计账簿及实物

早期审计的基础工作是账簿审计。

阳朔三年九月癸亥朔壬午，甲渠鄣守候、塞尉顺敢言之。府书：移赋钱出入簿与计偕。谨移应书一编，敢言之。（合校35·8A）
尉史昌（合校35·8B）

《中国简牍集成》释："移，有上报之义。赋钱出纳的账簿，称赋钱出入簿。计乃上计之计。偕，一起。"阳朔三年（公元前22年），甲渠鄣守候向都卫府上报赋钱出入簿。请都卫府审计。

下例显示对会计往来账的审查：

校计相除，官负啬夫郎钱八百卅。（悬泉Ⅱ0214①：127）

随着经济的发展，簿籍越来越多。下例是公元前41年至公元前38年3月的粮食清查报告。

●永光三年尽建昭元年三月食月别刺。

●冣凡粟二千五百九十石七斗二升少，

凡出千八百五十七石三斗一升，

今余粟七百卅三石四斗一升少，

校见粟得七百五十四石二斗。（合校142·32AB）

《释名·释书契》"书称刺书，以笔刺纸简之上也。"名片，称名刺。别刺疑为副券，如"别本"、"别券"。这是西汉某单位三年间粟类入、出余和盘点的清查报告。

"'冣凡'的'冣'字意指'聚'，即汇总之意。所说'冣凡'也就是总共、合计……可以说是与账尾有关的简。"① 此简可演算如下式：

$$2590.72^- \text{石} - 1857.31 \text{石} = 733.41^- \text{石}$$

以右上角的"−"表示"少"。校算相符。"校见"是盘点实存。以"校见粟"数减"今余粟"（账面结余）数，升溢二十石七斗八升大。

"今余"与"校见"的区别是很明显的。"今见"可能相当于"校见"。根据财产清查的结果，编制清查报告，在汉朝已经出现。

居延新简 E·P·F22：175~185，是十个部的兵器清查汇总表，举一例如下：

第十七部　弦三十枲。稾矢三千一百，见二千一百五十，少九百五十。
矢二千三百，见二千一百，少二百。（E. P. F22：178）

稾矢，指箭杆比较长者，箭杆比较短者称"矢"。审计后发现短少。

今余鍫二百五。其百五十，破伤不可用。五十五完。（合校498·9）

"鍫"，《方言》五注称"江东呼鍪刃鍫"。"鍪"即"锹"（qiao）。破伤的与完好的记得清清楚楚，充分说明这笔账是根据财产清查结果所做的记录。

① 〔日〕永田英正：《居延汉简集成之一——破城子出土的定期文书（一）》，《简牍研究译丛（第一辑）》，中国社会科学出版社，1983，第66页。

实官史免徙，必效☒　（张家山·效律页 349）

实，《国语·晋语》注：谷也。保管谷物的官员免职、调动，必须对其主管的谷物校核。该简折断。早一些的云梦睡虎地秦简效律可以互证。

效案官及县料而不备者，负之。（张家山·效律页 351）

核验官员及称量计数，数量不足者，赔偿。

出实多于律程，及不宜出而出，皆负之。（张家山·效律页 352）

谷物付出超过法规规定，及不合理的支出，都要赔偿。

官为作务、市及受租、质钱，皆为缿，封以令、丞印而入，与参辨券之，辄入钱缿中，上中辨其廷。质者勿与券。租、质、户赋、园池入钱县道官，勿敢擅用，三月壹上见金、钱数二千石官，二千石官上丞相、御史。（张家山·金布律页 429～430）

缿，装钱的小罐，密封后只能装进不能取出。汉代通称郡守为二千石，因为他的俸禄是二千石，张家山汉简二年律令 440～441 简，亦有郡守秩二千石的法规。官府办手工业、市场、收租、抵押款，都要装入由县令丞封印的缿内，并使用三辨券（一式三联凭证），将其中的中辨券上交给朝廷。抵押者勿与券。县道官收入的这些钱不准乱用，三个月上报余钱给郡府，由郡府上报丞相、御史。

云梦睡虎地秦简"……人与参（叁）辨券，以效少内，少内以收责之"（P.61）。叁辨券，可以分成三份的木券。县、都官在点验或会计中有罪而应赔偿者，经判处后，有关官府啬夫即将其应偿钱数分摊于其官长和群吏。发给每人一份木券，以便向少内缴纳，少内按券收取。看来，三辨券分三份，由缴款人、收款单位和主管单位分持，它是现代多联凭证的鼻祖。见之于法律，足见其成熟程度和流行的广度。429 简"质者勿与券"。"质者"指抵押者，不给券，似乎不合经济手续？甘肃考古研究所张俊民同志回答："目前没有对此解释。可能是'质'的性质与另外的不一样。"

●移校簿十牒，言府，会☑（E. P. T52：174）

《中国简牍集成》注释"校簿，校对形成之盘点账，犹今之盘点清库账。秦汉《效律》，就是有关账目核查的法律规定。"汉代专门建立了"校簿"，记录审计情况和结果，还要上报。

三月簿余盾六十七。　　校见六十七，应簿。（E. P. F22：314）
谭踵知罪区处，党来（未）拘校兵物，官见吏。（E. P. T20：8）
党去年六月中守塞尉，治当曲隧。（E. P. T20：10）

张俊民释："党"，人名。"来"字错误。简装本（文物出版社，1990）作"未"，1994年中华书局版本作"来"。图版确实是"未"字。"党未拘校兵物"是党本人没有认真履行责任的具体表现，应该检查、审核而没有做此件事。"守"暂时担任"塞尉"之官。汉代一般是第一年为官称"守"，一年后为"真"。

"官见吏"因为后面没有文字具体意思不明白，联系到整个文书与甲渠候夏侯谭免职有关，"官"可以理解为"候官"，"见"就是现有、现存的。"官见吏"与本文意思较远，可以忽略它的意思。

下简记录校核兵物，发现短少。

●万岁部，建武三年七月，校兵物少不备簿，故候长樊隆主。（E. P. F22：373）

反映审计检查的汉简较多：

踵故承余，府遣掾校兵物，少不应簿，拘校天凤。（E. P. F25：3）
●甲沟言四时簿、本有折伤兵簿、各与完兵簿异。候所移四时簿。（E. P. T48：141）
建武三年七月乙酉朔丁酉，万岁候长宪敢言之。徙署，乃癸巳视事。校阅兵物，多不具。（下略）（E. P. F22：61）
校甲渠候移四时吏名籍："第十二燧长张宣史。"案府籍宣不史，不相应，解何？（合校129·22，190·30）

名籍，很容易被认为非审计对象。汉代，名籍是领取俸禄的依据，审计名籍的案例较多。

余□四斗　糶梁粟二石　多余安在（合校55·3，55·25）
其六万四千七百六十君赋
凡七万五千四百廿九　尉史所赋万六百六十九　☑□取
凡少四千五百卅一（合校261·13A，261·27A）

64760＋10669＝75429　校核相符。

绡丝二斤，直四百卅四。　窦此丈五尺，直三百九十。
绛缕五百术。　付子直百廿五。
白缕五百术。　弋韦沓一两，直八百五十。
少千八百五十二。
上下定少二千二百卅二。（合校262·28A）

通过审计，发现短少。数字联系不了解，但最后两行值得完味。

　　神爵三年三月辛丑朔己酉，广至守丞德以私印行事移县泉，府移举一牒，簿出食过律程，承徐付受，多不相应。今写举移各如牒，书到，令史枸校所廪广至县置粟石、斗。
　　　　　　　　　　掾安国、佐长舒。（悬泉ⅠT0309③：165AB）
　　数，愿亟白报，须言举决大守府。毋留，如律令。（悬泉ⅠT0309③：166）
　　广至移十一月谷簿：出粟六斗三升，以食县泉厩佐广德所将助御效毂广利里郭市等七人送日逐王，往来（悬泉ⅠT0309③：167）
　　三食，食三升。校广德所将御故廪食县泉，而出食，解何？（悬泉ⅠT0309③：168）

神爵三年（公元前59年）三月九日广至县发给悬泉置的文书。原来是太守府发来的要求调查情况的举书一份，广至县转发给太守府的食"出入簿"超过了标准。"承徐付受"多不相符。广至县将此文书发给悬泉置，要求悬泉置协助进行调查"令史枸校"粮食的石斗数。因为要给太守府汇报，希望马上得到回复（愿亟白报）。

后两枚简是太守所发文书的转发文书。广至县十一月谷簿记录：出粟六斗三升给食送日逐王的郭市等人。但是按照广至县的文书，这些人已经在悬泉置领取过粮食，广至县再度给粮食，为什么？这是一册完整的审计活动记录。

（三）报表审计

官各以二尺牒疏书一岁马、牛它物用橐数，余见刍橐数，上内史，恒会八月望。（张家山·田律页 256）

官府用 46.2 厘米长的简分项书写一年用橐数、库存数，在八月十五日上报给中央主管部门内史。初汉以十月为岁首，九月为每一年的截止时间。当时交通不便，故规定八月十五日上报。

居延汉简反映了会计报告的进一步发展，首次出现了月言簿（月报）、四时簿（季报、半年报）和一岁集（年报）等名称和实物，为此类报表文书标签"楬"上的符号。

广地南部言永元五年六月官兵釜磑月言簿。（合校 128·1）

　建昭二年四月

尽六月四时簿（合校 217·2）

　更始二年七月尽

十二月四时簿。（合校 210·1）

　居摄三年年

计簿算（合校 70·13）

上述四例分别是月报、季报（或半年报）、年报。

建昭元年十月尽二年九月，

大司农部丞簿录簿算，

及诸簿十月旦见。（合校 82·18B）

汉简专家陈直释此简为："上计之钱谷。"① 乃管理经济的国家机构大司农会计年报。时在公元前 37 年。当时的会计年度，以 10 月为岁首。

> 元康三年十月尽四年
> 九月吏已得奉一岁集　（合校 126·42）

这是官吏俸禄年报。

> 本始三年八月戊寅朔癸巳，张掖肩水都尉☑
> 受奉赋名籍一编，敢言之。（合校 511·40）

公元前 71 年，张掖肩水都尉府收到下级报来的奉赋名籍。

永元五年是公元 93 年，建昭二年是公元前 37 年，更始二年是公元 24 年，元康三年是公元前 63 年，居摄三年是公元 8 年。

《云梦睡虎地秦简·金布律》以法律规定了"以其年计之"的年度原则。秦以十月为岁首，至次年九月为一年。《续汉书·百官志》注引卢植云："计断九月，因秦以十月为正故。"汉武帝太初元年（公元前 104 年）改用太初历、以正月为岁首。但居延地处边疆，交通不便，为了保证按时上计，像近代统计、会计那样，固定错综，仍以九月为年终。

江陵凤凰山 10 号汉墓"五号木牍是用以上报的。论者或许认为五号牍并非表格。从其规范化的分组和记录方式看，已经具有报表的实质，或称叙述式报表"。"根据定算材料征收税款，编制五号牍上报。"② 五号牍是综合编出的会计半年报表，也是我们现在能够见到的最早的会计报表实物。

官府审查上计后对下级发出通知：

> 四时簿出付、入受不相应，或出输非法，各如牒。书到。（合校 394·4）

汉代四时簿，指季报或半年报，发现入出不平衡或支出不合法。牒书，

---

① 陈直：《居延汉简研究》，古籍出版社，1986，第 56 页。
② 李孝林：《从江陵凤凰山 10 号墓简牍研究西汉早期会计史》，《北京商学院学报》1996 年第 2 期。

汉代文书的一种称呼，多用木简写成，一般一枚木简记录一件事情，可以用书绳编连成册。

下简是出付、入受不相应的实例：

> 校候三月尽六月折伤兵簿：出六石弩弓廿四付库。库受啬夫久廿三，而空出一弓。解何？（合校 179·6）

（四）审计结果

通过审校，发现账账不符，出输非法，通知报告单位或有关单位。

> 广至移十一月谷簿，出粟六斗三升，以食悬泉厩佐广德所将助御效谷广利里郭市等七人，送日逐王，往来三食，食三升。案广德所将御口禀食悬泉而出食，解何？（悬泉Ⅰ91DXT 0309③：167－168）

此二简内容连贯，涉及当时粮食的供应情况。《敦煌悬泉汉简释粹》说，该简"似为上级官府在收到悬泉置上报的账簿后，案问核查在迎送日逐王的过程中，悬泉厩佐广德带领助御七人禀食悬泉、出纳粮食是否合乎规定的文书。参见胡平生《匈奴日逐王归汉新资料》，《文物》1992 年 4 期"[1]。我们赞同此说。此例说明通过审计，查出悬泉厩佐广德带领助御七人禀食粟六斗三升，他们在原单位已有禀食，即有重复禀食之嫌。发文书追查。怎样知道的呢？

> 效谷移建昭二年十月传马簿，出悬泉马五匹，病死，卖骨肉，直钱二千七百册，校钱簿不入，解（何）？☑（悬泉0116②：69）

此两简与上述对折伤兵簿（合校 179·6）的审计简，不仅说明汉代审计工作的深入、细致，及其所达到相当高度，还证明复式簿记早在汉代已经产生，第八章将详细论证。

---

① 胡平生、张德芳：《敦煌悬泉汉简释粹》，上海古籍出版社，2001，第 150 页。

令史弘校第廿三仓谷。十月簿余谷稺稷大石六十一石八斗三升大。（合校 206：7）

据《关于令史弘的文书》①，弘是甲渠候官主管钱粮的令史。校核所属第廿三仓的谷出入簿，检查库存，证实簿余，这是汉朝审计记录的实物。

下简是下级单位将审计结果报告上级：

●甲沟言三时簿、本有折伤兵簿、各与完兵簿异。候所移三时簿。（E. P. T48：141）

建武三年七月乙酉朔丁酉，万岁候长宪敢言之。徙署，乃癸巳视事。校阅兵物，多不具。（下略）（E. P. F22：61）

新王莽改四为"三"，证明此简为王莽时的简。建武三年是公元 27 年。通过审计发现兵物簿账实不符，兵物短少。万岁候长宪报告上级。

●卅井言，谨拘校二年十月以来计最，末能会，会日，谒言解。（合校 430·1）

"计最"是地方官吏每年或三年上报的会计报告，即"上计"。"未能会"，"会，合也。""器之盖曰会，为其上下相合也。"又《尔雅》释诂"会，对也。""末能会"后原释文无逗号，本章作者认为应加逗号。"会日"，"指上报、期会的指定日期"。此简应是卅井给上级的书信。陈述：校核二年十月以来的簿书和会计报告，未能平衡，待会日晋谒时说明。

"据史书典籍记载，汉代凡违法者不管其官阶的高低，都视情节的轻重予以一定程度的治罪。"② 例如，匡衡身任辅佐国家政务的最高行政长官，领计簿，却欺上罔下，猥举郡计。结果以主守坐盗之罪论处，免为庶人；又如田延年原为阳城侯，后被委以大司农主持国家财计之重任，但他贪污都内钱币达三千万，被审查发现后，畏罪自杀。在古希腊，"无论谁的官有多

---

① 〔日〕森鹿三：《简牍研究译辑．第一辑》，中国社会科学出版社，1983，第 28 页。
② 郭道扬：《会计发展史纲》，中央广播电视大学出版社，1984，第 21 页。

高，权有多大，只要被发现有徇私舞弊的行为，就得受到严厉的制裁"。即使是执政官将军，也同样如此。例如泰米斯托克利，他是希腊著名的将军之一，曾为雅典城邦的建立屡立功勋。但后来不严于律己，不仅贪赃受贿，甚至出卖国家利益。他因此而被逐出雅典。可见，古代中、欧审计都取得了良好效果，很难确证何者"雄居前列"①。

（五）审计后调账

通过审计发现问题，对会计账务进行调整，重新确定余额，汉简已有实例：

> 其三千司御钱未入，候史禹当入。　　　凡在□□万三千九百廿五。
> 万一千六百九十五付守令史音，当移出。　定有余钱万四千四百五十七。
> 五百六十三，徒徐放、施刑胡敝当入。（合校 269·11）

此简第一行、第三行"未入"，应当记"入"；第二笔是付出的钱，应当"移出"。"定有余钱"，汉简中多见，在这里，是调整账务后确定的期末余额。

汉简以第一手史料证明：当时的审计活动，多姿多彩，已达一定高度。

四　审计组织

（一）职官

中外早期审计都以监察官吏为主。在奴隶社会，各级官吏都对最高统治者负责，经济责任关系主要是最高统治者和各级官吏之间的委托和受托关系。与此相适应的审计工作必然以监督官吏为主，督促他们完成上缴贡赋，考核他们的政绩，监督其是否违法乱纪、贪污腐化等等。周朝宰夫考核百官，"叙群吏之治"；汉代御史大夫和刺史的"举劾按章"，"察举非法"，古希腊的官吏离任审计，无不以各级官吏为监督对象。古罗马的国家审计稍有特殊，其监督对象除了以官吏为主外，还包括私人金融家。他们必须对审

---

① 文硕：《世界审计史》，中国审计出版社，1996，第 22 页。

计官员公开其会计账册，并呈交营业执照。政府部门这么做的目的，是为了增加财政收入，防止偷税漏税。

政治监察和经济监督相结合。古埃及和古罗马的监督官，周代的司会、宰夫、内史、秦汉时期的御史大夫，都不是专职的审计官员，而是与监察官结合。他们在对各级官吏进行审计的时候，往往是将经济监督和政绩考核（即政治监察）相结合。此即早期的"监审合一"。

秦国"丞相……收阅各地的'上计'……御史大夫也有权复查大臣的上奏和地方的'上计'"①。丞相是行政首脑，御史复查"上计"，属于现代国家审计的初阶。云梦秦简《仓律》规定："都官以计时雠食者籍"，在每年结账时，中央官吏都官要对各县上报太仓的领取口粮人员的名籍进行审核。"计校相缪也"就包含着内部审计和国家审计。御史张苍"明习天下图书计籍"，"主郡上计"，是我国有名可考的早期的"审计长"。西汉时丞相缺位，往往以御史大夫递补，并与丞相（大司徒）、太尉（大司马）合称三公。御史大夫之佐是御史中丞，"内领侍御史，考察四方文书计簿，劾按公卿章奏。"《汉书·宣帝纪》："黄龙元年，诏曰，上计簿具文而已，务为欺谩，以避其课，御史察计簿，疑非实者按之。"汉代，位居三公的"御史察计簿"，证明：国家审计的地位是相当高的。具体负责"考察四方文书计簿，劾按公卿章奏"的是御史属官侍御史。

（二）法规

《荀子·王霸篇》："岁终奉其成功，以效于君，当则可，不当则废。"怎样知其"奏事上书诈不以实者？"怎样知其"当"与"不当"？国王或主管部门必须委托专职专业人员对上计进行审查。据《汉书·武帝纪》，元狩二年（公元前121年），众利侯上谷太守郝贤，因为计簿中有欺骗行为，受到免职处分。怎样知其"计簿中有欺骗行为"，应是审计的结果。

云梦秦简中的《秦律》制订于秦统一前的战国晚期。从会计审计法规的角度来看，《秦律》包罗丰富，内容具体，已经达到相当高度。既有对会计核算的审计处理法规，如《效律》规定：

计用律不审而赢不备，以效赢不备之律赀（处罚）之，而勿令偿

---

① 林剑鸣：《秦史稿》，上海人民出版社，1961，第219页、第316页。

（睡虎地 P. 123）；

> 计校相谬也，自二百廿钱以下，谇（批评）官啬夫，过二百廿钱以到二千二百钱，赀一盾；过二千二百钱以上，赀一甲。人户、马牛一，赀一盾；自二以上赀一甲。（睡虎地 P. 125）

还有对财物保管、出入的审查处理法规：

> 数而赢不备，值百一十钱以到二百廿钱，谇官啬夫；过二百廿钱以到千一百钱，赀啬夫一盾……（P. 115）
>
> 仓漏朽禾粟，及积禾粟而败之，其不可食者，不盈百石以下，谇官啬夫；百石上到千石，赀官啬夫一甲；过千石以上，赀官啬夫二甲；（睡虎地 P. 118）
>
> 入禾，万石一积，而比黎之为户，及籍之曰：某廥禾若干石，仓啬夫某，佐某，史某，稟人某……其出禾，又书其出者，如入禾然……（睡虎地 P. 119）

更有对违法行为审计处理的法律规定，据《法律问答》：

> 府中公金钱，私贷用之，与盗同法。（睡虎地 P. 165）

意思是讲如果挪用、贪污官府中的金钱，与盗匪同罪。

秦国还专门制订了"都官及县效律"（P. 113）。效通校，校核、清查的意思。如清查公有器物，发现长余或不足……（效律 P. 101），这里讲的就是盘点制度。财产清查是上计的基础。盘点，有临时盘点也有定期盘点。

交接盘点是临时盘点的一种。秦《效律》规定仓啬夫及佐史中有免职的，新任者要根据廥籍加以称量，如有问题，应向县啬夫报告，令人重加称量（P. 119）。一积谷物如未出尽而数额已足，应向县廷报告。如余数较少，可以整个称量。这是临时盘点（仓律 P. 39）。

秦国《效律》规定年末应报：某仓已出谷物若干后，尚余谷物若干石（P. 119）。这是年终的定期盘点。

秦国《效律》规定：对于会计错误，要根据官吏的职责分别处罚。令、丞罚一甲，官府的啬夫和主管会计应罚二甲；令丞罚一盾，啬夫和主管会计应罚一甲（P. 125~124）。对啬夫和主管会计加重处罚，是因为他们对会计错误更应承担责任。作为单位首长的啬夫，对会计质量承担重责，必然有利于会计水平的提高。《效律》还规定：如果自行查出错误，减罚一等（P. 126），体现了区别对待的方针。

秦国《效律》规定：谷物有超出或短少而隐藏不报，或移多补少，假作注销，"皆与盗同法"（同罪）。大啬夫、丞知情而不加惩处，与罪犯同样论处，并和管仓者一起赔偿（P. 100、119）。秦《效律》规定："仓啬夫及佐、史，其有免去者，新仓啬夫，新佐、史主廥者必以廥籍度之……"（P. 99）廥籍是仓库保管账，新的仓库主管人员怎样"以廥籍度之"？该条明确规定令人重加称量。《效律》还规定："效公器、赢、不备……"（P. 101）核验官府器物而发现超出或不足。这里说的都是盘点制度——以账面余额为据，点验实物，从而发现"赢、不备"之数。

秦国为保证会计报告的质量，对会计核算提出了十分严格的要求。以法律规定："计毋相缪（谬）。"[1] 可见会计核算的正确性已得到了相当的重视。同时，秦律还对会计核算的责任及奖惩作了相应的规定："计，用律不审而赢、不备，以效赢、不备之律赀之，而勿令赏（偿）。"[2] 即是说，会计不合法律规定而有出入，按核验实物时超出或不足数的法律罚金，但不令赔偿。秦国法律把会计差错分成两类。第一类是"计校相缪（谬）"，即经过查对发现的会计差错；第二类是"计脱实及出实多于律程，及不当出而出之"，指账实不符及乱销账。对于会计错误，要根据官吏的责任分别处罚。令、丞罚一甲，官府的啬夫（首长）和主管会计罚二甲。对啬夫和主管会计加重处罚，是因为他们对会计错误更应承担责任。对单位首长啬夫提出这样的严格要求，必然有利于会计水平的提高。秦国通过严刑峻法进行会计管理，保证了上计报告的可靠性。审计工作对"计毋相缪（谬）"的实现，起着重要作用。把会计工作纳入法制轨道，秦国已走在当时世界的前列。在国外，巴比伦是专业立法最早的国家，汉谟拉比法典（公元前1792年至公元前1750年）专门规定：款项的转交若没有收据则被认为是不真实的。[3] 秦国的会计立法比巴比伦更为完善，时间则晚1000多年。

---

[1]　睡虎地秦墓竹简整理小组：《睡虎地秦墓竹简》，文物出版社，1978，第58页。
[2]　睡虎地秦墓竹简整理小组：《睡虎地秦墓竹简》，文物出版社，1978，第123~125页。
[3]　〔俄〕索科洛夫：《会计发展史》，中国商业出版社，1990，第46页。

秦国以法律形式对上计明确而又严格的规定，在世界会计、审计史上实属罕见。这些规定，有力地保证了当时会计核算的真实性和会计报告的可靠性，并在很大程度上制约了上计报告中可能出现的舞弊行为。与秦国相比，古埃及会计报告中的作假行为屡见不鲜。在中世纪的西欧，会计核算的错误被认为是常事。"在那些我们接触到的所有保存下来的账簿中，没有一个不存在重大的惊人的错误。"[①]

汉代不仅颁布"上计律"，还颁布张家山汉简的《二年律令》，它是西汉早期的法律。

> 实官史免徙，必效☑（张家山·效律页349）
>
> 效案官及县料而不备者，负之。（张家山·效律页351）
>
> 出实多于律程，及不宜出而出，皆负之。（张家山·效律页352）

实，《国语·晋语》注：谷也。保管谷物的官员免职、调动，必须对其主管的谷物校核。核验官员及称量计数，数量不足者，赔偿。谷物付出超过法规规定，及不合理的支出，都要赔偿。

> 官为作务、市及受租、质钱，皆为缿，封以令丞印而入，与三辨券（书）之，辄入钱缿中，上中辨其廷。质者勿与券。租、质、户赋、园沧入钱县道官，勿敢擅用，三月壹上见金、钱数二千石，二千石官上丞相御史……（张家山·金布律页429～430）

缿，装钱的小罐，密封后只能装进不能取出。汉代通称郡守为二千石，因为他的俸禄是二千石，《二年律令》440～441简，亦有郡守秩二千石的法规。官府办手工业、市场、收租、抵押款，都要装入由县令丞封印的缿内，并使用三辨券（一式三联凭证），上中辨其廷。抵押者勿与券。县道官收入的这些钱不准乱用，三个月上报余钱给郡府，由郡府上报丞相、御史。

云梦睡虎地秦简"……人与参（叁）辨券，以效少内，少内以收责之"。（第61页）叁辨券，可以分成三份的木券。县、都官在点验或会计中有罪而应赔偿者，经判处后，有关官府啬夫，即将其应偿钱数分摊于其官长

---

① 〔俄〕索科洛夫：《会计发展史》，中国商业出版社，1990，第28页。

和群吏。发给每人一份木券，以便向少内缴纳，少内按券收取。看来，叁辨券分三份，由缴款人、收款单位和主管单位分持，它是现代多联凭证的鼻祖。见之于法律，足见其成熟程度和流行的广度。429 简"质者勿与券。""质者"指抵押者，不给券，似乎不合经济手续，待研究。

为伪书者，黥为城旦舂。（张家山·贼律页 13）

黥，刑名。《周礼·司荆》注："墨，荆也。先刻其面，以墨窒之。"城旦舂，秦汉时刑名。男称城旦，女称舂。

□□□而误多少其实，及误脱字，罚金一两。误，其事可行者，勿论。（张家山·贼律页 17）

错误偏离实际，及错字、掉字，罚金一两。错误，不影响行动，不追究。

诸上书及有言也而谩，完为城旦舂。其误不审，罚金四两。（张家山·贼律页 12）

谩，故意欺诳。城旦舂，秦汉时刑名。《汉书·惠帝记》："有罪当刑，及当为城旦、舂者。"

各种上书故意欺诳，刑事处分为城旦、舂者。错误不是故意，罚金四两。

文书错误多于或少于实际及漏字，罚金一两。错误不影响实行者，免予处分。

丞相、御史及诸二千石官使人……皆得为传食。车大夫粺米半斗，三食，从者糲米，皆给草具。车大夫酱四分升一，盐及从者人各廿二分升一……使者非有事，其县道界中也，皆毋过再食。其有事焉，留过十日者，禀米令自炊。……食从者，二千石毋过十人，千石到六百石毋过五人，五百石以下到二百石毋过二人，二百石一人。使非吏，食从者，卿以上比千石，五大夫以下到官大夫比五百石，大夫以下比二百石；吏

皆以实从者食之。诸吏乘车以上及宦皇帝者，归休若罢官而有传者，县舍食、马如令。（张家山·传食律页 232~237）

传食律是规定驿传供给粮食的法律，根据其为官吏或卒仆，分别制订每餐的供应标准：御史的卒人出差，每餐粗米半斗，酱 1/4 升，有菜羹、韭葱，随从粗米半斗，仆人粗米 1/3 斗。不更、谋人每餐精米一斗，酱半升，有菜羹、刍稾各半石。上造、佐、史等每餐粗米一斗，有菜羹，并供应盐 22 分之 2 升……使者非因公出差，不供应传食。因公出差，如果住驿站超过十日，令其领米自己做饭。对官吏随从人数，按官秩大小，分别规定。下简是依据传食律，通过审计，发现问题的实例。

广至移十一月谷簿，出粟六斗三升，以食悬泉厩佐广德所将助御效谷广利里郭市等七人，送日逐王，往来三食，食三升。案广德所将御口禀食悬泉而出食，解何？（悬泉ⅠT0309③：167–168）

五　从睡虎地秦简看我国内部控制制度的产生

内部控制制度是审计工作的基础。随着经济发展和研究的深入，内部控制逐渐发展成为一门独立的学科。国内外学术界流行观点认为"内部控制是上个世纪 40 年代产生"，"内部控制是工业革命和大机器作业的结果"，[①] 不敢苟同。在内部控制概念出现之前的漫长的人类历史中，内部控制早已被人们应用到日常经济、管理行为控制中。内部控制一般概括为 5 要素。李连华教授介绍的组织规划控制、授权批准控制、全面预算控制、文件记录控制、实物保护控制、职工素质控制、风险防范控制、内部报告控制、电算化系统控制、内部审计控制、会计系统控制等 11 种内部控制方法，[②] 除电算化系统控制外，其他 10 种在睡虎地秦简中都已经存在。

（一）组织控制

组织控制，要求设置多个职能机构，进行职责分工，对不相容的职务进

---

① 李凤鸣：《内部控制学》，北京大学出版社，2002，第 6 页。
② 李连华：《内部控制理论结构》，厦门大学出版社，2007，第 132~144 页。

行分离，明确职责权限，将权利与责任落实到各责任单位。

1. 机构设置及权责分配

从"秦简"可以看到：秦国设置有内史（财政主管部门）、大内（京师府藏）、太仓（粮食主管部门）、都官（国库）、县等机构，县下面有县令、县丞、县尉分管县的民政和军事。县令、县丞、县尉之下还设有"史"，分别为令史、丞史、尉史，是令、丞、尉下属的办事人员。可见秦国设置不同的机构，同一机构下有不同的办事人员，分工负责。"秦简"《效律》规定："同官而各有主（主管）也，各坐（承担罪责）其所主。"（P. 117）在同一官府任职而主管的方面不同，分别承担所管方面的罪责。秦国已经以法律规定了分工负责的原则。

"秦简"《金布律》："官啬夫免，效（检查）其官而有不备（短少）者，令与其稗官（属下的小官）分，如其事。"（P. 63）"如其事"按照各人所应负的责任。机构的负责人免职，点验其所管物资而有不足数情形，应令他和他下属的小官按各自所负责任分担。说明秦国的机构中是各司其职、各负其责。又如《语书》："以一曹事不足独治也"、"而恶与人辩治"（P. 19）一曹的事务不能独断专行，"曹"郡、县下属分科办事的吏。要分设不同的曹，如金曹、仓曹、计曹等不同的部门分别处理事务，可以相互牵制，互相监督。

"秦简"《效律》："计用律不审而赢（多余）、不备，以效赢，不备之律赀（罚）之，而勿令赏（偿）。"（P. 123）会计不合法律规定而有出入，按核验实物时有超出或不足数的法律罚金，但不令赔偿。除了对当事人的处罚外，同时要追究上司的责任，并且十分严厉。"令、丞赀一甲，官啬夫赀二甲；令、丞赀一盾，官啬夫赀一甲。"对单位主管加重处罚，是因为他们对会计错误更应承担责任。单位负责人对会计质量承担重责，必然有利于会计水平的提高。同时其他相关人员也要受到处罚。"其他冗（多）吏、令史掾（属吏）计者及都仓、库、田、亭啬夫坐其离官属于乡者，如令、丞。""离官"附属机构。这种连坐制度，为秦国的会计法制提供了严格的社会环境，对于上级官员自觉监督检查下级的工作情况，以及同级官员自觉相互监督发挥了重要作用。

2. 不相容职务分离控制

不相容职务，指的是不能同时由一个人兼任的职务。不相容职务分离控制要求所涉及的不相容职务，实施相应的分离措施，形成各司其职、各负其责、相互制约的工作机制。

对于工程项目从预算、项目的实施到验收属于不相容的岗位，不能由同一人完成，否则容易出现徇私舞弊，影响工程质量。"秦简"《徭律》："县为恒事（经常性工程）及砚（请示）有为也，吏程攻（估计工程量），赢员及减员自二日以上，为不察。"（P.77）秦国对于经常性的及经呈报批准的工程的建设先由吏预算工程量，然后"兴徒以为邑中之红（功）者，令孤（担保）堵卒岁"（P.77）。由征发的徒众修城邑的工程，对所修的城墙质量担保一年。对出现的质量问题"所城有坏者，县司空署君子（负责人）将者，赀各一甲；县司空（官名，掌管工程）佐主将者，赀一盾"（P.148）。上述可以看出：工程项目的预算由吏完成、项目的实施由县司空佐担任，对于出现的质量问题，相关责任人县司空佐和主管人员县司空与署君子分别将受到处罚，这样可以相互监督，防止作弊，保证工程质量。

（二）授权审批控制

授权审批控制，要求明确各岗位办理业务和事项的权限范围、审批程序和相应责任，各级管理人员应当在授权范围内行使职权和承担责任。

"秦简"《置吏律》："除吏、尉，已除之，乃令视事及遣之；所不当除而敢先见事，及相听以遣之，以律论之"（P.95）。"视事"、"见事"两者表示行使职权。"听"互相谋划。任用吏或尉，在正式任命以后，才能令他行使职权和派往就任；如有没有任用而敢先行使职权，以及私相谋划而派往就任的，依法论处。可见吏或尉要正式任命以后，才能行使职权；如没有任命而敢先行使职权，依法处罚。这是较为典型的授权批准制度。又如"官啬夫节（即）不存，令君子无害者若令史守官，毋令官佐、史守"（P.95）。官府的啬夫如果不在，授权给办事不出差错的有爵的人或令史，不要叫官府的佐、史代理。

（三）人力资源控制

1. 人员任用与考核

人员任用与考核包括人员的任免、考核、晋升、奖惩、辞退与薪酬等政策。

"秦简"《均工》主要是关于任用手工业劳动者的法律规定。如"隶臣（男奴）有巧（技艺）可以为工者，勿以为人仆、养（厨工）"（P.76）。在用人机制上，秦国不仅发挥特长，做到人尽其才，还采取激励措施。"能先期成学者谒上，上且有以赏之。盈期不成学者，籍书而上内史。"（P.75）《军爵律》："从军当以劳论及赐。"（P.92）从军有功应授爵和赏赐。"隶臣斩首为公士。"（P.93）奴隶斩获敌首应授爵为公士。对取得军功的奴隶进行激励。

秦国对不能任用的人也做出了规定。如"秦简"《司空》："司寇（刑徒名）勿以为仆、养、守官府及除有为也。有上令除之，比复请之。"（P.91）"除"：任用、任命。《内史杂》："除佐必当壮（壮年）以上，毋除士五（伍）新傅。"（P.106）"士五"：没有爵的成年男子。"令赦史毋从事官府。"（P.106）犯过罪而经赦免的史，不能再在官府供职。"下吏（罪犯）能书者，毋敢从史之事。"（P.107）《置吏律》："啬夫之送（调任）见它官者，不得除其故官佐、吏以之新官。"（P.95）

除了对任用的人才做出规定，秦国还对官员进行考核。"秦简"《厩苑律》："内史课（考核）县、大（太）仓课都官及受服者。"（P.33）通过考核便于监督和检查县令、都官的工作。

从"秦简"可以看到：秦国制定法规考核官员，对普通的百姓、奴隶的任用、考核和激励，也以法律的形式进行规范，这有利于调动各阶层人员的积极性，对秦国经济的发展和强大提供保证。

2. 绩效考评控制

绩效考评控制，要求对各人员的业绩进行定期考核和客观评价，以此作为确定薪酬，以及奖励、处罚、降级、调岗、辞退等的依据。

秦国为了确保管理制度的实施，提高生产效率，建立了评比奖惩制度。"秦简"《厩苑律》规定：

> 以四月、七月、十月、正月肤（胪，评比）田牛。卒岁，以正月大课之。最（优秀），赐田啬夫壶酒束脯（干肉），为皂（皂）者（饲牛人）除一更（更役，一月一换为一更），赐牛长（饲牛负责人）日三旬；殿（低劣）者，谇（申斥）田啬夫，罚冗皂者二月。其以牛田，牛减协，治（笞）主者寸十。有（又）里课之，最者，赐田典日旬；殿，治（笞）卅。（P.30）

"冗皂者"包括牛长及为皂者，"协"牛的腰围，"治"用竹木板责打背部，"里"秦乡村基层政权单位。牛作为秦国当时主要的生产和生活资料具有重要作用，为了鼓励养好和用好牛，秦国实行季评年考，成绩优秀的，赏赐；成绩低劣的，处罚。

为了保证产品质量，秦国制定了奖惩措施。"秦简"《秦律杂抄》：

> 县工新献，殿，赀啬夫一甲，县啬夫、丞、吏、曹长各一盾。（P. 137）
> 采山（采矿）重（两次）殿，赀啬夫一甲，佐一盾；三岁比殿，赀啬夫二甲而废。（P. 138）

"县工"：县工官。"新献"：新上交的产品。"废"：撤职永不叙用。可以看出处罚较为严厉。

（四）会计系统控制

会计系统控制，要求设置会计机构，配备会计人员，加强会计凭证、会计账簿和财务会计报告的基础工作，保证会计资料真实完整。

1. 会计人员

秦国郡县许多部门安排有会计人员。"秦简"《效律》：

> 尉计及尉官吏节（即）有劾，其令、丞坐（承担罪责）之，如它官然。（P. 124）
> 司马令史掾苑计，计有劾，司马令史坐之，如令史坐官计劾然。（P. 124）

"有劾"：犯了罪。"尉计"：负责管理县中军务的会计人员。"苑计"：负责牧养军马的苑囿的会计人员。"官计"：官府会计。

2. 会计凭证

见之云梦"秦简"的会计凭证有《金布律》：

> 县、大内皆听其官致，以律禀衣。（P. 66）
> 假铁器，销敝（破旧）不胜而毁者，为用书，受勿责（勒令赔偿）。（《厩苑律》P. 32）

"官致"：官府发给的领衣凭证，意为凭券向大内领衣。"禀"：领取、发放。"用书"：报销损耗的文书，相当于注销财产的原始凭证。

"秦简"的会计凭证不仅有"官致"、"用书"和"券"，还出现了叁辨券。《金布律》：

> 县、都官坐效、计以负赏（偿）者，啬夫即以其值钱分负其官长及冗吏，而人与参（叁）辨券，以效少内，少内以收责之。（P. 61）

叁辨券：可以分成三份的木券。县、都官在点验或会计中有罪而应赔偿者，经判处后，有关官府啬夫即将其应偿钱数分摊于其官长和群吏。发给每人一份木券，以便向少内缴纳，少内按券收取。看来，叁辨券分三份，由缴款人，收款单位和主管单位分持，它是现代多联凭证的鼻祖。相对于两联凭证，叁辨券可以更有效地监督和控制钱的及时和足额缴纳。

3. 会计账簿

云梦"秦简"证明秦国的会计账簿已经形成。《仓律》：

> 入禾稼、刍稾、輒（总是）为廥（仓库）籍，上内史。（P. 38）
> 书入禾增积者之名事邑里于廥籍。（P. 36）
> 禀大田（官名，主管农事）而毋（无）恒籍者，以其致（领取饲料的凭券）到日禀之，勿深（超过）致。（P. 29）

"名事邑里"：姓名、身份和籍贯。类似于当代会计明细分类账的摘要。说明秦国账簿的基本结构已经形成。"恒籍"：固定账目。

廥籍如何设置与登记呢？"秦简"《仓律》："计禾，别黄、白、青。"（P. 41）记谷子的账，要将黄、白、青三种区别开来。"已获上数，别粲、糯黏稻。"（P. 41）收获后上报产量时，应将粲（籼，不粘稻）和糯稻区别开来。廥籍须按照粮食的品种、规格立户。可见，秦国已经有了明细分类账。又如《效律》："器识耳（标记次第）不当籍者，大者赀官啬夫一盾，小者除（免罪）。"（P. 121）这里的"籍"：是器物明细账。器物的标记、编号也要在明细账上登记。《工律》："为计，不同程（规格）者毋同其出（销账）。"（P. 70）计账时，不同规格的产品须分项记账。

除了"籍"，"秦简"还有一种由实物保管部门记录的财物收支账簿，相当于现在的保管卡片。《仓律》："其他人是增积，积者必先度故积，当堤（题），乃入焉。"（P. 36）谷物入仓不满万石，由其他人增加堆积，堆积者必须先称量原积谷物，与题识符合，然后入仓。题识记载的内容主要是粮仓库存粮食的数量及有关人员的签字。如《效律》："某廥禾若干石，仓啬夫某、佐某、史某、禀人某。"（P. 119）"禀人"：管理谷物收藏的出纳。"题"一般由仓库出纳人员进行登记，属于实物保管账。"题"上面有关人员的签字可以起到明确责任的作用。

从秦国的账簿设置和记录可以看出："籍"与"题"可以相互核对，互相监督。

（五）文件记录控制

文件记录控制，是确保主体运行有序、顺畅，提高决策效率的基础和保障。文件记录形式多样，既包括主体制定的各种规章制度，也包括各种管理类记录文件和会计类记录文件等。上文介绍会计类记录文件，下面介绍管理类记录文件。

在睡虎地秦简中，管理类记录文件非常丰富，以法律的形式颁布于全国，强制执行。如"秦简"《语书》："发书，移书曹（吏）。"（P. 20）发文书到所属各办事的吏。《仓律》："……以书言年。"（P. 40）以文书报告其产年。《金布律》："以书时谒其状内史。"（P. 64）应以文书将其情况及时报告内史。"秦简"《行书》（传送文书的法律规定）："行命书及书属急者，辄行之；不急者，日毕，勿敢留。留者以律论之。"（P. 103）"命书"：即制书，《史记·秦始皇本纪》集解引蔡邕云；"制书，帝者制度之命也"。传送命书及标明急字的文书，应立即传送，不急的，当天送完，不准搁压。搁压的依法论处。又如"行传书、受书，必书其起及到日月夙莫（暮），以辄相报殹（也）。书有亡者，亟告官"（P. 104）。传送或收到文书，必须登记发文或收文的日月朝夕，以便及时回复。文书如有遗失，应立即报告官府。

从上面可以看到："书"即现在的文件，秦国的管理和法律制度用文件加以记录，并规定其传输的方式和要求，以提高政府各办事机构的工作效率，便于对全国的政治与经济进行管理。

（六）内部报告控制

管理、控制活动都离不开信息的传递，只有信息在组织各部门之间上下左右流动，才能采取及时有效的措施加强管理和监督，保证各环节正常运转。内部报告控制，要求组织建立和完善内部报告制度，全面反映经济活动的情况，及时提供和传递经济活动的重要信息，相互沟通，增强内部控制的时效性和针对性。内部报告控制方法，体现了内部控制的信息与沟通要素。"秦简"中的内部报告控制方法，主要表现在以下几个方面。

1. 报告期间的确定

为了确保报告文件的真实性、可比性，使报告内容在全国范围内不重复、不遗漏，秦律对报告期间做出了规定。见之于云梦"秦简"的有以下几则。

《仓律》："有米委赐（赏赐），禀禾稼公，尽九月，其人弗取之，勿鼠（予）。"（P. 44）秦以九月底为年终，所以，这是当年有效。又："稻后禾熟，计稻后年。"（P. 41）晚稻的成熟，收获在九、十月间，乃统一规定禾后成熟的晚稻，都算在次年的账上。《金布律》："授衣者，夏衣以四月尽六月禀之，冬衣以九月尽十一月禀之，过时者勿禀。后计冬衣来年。"（P. 66）冬衣发放的时间跨两年，所以，统一规定记入次年的账。

"秦简"《司空》："官作居赀赎责（债）而远其计所官者，尽八月各以其作日及衣数告其计所官，毋过九月而毕到其官；官相近者，尽九月而告其计所官，计之其作年。"（P. 85）距原计账官府路远的，提前轧账，保证原计账官府可以按年轧账。这种做法，新中国建立初期，在边远地区仍然实行。距官府路近的，规定九月底前送到，是为了把劳作天数和领衣数记入当年账务。

《金布律》："官相输（运）者，以书告其出计之年，受者以入计之。八月、九月中其有输、计其输所远近，不能逮其输所之计。□□□□□□□移计其后年，计毋相缪（差错）。工献输官者，皆深以其年计之。"（P. 58）古时交通不便，物品运输在途中时间较长，2200多年前，秦国在全国范围内，从生产、供应、运输等环节以法律规定"计毋相缪"的正确性原则和"以其年计之"的会计年度原则，其时间之早，核算水平之高，在会计史上属首见，迄今所知，尚无先例，即使在当代，也毫不逊色。这为秦国财产物资的定期报告和及时上缴，以及账实相符提供了坚实的保障。

对报告期限的规定，《周礼·天官·冢宰》："岁终，则令群吏正岁会；月终，则令正月要；旬终，则令正日成，而以考其治"。岁会、月要、日成相当于今天的年报、月报、旬报。可见，周朝已规定了报告期间，但秦国对报告期间是以法律做出严格的规定，并贯彻到日常工作中，对于跨年度的财产物资记录在那一个期间有更为详尽和具体的规定，使各部门上报的报告具有可比性，在这方面秦国有了很大的进步。

2. 报告内容

"秦简"《效律》："至计而上亶籍内史。"（P. 100）内史：一说掌治京师，一说掌谷货，即治粟内史。到每年上报账目的时候，应将仓的簿籍上报内史。《金布律》："有余褐十以上，输大内，与计偕。"（P. 66）年终剩余褐衣十件以上，与计簿同时报送大内。

《仓律》规定："县上食者籍及它费大（太）仓，与计偕。"（P. 42）各县要将领取口粮人员的名籍和其他费用，与计簿同时缴送给太仓。此律说明会计报告的内容有三：一是领取口粮人员的名籍；二是"它费"；三是"与计偕"中体现的计簿或"报表"。接受报告的单位是"太仓"。

《仓律》："别粲、糯之酿，岁异积之……到十月牒（薄小的简牍）书数，上内史。"（P. 41）这里说的是粮食产量要分品种写明数量，按年上报内史。秦以十月为岁首，故在十月上报上年的粮食产量。"程（量也）禾、黍□□□以书言年……"（P. 40）计量谷子、黍子……要以文书报告其产量。看来，不仅是稻米，其他粮食也要上报。

仓的账簿不仅上报给主治京师的"内史"，还要上报给粮食主管部门"太仓"，秦国会计报告已经实行双线上报制度，从更高层面进行交互控制，有利于相互监督，加强管理，确保秦国财产物资的安全和完整。这种以法律形式规定的上报制度，初见于云梦"秦简"。在西方，公元800年，查里麦根（Charle Magne）大帝制定的《僧侣法规》规定：除记录收支账目外，应编制年度财产清册，较之睡虎地"秦简"晚了1000年。

体现在云梦"秦简"中，报告的内容还有很多，如《田律》："禾、刍藁撤木、荐，辄上石数县廷。"（P. 28）谷物、刍藁撤下木头和草垫，应立即向县廷报告粮草的石数。《仓律》："禾、刍藁积索出日，上赢不备县廷。"（P. 39）一积谷物、刍藁出尽的时候，应向县廷上报多余或不足的数。《金布律》："以书时谒其状内史。"（P. 64）应以文书将其情况及时报告内史。

通过向上级的报告，上级及时下达一些命令实施控制。"秦简"《仓律》："宦者，都官吏、都官人有事上（为朝廷办事）为将（督送），令县贷之，辄移其禀县，禀县（原发放禀给的县）以减其禀。已禀者，移（送交文书）居县（现在到的县）责之。"（P. 46）通过该条法律可以控制朝廷官员到基层办公时，由于办公地点的转移而发生重复领取口粮的差错，有利于保证粮食及时准确的发放。

同级县与县之间传递报告，有助于相互及时了解情况。"秦简"《金布律》："有债于公及赀、赎者居它县，辄移居县责之。公有债百姓未偿，亦移其县，县偿。"（P.60）

3. 报告的方式和要求

"秦简"《田律》："雨为澍（及时雨），及秀粟（谷物抽穗），辄以书言澍稼、秀粟及垦田唱无稼者顷数。稼已生后而雨，亦辄言（上报）雨少多，所利顷数。旱及暴风雨、水潦、螽（蝗虫）昆、群它物伤稼者，亦辄言其顷数。"（P.25）下了及时雨或旱涝灾害，要及时报告禾稼的生长和受灾情况。如何传递禾稼的生长信息呢？"近县令轻足（走得快的人）行其书，远县令邮（驿站）行之，尽八月□□之。"（P.25）可见，秦国不仅规定上报的内容，还规定报告传递的方式，目的为了信息的及时送达，以便采取必要的控制措施。

秦国对报告传递的及时性做出了规定。《行书》："行命书及书属急者，辄行之；不急者，日毕，勿敢留。留者以律论之。"（P.103）传送命书及标明急字的文书，应立即传送，不急的，当天送完，不准搁压。搁压的依法论处。

（七）内部审计控制

通过审计机构对经济活动进行监督检查，发现存在的缺陷，及时采取措施，保证经济活动的正常进行。秦国专门制订了"都官及县效律"（P.113）。"效"通校，验也，校核、清查的意思。

1. 关于会计核算的审计处理法规

"秦简"《效律》对于会计核算中出现的差错将其分成两类：第一类是"计校相缪（谬）也"（P.125），双方账目经过核对不要矛盾，即经过账账查对发现的会计差错；第二类是"计脱实及出实多于律程，及不当出而出之"（P.125）。指账实不符及乱销账，造成财产损失。两类错误都要处罚，从下表可以看到。

第一类错误	第二类错误	处分
220 钱以下		谇官啬夫
221~2200 钱或人户、马牛一	22~660 钱	赀 一盾
过 2200 钱或人户、马牛二	过 660 钱	赀 一甲

当时一个钱只能买一斤粮食，损失达22钱以上，就要罚一块盾牌，超过660钱就要罚一套盔甲，其严厉可想而知。即使没有造成财产损失，仅是数字差错，也要谇（批评）啬夫（单位负责人），甚至罚以盾牌或盔甲。对于账实不符的给予相关责任人加重处罚，有利于明确其责任，保护财产的安全和完整。秦国通过法律审计账账与账实相符，使得提供的会计报告的真实性和可靠性得到了保障。审计工作对"计毋相缪（谬）"的实现，起着重要的作用。把会计工作纳入法制轨道，秦国已走在当时世界的前列。在国外，巴比伦是专业立法最早的国家，汉谟拉比法典（公元前1792年至公元前1750年）专门规定：款项的转交若没有收据则被认为是不真实的。[①] 秦国的会计立法虽晚，但比巴比伦更为完善。

2. 财物保管的审查处理法规

"秦简"《效律》："仓漏朽禾粟，及积禾粟而败之，其不可食者，不盈百石以下，谇官啬夫；百石以上到千石，赀官啬夫一甲；过千石以上，赀官啬夫二甲；令官啬夫、冗吏共偿败粟。"（P.97）粮仓漏雨，粮食烂了，或堆积的粮食腐败了，不能食用的粮食数不满百石，斥责其官府的啬夫；一百石以上到一千石，罚官府的啬夫一甲；超过一千石以上，罚官府的啬夫二甲；都要令该官府的啬夫和众吏一起赔偿败坏的粮食。

3. 违法行为审计处理的法律规定

"秦简"《效律》规定："禾、刍稾积廥，有赢、不备而匿弗谒，及者移赢以赏（偿）不备，群它物当负赏（偿）而伪出之以彼赏（偿），皆与盗同法。"（P.100）谷物有超出或短少而隐藏不报，或移多补少，假作注销，皆与盗同法。"大啬夫，丞智（知）而弗罪，以平罪人律论之，有（又）与主廥者共赏（偿）不备。"大啬夫、丞知情而不加惩处，与罪犯同样论处，并和管仓者一起赔偿。

4. 离任审计

"秦简"《效律》："仓啬夫及佐、史，其有免去者，新仓啬夫、新佐、史主廥者，必以廥籍度之。"（P.99）"籍"：是财物管理部门用来记录财物收支业务的账簿。廥籍：是记录库存粮食保管账。新的仓库主管人员怎样"以廥籍度之"？"其有所疑，谒县啬夫，县啬夫令人复度及与杂（共同）出之。"该条明确规定令人重加称量。这里体现了离任审计的萌芽。又如《效律》："实官佐、史被免、徒（调任），官啬夫必与去者效代者"（P.96）。

---

① 〔俄〕索科洛夫：《会计发展史》，中国商业出版社，1990，第46页。

第七章　简牍审计史料研究

“效代者”：核点物资向新任者交代。这里属于办理交接手续而进行的盘点，离任审计的目的在于明确各自承担的经济责任。

上述“秦简”中关于审计的法律规定，有力地保证了当时会计核算的真实性和会计报告的可靠性，是财产安全完整的有力保障，并在很大程度上制约了会计报告中可能出现的舞弊行为。

西周金文和《周礼》证明：“司会审计、宰夫审计、内史审计分别开内部审计，隶属于行政系统和独立于行政系统以外的国家审计之先河。”①《周礼》中官厅审计高度发展，采用听计、查账、上报审计和就地审计等方法，在“秦简”中这些方法都有所体现，但审计内容上有所扩大，增加了离任审计等，而且重要的是以法律的形式强制执行，大大增加了审计的效果，较《周礼》有了较大的进步。与秦国相比，古埃及会计报告中的作假行为屡见不鲜。在中世纪的西欧，会计核算的错误被认为是常事。“在那些我们接触到的所有保存下来的账簿中，没有一个不存在重大的惊人的错误。”②

(八) 风险防范控制

风险防范是指及时识别和分析管理过程中可能出现的错误和损失，制定合理的应对策略和措施。

“秦简”《法律答问》：“府中公金钱私贷用之，与盗同法。”（P. 165）“私贷用之”私自借用。“府中”县少内（县中收储钱财的机构）。秦国对于管理钱财的机构少内，可能出现的私自借钱出去不能收回而发生损失的风险，专门制定法律来进行防范。《效律》：“藏皮革橐（蠹 tuo）突，赀啬夫一甲，令、丞一盾。”（P. 136）“橐突”：被虫咬坏。对皮革在保管中可能出现的被虫咬，而使皮革遭受损坏的风险规定处罚措施。

“秦简”《法律答问》：“实官（仓库）户关不致（门闩不紧密），容指若扻（用以撬动门闩的东西），廷行事（成例）赀一甲”，“实官户扇不致，禾稼能出（漏），廷行事赀一甲”，“仓鼠穴几何而当论（处罚）及谇（申斥）？廷行事鼠穴三以上赀一盾，二以下谇。鼷（xi 小鼠）穴三当一鼠穴”（P. 215～216）。从上述可以看到：对于粮食管理中可能出现的粮仓的房门门闩、门扇不紧密，以及出现了老鼠洞等，使粮食遭受损失的风险都规定了法律进行处罚。

---

① 李孝林：《周、汉审计史新证》，《审计研究》2008 年第 1 期，第 39～44 页；人民大学报刊复印资料《经济史》2008 年第 3 期，第 3～8 页。
② 〔俄〕索科洛夫：《会计发展史》，中国商业出版社，1990，第 28 页。

（九） 实物保护控制

实物保护控制要求建立财产的日常管理制度和定期清查制度，采取财产记录、实物保管、定期盘点、账实核对等措施，确保财产安全。严格限制未经授权的人员接触和处置财产。

1. 粮食管理制度

从"秦简"可以看出：当时在许多方面都建立了严密的管理制度，如为了确保粮食的安全，对粮食的收、发、存建立了严格的责任制度。《效律》曰："入禾、万石一积而比黎之为户。"（P. 98）谷物入仓，以一万石为一积而加以排列，设置仓门，登记：廥禾若干石，仓啬夫某、佐某、史某、稟人某。由县啬夫或丞和仓、乡主管人员"相杂以封印之"。粮食入仓时，登记写明是什么品种粮食，数量多少石，各责任人的姓名。"遗仓啬夫及篱邑仓佐主稟者各一户，以气人。"给仓库主任和乡主管廪给的仓佐各一门，由其自行负责，以便发放粮食。"啬夫免而效，效者见其封及题，以效之，勿度县（称量），唯仓所自封印是度县。"啬夫免职时，核验粮仓上的封缄和题识即可，只称量仓库独自封印的，以便明确责任。

谷物出仓，出仓者如非原入仓人员，《仓律》曰："令度之，度之当堤（题）令出之"（P. 36）。发出粮食，同粮食入库时一样，也应分清责任，称量的结果与题相符合，才能出仓。年终要结出谷物年末余额。《效律》曰："终岁而为出凡曰：某廥出禾若干石，其余禾若干石。"（P. 99）同时，经办人还必须对原仓登记之数定期进行点验核实，年终汇总上报，注明本年共入库、出库、结余多少粮食。以后"其不备，出者负之（赔偿）；其赢者，入之"（P. 36）。共同出仓的人员"勿更"（P. 36）换。谷物出仓也像入仓一样规定了严格的手续和责任。

粮食的日常管理有严格的制度。"秦简"《内史杂》："令人勿近舍。非其官人也，毋敢舍焉。善宿卫，闭门辄靡（熄灭）其旁火，慎守唯敬。有不从令而亡、有败、失火，官吏有重罪，大啬夫、丞任之。"（P. 108）以法律规定限制未经授权的人员接触粮仓，保证粮食安全。

2. 其他财产管理制度

官物管理也有明确的规定。"秦简"《工律》："公甲兵（武器）各以其官名刻久（标记）之，其不可刻久者，以丹若漆书之。"（P. 71）《效律》："公器不久刻者，官啬夫赀一盾。"（P. 101）百姓借用，"必书其久"（P. 71）。并按"久"收回。收回时如"毋（无）久及非其官之久也，皆没入公"（P. 71）。秦律还规定借出器物，用完时官府应立即收回。"弗（不）亟（赶快）收者有罪"（P. 72）。如果借用者"死亡、有罪"（P. 72）如未将器物追还，"吏代赏（偿）"（P. 72）。《效律》："官府藏皮革，数炀（曝晒）风之，有蠹突（被虫咬坏）者，赀官啬夫一甲。"（P. 120）这些具体的管理规定，有利于保护武器、皮革等官物的安全、完整，克服无人负责的现象。

3. 财产物资的盘点制度

为了加强管理，落实责任制，秦律明确规定了盘点制度。"秦简"《效律》："效公器、赢、不备……"（P. 101）核验官府器物而发现超出或不足。这里说的是盘点制度——以账面余额为据，点验实物，从而发现"赢、不备"之数。财产清查是会计报告的基础，通过财产清查有力的保护了财产物资的安全完整。

从财产保护控制来看，早在周朝就已经开始。《周礼》："凡税敛，掌事者受法焉。及事成，则入要贰焉"，"凡受财者，受其贰令而书之。及会，以逆职岁与官府财用之出"。各部门领取和支出财物，都有一式二简，一简留存，另一简则作为收入或支出的凭证。也就是说在周朝是通过"凭证"来加强财产物资的保管，还没有出现"秦简"中，以法律规定的更为具体的财产管理制度，如前面提到的粮食的出入管理制度，粮食、兵物等财产物资的日常管理制度，更换管理人员的交接盘点制度，账实核对制度等。可见，在战国晚期的秦国，较之周朝已通过法律制定了严密具体的财产管理制度。

（十）预算控制

预算控制要求各责任单位明确在预算管理中的职责权限，规范预算的编制、审定、下达和执行程序，强化预算约束。

"秦简"《内史杂》："都官岁上出器求补者数，上会九月内史。"（P. 105）都官每年上报已注销而要求补充的器物数量，在九月把账报给内史。看来，既要上报器物注销年报，又要上报要求补充的器物计划。

"秦简"《徭律》："上之所兴……度攻（功）必令司空与匠度之，毋独令匠。其不审，以律论度者，而以其实为徭徒计。"（P. 77）县以上的大工程项目，估算工程量，必须由司空和匠人一起估算，不得单令匠人估算。如所估不实，对估算者依法论处，再按所估工程量计算所需服徭役徒众的数量。不仅有预算，还需要负责掌管工程的官员和具体的工匠一起估算，可以互相监督，严防作弊。如果二人串通作弊估算不实经查要依法论处。秦国对于工程预算控制是相当严格的。

（十一）讨论

1. 内部控制方法与内部控制要素

将内部控制要素和内部控制方法结合起来列表如下：

方法 要素	组织规划控制	授权批准控制	人力资源控制	文件记录控制	会计系统控制	内部报告控制	内部审计控制	风险防范控制	实物保护控制	全面预算控制
控制环境	√		√				√			
风险评估							√	√		
控制活动	√	√	√	√	√		√		√	√
信息与沟通						√				
内部监督	√		√	√			√			√

从上表可以看到：内部控制要素与方法是密切联系的，每种要素都有其方法，一种方法可以服务于几种要素。内部控制要素是通过内部控制方法来体现的。

2. 秦国实施内部控制的必然性

秦国自商鞅变法后，经济迅速发展。修建了郑国渠、都江堰等水利工程，进一步促进了农业生产的发展，出现了较为发达的冶铜和制陶工业，武器装备不断改进。从此，秦国不断强大，社会政治、经济不断进步，经济实力不断增强。社会关系变得更加复杂，加大了统治者驾驭和管理整个经济的难度。西周是中国奴隶社会的全盛时期，而战国晚期的秦国经过多年的发展，积聚了众多的国家财富，"秦地半天下，兵敌四国……粟如丘山"（《战国策·楚策》）。为了维护其统治地位、参与中原争霸、兼并六国并统一中国，必然要强化财政收支活动的核算、监督和内部控制，以加强全国的经济管理。为了加强财产的保护和对外扩张的需要，对全国的贡赋收入、支出等经济活动，设置相关的组织机构进行记录和计算，加以严格的控制和监督，早期的以国家为主体的全方位内部控制由此产生。因此，建立以国家为主体，以保护国家财产为目标的内部控制是其必然。

3. 内部控制的产生不晚于睡虎地秦简

通过对"秦简"的分析发现，除了电算化系统控制方法以外，体现内部控制要素其他 10 种内部控制方法都已存在，只是各种方法发展程度比较原始，可以认为，在秦国的经济管理活动中，内部控制已经存在。美国史学家迈克尔·查特菲尔德在其名著《会计思想史》中说："在内部控制、预算和审计程序方面，周代在古代世界是无与伦比的。"① 亦可旁证。而"秦简"反映的时间是战国晚期，通过前文的分析比较也可以看出：秦国在社会经济生活各方面不仅存在内部控制制度，而且已经法规化。某些方面较《周礼》体现的内部控制有所发展和完善。所以，我们认为：内部控制的产生不晚于"秦简"。只不过随着社会的发展，资本主义经济的产生，组织规模的扩大，现代企业的出现，对管理工作的要求越来越高，才于 20 世纪 40 年代产生了服务于公司治理的现代意义的内部控制。

受其所处时代的社会经济和生产力发展水平所限，秦国不可能建立现代意义上的企业制度，由此所建立的控制，乃是以国家为主体，以税赋和国家财富收、支、用为线索的控制活动。较之现代意义的内部控制制度，其缺陷是显而易见的，但不能因而否认内部控制的产生。

4. 内部控制的发展阶段

内部控制可以分为古代和现代两个阶段：古代的内部控制主要服务于公共治理，以国家内部控制为主，用以保护"政府产权"。官吏既是控制者，又是被控制者。现代内部控制，既服务于公共治理，更服务于公司治理，以企业内部控制为主。

古代和现代内部控制的主要内容都是人、财、物，都是为了资产保全和价值增值，实现组织的目标。古代内部控制侧重于防范舞弊，现代内部控制侧重于风险控制（含舞弊风险）。

如果说现代内部控制产生于 20 世纪 40 年代，不会有争议。但仅根据内部控制的定义和概念出现在 20 世纪，就笼统地说内部控制产生于 20 世纪 40 年代，这是不恰当的。事物的产生应以其活动的出现为准，我国会计概念出现于周朝，谁都不会说我国的会计产生于当时。内部控制是全称判断，包括企业、事业、政府等各种组织的内部控制，因而认为"内部控制是对企业的控制，而非政府机构的控制"，不够准确。

六　上计制度与审计

上计制度，"是古代各级地方官府对于所辖区域的人户、田地的增减，

---

① 〔美〕迈克尔·查特菲尔德：《会计思想史》，文硕译，中国商业出版社，1989，第 8 页。项俊波：《审计史》，中国审计出版社，1990，第 34 页。

财物、税赋的出入等情况，汇总编制成册，逐级上报直至朝廷审查考核的一种制度"①。上计包括统计、会计报告，在前文已经论述。这里，结合审计特点，进一步研究。

上计制度，萌发于西周，那时已有了日成（"旬报"）、月要（"月报"）、岁会（"年报"）和三年"大计"报告，要定期地上报以供审计。审计官员有司会、宰夫、小宰和大宰等职官。司会"以参互考日成，以月要考月成，以岁会考岁成"；宰夫"岁终，则令群吏正岁会，月终则令正月要，旬终，则令正日成，以考其治"；大宰"岁终，则令百官府各正其治，受其致事。三岁则大计群吏之计而诛赏之"。小宰"赞冢宰受岁会"，"内史掌王之八柄之法以诏王治"。"执国法及国令（政令）之贰（副本），以逆会计。""掌叙事之法，受讷访（接受群臣谋议），以昭王听治。""以考政事，以逆会计。"（《周礼·春官·宗伯下》）

春秋战国之时，上计制度渐趋成熟。当时的上计报告主要是年度报告，包括每年终了的报告和三年大计报告，年度报告必须报送国君，以作为考核百官的依据，并以此决定官吏的升降任免。魏国《法经》规定："诸对制及奏事上书诈不以实者，徒二年……"意思是说对于上计报告不实者，定罪两年。秦国《效律》规定："计，用律不赢不备，以'效'赢不备之律赀之，而勿令偿"；"计校相谬也"；"计脱实及出实多于律程"。这些法规条文中的计，都包括上计。《荀子·王霸篇》："岁终奉其成功，以效于君，当则可，不当则废。"怎样知其"奏事上书诈不以实者"？怎样知其"当"与"不当"？国王或主管部门必须委托专职专业人员对上计进行审查。据《汉书。武帝纪》，元狩二年（公元前 121 年），众利侯上谷太守郝贤，因为计簿中有欺骗行为，受到免职处分。怎样知其"计簿中有欺骗行为"，应是审计的结果。

汉朝时期，随着统一的中央集权制的进一步巩固和完善，上计制度也更加系统化。每年年终，各县首先向郡国上报计（集）籍，郡国守相据此对其所属县令（长）和掌管财政的有关部属进行审计考核。县上计结束后，由郡国进京上计，汉朝上计程序已趋完善，此其一。其二，在汉朝经济法规中，把上计的规定，单独列作一篇，即《上计律》，这说明当时已将上计制

---

① 〔美〕迈克尔·查特菲尔德：《会计思想史》，文硕译，中国商业出版社，1989，第 8 页。项俊波：《审计史》，中国审计出版社，1990，第 34 页。

度上升到了法律的高度。据《后汉书·百官志》介绍，此律规定："其一，凡上报不及时者治罪；其二，凡计簿中欺谩不实者治罪"。

会计报告在国外出现很早。在古埃及，每当岁终来临，谷物仓库监督官就必须携带一种会计报告去朝见国王（法老），这种会计报告，就是"收获决算报告书"，国王据此对他们进行奖惩。可见，这种"收获决算报告书"与中国最早的"上计"报告极为相似。[①] 在古罗马，国库记录官除了进行日常会计核算外，每月还要编制一种反映一月账目的会计报告，并报送监督官审查。

与"上计制度"相比，国外早期的会计报告制度显然略逊一筹。首先，从上计制度的内容来说，它包含了对日成、月要、岁会的审查，以及三年大计。在古希腊，一般是在官吏离任时才对他们的会计账册进行审查，这显然不利于审计官员对在职官吏的随时监督，这或许正是造成古希腊"舞弊行为似乎也经常发生"的重要原因之一吧！其次，从上计程序来看，上计制度采取的是一种逐级上报制度，这无疑有助于加强中央对地方财政的控制。对于巩固和发展中央集权制，产生了深远的影响。当时国外尚无这么完善的审计程序。再次，从上计的方法来看，中外都采用了听计、查账等基本审计方法，但我国上计制度还创造性地运用了查询法、比较分析法、抽样法等先进方法。最后，上计已形成固定的制度，并上升到了法律的高度。当然，我们说上计制度是当时较为完善的一种审计形式，具有积极的作用，但也存在弊端。例如，由于上计内容复杂繁多，不可能全部查清，这必然给官吏弄虚作假提供可乘之机；君主的干涉也会影响上计的效果。然而，我们并不能因此而否认上计制度的成就。与国外早期会计报告制度相比，它不失为一种更为先进的审计制度。

上计制度与审计的关系，审计史界有争议。否定论者认为：上计是统计报告，是"述职"，而审计的特点是委托专业的第三者进行审计。不敢苟同。

（一）早期审计是对会计报告和账务的审查

《周礼[②]·天官》："岁终，则令百官府各正其治，受其会。"宋朝王

---

① 郭道扬：《会计发展史纲》，中央广播电视大学出版社，1984，第307页。
② 《周礼》之论争详见本书前言。

安石解释说："受其会者，受其一岁功事财用之计。"①又《周礼·司书》："三岁则大计群吏之治，以知民财、器械之数，以知田野夫家六畜之数，以知山林川泽之数，以逆（考核）群吏之征令。""财用"属于会计反映和控制的内容，其他则属于统计内容。西汉以前，会计、统计并未分开。

《周礼·司会》："以参互考日成，以月要考月成，以岁会考岁成，以周知四国之治，以诏王及冢宰废置。"参互，相参交互或相互参考。运用书契版图的副本（包括百官报来的会计报告）参互考核旬报、月报和年报，以便了解邦国和诸侯的治绩。呈报周王和冢宰，进行升迁或处罚。从而可见司会的职责广泛，权力较大，它不仅负责管理会计工作和财政工作，还负责考核各官府的政治、经济治绩，并呈报周王和冢宰进行赏罚。司会下属四个部门：职内、职岁、职币三个部门分别掌管收入、支出和余财，司书负责全面核算，司会又对其交互考核，用以提高会计核算的质量，相互牵制，可谓严密。看来，当时已经有了内部控制的思想和实践。这是审计的基础。司会"逆群吏之治而听其会计"（接受各级官吏呈报的政绩加以审计考核），明显具有内部审计的性质。"宰夫之职，掌治朝之法，以正王及三公、六卿、大夫群吏之位。掌其禁令，叙群吏之治"，"掌治法，以考百官府群都县鄙之治，乘（计也）其财用之出入，凡失财用物辟名（账实不符）者，以官刑诏（报告）冢宰而诛之；其足用长财善物者，赏之"。《周礼》的这些记载，前边是讲宰夫的监察职能，后者是说他有就地稽查财物入出之权，即经济监督。因此，周朝的宰夫兼具监察和国家审计职能。内史"执国法及国令（政令）之贰（副本），以逆会计"。"掌叙事之法，受讹访（接受群臣谋议），以昭王听治。"协助周王管理八柄之法，"以考政事，以逆会计"，显然具有超然于行政系统之外的国家审计职能。②

史书记载：秦国"也实行上计制：每年，地方官要事先把赋税收入的预算写在木券上，送交朝廷。年终时，地方官必须把实际情况（收入、开支、损耗等）向朝廷报告，这就谓之上计"③。赵襄子（在位始于公元前457年）以任登为中牟令，"上计，言于襄子"（《吕氏春秋·知度篇》）。魏

---

① 王安石：《周官新义》，商务印书馆，1937，第22页。
② 李孝林：《中外会计史比较研究》，科学技术文献出版社，1996，第240页。
③ 林剑鸣：《秦史稿》，上海人民出版社，1981，第219页。

文侯（在位始于公元前446年）时，"东阳上计，钱布十倍"（《新序·杂事篇》）。同时，西门豹为邺令，"期年上计"（《韩非子·外储说左篇》）。"上计之制，六国亦有之。"（《秦会要订补·职官上》）这些说明当时各国均实行上计制，已经普及。

1975年，湖北云梦县睡虎地11号秦墓出土的竹简①，规范了战国晚期的秦国上计制度。当时"上计"已不限于中央职能部门，在各个部门中已普遍运用。

睡虎地秦简："至计而上廥（kuai，仓也）籍内史。"（P. 100）到每年上报账目的时候，应将仓库的簿籍上报内史。

"入禾稼、刍稾，辄为廥籍，上内史。"（P. 38）谷物、刍稾入仓，要记入仓的簿籍（粮食出入簿），上报内史。上两律都规定粮食产量和仓库粮食账上报给秦王的中央机构内史。

秦国《仓律》规定："县上食者籍及它费太仓，与计偕。"（P. 42）各县要将领取口粮人员的名籍和其他费用，与"计"偕同缴送给太仓。太仓是朝廷收储粮食的机构。此律说明报告的种类有三种：一是领口粮人员的名籍；二是"它费"；三是"与计偕"中体现的计簿或"报表"。

据上述《仓律》，廥籍既要上报给财政主管部门"内史"，又要上报给粮食主管部门"太仓"，可见秦国的会计报告已经实行双线上报制度。

汉律《二年律令》对会计报告也有明确规定：

> 官各以二尺牒疏书一岁马、牛它物用稾数，余见刍稾数，上内史，恒会八月望。（田律 P. 257）

（二）会计期间

会计报告期限，早在周朝就有严格规定。据《周礼·天官·冢宰》："岁终，则令群吏正岁会，月终，则令正月要，旬终，则令正日成，而以考其治。"岁会、月要、日成相当于年报、月报、旬报。《周礼·天官·宫正》："月终则会其稍事（月俸），岁终则会其行事（业绩）。"会，计算、考核也，说明考核内容。周朝还规定三年"大计"制度。"及三年则大比。

---

① 睡虎地秦墓竹简整理小组：《睡虎地秦墓竹简》，文物出版社，1978。

大比，则受邦国之比要。"（《周礼·地官·小司徒》）

秦国上计制度对会计期间作出了严格的规定："稻后禾熟，计稻后年。"①如果稻在谷子之后成熟，应把稻计算在下一年的账上，因为秦以十月为岁首，晚稻的成熟和收获在九、十月间，因而统一规定禾后成熟的晚稻，都算在次年的账上。又规定，"官相输者，以书告其出计之年，受者以入计之。八月、九月其有输，计输所远近，不能逮其输所之计，移计其后年，计毋相谬。工献输官者，皆深以其年计之"②。官府输送物品，应以文书通知其出账的年份，接受者同年入账。如在八月、九月输送，（由于时届年终）要估计所运处所的远近，不能赶上运入处所（年终）结账的改计入下一年账内，双方账目不要矛盾。工匠向官府上缴产品，都应固定按其生产年度计账。古时交通不便，物品运输，途中时间较长。为了确保"计毋相谬"，以法律做出这些精密的规定，不能不令人惊叹。秦国从全国出发，制定"以其年计之"的法律，从多方面具体规定，落实会计年度原则。它对于保证会计报告的质量有着重大的意义。在 2200 年前，竟能做出这样明确的规定，充分反映了我国古代的会计、审计水平。

（三）上计效果

秦国对报告所做出的严格规定，是为了适应其管制的需要。秦国的上计制度对秦的崛起和强大，对全国的统一都具有重要的意义。《史记·萧相国世家》称：刘邦灭秦进咸阳时，萧何"收秦丞相御史律令图书藏之"，"具知天下轭塞、户口多少、强弱之处、民所疾苦"。苏子由《元祐会计录序》："汉祖入关，萧何收秦图籍，周知四方盈虚强弱之实。汉祖赖之，以并天下。"可见，秦国上计制度取得了何等丰硕的成果。"汉承秦制"而发展之。最突出的成就之一，是专门制定了《上计律》。它可能是世界上第一部以会计、统计报告和考核为主要内容的专门的法律。《上计律》规定凡计簿中有欺瞒不实者或不及时的均治罪。据《汉书》记载，汉武帝元狩二年（公元前 121 年）众利侯上谷太守郝贤，其计簿中有欺骗行为，汉武帝元鼎二年（公元前 115 年）建成侯刘拾因年终误了上计期限，两人都受到免职处分。

---

① 睡虎地秦墓竹简整理小组：《睡虎地秦墓竹简》，文物出版社，1978，第 41 页。
② 睡虎地秦墓竹简整理小组：《睡虎地秦墓竹简》，文物出版社，1978，第 58 页。

从而可见，秦律所规定的"以其年计之"的会计年度原则的实践。在欧洲，最早将会计报告法律化的国家是法国。① 路易十四在 1673 年公布了法国商法《商事王令》，其中对商人编制会计报告提出了明确的要求。此后，拿破仑商法、希腊商法、荷兰商法也相继对会计报告做出了类似规定。而汉代对会计报告制度的法律化，比它们早 1500 多年。

（四）古今审计本质、职能比较

有的专家在研究我国古代审计史时指出："古代审计与现代审计有着本质的不同。"② 为什么，没有说。该文以丰富的史料为依据，明确指出：中国古代的审计职能，大致有三个方面。一是监督职能；二是评价促进职能；三是经济鉴证职能。这三者，也是现代审计职能的流行观点。

对于审计职能与本质的对应关系，我们在《论系统科学视角下的审计基础理论体系建立问题》③ 中指出：哲学方法论认为"本质是指事物本身固有的、相对稳定的、决定事物性质的必然联系，即事物的内部联系。本质决定于事物的内在矛盾，是事物比较深刻、比较稳定的方面"④。按照系统科学，本质是"结构的描述"，"系统的特性首先取决于它的结构。结构的不同，可以使同一类系统具有不同的功能"。"结构是指系统内部各类要素统一组合的秩序和方式。"⑤ 木炭、石墨和金刚石的元素都是碳，只是由于结构不同，以致面貌、功能和性质完全不同。决定事物本质和职能的是结构，是事物的内在矛盾。结构和本质都是看不见、摸不着的。"功能和结构具有相互对应的性质。这一性质可表述为：结构是功能的基础，功能是结构的表现；结构决定功能，功能反作用于结构。"⑥ 通过职能尤其是基本职能研究结构和本质，不仅是系统科学的一般原理，也为会计、审计理论研究所证明。葛家澍、余绪缨教授指出："会计的职能是会计固有的功能，是会计本质的体现。"⑦ 娄尔行主编的《审计学概论》说："审计的职能是审计的本

---

① 杨宗昌：《简明西方会计史》，辽宁人民出版社，1992，第 84 页。
② 方宝璋：《中国古代审计史概论》，《中国史研究》1996 年第 1 期。
③ 李孝林：《论系统科学视角下的审计基础理论体系建立问题》，《会计论坛》2004 年第 2 期。
④ 王培智：《软科学知识词典》，中国展望出版社，1989，第 231 页。
⑤ 王培智：《软科学知识词典》，中国展望出版社，1989，第 387 页。
⑥ 许国智：《系统科学大词典》，云南科技出版社，1994，第 548 页。
⑦ 葛家澍、余绪缨：《审计学》，四川人民出版社，1998，第 15 页。

质属性，是不受人们主观意志支配的。"① 基础理论研究进一步说明了会计、审计职能与结构、本质、目标具有对应性。② 诚如贝塔朗菲所说："归根结蒂，结构（即部分的秩序）和功能（过程的秩序）完全是一回事。"③ 在社会环境的影响下，审计基本职能表现审计本质的关系，图示如下：

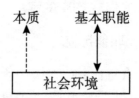

古今审计的职能虽有重大发展，但基本职能是前后一贯的。既然三项职能，古今一贯，根据基本职能体现本质的原理，古今审计的本质应当是大体相同的。其特点在于：都以维护产权、评价受托责任为己任，都是由独立的第三者进行的，都大体具有监督、评价和鉴证职能。

① 娄尔行主编《审计学概论》，上海人民出版社，1992，第6页。
② 李孝林：《试论会计职能的对应性》，《财务与会计》1998年第5期。
③ 贝塔朗菲：《一般系统论》，清华大学出版社，1987，第25页。

第八章　简牍会计史料研究

郭道扬《中国会计史稿》(1982)①，是我国第一部会计史专著，史料丰富，乃填补空白之作。和统计、审计史著作比较，引用了较多的简牍史料，包括《睡虎地秦墓竹简》、江陵凤凰山 10 号汉墓简牍和部分旧居延汉简。但把《睡虎地秦墓竹简》反映的会计活动定为秦代，值得商榷，本书第二章中"云梦睡虎地 11 号墓竹简所属时代与其反映的时代"一节已经论证。已出版的会计史著作，如刘常青的《中国会计思想发展史》②、朱德贵的《汉简与财政管理新证》第八章"两汉会计文书制度及其相关问题研究"③将《睡虎地秦墓竹简》反映的会计活动定为秦代，都有大量宝贵的简牍未能引用。我们编著的《中外会计史比较研究》(1996；2002)④、《比较会计史学》⑤运用较多的简牍史料，近几年又发掘出大量有价值的简牍会计史料，并作了一些分析。为先秦以至汉代会计活动，提供了新的史证。

一　会计凭证史

(一) 产生时期的会计凭证史

会计凭证是记录经济业务，明确经济责任，作为记账依据的书面证明，

---

① 郭道扬：《中国会计史稿》，中国财政经济出版社，1982。
② 刘常青：《中国会计思想发展史》，中国财政经济出版社，2005，第 78 页。
③ 朱德贵：《汉简与财政管理新证》，中国财政经济出版社，2006，第 223 ~ 269 页。
④ 李孝林、罗勇等：《中外会计史比较研究》，科学技术文献出版社，1996。
⑤ 李孝林、罗勇、孔庆林：《比较会计史学》，中国财政经济出版社，2007。

这也是它的三大功能。人类文明的发源地之一——古埃及在早期王国时期（约公元前 30 世纪）或者古王国时期（约公元前 27 世纪至前 22 世纪）已经规定到仓库领取物资必须持经有权人批准的"应当支付"字样的凭证，"仓库保管员"登记发出数量并收管好凭证，每日结束时"仓库管理员"编制报告。报告既要登记付货人和收货人，还要按财产名称详细反映变动数。① 早在奴隶社会初期，会计凭证就具有上述三大功能。当然，会计凭证的三大功能是逐步发展的。首先是为了记录经济业务的需要。"上古结绳而治，后世圣人，易之以书契。"（《周易·系辞下》）中国和日本、埃及、墨西哥、秘鲁的"结绳记事"，以及古希腊、罗马的简单刻记，都是为了记录经济业务。这种功能产生于原始社会末期。那时，凭证、账簿尚未区分。随着私有制的出现，为了反映债权债务关系，凭证才逐渐具备了明确经济活动主体的经济责任的功能。

由于经济活动的复杂性，"账簿"的出现，对会计原始凭证合法性的要求，凭证又具有了记账依据的功能。

我国商代甲骨文中有许多是记录经济业务的"凭证"。

"辛巳卜，丰贞埋三犬，羹五犬五豚（zhi，猪），卯四牛，一月"。

"羹于河王亥上甲，十牛，卯十牢。五月。"

"庚申王在东间，王格，宰椃从，锡贝五朋，用作父丁宝彝，在六月佳王廿祀翌又五。"

"贞：御，重牛三百。"

"……甲寅伐百牛。"

"重百羊，用。"

商代祭祀成风，占卜时需用大量的动物作祭品，这里反映的是占卜时的支出记录。

下面列举殷墟书契中有关收入的记录：

丙戌卜丁亥王罙（qing，陷阱）鹿，毕。允毕三百又四十八。

---

① 〔俄〕索科洛夫：《会计发展史》，中国商业出版社，1990，第 3 页。

王往于田，从京，允获麇二，雉十一。

贞弗其毕，九月在渔。

前两例是田猎收获记录，末例是捕鱼记录。仔细分析上述记录，其特点是：①对经济事项的记录采用文字叙述式，每笔记录的内容比较完整；②以实物量度记录经济事项；③品种和数量，一一记录，不相混淆，可以反映该笔业务的经济内容。

商代甲骨文字记录形式不统一，内容叙述先后不统一，文字上阐述清楚即可；用行为动词表示经济活动的性质及会计记录方向；掺杂使用"贝"币作为计量单位，货币量度产生。古埃及碑文先记地点和神，然后记时间、品种和数量。两者各有其特点。

国外奴隶社会的经济记录的史料较早。在美索不达米亚，大量凭证被保存在封套里。以保护凭证和保守秘密。①

古埃及最早的年代记录——《帕勒摩石碑》中，有反映经济事项的珍贵史料，现摘录如下：

XI　第五王朝

第五年：上下埃及之王乌塞尔卡弗以（此）作为他的纪念，对于：

赫里奥坡里诸神灵，每一 [……] 和每一 [……] 节日，二十份面包和酒：在乌塞尔卡弗地产中 [……] 土地三十六斯塔特；

[号为] 塞普·拉（SP—R）的太阳庙诸神，在乌塞尔卡弗地产中土地二十四斯塔特，每月二

牛、二鹅；

拉 [神] 在北部诸州的土地上四十四斯塔特；

[女神] 哈托尔，在北部诸州的土地四十四斯塔特；

……

在伯耳努 [PR——NW] 的布陀，每月十份面包和酒；

在南部圣宫 [Ntry] 的诸神，每月四十八份面包和酒"②

古埃及第五王朝约在公元前 2489 年至前 2345 年。

---

① 〔俄〕索科洛夫：《会计发展史》，中国商业出版社，1990，第 5 页。

② 文硕：《西方会计史》（上），中国商业出版社，1987，第 19 页。

公元前 18 世纪的《汉谟拉比法典》第 104 条、105 条已明确规定出售结算"应取一个盖章的文件",否则无效。这是对经济凭证较早的法律规定。

(二) 成长时期的会计凭证史

古巴比伦"在较晚的时代,原始凭证一式两份……在巴比伦已广泛采用辅助表格,例如在会计人员那里有乘法表,而谢烈夫基德时期的复利计算表也保存下来了"①。表格式凭证在巴比伦时代已经出现。

苏美尔人—古巴比伦人—亚述人,在创造发明方面具有明显的继承性。在会计账簿保存和内部控制上,早在苏美尔就发明了日晒法和焙烧法:对于重要的和需要长久保存的,如编年史、法典条约和会计文书等重要文件,采用焙烧法,而对那些只需暂时保存的则采用日晒法。古巴比伦在签订契约方面,一般将记载好的契约记录板装入一块类似信封般的薄片之中,然后在这张"信封"上再写一次契约证书,这样就很难篡改记录板。因为原板和"信封"内容吻合,要想篡改契约证书的内容,只有同时改动里外两层,并使其无损。亚述人在保护黏土文书方面,想出了更为先进的方法,即对重要的黏土文书,采用了在外面加封套法,这样不仅可以保护文件,还有利于保密,防止篡改作弊,在使用文件时,必须打碎外面的封套。可见,巴比伦在会计控制和档案保管方面创造的独到方式。

古巴比伦有债权债务关系的记载②如:

1. 附有抵押品的债务盘剥契约

(公元前 2000 年下叶,亚述)

……………………………

他的田地与房屋就是铅的抵押品。

(以下是证明人的签名和日期)

2. 附有债务人的财产与家庭成员

作为抵押品的债务盘剥契约

……………………………

他的田地、儿子和房屋就是铅的抵押品。

---

① 〔俄〕索科洛夫:《会计发展史》,中国商业出版社,1990,第 5 页。
② 文硕:《西方会计史》(上),中国商业出版社,1987,第 48~49 页。

他将把铅称给他的文书和收执人。

下面是印章、证明人和日期，中间省略虚线是采用文字叙述式的经济事项的内容、数目、条件等。

我国西周时经济事项的记录逐步发展。会计凭证不仅有多种名称，使用较广泛，金属货币计量单位和正副券都已产生，所以我们把它作为会计凭证成长阶段的起点。出现两联凭证，凭证种类增多，是会计凭证成长阶段的标志。战国时代会计凭证的发展：一是出现三辨券；二是以法律对会计凭证做出规定：

遽伯环作郘尊彝，用贝十朋又四朋。

这是记载作郘尊彝的开支，用贝币计量作郘尊彝的价值。

佳十又三月辛卯，王才（在）斥……易（锡）贝五朋，遣对王休，用乍女吉宝彝。

王伐……王易（锡）金百斤。禽用乍宝彝。

佳十又三月……王易（锡）贝五十朋……用乍父□□尊彝。

王锡叔德臣始十人，贝十朋，羊百。

以上四笔为王赏赐诸侯作郘尊彝的开支，属于支出类凭证。

据《周礼》，周朝的经济凭证已有多种：

"凡卖儥者质剂焉，大市以质，小市以剂。……凡治质剂者，国中一旬、郊二旬、野三旬、都三月，邦国期，期内听，期外不听。"（《周礼·地官·质人》）

儥，《辞源》音喻，据《说文解字》注："《周礼》儥，训买"。质剂，郑玄注："券书也。""大市，人民牛马之属用长券；小市，兵器珍异之物用短券。"凡货物的买卖，以质剂作为凭证，大宗买卖用长券（质），小宗买卖用短券（剂）。国中指王城，郊距国中百里，都距国中四百至五百里。期，一周年。凡处理契券的纠纷，按照距离王城的远近，规定有效期，周王直接管辖的地区按照距离远近，分别为一旬至三月，所属邦国为一年。有效期间受理，过期不受理。当时不仅买卖使用质剂，掌征粟之官的旅师也要"以质剂致民"（《周礼·地官·旅师》），以质剂作为征粟的凭证。

"以两剂禁民狱，入钧金，三日，乃致于朝，然后听之。"两剂，双方订立的契约。钧，三十斤。古代以金为货币单位，金是金属的通称。《史记·平准书》："金有三等，黄金为上，白金（银）为中，赤金（铜）为下。"民有重大事件诉讼，必须缴交双方订立的合同契约，并缴交三十斤金属作为保证，三天以后传唤双方当事人到朝，然后审理。剂比质剂的范围更广一些。

"凡以财狱讼者，正之以傅别约剂。"傅别，郑司农云：券书也，傅，著也，别，分也。谓借贷债务偿还日期及子息之多少均载明于文书，两家分执之以为凭也。凡是由于财货而兴狱讼的，要根据契约合同来裁决。"听称责（举债）以傅别"（《天官冢宰·小宰》）也是这个意思。从会计角度看，这里的傅别、约剂，就是一种凭证。傅别是在凭证中间手写大字，从字的中间裂成两份，各执其一。

《周礼·地官司徒·质人》："质人：掌稽市之书契。"郑玄注："书契，取予市物之券也。""凡货物的买卖，以券书作为凭证。"（《周礼今注今译》）这里的书契也是一种凭证。

综上所述，可见质剂、约剂、傅别、书契，在当时的某些场合都可以是会计凭证。

《周礼·秋官司寇·司盟》："凡民之有约剂者，其贰在司盟。"凡民间订有契约、券书的，副本藏入司盟。当时已经有了两联凭证。

记录战国晚期秦国法律的云梦秦简①"法律答问"有"亡校券右为害"（P.228）的记载。丢失了作为凭证的右券为造成危害。古代契券分为左右两部分（联）。对于左券、右券的使用古籍有不同说法。《史记·田敬仲完世家》："公常执左券以债于秦、韩。"马王堆汉墓帛书《老子》79章"是以圣人执左契，不责于人。"王安石在《周官新义》中说："契谓人执其一，予者执左，取者执右，合而验之也。"这是把左券作为索偿的凭证。《史记·平原虞卿列传》："虞卿操其两权，事成，操右券以责……"《索隐》："言虞卿论平原君取封事成，则操其右券以责其报德也。"这里比喻右券是索偿的凭证。作为经济凭证的左券、右券，取、予双方各执其一，谁也无法进行篡改或抵赖。近人肯定，"债权人掌右券，债务人掌左券"，而未说明根据，似乎尚须进一步考证。是否与地区、时间变化有关？

---

① 《睡虎地秦墓竹简》，文物出版社，1978。

公元前 3 世纪初，冯谖客孟尝君，收债于薛，合券而焚之，更是会计史界熟知的故事。欧洲 8 世纪比卡尔核算①英国 12 世纪的符木②，与我国的"合券"相似。

大约与秦律同时的古希腊，也有类似做法。收税官员有关凭证的分类整理和存放是定期的。官员收款的同时，勾掉支付人的名字和退还一份副本，副本上记有逾期未付款和欠款人的情况。③ 见之于秦律的会计凭证主要是"致"和"券"。向大田领取饲料而没有固定账户的，要凭"致"按期发给，不得超过。（田律 P. 29）可以凭官府发给的"官致"领取衣服。（金布律 P. 66）这里的"致"是领取物品的凭证。

云梦秦简"乘马服牛禀（廪给，饲料）过二月弗禀（领），弗致（发送）者皆止，勿禀、致（不再领发）。禀大田而毋（无）恒籍者，以其致到日禀之，勿深致"（P. 29）。后面的四个禀是领取或发给，向大田领取饲料而未开设固定账户的，按其领取凭证所到日期发给，不得超过凭证的规定。"致"在这里是领料凭证。"县、大内皆听其官致，以律禀衣。"（P. 66）这里的"官致"是官府发给的领衣凭证。"恒籍"，"睡虎地秦墓竹简整理小组"解释为"固定账目"。由于未开设固定账户而按照凭证领取饲料，是符合会计工作常规的，有的会计论著说"恒籍具有总括反映某一类收入的作用，其性质类似于后来的总清账"。有的论著解释为"固定户籍"，未知根据何在。

云梦秦简金布律"……人与参（叁）辨券，以效少内，少内以收责之"（P. 61）。叁辨券，即可以分成三份的木券。县，都官在点验或会计中有罪而应赔偿者，经判处后，有关官府啬夫即将其应偿钱数分摊于其官长和群吏。发给每人一份木券，以便向少内缴纳，少内按券收取。看来，三辨券分三份，由缴款人，收款单位和主管单位分持，它是现代多联凭证的鼻祖。见之于法律，足见其成熟程度和流行的广度。

秦律规定的"隄"（题识）的内容，是仓库存粮数量及有关人员的签

---

① 〔俄〕索科洛夫：《会计发展史》，中国商业出版社，1990，第 4 页。比卡尔是一块小板，在它表面上划上线条来确定相应的支付额，板被直着劈开，一半放在收款人那里（收款凭证），而另一半交给支付人（收据），把两个半块的板拼在一起可以确认记录的正确性，这就完成了"直线记录"。

② 〔美〕迈克尔·查特菲尔德：《会计思想史》，文硕译，中国商业出版社，1989，第 29 页。

③ 〔美〕迈克尔·查特菲尔德：《会计思想史》，文硕译，中国商业出版社，1989，第 29 页。

字，如"某廥禾若干石，仓啬夫某，佐某、史某"。类似当代的仓库封条和保管卡片。不仅责任分明，也规范化了。仓啬夫相当于现代的仓库主任。

公元前 2 世纪的江陵凤凰山 10 号墓简牍，保存下来最早的数量众多的会计核算实物，其 1 号木牍（第 804 号）是会计凭证，见前文中"原始凭证"。

> 户人击牛能田二人□四人田十二亩十卩贷一石二斗 （散简① 814）

"＋"是贷款人的"画押"（当代叫签字）。"卩"即"节"字，假借为结，表示该账结清，相当于现代的"收付讫"。巧妙地把凭证和账簿结合起来，记载清楚，手续完备，记录格式一致，已经规范化了。第二章江陵 10 号汉墓简牍四号牍（807）表 2 - 1 及第六章统计台账之郑里廪簿有全文。这是我国保存下来的最早的画押实物。古巴比伦"经营业务的当事人和证人应在黏土版上画押署名，记录官记下他们的名字，记录即告结束"②。

公元前、后各约 1 世纪的居延汉简，为我们保留了大量的会计凭证实物，如：

> 居延甲渠候长张忠，未得正月尽三月积三月奉用钱三千六百。已赋毕。（合校 35·5）
> 郣卒许镇，毕。钱千六百。卩五月丙寅自取☑ （合校 285·21）
> 临桐隧长赵仁，九月奉钱六百，以偿朱子文，子文自取。☑ （合校 6·17）

前两简是领钱人的申请或领条，"已赋毕"相当于现代会计工作中的"付讫"。

> 介千秋入谷六十石六斗六升大，直二千一百廿三。●入钱千二百●凡钱三千三百廿三。（合校 19·26）

---

① 李均明、何双全：《散见简牍合辑》，文物出版社，1990，第 70 页。
② 〔美〕迈克尔·查特菲尔德：《会计思想史》，文硕译，中国商业出版社，1989，第 5 页。

校算相符，数量金额核算已经产生。

现代一些零售商店仍然流行"销售划码"，它可和传统的中式簿记的"草流"联系起来。从居延汉简看到它的源始，例见第六章统计史料的"销售记录"，是登记账簿的依据。

为了简化核算手续，现代会计广泛使用的累计凭证，在公元前3世纪古希腊的泽农纸草纸已现端倪。"在很多情况下，相同业务的凭证经过分类，在某些基础上编制汇总凭证，而每天的汇总凭证则是记账的依据。"① 我国居延汉简有不少累计凭证实物，现举二例：

<blockquote>

月晦日，食马二斗。

月二日，食粟二斗。

孙卿食马廪计　三日，食二斗。

四日，二斗。

十月廿三日，食马二斗。（合校414·1A）

</blockquote>

晦日是每月末的那一天。本简是五次马饲料的领取记录。

本书第六章统计史"领料记录列举的旧居延汉简562·1AB简"，记录连续十五天的领料记录，以及驿小史的供应粮三石，是西汉元帝建昭二年（公元前37年）的遗物，记录清楚、规范。

根据累计凭证在各出入簿上综合记录一笔就行了，如：

<blockquote>

出麦大石三石四斗八升，闰月己丑，食驿马二匹，尽丁酉□（合校495·11）

</blockquote>

下面是几个隧的俸禄汇总表。

<blockquote>

□□　廿六隧　奉□□。

廿八隧　奉六百。第☑

卅一隧　奉三百。

□七　卅三隧　奉四百。

</blockquote>

---

① 〔俄〕索科洛夫：《会计发展史》，中国商业出版社，1990，第14~15页。

卅四隧　五月奉。

□□□　□（合校 160·5A）

郭道杨教授指出：该名籍右边"第☑"是凭证编码。① 西汉武帝末期算收缗钱（征收财产税），訾算簿、訾簿，就是当时人员的财产记录。见下例：

候长騅得广昌里公乘礼忠，年卅。

小奴二人，直三万。用马五匹，直二万。　宅一区，万。

大婢一人，二万。　牛车二两，直四千。　田五顷，五万。

轺车二乘，直万。　服牛二，六千。　●凡訾直十五万。（合校 37·35）

3 + 2 + 1 + 2 + 0.4 + 0.6 + 1 + 5 = 15，验算无误。

索科洛夫根据古希腊杰莫斯费纳对阿费巴的谈话编制出下列资产清册②（见表 8-1）。

表 8-1　古希腊资产清册

5 克 1. 资产	3 塔兰 56 米纳, 或 28.5%
2. 奴隶(52 人)	2 塔兰 50 米纳, 或 28.0%
3. 各类珠宝	3 塔兰 50 米纳, 或 21.8%
4. 生产原料	2 塔兰 30 米纳, 或 18.1%
5. 房屋	2 塔兰 30 米纳, 或 3.60%
合计:12 塔兰 46 米纳, 或 100%	
1 塔兰 = 60 米纳 = 25.5 公斤	1 米纳 = 42

表 8-1 中数字合计与百分比，计算不符，不知误在何处。

37·35 居延汉简，时属公元前 1 世纪，虽然晚于上述古希腊的财产清册，但为西汉实物，而且核算相符，不像前者是后人编制的。

损耗记录在居延汉简中也出现了，如：

●右凡十二两。输城官。凡出入折耗五十九石三斗。（合校 505·36）

①　郭道杨：《中国会计史稿》，中国财政经济出版社，1982。

②　〔俄〕索科洛夫：《会计发展史》，中国商业出版社，1990。

"两"通"辆",这是输城官十二辆车发生的运输折耗记录。从而可见出仓、入仓都已过秤,并将合理的损耗报损入账,否则,就不可能了解运输损耗数量。

> 书曰:正月尽三月,四时出折伤六升,七月甲☒(合校137·8,224·2)

这是三个月付出谷物的折伤,应当属于保管损耗,它是对库存谷物盘点结果的记录。

经济活动签订契约,西周已有记录,汉简为我们保存着古老的契约实物。

公元前2世纪的江陵汉简2号牍,是十人合股经商的契约。该约规定:"人贩钱二百",缺勤一日,罚卅钱;器物短少,罚十钱;擅自窃取器物,罚百钱,会计账目不齐,罚五十钱。已经比较严密。

居延汉简保存的契约等凭证更多,其发展是已经有人从中作证。证人当时称为旁人、任者、或见知者。如:

> 建昭二年(公元前37年)闰月丙戌,甲渠令史董子方买鄣卒□戚袭一领,直七百五十。约至春钱毕已,旁人杜君雋。(合校26·1)
>
> 七月十日鄣卒张中功赍买皂布单衣一领,直三百五十三,堠史张君长所,钱约至十二月尽毕已,旁人临桐史解子房知券☒(合校262·29)
>
> □□□□盖衣丈二尺,尺十七,直二百四钱,三堠史张君长所。钱约至十二月尽毕已,旁人临桐史解子□□□□(E. P. T52:323)
>
> 戍卒东郡聊成孔里孔定,
>
> (以上为第一栏)
>
> 赍卖剑一,直八百,觫得长杜里郭稚君所。舍里中东,家南入。任者:同里杜长完,前上。
>
> (以上为第二栏)(E. P. T51:84)
>
> 戍卒,东郡聊成昌国里恋何齐,赍卖七稷布三匹,直千五十,屋兰定里石平所。舍在郭东道南,任者,屋兰力田亲功。临木隧。
>
> (E. P. T56:10)

从这些文书记录来看，当时是有格式可循的。如：

贳卖雒阜復袍县絮壮一领，直若干千。韢得☒☒

东西南北入，任者某县某里王丙。舍在某里☒（E. P. T56：208）

表格式凭证在居延汉简中已现端倪。见第六章中"名籍——备查簿和凭证"。

"在巴比伦还广泛采用辅助表格，例如在会计人员那里有乘法表，而谢列夫基德时期的复利计算表也保存下来了。"① 在中国，不仅居延汉简中有九九诀，更早的里耶秦简中也有类似的九九诀。② 会计凭证有了进一步的发展：一是文字叙述，简单明了，已经采用统一的货币量度，产生了数量金额核算。作为合计的"凡"的使用已经规范化。二是凭证技术的发展出现了累计凭证、表格式凭证和凭证编号。三是凭证的内容更加多样化，出现了折耗记录。四是经济手续更加严明，经济契约清楚并有中人作证，还出现了画押"+"和"卩"等符号。

二　会计账簿史

（一）产生时期的会计账簿史

随着经济的发展，普遍使用的结绳记事（数）和刻木记事（数）的方法，远远不能满足经济发展的客观需要，结绳或刻木记事（数）便逐步"易之以书契"（《周易·系辞下》）了。书指文字，契就是刻。书契就是刻写在竹木甲骨之上的图形、数字。关于"书契"，郭道扬教授指出：凡能称为"书契"者，一般要具备三个条件：①必须是用文字记录；②应以刻记为主要特征；③记录有一定的规则。他认为，从黄帝时代"隶首作算数"、"黄钟秬黍（JUSHU）"和"仓颉造字"推断，在我国原始社会末期已经出现专门用于记录经济"账目"的"书契"。

---

① 〔俄〕索科洛夫：《会计发展史》，中国商业出版社，1990，第5页。
② 这一部分由重庆工商大学姜永德副教授执笔，曾发表于其与笔者合著的《中外会计史比较研究》第三章，有修改、补充。

生活中的债务结算，在文字形成以前已经产生。据全国人大民族委员会办公室编印的《云南西盟大马散佤族社会经济调查报告》第 157 页介绍：处于原始社会阶段的佤族的这块木刻，上方刻着三个刀口，第一个表示借债人，第二个表示中间人，第三个表示债权人；下方八个刀口表示借债数目。一式劈为同样形式的两片，由双方各执一片，作为凭据。

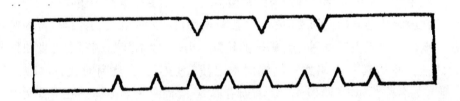

云南西盟大马散佤族刻木记账图

公元前 3 世纪初，冯谖客孟尝，收债于薛，合券而焚之，是会计史界熟知的故事。欧洲 8 世纪比卡尔核算①英国 12 世纪的符木与我国的"合券"相似。佤族的刻木记账，不仅说明了中外流行的"合券"起源于原始社会后期文字形成以前，更说明了当时已经产生了对建立往来账户的需求或经济基础，也有了计算技术条件。实际上，往来账已经产生。这种方式是否只适用于一次还清的往来业务，多次偿还怎么办？下述可能有所启示。

佤族的刻木记账不是孤证。"基诺族长期通行刻竹记事，用不同形状的竹片代表不同的事物，再用大小刻口表示数目。在原始社会里，社员要向村社提供一些公用的物品，如米、鸡、蛋、茶、盐、银子等。按品类和数目，即用刻竹记录下来。村社中有人专管这些刻竹，分类捆成一捆一捆。每家床头也有若干竹刻，既是'记事簿'又是'账本'。"②上述诸例证实会计核算方法往来账户早期产生说。

在文字产生以前的云南佤族刻木记债，具有原始账簿的性质。历史学家们在研究文字和数学的产生时，也发现了类似的原始账簿。在伊拉克"齐

---

① 〔俄〕索科洛夫：《会计发展史》，中国商业出版社，1990，第 24 页。比卡尔是一块小板，在它表面上划上线条来确定相应的支付额，板被直着劈开，一半放在收款人那里（收款凭证），而另一半交给支付人（收据），把两个半块的板拼在一起可以确认记录的正确性，这就完成了"直线记录"。

② 刘文英：《漫长的历史源头》，中国社会科学出版社，1996，第 220 页。

古拉"神龛里，发现了世界上最古老的账簿之一——算板，它记录有羊数、大麦的分类和麦酒的壶数等。① 因此，历史学家称：账单不仅是人类最古老的数学文献，而且从其他的数学文献中也能体现出会计的成果。以后，会计账簿逐渐发展，普遍采用的是叙述式的流水账，分类账、序时账初现端倪。

1. 账簿名称的演变

在中国，不同时期会计账簿的称谓不同，其演变极其复杂漫长。

在原始社会末期，随着数码字、度量衡用具的发明和实物计量单位的发展，萌发了"书契"这种会计账簿的轮廓。当时，"书契"刻写在兽骨和竹片之上，并初具一定格式。佤族刻木记债就是实例。夏商时代，出现了"册"的名称，如："唯殷先人，有册有典"（《尚书·多士》）。在甲骨文中也有"册六"、"编六"的记载。当时人们把在竹片、木片上作记录、书写文献称为"作册"，登记账目也称为"作册"，作册也成为官职面名称。从西周开始，登记在竹木之上的经济账目，就被称为"簿"和"籍"。"籍"从竹，其字形是多篇之竹简，卷束成捆而成。因而"籍"的出现与"简册"密切相关，而且后来也用"簿"、"籍"取代"册"或"简册"的称谓。这样，就使会计账簿的称谓向专业化的方向跨进了一步。在《周礼》中，还有"要"与"要会"之称。如"听出入以要会"，"受其要以待考而赏诛"。郑玄注引郑司农云："要会谓计最（总计）之簿书；月计曰要，岁计曰会。"春秋时代还用"计"作过会计账簿和会计报告的名称，战国时代也曾用"计"作过会计账簿的名称。战国时账簿还被称为"簿书"和"籍"。由此可见，中国古代会计账簿演变之复杂。

西周中期，有了"籍书"的称呼，但不普遍，也不一致。春秋战国时代，"籍书"就成为普遍的称呼。《管子·立政》："入籍于太府"，就是讲的会计之类的籍书。《睡虎地秦墓竹简》所讲的"籍"、"书"、"籍书"就更加直截了当。《秦律十八种·仓律》中"上食者籍"，《南郡守腾文书》中"使有籍书之"，以及《秦律十八种·均工》中所讲的"籍书而上内史"，这些都属于会计籍书，春秋时代相当长的一段时间内，把会计籍书简称为"计"。《左传·昭公二十五年》称："计于季氏"，指年终送籍书给季氏。"籍"与"计"均指经济"文书"，会计"账簿"，又有"计簿"和"计书"之称。

---

① 郭道扬：《中国会计史稿》（上），中国财政经济出版社，1982，第 51 页。

到战国中后期木牍运用有了发展，会计记录既可登记在竹简之上，也可以登录在木牍之上。如向国王呈送上计报告，一般就是用木片书写的，因为一块木片可以书写数行，在外形上也要美观一些。这样，当牍、牒出现，并与竹简并行得到普遍运用之后，"簿书"名称日益流行。如《法经·杂法》："官物亡失簿书"。总之，战国中后期到秦统一前是会计"籍书"与"簿书"并称、并用的时期。

会计账簿产生时期最早的会计核算史迹，是尼罗河流域和两河流域的古埃及和古巴比伦。①

在5000～6000年前，古埃及的纸莎草纸上发现了记录经济事顶的手稿卷——自由账，最初记载的内容是关于埃及第一王朝和第二王朝（公元前3400年至公元前2980年）每两年进行一次的资产盘存事顶的资产清册，在第四王朝的官厅会计中，还发现分类、序时和汇总、预算数据的账簿。② 在古代埃及，登记账簿的专职人员是记录官。最初，记录官用削尖的芦苇秆蘸胶、水和烟渣调成的墨水，在纸莎草纸上记录国家财政收支和私人收支，并定期编制目录，这是埃及以文字记录的最早的账簿史迹。考古学家在公元前26世纪，南城遗族居住的厄勒蕃丁岛的房屋废墟下，发现一些家庭文书和商业文书的残片，其中许多是用来反映各项会计活动的，这也表明当时的商人们设置了某种形式的账簿。

考古学家在迦勒底—巴比伦、亚述和苏美尔的文明居留地，发现了大约在7000年前世界上最古老的商业记录③，后来还发现了很多黏土卡片商业文书，一般称为黏土记录板，大约是公元前3500年左右的。这些黏土板除了登记许多经济事项外，还广泛采用辅助表格，如乘数表、谢列夫基德时期的复利计算表等④，在古巴比伦，登记账簿（黏土板）的专职人员仍然是记录官，在国库管理中，财货入库，记录官就要记录其数量和种类，并按销售部分、使用部分和贮藏部分分类记录，以便管理，然后烧制成板，用以向上报告、进行账目核对和存藏。这种卡片式黏土板与现在的分类账簿、活页账

---

① 〔俄〕索科洛夫：《会计发展史》，文硕译，中国商业出版社，1990，第2页。
② 〔俄〕索科洛夫：《会计发展史》，文硕译，中国商业出版社，1990，第3页。
③ 〔美〕迈克尔·查特菲尔德：《会计思想史》，中国商业出版社，1989，第4页。原文出自 A. H. Woolf, *A Short History of Accoutants and Accoutancy*, London: Gee and Company, 1912, p. 15。
④ 〔俄〕索科洛夫：《会计发展史》，中国商业出版社，1990，第5页。

簿原理极为相似。索科洛夫也曾指出：埃及是"散页账簿记"的故乡，巴比伦是"在卡片上进行核算"的发源地。① 纽约普通神学校霍佛曼收集馆（The Hoffman Colection of The General The logialSeminary）收集了不少古巴比伦民间会计的黏土板②。这些黏土板记录中，有关寺院经济业务的记录板尤为突出。寺院，在古巴比伦不仅是神活动中心，而且是商业和信贷中心，因而祭司和僧侣，就对日常发生的经济业务逐笔进行记录，制成账单。这就是被称为世界上最古老的算板，③ 它与现今的"流水账"颇为相似。尔后还发现"信封"、"砖书"等奇特的账簿形式。该馆还收藏有在尼普尔、乌鲁卡等地发现的黏土板，大约是公元前3500年至公元前3000年，记录民间经济业务的账簿史料。

在古印度犹地亚（今巴勒斯坦）地区，发现了类似于现今编制的决算报告和往来账的算板。④

爱琴文明时代，克里特人用线形文字在泥板、家用陶器、墙壁、皮革、棕榈树叶上记录经济业务有类似序时流水账特征。英国考古学家在考查希腊一个具有非常集中的供应和管理制度的奴隶制国家克里特霸国时，发现有像埃及和巴比伦一样由会计核算记录官登记的会计泥板文书，而且有一系列记录、报告、清点和收据。⑤ 迈锡尼文化中也发现了由多块线形文字B（希腊语）书写的具有会计账簿和会计报告特征的经济文书，⑥ 但其会计账簿采用的仍是文字叙述式记录法，留存的经济文书亦是一种流水账，看不出它们有日记账、分录账和总账的严格区分。这种状况一直保持到希腊人掌握货币制造技术后，才得到改进。

2. 账簿格式比较

在会计账簿产生时期，各国大多采用叙述式，但在格式上各不相同。

中国，在对殷墟出土的甲骨文字研究中，作为计算、记录对象的实物名称、计量单位及有关反映时间、地点等概念的文字亦已成熟；而且数码与文字的结合已具有较固定的排列格式。⑦ 为经济记录确立统一的形式创造了

---

① 〔俄〕索科洛夫：《会计发展史》，中国商业出版社，1990，第3页。
② 文硕：《西方会计史》（上），中国商业出版社，1987，第43页。
③ 文硕：《西方会计史》（上），中国商业出版社，1987，第44页。
④ 〔俄〕索科洛夫：《会计发展史》，中国商业出版社，1990，第8页。
⑤ 李凤楼、张恩庆等：《世界档案史简编》，档案出版社，1982，第18~19页。
⑥ 文硕：《西方会计史》（上），中国商业出版社，1987，第53页。
⑦ 李宝震、王建忠著《中国会计简史》，经济科学出版社，1989，第9页。

条件。

在贞卜刻辞和记事刻辞中，可以揭示出商代会计记录的真实情况。其记录分为收入和支出两大类，是采用文字叙述式的形式，记录的文字内容基本上与发生的客观事实一致，一般包括发生事件的时间（有些记录还记清地点），发生事件的性质是收入或支出及其品种的名称、数量（一次收或支的品种超过一种时，则分项列出），收入的来源或支出的去向，收入或支出物品所用的方法等。如：

> 翌戊午，焚牟（擒）
> 戊午卜，㲻贞：我狩敆，牟（擒）？
> 之日狩，允牟（擒），隻（获）虎一、鹿四
> 十、狈（狐）百六十四、毘麂五十九。
> 甲午，贞，乙未酻高祖亥，［羌］□牛
> □；大乙，羌五牛三；祖乙，羌□［牛］□；小
> 乙，羌三牛二；父丁，羌五牛三，亡它？兹用。①

在商代还发现青铜器账簿。如在一名为邑（jia）的温酒器上就有这样的铭文："癸巳，王赐邑贝十朋，用作母癸尊彝，佳王六祀肜日，在四月"②。发生事情的时间、当事人双方发生什么事、结果如何等都说得十分清楚，是完整的事实记录，也是一笔详细的会计记录，即：癸巳那天，商王赐给邑这个人十朋贝（对"王"而言为"支出"，表示去向；对"邑"而言为"收入"，表示来源）③，以这100枚贝铸了这件青铜器。其铭文已清楚地反映这笔赏赐业务的来源和去向，这些账簿在商代已产生，表明古代中国的会计账簿已有一定的固定格式和记录方法。

《吐特摩斯三世年代记》记载了古埃及的《收入报告书》（见前文统计史部分）。反映当时官厅收入的格式和报账方法，其记录不仅清晰明了，而且大有突破文字叙述式之势，并且有总计栏，还有有关货币计量单位的记录。

---

① 《甲骨文合集》，中华书局，1979，第四册，第1479页，以及第十册，第3908页。转引自李宝震、王建忠著《中国会计简史》，经济科学出版社，1989，第10页。
② 罗振玉：《三代金文存》（第十三卷），1937（影印版），第53页。
③ 李宝震、王建忠著《中国会计简史》，经济科学出版社，1989，第11页。

3. 账簿体系比较

在古代，虽然各国的会计账簿都未能形成完整的体系，但各有所长。

中国在殷代就有了某种形式的账簿分类。殷代的简册分为两类：一是由史官记录典籍及其他政务文书，《尚书》有"伊尹作太甲三篇"的记载；二是具有"账簿"意义的"籍书"。《尚书·召诰》有："越三日丁巳，用牲于郊，牛二。越翼日戊午，乃社于新邑，牛一，羊一，豕一。"简册多用竹，它有书写、携带、保管方便之优点，但保存时间则比古巴比伦的黏土板、古埃及的石板差得远。

在尼罗河流域和两河流域，原始和奴隶制时代的埃及和巴比伦，计数记录和经济核算中已发现收支簿、备忘簿、分户账，以及定期债务簿等专门账册的存在。① 在古埃及，官厅会计账簿的设置是比较细致和完善的，还有民间商业文书。埃及的官厅会计从成形之日起就形成：州长—维西尔—法老逐级登记、汇总和上报的制度。根据赫曼霍特（Chnemhote）② 石的记载，埃及货币存入国库时，首先要求由记录官在国库外加以记录，然后接受国库出纳官的监察和登记。谷物也一样，进出仓库，需经记录官、出纳官和监察官几道环节。这样，既可预防官吏贪污和舞弊，又可防止奴隶作假。在索科洛夫的《会计发展史》中，也有关于古埃及登记和呈报方式的分类账、序时账等描述。③ 在美索不达米亚，最早的象形文字泥板文书是公元前 3000 年的货物单。见次图④苏美尔人是两河流域文化的创始者。据《沃尔夫会计史》介绍：现珍藏一块公元前 2700 年乌尔王朝敦吉三世统治时代的记录板，"其一面逐笔记录金钱数目，另一面记录总额，并以收支相减进行结算"⑤。可见，当时不仅已经知道记录发生额，还能"收支相减进行结算"，这样，就会出现余额。如果不与期初余额联系起来，"收支相减进行结算"将失去实用价值。

古巴比伦，会计账簿记录是文字叙述式，但每笔独立的记录均较清楚和完整，内容包括地点、数量和会计对象要素等。对国库财物，记录官要按销售部分、使用部分、贮藏部分分类记录管理，并定期盘点，编制财产目录和

---

① 郭道扬：《中国会计史稿》（上），中国财政经济出版社，1984，第 53 页。

② 〔日〕片冈义雄：《沃尔夫会计史》，片冈泰彦译，法政大学出版局，1977，第 21 页。

③ 〔俄〕索科洛夫：《会计发展史》，中国商业出版社，1990，第 3 页。

④ 〔英〕塞顿·劳埃德：《美索不达米亚考古》，文物出版社，1990，第 45 页。

⑤ 文硕：《西方会计史》（上），中国商业出版社，1987，第 46 页。

乌尔王朝敦吉三世时代的记录板

商业收支汇总表。在民间的经济活动中，绝大部分商业和信贷活动是以寺院为中心进行的，由于每天收支的财物很多，因而产生了类似于"流水账"的记录簿——算板，有的是反映收支总额和寺院贷款金额的，有的与寺院财产的投资和商业交易有关。此外，还有专门的银行会计账簿和商业会计账簿。[①] 苏美尔人—古巴比伦人—亚述人，在创造发明方面具有明显的继承性。在会计账簿保存和内部控制上，早在苏美尔发明了日晒法和焙烧法：对于那些重要的和需要长久保存的，如编年史、法典条约和会计文书等重要文件，采用焙烧法，而对那些只需暂时保存的则采用日晒法。古巴比伦在签订契约方面，一般将记载好的契约记录板装入一块类似信封般的薄片之中，然后在这张"信封"上再复写一次契约证书，这样就很难篡改记录板。因为原板和"信封"内容吻合，要想篡改契约证书的内容，只有同时改动里外两层，并使

---

① 文硕：《西方会计史》（上），中国商业出版社，1987，第44页。

其无损，才能达到目的。而亚述人在保护黏土文书方面，想出了更为先进的方法，即对重要的黏土文书，采用了在外面加封套法，这样不仅可以保护文件，而且还有利于保密，防止篡改作弊，在使用文件时，必须打碎外面的封套。由此可见，巴比伦在会计控制和会计档案保管方面创造独特的方式。

（二）发展时期的会计账簿史

会计账簿的发展时期，应从西周开始（公元前 1046 年）算，这里着重研究周代和秦汉简牍，并与国外比较。

1. 周朝的账簿史料

周朝的会计账簿进入发展阶段，在会计控制方面，在司会下设立"司书"、"职内"、"职岁"、"职币"四个职能部门，建立类似于当今内部控制体系的会计机构。

周朝的会计账目实行分类核算。《周礼·天官·职内》："辨其财用之物而执其总。"总，郑玄注："谓簿书种别与大凡"。种别是明细分类核算；大凡，指财物总计即总括核算。王安石在《周官新义》中解释："合众数而为目，合众目而为凡，合众凡而为要。"其理解与郑玄相同。可见周朝的总括核算和明细核算已经划分。

当时，财政收支实行分项对口管理，九贡、九功、九赋、九式都有具体的项目。

各邦国向周王进贡，划分为九类，称为"九贡"。九贡包括：①祀贡（祭祀用的牲畜等物）；②嫔贡（供周王接待宾客所用的财物）；③器贡（制器所用之物，如银、铁等）；④币贡（馈赠用物）；⑤材贡（木材之类）；⑥货贡（金、玉、龟、贝之类）；⑦服贡（祭祀用的服饰）；⑧游贡（玩好之物）；⑨物贡（特产品）。"以九职任万民"把万民的职业划分为九类，分别纳税称为"九功"。司会要按照九功的法制，向万民征税。"九功"的用途是"以充府库"。

据《周礼·天官·大府》："关市之赋，以待王之膳服；邦中之赋，以待宾客；四郊之赋，以待稍秣；家削之赋，以待匪颁；邦甸之赋，以待工事；邦县之赋，以待币帛；邦都之赋，以待祭祀；山泽之赋，以待丧纪；币余之赋，以待赐予。"即关市的赋税收入，供周王吃、穿之用……"以九赋敛财贿"，"以九式均节财用"。九赋收入分别作为九式支出的经费来源，财货对口供应，如表 8-2 所示。

表8－2　周朝九赋、九式对应收支

九　赋	九　式
邦中之赋(王城赋税)	宾客之式(招待宾客用财法规)
四郊之赋(距王城百里地区税)	稍秣之式(饲养牛马用财法规)
邦甸之赋(四郊外百里地区税)	工事之式(百工制造器物用财法规)
家削之赋(邦甸外百里地区税)	匪颁之式(分赐群臣用财法规)
邦县之赋(家削外百里地区税)	币帛之式(聘问用财法规)
邦都之赋(邦县外百里地区税)	祭祀之式(祭祀用财法规)
关市之赋(关税、商业税)	羞服之式(周王膳衣用财法规)
山泽之赋(矿、渔、林业产品)	丧荒之式(丧事及灾荒年用财法规)
币余之赋(公用余财、其他税)	好用之式(周王宴饮时赐财法规)

　　赋税收入对口供应支出，从而保证了"量入为出"原则的实现。为了保证收支对口、量入为出，必然分别设账，分别核算，九贡、九功、九赋、九式的分类项目，是现代会计科目的雏形或鼻祖。其核算和管理都是当时会计部门的职责。

　　据《周礼》记载，周朝的会计籍书，按财物保管与会计两大部门，分别设置两类会计籍书。财物保管部门所经管的财物，分别设置有保管会计籍书，会计部门则设有汇总会计籍书和分项会计籍书。财物保管的会计籍书，分散于各部门，如玉府、内府、外府、酒正、司裘、掌皮、典丝、典枲，以及泉府、仓人等，均按其所管财物，分设保管会计籍书。这些籍书分类、序时进行登记，系统反映财物出入动态。会计部门设置的汇总会计籍书，是司书掌管，由职内、职岁和职币分别进行记录。"司书掌邦之六典、八法、八则、九职、九正、九式。邦中之版，土地之图，以周知入出百物。"所谓"九正"是当时对正税九赋、九贡收入的总称。九式则为九类费用支出的总称。"以叙其财，受其币，使入于职币"，对于财物入出均由司书属官按照经济事项发生的先后顺序进行登记。以入抵出，结算出币余之财，交由职币掌管。

　　"三岁，则大计群吏之治，以知民之财，器械之数，以知田野夫家六畜之数，以知山林川泽之数，以逆群吏之征令。"三年大考时，对于各项财产，各项收支都要核算出总的结果，以便全面考核群吏的功过。可见，司书对(周)王朝经济事项进行汇总考核，所运用的会计籍书，有些近似于后来的"总清账"。在汇总会计籍书中，不仅能够分项汇总进行登记，而且还能够算出余财。三年大计时分别入、出、余进行考计。在我国会计发展史上，开籍书分户（或分项）记载之先河。

会计部门除司书掌握汇总会计籍书外，还设有：岁入分项会计籍书、岁出分项会计籍书和余财分项会计籍书。这些序时登记的会计籍书分别由职内、职岁和职币掌管。

岁入分项会计籍书由职内掌管，由其所属官员进行登记。"职内掌邦之赋入。辨其财用之物，而执其总，以贰官府都鄙之财入之数，以逆邦国之赋用。凡受财者，受其贰令以书之。"（《周礼·天官·职内》）其意为征收赋税的官员，将其财物入库后，把赋税收入的副本送交职内，职内接到后，区别九赋、九贡的内容，在会计籍书上进行登记。职内所掌为司书职掌的一个方面，但对这方面的考核要比司书详细、具体，是司书进行全面考核的依据之一。

岁出分项会计籍书由职岁掌管，由其所属进行登记。"职岁掌邦之赋出。以式官府都鄙之财、出赐之数，以待会计而考之。凡官府都鄙群吏之出财用，受式法于职岁。凡上之赐予，以叙与职币授之，及会，以式法赞逆会。"（《周礼·天官·职岁》）凡支出，财用者须按照职岁所出式法到财物保管部门领取。职岁所编写之式法，一般为一式二支竹简，一简给财用者，一简留存作为登记会计籍书的凭据。属于余财支出，由职岁编写式法，而由职币付给。职岁所掌为司书职掌的一个方面。不过职岁侧重支出方面，逐笔记录，详细考核，是司书进行全面考核另一方面的依据。

余财分项会计籍书由职币掌管，由其下属官员具体登记。"职币掌式法以敛官府都鄙，与凡用邦财者之币，振掌事者之余财，皆辨其物而奠其录，以书楬之，以诏上之小用赐予。"（《周礼·天官·职币》）职币所掌管之余财，系于岁终时，经司书将职内和职岁所掌之数参互钩考，计算出余财转由职币掌握。余财开支的对象为日常小用及王用赏赐。凡余财入、出，职币均凭式法登记会计籍书。"岁终则会其出"，岁终将本年用去之数加计作专项上报，以便考核其剩余之数。职币所掌为司书进行全面考核的第三方面的依据。可见出纳之权一分为三，三者总考于司书，这是国王控制财权的办法之一。

在会计部门中，司会不具体经管会计籍书，但对于各类会计籍书都要进行总的钩考。《周礼》论及司书职掌时讲："凡上之用，财用，必考于司会。"所以，记录之职，考核之权，局部处理之权在于司书，而全面钩考检查之权在于司会。司会既从总的方面检查司书所掌之汇总会计籍书，也从具体方面检查职内、职岁、职币所掌分项之会计籍书。既钩考所属部门的会计籍书及会计报告，也钩考财物保管部门的会计籍书和会计报告，故曰：司会"以参互考日成，以月要考月成，以岁会考岁成，以周知四国之治，以诏王及冢宰废置"（《周礼·天官·司会》）。

从周朝的具体部门讲，其所设主要是序时流水会计籍书，在序时流水会计籍书的基础上汇总，按旬、月、年分别编制日成，月要和岁会等会计报告。

据睡虎地秦简，到战国中后期，会计籍书按经济部门分类设置，比其前又进步了。当时把固定的会计籍书叫做"恒籍"，其作用与西周时司书所掌的汇总籍书大体相同；把仓库保管账叫做"廥籍"，这类会计籍书是一些分项登记的序时会计籍书。上面仅就几种会计籍书来讲，从整个会计籍书的运用情况来看，大体可分为两类：一是按会计籍书作用的主次分类，把主要会计籍书统一叫做固定籍书。如登记赋税收入事项的会计籍书；次要的会计籍书则大都属于临时性质的籍书，仅起备查作用。二是根据主管部门和国家财政收支项目进行分类，前者以仓储保管财物类别为依据，后者取决于国家所颁定的财政收支项目。

战国会计账簿设置的特点是按实物、财物品种分设籍书，有些类似于现今的库存明细账。秦简《效律》还有一种"苑计"，是当时厩苑中马、牛饲养部门所设置的一种专门用于考核厩苑中马牛等牲畜出入动态的。由于厩苑中牲畜种类繁多，除序时反映外，还分品种核算。如在《秦律十八种·仓律》中就讲到区别大猪、小猪、大鸡、小鸡，还规定这些不同畜龄的猪、鸡在出卖的时候，要"别计其钱"，即单独记账。

从会计账簿在法律上发挥效用的情况来看，各国都有较明显的例子。埃及中部，在公元前 20 世纪左右的海普宰菲契约（Thecontract of HE. P. zefi）中，有关埃及人麦斯的诉讼①很明显。会计账簿在公元前 18 世纪的《汉谟拉比法典》中也有重要的规定。公元前 5 世纪，希腊的雅典娜神像贪污案的查处，也是以会计账册作为重要依据。中国会计账簿的法律作用主要表现在审计上，因为中国的官厅审计，自从会计产生之后就有相对独立的制度，难怪查特菲尔德教授惊叹："在内部控制、预算和审计程序等方面，周代在古代世界是无

---

① 文硕：《西方会计史》（上），中国商业出版社，1987，第 25、33～34、66～67 页。

与伦比的"。周朝司会行使钩考权，钩考范围就是会计籍书及会计报告；战国时魏国李悝著《法经》，把会计簿书当作官方文书中最重要的一种，盗窃会计簿书要罪加一等，丢失账簿就会涉及财产安全与贪污问题，也要定罪。

明细账如何设置，如何登记，通过睡虎地秦律也可知大概。廥籍要按照粮食的品种、规格立户（仓律 P.41）。发生入、出事项时，要将入仓增积者的姓名，籍贯记之于廥籍（仓律 P.36）器物的标记，编号也要在明细账上登记（效律 P.121）。这些类似于现代要求的摘要清楚。秦律已经明确规定账簿有入、出、余等项（仓律 P.38；秦律十八种 P.99；效律）。根据云梦秦简及有关材料分析，秦国会计已经运用了"期初余额十入一出＝期末余额"，即"四柱法"①。

《金布律》规定：囚徒穿的寒衣，大号用麻 18 斤，值 60 钱；中号用麻 14 斤，值 40 钱；小号用麻 11 斤，值 36 钱（P.66）。看来，当时有的明细账已经兼用实物量度和货币量度，即数量金额明细账。

秦律规定：不同规格的物品不得列于同一项内出账（工律 P.70）。可见秦国的明细分类账已经上了法律。秦律中多次出现的"廥籍"就是仓库粮食明细账。

古巴比伦有债权、债务关系的记载②：

（1）附有抵押品的债务盘剥契约。

（公元前 2000 年下叶，亚述）

……

他的田地与房屋就是铅的抵押品。

（以下是证明人的签名和日期）

（2）附有债务人的财产与家庭成员。

作为抵押品的债务盘剥契约

……

他的田地、儿子和房屋就是铅的抵押品。

他将把铅称给他的文书和收执人。

下面是印章、证明人和日期。虚线是采用文字叙述式省略的经济事顶的内容。

横纵比较，我国商代和周代早期设置的单一流水账，和埃及的第五王朝

---

① 李孝林：《从云梦秦简看秦国的会计管理》，《江汉考古》1984 年第 1 期，第 3 页。

② 文硕：《西方会计史》（上），中国商业出版社，1987，第 48～49 页。

设置的会计账簿、古巴比伦、古希腊初期的会计账簿一样，采用的是文字叙述式，均是按经济活动发生的时间顺序一笔一笔地记录，没有明显划分总分类核算和明细分类核算，也没有出现由原始凭证往分类账过账的迹象。我国周代的账簿体系进一步发展，总括核算、明细核算已经开始划分，内容逐步细化，在内部控制和审计上，其他古国都无法比拟。到公元前五世纪左右，其账簿都有了一定的固定格式，区别在于：中国、巴比伦和埃及等官厅会计账簿，都以较快的速度发展，并形成较健全的体系，但民间会计账簿方面则得不到强有力的发展；而以希腊为代表的欧洲国家，虽然在这一时期会计账簿无多大发展，在官厅会计上也无多大建树，时间也较上述古国晚，但是从会计成形之日起，其民间会计就占了主要的发展地位，民间会计账簿也迅速发展。这不仅为后世建立完善的会计账簿体系创造了有利条件；而且对复式簿记的会计账簿体系也产生了影响。

2. 汉简账簿的史料

西汉会计籍书具有显著的专业特征，并区分了会计记录和统计记录。记录会计事项的称"簿"或"簿书"、"计簿"，而记录统计事项的称为"籍"。西汉时代的"簿书"也是统称，账簿的设置需在前面加上钱粮及财物名称，如"谷簿"、"钱簿"、"钱出入簿"等，一目了然。先从官厅会计看，财政部门设置会计籍书大致可以分为两类：一类是大司农所属赋税征收部门及保管出纳部门设置的会计籍书，它主要是以国家规定的财政收支项目为依据和财物类别设置，以系统反映各项税赋征收及各类财物收支领用情况。二类是其他部门，如军队、县、郡、中央的政务机构的会计簿书，可分为主要簿书和一般会计簿书两类，主要簿书设有"谷出入簿"、"钱出入簿"和"财物出入簿"等，它们是用来系统反映钱、粮及其他财物的投入、领用和储备情况。一般簿书主要是相对主要簿书设置的，并按经济特征设置明细分类簿籍，还单独设置专门核算某种费用的会计簿书，这是西汉会计账簿设置的突出进步。下面我们从汉简的史料进一步分析汉代会计账簿的特征。

西汉时期不仅官厅会计簿书设置已趋于复杂化，而且民间会计账簿也有所发展，出现了按经营行业的不同，开设不同的会计账簿。陈直教授仅据旧居延汉简就罗列其72种簿检名称①，李均明研究员的《古代简牍》② 列出计

---

① 陈直：《居延汉简所见的簿检》，《居延汉简研究》，天津古籍出版社，1986，第109页。
② 李均明：《古代简牍》，文物出版社，2003，第179~180页。

簿名称 120 种。

居延汉简，以丰富的实物证明汉朝已经建立了繁多的会计簿书，初步形成了会计账簿体系。序时、分类核算是现代中外会计的普遍原则。汉简在这方面已经达到了一定高度，下文按图的顺序分别介绍。

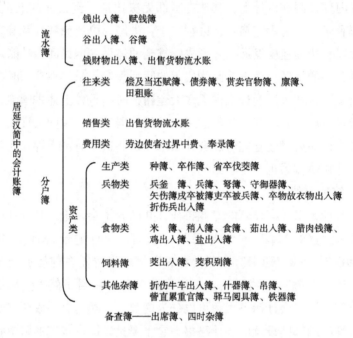

居延汉简会计账簿体系

第一，流水簿。

"钱出入簿"、"谷出入簿"或"钱财物出入簿"是当时的主要簿书。序时设置是典型的"流水账"。见之于居延汉简的账簿文书名称简，如：

甲渠候官阳朔二年（前23年）正月尽三月钱出入簿。（合校28·11）

永始二年（前17年）正月尽三月赋钱出入簿（E. P. T4：79）

（1）钱出入簿。

入钱二百，□月辛酉☑（合校80·1）

●凡入赋钱卅万八千八十。（合校285·22）

出钱二千四百，给当井隧长。（合校360·42，350·7）

出钱四千三百卅五糴得粟五十一石，石八十五。（合校276·15）

糴（di），买入谷物。51×85（单价）=4335，校算相符。

出钱四千五百，八月乙丑，给令史张卿为市。（合校258·4）

出钱六十　　买椠二百☑（合校55·5）

"椠"（qian），制作简牍的木版。

今二月三日，余见钱八千一百廿。（合校276·12）

二年十二月，余赋钱八千二百七十八。（合校219·20）

凡余钱二百八十五。（E. P. T50：46）

三月辛卯，见钱万四千六百廿七。（合校262·10）

居延汉简中的入账、出账的摘要大都记得比较清楚，尤其是出账，给谁，买什么，买多少，与现代相仿。有些还书明数量和单价。如：

☑杜狂受钱六百。　　出钱百一十五，糴麴五斗，斗廿三。

出钱二百廿，糴梁粟二石，石百十一。　　出钱六，买燔石十分。

出钱二百一十，糴黍粟二石，石百五。　　出钱廿五，糴豉一斗。

出钱百一十，糴大麦一石，石百一十。　　●凡出六百八十六。

（合校214·4）

115+220+6+210+25+110=686，校算相符。

上述都是一笔账，或者仅是支出账。下简稍微完整一些。

入钱四百六十八。　　●凡见八千一百六十四。

出八百，赋士吏辛卯。

出九百廿一，赋尉史辅。　　出千，以赋卒。

出二百一十一钱，内中。　钱二千九十二。出四百卅，徐任正月廿二日奉。

余钱千八十□　　余七千六百九十七。

出二千四百□□之、辅各二月奉。

出☑□□□奉。

出☑七十，万岁隧长邢齐奉。（合校 173·15AB）

以入、出、余为记账标志，比较完整。可惜因为简文残泐，不能算出数字之间的联系。《居延汉简甲乙编》将 A、B 两简颠倒，无论何简在前，都无法连接起来。

居延汉简中的会计简牍所用的记账标志，"入"、"出"已经接近统一，并且大都放在简首，也有少数使用"受、用"或"收、付"。如：

受钱千三百。（合校 254·7）

受钱二百五十九。（合校 265·18）

●凡受钱☑（合校 513·11）

用钱六百。（合校 511·25）

●用茭十二束，用谷八斗四升。（合校 560·9）

收得甫始钱二千八百。（合校 38·36）

付萧长卿六石四斗。（合校 308·40）

有的书以"收房隧长訾千秋钱七十一 卩 40·27"作为以"收"为记账标志的例证①似误。因为"收房隧"当时是属于甲渠候官的一个烽火台②那里还建有粮仓，如前述收房仓的谷出入簿，所以该简的"收"不是记账标志。在旧居延汉简中作为记账标志的"收、付"是个别简使用。

有的作者认为"取"、"得"、"借"也是当时的会计记录符号。③将其所举例证按新版《居延汉简释文合校》抄录如次：

出赋钱六百，以给

当谷隧长石胥成☑（合校 433·1）

---

① 郭道扬：《中国会计史稿》（上），中国财政经济出版社，1982，第 210 页。

② 陈梦家：《汉简缀述》，中华书局，1980，第 95 页。

③ 郭道扬：《中国会计史稿》（上），中国财政经济出版社，1982，第 210 页。

得十月奉用钱六百（合校 174·19）

☑脩君钱八百☑（合校 350·54）

　　造成上述误解的原因是对简文的释读和理解。如第 1 简《居延汉简考释》将"赋"误释为"取"、并将"出"遗漏。第 2、3 简都残断，第 2 简"得"字前面残断的文字，根据众多文书的记录，应该是"已得"或"未得"的"得"，本简究竟是"未得"，还是"已得"，暂时不明。第 3 简，前后残，且释文有问题，"借"字释为"脩"，"脩君"是人名，均不是我们理解的"记账符号"。

　　（2）谷出入簿。

　　●甲渠候官甘露五年二月谷出入簿（合校 82·6）

　　●甲渠候官初元二年六月谷出入簿（E. P. T53：222）

　　●收虏仓河平元年七月谷出入簿（合校 135·7）

　　上面 3 枚是账簿封面简，依次是公元前 49 年、前 47 年、前 28 年。下面两枚简记录期初余额。征和三年是公元前 90 年。

　　受征和三年十一月簿余谷，小石五十五石二斗。（合校 273·22）

　　受四月余谷万一千六百五十二石二斗三升少。其二百

　　三千九百☑（合校 112·20）

　　●凡入谷四石九斗二升。其二石五斗二升，粟。

　　二石四斗，糯穄。（合校 35·13）

　　出谷卅二石，以食士☑（合校 46·21）

　　出谷卌七石七斗。其三十七石七斗麦。十石粟。以食肩水斥候骑士十九人，马十六匹，牛二，九月十五日食。（合校 303·23）

　　凡出谷七石一斗四升，以食☑（合校 308·12）

　　●凡九月出谷小石八十四石（合校 88·4）

　　凡出谷大石九石，其一石五斗麦，七石五斗糜今六月簿册余。（合校 88·25）

　　三●十二月簿余谷小斗二斗二升。（合校 273·4）

今余谷万二千四百七十三石三斗☑（合校 112 · 2）

"受××余"、"承××余"，都相当于现代会计的"期初余额"。汉制，小石一石，为大石六斗。"××升少"为 1/3 升，"××升大"为 2/3 升，一升约合市制三两。可见当时的记录是比较细致的。谷是粮食作物的总称，包括粟、穄穤、麦、糜……。"今余"、"簿余谷"即"四柱"的"见在"（期末余额）。从上述简 88·25 和 303·23 看，谷簿包括数种粮食。在居延汉简里，还可以看到按粮食品种分别记录的明细账：

麦

入麦廿一石九斗八升。史将簿。（合校 192 · 38）

出麦五百八十石八斗八升以食田卒剧作六十六人，五月尽八月。（合校 303 · 24）

出麦二石，以廪水门隧卒王五月食。（合校 253 · 10，284 · 14）

出麦廿七石五斗二升，以食斥候驿马二匹，五月尽八月。（合校 303 · 2）

出穬麦二石六斗，以廪乘胡隧卒☑（合校 253 · 6）

元年六月余穬麦六百桼（七）十九。（合校 100 · 9）

粟

入粟五十石，受第二丞万年☑（合校 19 · 10）

出粟小石卌一石六斗六升大，口口阳朔三年☑（合校 8 · 5B）

出粟一石九斗三升少，付殄北候官，以食驹望卒赵☑（合校 6 · 18）

今余粟六石六斗升大。（合校 413 · 7）

五月余粟千八百四石三斗六升大。（E. S. C · 32）

阳朔三年是公元前 22 年。E · S · C 简为 1976 年居延考古调查时采获，简文编号代表采获地卅井候官次东隧。

糜

入糜小石十四石五斗，始元二年十一月戊戌朔戊戌、第二亭长舒受

代田仓监、都丞延寿临。（合校 273·24）

入糜小石十四石五斗，为大石八石七斗，三年正月己卯朔辛巳，第二亭长舒受第六长延寿。（合校 278·9）

入糜小石十二石，始元五年二月甲申朔丙戌，第二亭长舒受代田仓监建。（合校 275·23）

出糜小石三石，为大石一石八斗，以食卒三人，十二月辛卯尽庚子十日积卅人，人六☒。（合校 275·2）

出糜大石三石四斗八升，始元二年九月己亥，以食蜀校士二人，尽丁卯廿九日积五十八人，人六升。（合校 275·18）

$2 \times 29 \times 6 = 348$，校算相符。始元二年是公元前 85 年。此外，还有综合性的钱财物出入簿。

居延都尉元凤六年四月尽六月财物出入簿。（合校 37·18）
●元寿六月受库钱财物出入簿。（合校 286·28）
●右张忠钱财物直钱出入簿。（E. P. T51：88）

元凤六年是公元前 74 年，纪年年号"元寿"是汉哀帝的年号，仅有二年，即公元前 2 年和 1 年。

三简属于簿计文书，此类文书一般写明设簿单位、时间和簿书名称。根据业务量的多少，按月、按季或按年设置。簿书的标题简大都在简上端以黑圆点为记，如第 2、3 简。简上端"●"的另一种用法是放在账簿的尾部，以"右××"，"凡××"开头，表示"总共"，相当于现代总括上文的冒号。

第二，分户簿。

分户簿的特点是分户设置，即分类账。出入簿本来是序时、分户设置的，也具有分户簿的特点。居延汉简中的分户簿可分为下述十类，并与欧洲古代的分户簿进行比较。

（1）往来类账簿。

汉简中的往来账已经发展到一定高度。

偿及当还钱簿。

□九石，直钱廿三万三千□百卌。（合校 67·6）

●责券簿。（合校 274·32）

"偿"是已经偿还，"当还"是应当偿还。《战国策·齐策》冯谖（xuan）至薛，"使吏召诸民当偿者"，当还是当偿的口语化，"责"古通"债"，如"谁习计会，能为文收责于薛者乎"。可见，上述两简记的都是属于现代应收、应付之类的业务，也说明了账簿名称。

隧长徐宗自言：责故三泉亭隧长石延寿茭钱，少二百八十，数责不可得。（合校 3·6）

徐宗上告石延寿欠钱二百八十，屡催不还。这笔账只能记入"偿及当还钱簿"或"责券簿"。

七月十日，鄣卒张中功贳买皂布单衣一领，直三百五十三，堠史张君长所，钱约至十二月尽毕巳。旁人临桐史解子房，知券□☒（合校262·29）

皂（zao）衣，汉代官吏制服。这是汉代边塞地区，戍卒贳卖衣（财）物爰书，记录买卖时间、物品、价钱、买卖地点、当事人和证明人。这种买卖形式自称"贳卖"，钱不是在当时马上交付，而是在以后的某一时间段内交割清楚，可以看作是延期付款的契约。美国伊尻雄治在《三式簿记和收益动量》一书中，根据卡乔里（Cajori）《数学史》中的材料说："最早运用负数的是中国人，他们早在公元一世纪便用红筹代表正数，记人欠；用黑筹代表负数，记欠人"[1]。约瑟说："早在西汉时期（公元前 2 世纪）他们就已用赤筹表示正系数，用黑筹表示负系数。"[2] 系居延汉简的丰富史料，可以认定我国对应收、应付款的核算，在汉朝已经比较发展。在世界会计史上当居于领先的地位。

公元前 2 世纪湖北江陵 10 号汉墓郑里廪簿是由 26 片竹简组成的一册完

---

① 〔美〕伊尻雄治：《三式簿记和收益动量》，上海人民出版社，1984，第 80 页。

② 〔英〕李约瑟：《中国科学技术史》第三册，科学出版社，1978，第 200 页。

整的谷物往来账，记载贷给郑里25户农民的谷物。每简一户，记录每户的姓名、劳动力、人口、耕种田亩和贷谷数。如第815号竹简为"户人野能田四人口八人田十五亩十尸贷一石五斗"。"十"是借粮人画押的标记，"尸"表示已付讫，这里巧妙地把凭证和账簿结合起来，新中国成立前，民间仍有此习，说明早在西汉，就很讲究经济手续了。云梦秦简《仓律》有"种……禾、麦亩一斗"的记载。郑里廪簿各简均按每亩贷一斗计算，共计617亩，所以作为全簿封面的第9号竹简为"郑里廪簿凡六十一石七斗"，标明贷粮的总数。说明这是一册完整的数量账簿。各简贷粮数之和恰与簿记封面的合计总数相等，记载清楚，手续完备，几可与当代类似记录媲美。详见本书第六章的财产统计部分。

（2）销售类账簿。

江陵汉简丙组简是出售货物流水账，原简及校算见第二章表2-4。

（3）费用类账簿。

E.J.T21：2~10是《劳边使者过界中费》，详见本书第四章"其他簿"。"劳"，犒劳。"中费"，内部费用。"界"，管辖范围。校算相符。据《发掘简报》称该简是地皇三年（公元22年）之物。当年，王莽派"遣尚书大夫赵并使劳北边"。张俊民根据该简特点，"认为应该定为是地皇三年以前的文书"[①]。下面是见之于《敦煌悬泉汉简释粹》的完整的费用簿：

　　《过长罗侯费用簿》[②] ●悬泉置元康五年正月过长罗侯费用簿。县掾延年过。

　　入羊五，其二羔，三大羊，以过长罗侯军长吏具。

　　入麴三石，受县。

　　出麴三石，以治酒六酿。[③]

　　入鱼十枚，受县。

---

① 张俊民：《〈劳边使者过界中费〉册析——汉简札记之三》，《西北史地》1991年第2期，第82~86页。

② 张德芳：《长罗侯费用簿及长罗侯与乌孙关系考略》，《文物》2000年第9期。王子今：《〈长罗侯费用簿〉应为〈过长罗侯费用簿〉》，《文物》2001年第6期。

③ 《悬泉》原释"以治酒之酿"，张俊民认为"之"应释为"六"。从会计角度看，张释较准确。

入豉一石五斗，受县。

今豉三斗。

出鸡十双一枚，以过长罗侯军长史二人、军候丞八人、司马丞二人，凡十二人。其九人再食，三人一食。

出牛肉百八十斤，以过长罗侯军长史廿人，斥候五十人，凡七十二人。

出鱼十枚，以过长罗侯军长史具。

出粟四斗，以付都田佐宣，以治羹。

出豉一石二斗，以和酱食施刑士。

入酒二石，受县。

出酒十八石，以过军吏廿，斥候五【十】人，凡七十人。

●凡酒廿。其二石受县，十八石置所自治酒。

凡出酒廿石。

凡米廿八石八斗，以付亭长奉德、都田佐宣以食施刑士三百人。

●凡出米卅八石。（悬泉 I 0112③61～78）

元康五年是公元前61年。过：应作给、予解。

《过长罗侯费用簿》和《劳边使者过界中费》两册完整的费用账簿，记录清楚，即使从当代的眼光看，亦不落后。两千多年前所达到的核算水平，令人惊叹！

候一人六千。

五凤四年八月奉禄簿尉一人，二千。

士吏三人，三千六百。

（以上为第一栏）

令史三人，二千七百。

尉史四人，二千四百。凡□……

候史九人。其一人，候史拓有劾、五千四百□

（以上为第二栏）（E. P. T5：47）

五凤四年，汉宣帝年号，公元前57年。"奉"，俸本字。

居延都尉，　　　　　奉谷月六十石。

居延都尉承，　　　　奉谷月卅石。

居延令，　　　　　　奉谷月卅石。

居延丞，　　　　　　奉谷月十五石。

居延左、右尉。　　　奉谷月十五石。

●右以粗脱谷给，岁竟，一移计。

居延城司马、千人，候：仓长，丞：塞尉。

●右职閒，都尉以便宜予。从令史田。（E. P. F22：72~79）

这是一册完整的奉谷簿。是建武三年（公元 27 年）颁发的官吏俸禄文书。粗脱谷，未经加工的原粮；给，发给；岁竟，岁尽；移计，上计。奉谷用原粮发给，岁末一并上计。

　　　] ▨稍入簿。（E. P. T5：124A）

　　　　　　□□稍入钱
　　　[▨
　　　　　　出入簿。（E. P. T5：124B）

稍，廪食。稍食，指官府按月发给的官俸、粮食。

俸钱是当时边塞军事机构钱物支出的主要内容，因而这类账簿常见。如：

十月尽十二月吏奉用钱致。●一事一封。十月戊午，尉史疆封。（E. P. T51：340）

（4）资产类账簿。

其一，生产类账簿。

对戍卒的生产活动也建立了专门簿书，如：

鸿嘉元年六月省卒伐茭积作簿。（E. P. T50：138）

☑伐茭四十束，又十☑（E. P. T52：341）

第廿二积茭千石，永始二年伐。（合校 4·35）

鸿嘉元年，是公元前 20 年。永始二年，是公元前 15 年。

下面是适应记账需要的生产记录：

四百廿人代运薪，上转薪，立强落，上蒙涂辎车。袤二百六十一
丈，率人日涂六尺二寸，奇六尺。（E. P. T59：15）

袤，长度；奇六尺，即余六尺。

第二隧卒司马忠：治墼，八十。治墼，八十。治墼，八十。除土
除。（合校27·8）

该简是生产土坯的记录。

在汉简中，积作簿、卒作簿、日作簿等，可能是各类簿书中最为常见的
了。他们体现了会计的备查簿、统计核算的原始记录。

其二，兵物类账簿。

居延是汉朝的边防要地，驻有重兵，所以居延汉简中有许多兵物簿：

汉元始廿六年十一月庚申朔甲戌，甲渠鄣候获敢言之。
谨移十月尽十二月完兵出入簿一编，敢言之。（E. P. T22：460A）
●甲渠候官建平二年闰月守衙器簿。（E. P. T55：5）
●甲沟候官，新始建国地皇上戊三年七月尽九月，折伤兵出入簿。
（E. P. T25：2）

第1简是收发兵器的季簿（报）；第2简中的"衙"同"御"，是防守
性武器结存月簿（报）；第3简为登记各种受损兵器的账簿（季报），它的
上报，同时就意味着充当了要求核准注销的凭证。

●甲渠万岁候长就部五凤四年（前54年）七月戍卒被簿。（合校
82·39）
●吞远部五凤四年戍卒被兵簿。（合校311·35）
五凤三年（公元前55年）六月临木部卒被兵簿。（合校198·19）
●肩水候官元康四年（公元前62年）十月守御器簿。（合校126·11）
官取□□卒七月尽九月物故衣出入簿。（合校56·40）

甲渠候官建昭元年（公元前38年）八月折伤兵器簿。(E. P. T52：453)

受具弩簿。(合校 123：32)

"守御器簿"是清单式备查簿，E. J. T30：1537～1558、合校 506·1 都是如此，但内容很多，抄一较简单的如下：

铁铠、鞮瞀各三，见。

六石具弩二，见。

第十八隧。槀矢铜鍭百，见。六石具弩二，见。

矢铜侯二百，在部。

(以上为第一栏)

系承弦六，见。●米糒三斗。

枲长弦三，见。●兰□□

弩幡三，见。

幡三，见。●靳干在部。

有方一，见。盾在部☒。

(以上为第二栏)（E. P. F8：2～3）

见，说明校核时见在。槀矢、矢，都是箭。"槀矢"是箭杆比较长者，"矢"是箭杆比较短者。

●甲渠候官绥和元年八月财物簿。(E. P. T50：28)

●甲渠候官建始四年十月旦见铁器簿。(E. P. T52：488)

以上二简，是账簿文书的标题简。绥和元年是公元前8年，建始四年是公元前29年。

尹圣卿二匹，直六百。

胡中文布计：孙赣二匹，直六百。

张游卿二匹，直六百。

(以上为第一栏)

田子卿二匹，直六百。□□一匹，直三百。

□□□二匹，直六百。凡□十四匹。

□□二匹，直六百。七月余十一匹。

□□□一匹，直三百。

（以上为第二栏）（E. P. T56：72A）

［郵卒王□，出帛一丈为母治襦。□□一领。□□□□┐┌

今毋余帛。（E. P. T65：106）

今余帛一匹，直四百七十七。（E. P. T59：345）

绢丝二斤，直四百卅四。窦此丈五尺，直三百九十。

绛缕五百朮。付子一斗，直百廿五。

白缕五百朮。弋韦沓一两，直八百五十。

少千八百五十二。

上下定少二千二百卅二。（合校 262·28A）

（以上为第三栏）

布计、帛计，体现财物簿的格式。数量金额账已经产生。而且，通过财产清查，发现溢余或短少。

其三，食物类账簿。

通泽第二亭十月食簿。（合校 273·20）

右第二亭二月食簿。（合校 275·4）

☑言之，谨移三月尽六月盐出入簿☑（E. P. T7：13）

茹出入簿。（合校 49·35）

茹是蔬菜的总称。

从下列诸简可见食簿的登记样式和内容。

入盐八斗七升。（合校 28·13）

出盐二石一斗三升，给食戍卒七十一人，二月戊午。（合校 139·31）

永始三年计余盐五千四百一石四斗三龠。（E. P. T50：29）

肉百斤，直七百☑（乙附 29A）

第十夈候长赵彭，十一月食一斛五斗。十月丙寅妻取。卩

（E. P. T65：11）

鄣卒梁多，十一月食一斛五斗。十一月乙丑自取。𠂤（E. P. T65：17）

《元康四年鸡出入簿》

出鸡一隻（雙），以食长史君，一食，东。

出鸡一隻（雙），以食使者王君所将客，留宿，再食，东。

出鸡二隻（雙），以食大司农卒使田卿，往来四食，东。

出鸡一隻（雙），以食丞相史范卿，往来再食，东。

出鸡二隻（雙），以食长史君往来再食，往来四食，西。

……

入鸡一隻（雙），十二月壬戌，厨啬夫时受鱼离乡佐逢时。

十月尽十二月丁卯，所置自买鸡三隻（雙），直钱二百卌，率隻（雙）八十，唯廷给。

九月毋余鸡。

今毋余鸡。

●最凡鸡卌四隻（雙）。正月尽十二月丁卯所受县鸡廿八隻（雙）一枚，正月尽十二月丁卯置自买鸡十五隻（雙）一枚，直钱千二百一十五，唯廷给。（悬泉 Ⅰ 0112③：113～131）

元康四年，公元前 64 年。从"最凡鸡卌四隻（雙）"看，现存 19 简，不完整。"发掘时简册散乱，木简排列顺序尚待进一步研究。"[1] 简不仅证明当时已经实行数量金额核算，而且反映四季度鸡价"率只八十"，全年鸡隻（雙）单价 1215÷15.5＝78.39，相符。"是'隻'为'雙'之省写也。"

前文的谷出入簿也是粮食类账簿，还有：

●右米糒簿。（E. P. T59：180）

始建国天凤三年十二月丁亥朔庚寅，甲沟鄣守候□

尉史宪（E. P. T6：53A、B）

敢言之，府记曰：米糒少簿二百二十六斛六斗六升□□□（E. P. T6：54）

---

① 胡平生、张德芳：《敦煌悬泉汉简释粹》，上海古籍出版社，2001，第 78～79 页。

米糒，古名糇、糗；粮，即炒米，舂磨为粉，可久储不变质。

夫人付奉世干饭八石。奉世付芒得八百。

夫人付奉世干饭五石。奉世自予夫人千。

夫人付奉世干饭八石。奉世自予夫人二百。

夫人付奉世干饭八斗。奉世付芒得六百。

夫人付奉世眉一石，直百五十。奉世付光七百。

凡干饭廿一石八斗，眉一石，为▲见入钱三千六百卅八。

钱三千六百卅八。

（以上为第一栏）

陈光当出二百一十二。

奉世予夫人眉廿六。（E. P. T57：69A）

（以上为第二栏）

干饭眉计。（E. P. T57：69B）

校算，数量相符。干饭和眉"为钱三千六百卅八"，应当是其价值，即数量金额账。但"见入钱三千六百卅八"，与其细数略有差异，待研究。

其四，饲料簿。

不仅粮食有账簿、蔬菜有账簿，饲料如"茭"（干草）也有账簿。

●不侵部建昭五年（公元前34年）正月余茭出入簿。（合校142·8）

●吞远部建平元年（公元前6年）正月官茭出入簿。（合校4·10）

受六月余茭千一百五十七束。（E. P. T52：85）

入茭二百束。（合校341·21）

出茭九束，正月甲子，以食□（合校24·5）

●凡出茭四百束。今余千七百九十。（E. P. T59：345）

今余茭五千六百五十束。（合校3·15）

见茭二千九百九十八束，□□麦二斗六升，□□□□□□

□□（合校271·15B）

第十七部茭万束。十所。

（以上为第一栏）

十所。出茭三千束，候长取，直九百，入六百。●

出茭二千束，候史判取，直六百，已入三百。●

余见五千束，令千束为一积。留积之，令可案行，属直所数行视。

（以上为第二栏）（E. P. T51：91）

10000 - 3000 - 2000 = 5000，相符。

《中国简牍集成》注："第十七部蓄茭万束，分积十处，价值每束零点三钱，候长、候史取茭需交钱，候官监督嘱咐要经常巡查。"采用四柱结算法和数量金额式账簿，分栏登记，格式清晰。

其五，其他杂簿。

第二隧长建平五年二月累重訾直官簿。（E. P. T43：73）

第卅三隧长始建国元年五月伐阅訾直累重官簿。（E. P. T17：3）

"訾"通赀、资。訾直，即资产总额。累重，指家属资产。伐阅，功劳簿。西汉哀帝建平只有四年，可能年号更改，传至居延边塞已是次年，因而建平五年，即元寿元年，公元前2年。始建国元年为公元9年。

候长觻得广昌里公乘礼忠，年卅。

小奴二人，直三万。用马五匹，直二万。宅区一，万。

大婢一人，二万。牛车二，直四千。田五顷，五万。

轺车二乘，直万。服牛二，六千●凡訾直十五万。（合校37·35）

3 + 2 + 1 + 2 + 0.4 + 0.6 + 1 + 5 = 15，校算相符。

陈直《居延汉简研究》[①] 认为訾直簿是算缗钱的账簿。

肩水候官元康四年（公元前62年）十二月四时杂簿。（合校5·1）

●卅井降虏隧，始建二年四月什器簿。（合校81·3）

橐他驳南驿建平元年（公元前6年）八月驿马阅具簿。（合校502·7）

永光四年十月尽。

五年九月戍卒折伤。

---

① 陈直：《居延汉简研究》，天津古籍出版社，1986，第28页。

牛车出入簿。(E. P. T52：394)

这类账簿包括铁器簿、官种簿、驿马簿、茭积别簿、茭出入簿、折伤牛车出入簿等。

从会计角度看，汉代账簿种类繁多，不仅满足了当时的管理要求，还大体上开当代会计账簿之先河。

3. 财产清查

为了确保账簿记录的正确、真实，周朝、汉朝已经实行实物盘点和账簿校核制度。

云梦秦简中的《效律》，是秦国专门制定的核验物资账目的系列法规。"为都官及县效律，其有赢、不备，物值之，以其价多者罪之，勿累。"制定都官和县核验物资财产的法律：如有超出或不足数的情形，每种物品均应估价，按其价值高的论罪，不要累计。

为了加强管理，落实责任制，秦律明确规定了盘点制度。校核、点验官府器物，以便发现长余或不足。不仅有定期盘点，还有临时盘点，如工作变动、交接盘点。

"计毋相谬"是 2000 多年前秦律明确规定的正确性原则。

汉简为我们留下了许多财产清查记录实物。

今余鏊二百五　　百五十破伤不可用，

五十五完。(合校 498·9)

"鏊"，《方言》五注称"江东呼鏊刃鏊"。"鏊"即"锹"（qiao）。破伤的与完好的记得清清楚楚，充分说明这笔账是根据财产清查结果所作的记录。

三月簿余盾六十七。校见六十七，应簿。(E. P. F22：314)

"今余"与"校见"的区别是很明显的。"今见"可能相当于"校见"。

根据财产清查的结果，编制清查报告，在汉朝已经出现。

居延新简 E·P·F22：175～185，是十个部的兵器清查汇总表，举一例如下：

稾矢三千一百，见二千一百五十，少九百五十。

第十七部。弦三十桼。矢二千三百，见二千一百，少二百。

（E. P. F22：178）

稾矢，矢都是矢箭。稾矢，箭端用草料制成，点燃后射出，可引燃积薪，似火箭。

●永光三年（公元前41年）尽建昭元年（公元前38年）三月食月别刺。

●冣凡粟二千五百九十石七斗二升少。

凡出千八百五十七石三斗一升。

今馀粟七百卅三石四斗一升少。

校见粟得七百五十四石二斗。（合校142·32AB）

"刺"，《汉书·外戚传下》注"为书之以刺板也"。《释名·释书契》："书称刺书，以笔刺纸简之上也。"名片称名刺。别刺大概是副券，如"别本"、"别券"。这是西汉某单位四年间粟类入、出、余和盘点的清查报告。

"'冣凡'的冣字意指'聚'，即汇总之意。所说'冣凡'也就是总计……可以说是与账尾有关的简。"① 升少，指1/3升。此简可演算如下式：

$$2590.72 \text{ 石} - 1857.31 \text{ 石} = 733.41 \text{ 石}$$

验算相符。"校见"是盘点实存。以"校见粟"数减"今余粟"（账面结余）数，升溢二石七斗九升大（此处大，按汉制，指2/3升）。升溢数之能查出，必然采用四柱法，因为不采用四柱结算，就不会有"今余粟"，就无法与"校见粟"核对。而且既然是账簿尾简，其前必然还有一些简。"冣凡"乃是期初余额和该期收入的总计。如果没有"期初余额"，像"凡出粟"那样只用个"凡入粟"就行了，何不指明？何必用"冣凡"？而且，"今余粟"或"校见粟"必然成为下期的"期初余额"。这是中式簿记将"期初余额"与"本期收入"相加的传统做法源始的又一先例。

既然是四年间的总报告，按汉制，必然还有年报和季报，必然运用

---

① 〔日〕永田英正：《居延汉简集成之——破城子出土的定期文书（一）》，《简牍研究译丛（第一辑）》，中国社会科学出版社，1983，第66页。

"四柱法"。

汉代专门建立了"校簿"，还要上报。

●移校簿十牒，言府，会。(E. P. T52：174)

损耗记录在汉朝也出现了。如：

●右凡十二两。输城官。凡出入折耗五十九石三斗。(合校505·36)
书曰：正月尽三月，四时出折伤六升，七月甲☒ (合校137·8，224·22)

"两"通"辆"。这是输城官十二辆车发生的运输折耗记录。从而可见出仓、入仓都已过秤，并将合理的损耗报损入账，否则，就不可能了解运输损耗数量。后简是三个月付出的折伤，应当属于保管损耗，它是对库存谷物盘点结果的记录。

4. 与欧洲账簿史料比较

古希腊对经济事项进行严格的分类（分项）核算，还划分明细项目①并且具有明晰的格式。例如在其账簿中，金额记录在左侧，文字记录在右侧，突出了对金额的反映。在银行和庄园会计上，希腊人创造了更新的方法。由于其银行业务繁杂，仍采用记录与报告为一体的方式已不适应，就开始设置备忘录（Grammateidia, Grammatizia）、日记账和总账，以及反映储蓄业务和转账业务的"活期出纳账"（Grammation），经常先由备忘录向日记账结转，然后再由日记账向总账细目结转。这种分类设置使会计账簿和会计报告分解，形成了独具一格的账簿体系。

古希腊民间会计账簿的分类，已具有独立的轮廓。从现藏于开罗博物馆的芝诺纸草考查，芝诺是财政大臣阿波罗尼奥斯，在法尤姆地区腓拉德尔菲亚大农庄的私人财产管理者，负责田庄葡萄园、农庄、谷仓等的经济记录。一般会计人员主管每项财产的收支记录，并将记录按不同项目汇总，经芝诺及他的助手承认后装订成册，分类保管，同时还设计了不同格式的会计账簿，用以分类反映经济业务事项。例如，对经济业务的会计记录，分别登记入日记账和总账。日记账的名称为"E. P. hemerides"，现代英语译为"Dayby-day accounts"，是根据登记的原始凭证逐日反映收支。总账称为"Biblidia, rammateia"，它进一步分为两部分：一部分是"现金账户"，英文为"Money accounts"，原文是"Argyrikoi"（Sc·logoi），专用于处理现金收支；另一部分是"谷物账户"，英文为"Grain accounts"，原文是"Sitikoi"（Sc·logoi），专门用于谷物的收进和分配。芝诺在日记账和总账之外，还设有一套既不同于日记账又不同于现金账户和谷物账户的现金账户和谷物账户。这两种账簿不像日记账那样逐日反映收进和支出，也不反映每天的现款余额，而只反映支出，仅提供月末、年末的支出总额，每个账户的记账程序完全相同。另外，农庄里的油账户和谷物账户的登记，类似现今的永续盘存制。每从仓库提一笔货便立刻记录，逐笔反映存货数量、金额的变化，以使账、实相符。

在账簿分类方面，罗马的账簿分为两类，即家庭用账簿和家庭兼商业用账簿。家庭用账簿有三种①：一是家长账簿（Libellus Familiae 或 Liber Patrimonii），是由家长记录的账簿；二是辅助账簿（Commentarium），是有钱人用于辅助记录的账簿；三是朔日账簿（Kalendarium），是反映债务人姓名和投资额，以及利息方面的账簿。家庭兼商业用账簿由日记账、现金出纳账组成。日记账亦称备忘录或流水账，是序时记录日常家庭收支的账簿，每笔家庭收支事项，首先在该账簿中反映，然后再转记现金出纳账，而现金出纳账还担任总账的任务。

古罗马的账簿与古希腊相比较，更为清晰。罗马银行家设置的账簿与一般的账簿稍有不同，一般设三类账：①日记账。每天登记收支。②现金出纳账。不仅是一种收支证明，还记录每个人、每个公司的存借款，反映对人的债权债务关系，并且也有借贷两方，一笔经济业务发生，双方当事人同时在自己的账簿上反映，亦即债权人登记支出，债务人登记收入。③顾客总账。即按顾客设户，并按顾客字母顺序排列，收支分别反映，定期结算余额。

欧洲会计账簿发展史，经历了古希腊、古罗马文明后，在教会组织的统治下，在相当长的一段时间内没有多大的发展，直到地中海地区经济繁荣，意大利簿记的兴起才得以改变。

中世纪欧洲的会计账簿，最早的是拜占廷帝国教会的会计，公元 590～600 年，罗马教皇高利一世承接拜占廷帝国皇帝的贷款业务后，一方面代向军队发放饷银，另一方面按照拟定的协议负责征收税款。为了反映和监督这些经济事项，教会设置了专门的收支账册，凡有关该项贷款和税款的收支，

---

① 文硕:《西方会计史》（上），中国商业出版社，1987，第73页。

均在这些专门账册上作详尽反映。据可靠资料记载，教会还广泛采用了一种记录簿（Libellus Securitatis），主要用于反映对农民的土地支付价格。在查理大帝的《庄园敕令》的第 28 条中，"……在朕知道本年度朕收入总额账册后，把朕经营所得的款项送到"；第 62 条中，"……以上各项，务必在圣诞节之前，分类列账，井井有条地报告给我，使我可以知道各种财产的数目"①。《庄园教会》里提到的账册、分类列账和井井有条说明已有比较系统的分类账。

三　复式簿记产生史②

复式记账法，中华民国时期习称复式簿记，与当时簿记、会计的区分有关。德国伟大诗人歌德认为："复式簿记乃是人类智慧的杰出发明之一。"③　日本著名教授黑泽清 70 多年前说："近世复式簿记，固一科学上之伟大建筑。"④复式簿记是会计核算的基本方法，是会计成为科学的基础，是资本主义社会产生的条件。对其产生和发展，国内外会计史界长期争论，仍在继续中。

（一）复式簿记产生的不同观点

1. 外国会计史界的议论

国外对复式簿记产生的时间和地点，议论纷纭。他们的思路、分析问题的方法值得注意。主要观点有以下几个。

（1）雅典说。"两位法兰西作者涅罗和吉利亚尔在研究了古埃及的海关账，并看见了账中商品支出和现金收入的记录后得出结论，现代核算的故乡是雅典，但全部问题在于我们并不知道，复式记录是否已扩展到了自有资金账户和成果账户，甚至在核算中是否有这些账户也不清楚。"⑤　埃及的海关账为何称之为雅典？可能是公元前 4 世纪马其顿—希腊王亚历山大征服埃及，使其成为雅典殖民地的缘故。

①　《世纪经济社会史》（下），商务印书馆，1984，第 236～237 页。
②　李孝林：《我国复式记账法产生和发展阶段试探》，《北京商学院学报》1998 年第 4 期。《财务与会计》1989 年第 1 期。李孝林、孙芳城：《中意复式簿记创始比较观》，《四川会计》1990 年第 3 期。
③　文硕：《西方会计史》（上），中国商业出版社，1987，第 161 页。
④　〔日〕黑泽清：《复式簿记源流考》，《会计杂志》1934 年第 3 卷第 1 期。
⑤　〔俄〕索科洛夫：《会计发展史》，中国商业出版社，1990，第 29 页。

（2）古罗马说。德国历史学家尼布尔在齐采龙那里找到一句话："朋友不应看成相互借钱，就像账簿一样，在账簿中所给予的应该等于所得的。"下文将深入讨论。

（3）古印度说。据海渥《会计史》介绍，英国东方研究专家亚历山大·哈密尔顿在1798年指出："我们应当注意到，印度商人从远古时代起，就已经拥有双重记录的簿记方法。"①

（4）美索不达米亚说。弗里茨·哥利西（Fritz Gerlich）持此说。

（5）西班牙说。J. 施赖伯（J. Schreiber）和克海尔（C·P·Kheil）持此说。

（6）阿拉伯说。19世纪中期的克林格认为：11世纪的阿拉伯人发明复式记账法，并以5万塔列尔的价格卖给威尼斯人。

（7）朝鲜开城说。韩国尹根镐教授、澳大利亚会计师协会和部分日本会计学者认为：11~12世纪开城的"四介松都治簿法"（Sagae Songdo Ch'ibu-bop）是复式簿记。《韩国会计史研究》②专门研究"四介松都治簿法"。该书首先介绍它"起源于高丽全盛时代（1010~1274年）的首都"松都，今开城，流行于"王室、贵族、富商"，"存续至1920年代"。"四介"有两说。一说指还给（Payer 付款人），"还上"（还入）（Payee 收款人），给次（Given 给），捧次（Taken 受）；一说指利益、消费、捧次、给次四项，分别相当于我国的进、缴、存、该。记账时用"入"（In），"去或出"（Out）概括。该书末附英文摘要说："In Korea records In a letter 'In'（入）for the actual receipts, and In another letter 'Out'（去）for the actual payments。"③"入、去"是原注。现金业务记一笔，转账业务记两笔，类似我国的三脚账。

（8）13世纪意大利说。此说"目前为多数会计专家所首肯"。遍查国内外会计史料，大都是提而不论。幸得日本黑泽清教授的70多年前发表的《复式簿记源流考》一书，他详细介绍如次："近世复式簿记，固一科学上之伟大建筑。但自奠基以至完成，正不知试演若干种类之记账方法，转换若干不同记账对象，而后蜕化。其中对于复式簿记之完成贡献最早者，为十三世纪佛罗伦萨（Fiorence）所用银行账簿之转账记录（cross entry）"。

---

① 〔荷兰〕海渥：《会计史》，中国商业出版社，1991，第15页。
② 〔韩〕尹根镐：《韩国会计史研究》，韩国研究院，1984。
③ 〔韩〕尹根镐：《韩国会计史研究》，韩国研究院，1984，第361页。

此种佛罗伦萨之银行账簿，今尚保存于威尼司公文库内，最早发现此种账簿而报告于会计学界者，是德国经济史家雪佛耿（Sieveking）氏，该账簿犹为 1211 年之遗物。据大多数学者的推断，均认为其中所用记账法，在斯时最称进步。盖在该账簿中，对于每一客户，均已区分贷借，且对于各客户间的相互往来，常能利用贷借以为转账。此种从某一客户的贷方，转入他一客户的借方的转账方法，实即后世复式记账的建设基础，亦即簿记学上所用世界标准语（借方）（贷方）的发生源泉。

唯有一点应注意者，佛罗伦萨之银行账簿，只记人名科目①，借方与贷方的转账形式，亦与今日不同，其法对于每一客户，均预留两个记账地位，一记 no di dare，一记 di avere。但此两个地位，系上下顺列，而非左右对照，这与今日的左借右贷者不同也。No di dare 有"彼应给我"（he must give us）之意，故表示对于客户之债权，是即今日之借方。Di avere 有"彼应有得—我应给彼"（he shall have）之意，故表示对于客户之债务，是即今日之贷方。至于标题 di dare 及 di avere 之用法，后世已略有变动，即对于前者，渐次用 de dare 或 dover dare；对于后者，渐次用 de avere 或 dover avere。兹特将其借方（dover dare）及贷方（dover avere）之记账关系列表（见表 8－3）。

表 8－3　借方与贷方的记账关系

某甲应于某年某月某日交（dover dare）本店（或某乙）洋元角分 = 某甲借本店

（或某乙）②

某甲可于某年某月某日向本店（或某乙）索取（dove avere）洋元角分 = 某甲贷

本店（或某乙）

按佛罗伦萨式簿记法之特征计有三点：其一，记账方法：转账（cross entry）。其二，记账对象：人名。其三，记账方式：上下分列。

① 按：有人据此认为当时只有人名账户，似误。因为银行往来账不需要物名账户。上页"代理人簿记"证明古罗马即有物名账户。第四章还有更早的物名账户。
② 按：末句可能是日译者或汉译者注释。

"当时关于借方及贷方事项的记法，非特自上而下，分别先后，且所记内容，亦较为详细。无如现在之简洁，故又可以叙述式记账法称之。盖在当时，簿记之为用，仅赖以摘记对人之借贷转账关系，原无另设对照式账户之必要，故用叙述式记账法，已足应用。""然自借贷二语始于转账记录之点观之。则复式簿记之最初根基，自不难由此发见。"① 此外，还有古埃及说、秘鲁说，史料不详。

2. 复式簿记基本特征的争论

国内外对复式簿记产生的时间、地点的争议近百年，原因之一，在于对复式簿记基本特征的理解不同。归纳起来，主要有五说。

（1）刘炳炎教授根据 A. C. Littleton 和日本江村稔氏的资料说："罗马奴隶为奴隶主的记账工作，有两种账簿。其一是现金簿，另一是往来账，当奴隶收到主人交给他的钱，一方面要记入现金簿，另一方面要记入与奴隶主往来的账户。奴隶主把钱放高利贷，同样，一方面要记入现金簿，另一方面要记入与借钱人往来的账户……这是复式记账的起源。"② 雅典说和罗马说一样，都是把一项现金收付业务在记入现金簿的同时，还记入与现金联系的对应账簿。

（2）"公元 191～192 年，古罗马纸莎草纸中，我们看见了双面记录（即复式记账，引者注），而且每个经济事项都明确按以下图式：从谁那儿，到谁那里。"批评者认为："从字面的完整意义来讲，这是会计过账……过账反映的仅仅是与现金支付和同债权人、债务人结算业务。"③

（3）"对于各客户间之相互往来，常能利用贷借以为转账。此种从某一客户的贷方，转入他一客户的借方的转账方法，实即后世复式记账的建设基础。"④ 泽清的表述可以包括上述两说，即对应记录说，亦即下述"采用复式会计分录"。

（4）五条标准说。郭道扬教授早期曾指出：作为复式簿记，应当具有下列基本特征。

第一，采用复式会计分录。对每一经济事项都必须同时做出相对应的两

---

① 〔日〕黑泽清：《复式簿记源流考》，《会计杂志》1934 年第 3 卷第 1 期。
② 刘炳炎：《复式记账的历史问题和理论问题》，《会计学基础学习参考资料》，中央广播电视大学出版社，1983，第 170 页。
③ 〔俄〕索科洛夫：《会计发展史》，中国商业出版社，1990，第 19 页。
④ 〔日〕黑泽清：《复式簿记源流考》，《会计杂志》1934 年第 3 卷第 1 期，第 77 页。

笔记录。

第二，采用科学的会计科目体系。按照会计科目体系建设账户体系，并通过这一账户体系，统率一切复式记录。

第三，采用科学系统的账簿组织。

第四，根据经济活动的连环性，确定复式记账的原理；根据复式记账的原理，建立会计平衡公式；根据会计平衡公式，检验全部经济账目。

第五，要有比较健全的会计方法体系。①

（5）对应记录说。我们赞成郭道扬教授提出的第一条。我们早就指出：复式记账法"的特征是每笔账都记录对应账户，以反映经济业务的来龙去脉"②。于郭教授提出的其他四条，乃其他的会计方法或理论，不应当是复式簿记产生的标志，而是发展的标志。否则，郭道扬教授指出的"为多数会计专家所首肯"的13世纪佛罗伦萨银行账，也因不符合后四条而不能称为复式簿记。

3. 一种流行的错误论证——复式簿记产生于13世纪佛罗伦萨说

美国著名会计学家查特菲尔德在其名著《会计思想史》中指出：复式簿记"于1250~1440年之间在意大利北部产生"，他还强调"复式簿记在文明古国及尔后的意大利以外的任何地方都未曾问世过"③。此说显然有片面性。孰是孰非，通过本节，读者当可得出自己的结论。

前文介绍，13世纪佛罗伦萨说和雅典说的道理实际一样，都把往来账称为复式簿记。许多会计基础教材都讲复式记账法的产生，都说是：最早产生于13世纪意大利佛罗伦萨银行账。"此说目前为多数会计专家所首肯。"（郭道扬，1984）该例是以"本店"为会计主体的某甲的往来账户，即"应收应付款——某甲"。上栏记借方，下栏记贷方，所记的是两笔经济业务。鉴于"复式记账法的特点在于每笔经济业务，都必须紧密联系地等额记入对应账户，从而来龙去脉清楚，能够试算平衡"④。而往来账不能体现复式记账法。

往来账、钱物账是最早产生的会计账簿。⑤ 中国早有往来账。据《周礼·地官·泉府》："凡赊者，祭祀无过旬日，丧纪无过三月。凡民之贷者，与其

① 郭道扬：《会计发展史纲》，中央广播电视大学出版社，1984，第381页。
② 李孝林：《我国复式记账法溯源》，《安徽财贸学院学报》1982年第1期。
③ 〔美〕查特菲尔德：《会计思想史》，文硕译，中国商业出版社，1989，第43页。
④ 李孝林、罗勇等：《中外会计史比较研究》，科学技术文献出版社，1996，第54页。
⑤ 李孝林、罗勇、孔庆林：《比较会计史学》，中国财政经济出版社，2007，第117页。

有司辨而授之，以国服为之息。"向泉府赊贷的不止一人，既赊物，又贷钱，并有不同的归还期限，泉府必然建立往来账目。东方和西方的往来账，都是在奴隶社会或其前创立的。百年前，俄罗斯有些会计学者就认为往来账户是最早产生的会计方法。[①] 文字产生前的云南佤族的借贷记录——刻木记事实物，也是往来账。[②]

据《云梦秦简》，制定于公元前3~4世纪的秦国《金布律》规定："有责（债）于公及赀赎者居它县，辄移居县责之。公有责（债）百姓未赏（偿）亦移其县，县赏（偿）。"法律对债权、债务的管理规定得如此具体，必有往来账。法律规定应是普遍做到的。公元前2世纪的江陵汉简《郑里廪簿》是现存最古老的赊贷粮食的往来账簿，居延汉简的《偿及当还钱簿》则是银钱往来账。井尻雄士于1984年说："最早运用负数的是中国人，他们早在公元1世纪便使用红筹代表正数记人欠；用黑筹代表负数记欠人。"李约瑟在《中国科学技术史》第三卷《数学史》中，把这事的时间提前到公元前2世纪。我国往来账的运用，在世界会计史上属先驱者之一。如果认为往来账体现复式记账法，我国当在周、秦，甚至更早。但是，我们不赞成此说。

一项经济往来业务，既记往来账，又等额记录现金账或实物账，能够反映来龙去脉，具有复式簿记的因素，乃复式簿记的胚胎，毕竟不等于复式簿记。在一本账簿中并不能反映来龙去脉，两本账联系并不紧密，更不能试算平衡。在此基础上进一步发展，就将产生复式簿记。往来账的使用，孕育着复式簿记的产生。但仅仅只是孕育，并不等于已经产生。

我们并不否认13世纪意大利佛罗伦萨银行账是复式簿记。只是说其举例仅是往来账，不能作为复式簿记的证据。事实上，该例是银行的转账业务，记账主体是"本行"，某甲与某店通过银行转账，银行同时记入对应账簿，显然能够体现复式簿记，黑泽清教授强调的正在于此。此外，13世纪意大利佛罗伦萨银行账，更不是意大利或者世界上最早体现复式簿记的。

百年前，俄罗斯会计史学者曾认为：往来账是最早产生的会计方法。[③] 中国早有往来账。据《周礼·地官·司市》："以泉府同货而敛赊。"汉朝郑玄注："民无货则赊贳而予之。"又《周礼·地官·泉府》："凡赊

① 〔俄〕索科洛夫：《会计发展史》，中国商业出版社，1990。
② 李孝林：《会计产生于原始社会后期说》，《北京工商大学学报》2004年第6期；人民大学报刊资料《经济史》2005年第2期。
③ 〔俄〕索科洛夫：《会计发展史》，中国商业出版社，1990，第2页。

者，祭祀无过旬日，丧纪无过三月。凡民之贷者，与其有司辨而授之，以国服为之息。"向泉府赊贷的不止一人，既赊物，又贷钱，并且有不同的归还期限，泉府必须建立往来账目。东方和西方的往来账，都是在奴隶社会早期创立的。这里，我们并不否认 13 世纪佛罗伦萨账已是复式簿记，只是说往来账不能体现复式簿记的根本特征，黑泽清的举例失当而已。

据《云梦秦简》，制定于公元前 3~4 世纪的秦国法律《金布律》规定："有赍（债）于公及赀赎者居它县，辄移居县赍之。公有赍（债）百姓未赏（偿）亦移其县，县赏（偿）。"欠官府的债和被判处赀、赎者住在另一县，应立即发文到所在的县，由该县索回。官府欠百姓的债而未偿还，也应发文给百姓所在县，由该县偿还。国家法律对债权、债务的管理规定得如此具体，必有往来账。公元前 2 世纪的江陵汉简《郑里廪簿》是现存的最古老的赊贷粮食的往来账簿，居延汉简《偿及当还钱簿》则是银钱往来账。井尻雄士的《三式簿记和收益动量》一书，根据卡乔里（Cajori）《数学史》中的材料说："最早运用负数的是中国人，他们早在公元一世纪便使用红筹代表正数记人欠；用黑筹代表负数记欠人。"李约瑟在《中国科学技术史》第三卷《数学史》中，把这事的时间提前到公元前 2 世纪。综上所述，我国往来账的运用，在世界会计史上属先驱者之一。

一项经济往来业务，既记往来账，同时等额记录现金账或实物账，来龙去脉清楚，因而具有复式记账的因素。在此基础上进一步发展，就将产生复式记账法。它是复式记账法的胚胎，但毕竟不等于复式记账法。因为并不是每笔经济业务都等额记入对应账户，在一本账簿中并不能反映来龙去脉，两本账联系并不紧密，更不能试算平衡。我们认为钱物账、往来账、费用账古已有之，不迟于周朝。钱物账、往来账、费用账不仅见诸秦国的法规，而且见于汉代简牍者可谓众多。钱物收付，在记录钱物账的同时，记录往来账、费用账等对应账簿，如果认为这样能够体现复式簿记，复式簿记的起源不迟于周朝，虽然现在我们并不这样认识。

往来账的使用已经孕育着复式记账法的产生。但仅仅只是孕育，并不等于已经产生。

我们并不否认 13 世纪意大利已经使用复式记账法，还认为意大利复式记账法的产生要早得多。只是认为单纯地把往来账作为复式记账法的产生标志，不够准确。

（二）我国复式簿记的产生

日本户田义郎编写的词条"旧中国的老式簿记"指出："中国固有的簿记只能称为单式簿记。"[1]《经济大辞典·会计卷》释"中式簿记"时说它"以采用现金收付记账法和上收下付直式账页，实行单式簿记，按收付实现制确定损益为其特征的记账系统。产生于我国封建社会，并于新中国成立以前，曾在政府机关与工商企业中普遍流行"[2]。"收付记账法"辞条说："我国长期实行单式收付记账法，从奴隶社会末期开始，直至半殖民地和半封建社会历时两千多年。"他们都把我国固有的簿记看成单式簿记，这并不符合史实。

所谓"产生"，是指幼体从母体中分离出来，是"呱呱坠地"。对复式簿记来说，指其已经基本成型，具备了复式记账法的根本要素而与单式记账法相区别，不是指复式记账法成长、成熟。复式记账法产生的标志应是采用复式会计记录——一笔业务等额记入对应账户。从而能够反映经济业务的来龙去脉，便于检查记录的正确性。

1. 复式簿记产生于汉朝简牍说

地下出土的汉朝简牍，为我们提供了珍贵的第一手史料。时属公元前1~2世纪。这里根据最新版本进行研究。

（1）登记对应账簿已成惯例。

汉简中的会计检查，能够体现当时的记账程序。

> 校候三月尽六月折伤兵簿：出六石弩弓廿四付库。库受啬夫久廿三，而空出一弓。解何？（合校179·6）

审校某候折伤兵簿，付出六石弩弓廿四给仓库，仓库主任久只收到廿三，短少一弓，是何原因？下例见《敦煌悬泉汉简释粹》：

> 效谷移建昭二年十月传马簿，出悬泉马五匹，病死，卖骨肉，直钱二千七百册，校钱簿不入，解（何）？（敦煌0116②：69）

---

① 〔日〕番场嘉一郎：《新版会计大学辞典》，中国展望出版社，1986，第515页。
② 《经济大辞典·会计卷》，上海辞书出版社，1991，第38、41页。

建昭二年是公元前 37 年。郡府审核效谷县报来的悬泉置传马簿和钱出入簿，发现：死马五匹，在传马簿已下账（出），卖骨肉钱 2740 却未记入钱簿，是何原因？充分说明：按照当时流行的程序，这笔经济业务既须记入传马簿，还须记入钱簿。像这样对应记录，显然体现复式簿记。下例同理。

效穀傳馬病死錢未備萬八千六百。（敦煌Ⅱ T0111②：5）

效谷县传马骨肉钱差 18600 钱。

建昭三年三月丁巳朔癸亥，敦煌大守強、守部騎千人雲行丞事，謂縣：案所移十月盡二月傳馬簿，出馬病死斥賣移爰書賈直校錢不入，效穀出遮要傳馬十七匹，病死賈或三百，或二百。傳馬皆食穀，賈賤，疑非實。方遣吏案校，今移舉各如牒。書到揚慶、守屬宮、守書佐禹。（敦煌Ⅱ T0214②：550A、B）

太守府通告各县，骨肉钱要及时上交，在校对传马簿和钱簿时发现，效谷县以前的传马病死贳卖爰书价值或 200 钱、或 300 钱，吃同样食物的马，为什么骨肉钱不一样，恐有假。发文派人检查此事，两置要针对出现的情况，准备好原来的资料以备检查。上述 3 例都说明传马死亡，在登记传马簿时，卖骨肉钱必须登记钱簿。

上述汉简充分证明：一笔经济业务在对应账簿中等额记录，已成惯例。否则，就不可能据以发出像这样的审校通知。折伤兵簿例可以证明转账业务的对应记录，传马簿例可以证明现金收付业务的对应记录。

发工资，在记录钱簿的同时，还要对应登记俸禄簿。

出二月三月奉钱八千□百

候长□□三月千二百
候史□□三月九百
不侵隧长□□二月三月六百
当曲隧长□□二月三月千二百

（以上为第一栏）

止害隧长赦之二月三月千
驹望隧长□二月三月千二百

止北隧长革二月三月千二百

察微隧长破奴二月三月千二百

（以上为第二栏）

建昭三年五月丁亥朔己丑尉史弘付

不侵候长政/候君临（E. P. T51·234）

（以上为第三栏，此简中部左侧有刻齿）

1200＋900＋600＋1200＋1000＋1200×3＝4900＋3600＝8500，总数应当是8500。

　　　　　　　　　候一人六千

五凤四年八月奉禄簿　尉一人二千　　☑

　　　　　　　　　士吏三人三千六百

（以上第一栏）

令史三人二千七百

尉史四人二千四百　　　　　　　　凡□……☑

候史九人。其一人，候史拓有劾，五千四百　　□☑

（以上第二栏）（E. P. T5·47）

陈直教授仅据旧居延汉简罗列其72种簿检名称（1986.109.），不仅有钱出入簿、谷出入簿、钱财物出入簿，还有奉禄簿（费用）、债券簿（负债）、偿及当还钱簿（往来账）。为复式记账法产生提供基础。一笔经济业务，如用钱购入谷物或支付费用，必然记入对应账簿。

（2）对应分录的创始。

　　　都内赋钱五千一百卌，

入　给甲渠候史利上里高何齐，

　　地节二年正月尽九月积九月奉。（合校111·7）

[入钱七千二百，给孤山部吏□人□（E. S. C147）

　　　　　　　　　　入………直……☑

□钱□百五十□给□□□□三月□□月四斤（E. P. T14：24）

地节二年是公元前 68 年。三简显属同式；既记明收入项目和金额，又记明给谁、何用和时间，入、给分明，来龙去脉清楚，入置于全账之首，体现了记账方法及记账标志发展的一种趋向。有的论著说："入、给两方分明，来龙去脉清楚，已经具备复式簿记思想的要素和形式，只是入给的时间未必一致是其缺陷。"① 然"来龙去脉清楚，已经具备复式簿记思想的要素和形式"，又说"入给的时间未必一致"，给人以自相矛盾之感。入给的时间不一致，必然是两笔账，就不应当说是"具备复式簿记思想的要素和形式"。再看本例，关键是一个账户，还是对应账户？它显然不是一个账户，而是对应账户，是一笔账而不是两笔账。用现代分录处理应为："借：应付工资，贷：赋钱5140"。再看下例：

入钱六千一百五十。
　　其二千四百，受候长。　　　九百，部吏社钱。
　　二千八百五十，受吏三月小畜计。（合校 254·1）
　　入钱九百五十一，五月庚辰，佐博受尉史徐□☑ （合校 284·19）

此两例说明入钱受自何人、何事、何时。6150 = 2400 + 900 + 2850，校算相符。

　　出钱六十七付周长卿。
●劳赐　　　凡四百六十。（合校 11·22，11·23）
出钱三百四，建平元年五月戊午，孤山里王则付西乡左忠。（合校267·18）
　　出赋泉八百，　　　　付郡库奉质直。（E. P. T59：166）
　　出所负农都尉属陈宣钱二千。建昭四年十一月壬子，市阳里吕敞付。辞口☑（E. P. T5：7）

此四例记录出钱付给谁。建平元年是公元前 6 年，建昭四年是公元前35 年。王莽时期改称钱为泉。

上述诸例居延汉简的共同特点是，每笔账都运用一对记账标志入、给，

---

① 刘常青：《中国会计思想发展史》，西南财经大学出版社，2005，第124页。

入、受，出、付，等额记录对应账户，从而来龙去脉清楚，能够体现复式记账法会计分录的根本特征。由于尚在创始阶段，记账标志未能统一。

湖北江陵凤凰山 10 号汉墓丙组简，是出售货物的流水账，共 12 支简，最后一简是总和，校算相符。前 11 支简的记录形式相同，已经定型化，抄一例如下：

> 九月十五日付司马筍二合，合五十四，直百八；枲四絜，七，直廿八●凡百卅六。

出售的商品筍是方形竹器，枲（xi）是麻，其计量单位分别为合和絜（xie）。$2 \times 54 + 4 \times 7 = 136$，相符。末简记录该期 3 个月又 23 天出售货物取得的销售收入的总数：

> 六月十六日丁卯，决乡至十月十日●凡三月廿三日所出●凡千八百廿八。

末简与前 11 简之和相符。丙组简全文见第一章（表 1-5）。

江陵汉简五号木牍，全文见第二章（表 2-2），是算赋半年报，两面记录市阳里二至六月、郑里二月的十七笔账。现将两个里二月份的记录抄录并校算如下：

> 市阳二月百一十二算算卅五钱三千九百廿正偃付西乡偃佐缠吏奉卩受正忠二百八 （$112 \times 35 = 3920$）
>
> 市阳二月百一十二算算十钱千一百廿正偃付西乡偃佐赐口钱卩（$112 \times 10 = 1120$）
>
> 市阳二月百一十二算算八钱八百九十六正偃付西乡偃佐缠传送卩（$112 \times 8 = 896$）
>
> ……
>
> 郑里二月七十二算算卅五钱二千五百廿正偃付西乡佐缠吏奉卩（$72 \times 35 = 2520$）
>
> 郑里二月七十二算算八钱五百七十六正偃付西乡偃佐缠传送卩（$72 \times 8 = 576$）

郑里二月七十二算算十钱七百廿正僵付西乡僵佐赐口钱卩（72×
10＝720）

　　"卩"：即"节"字，假借为结，相当于现代会计术语"收付两清"，
说明该笔赋税收付毕。

　　丙组简和五号牍每笔账都分为前后两部分并相互对应。丙组简前部记付
出商品，后部记销售收入，因为先付后收；五号牍前部记收入赋说，后部记
付给西乡某某，因为先收后付。两者如果有一"收"字，谁都会承认其为
典型的复式记账法，就像上述居延汉简111·7号那样。这里有几点需要注
意：①五号牍第一笔末尾用"受"字，前已说明，它也是汉朝相当于"收"
的记账标志；②五号牍是税收报告，丙组简是销货簿，专记销货收入，故可
省略收字；③五号牍和丙组简省略一方记账标志的做法，开后世三脚账的先
河，即使在当代会计如收、付款凭证和特种日记账中，仍然流行。而且它们
是古代的账簿或报表，应看其能否体现复式分录，不应要求其在形式上和当
代的会计分录一个样。

　　五号牍既然是按月综合算出的报表，必有流水簿作为编表依据，既要满
足五号牍的需要，又要满足税务管理的需要。必须及时记录何时、何地、何
税、谁交的、多少钱，从而解决收税额的问题，居延汉简111·7号就是一
例。将汉简和前述佛罗伦萨银号账进行对比，更会使人耳目一新。佛罗伦萨
账通过两本账簿相反的记账方向相互转账，从一本账簿、一笔记录里看不到
对应账户，联系不够紧密。上述汉简对每笔经济业务，都能紧密联系地等额
反映对应账户，来龙去脉更为清楚。像这样在同一账簿、同一记录中等额反
映对应账户，不仅体现复式记账法的诞生，从复式分录的角度看，较之佛罗
伦萨账，尤有过之。

　　无论现金业务或转账业务等额登记对应账簿的流行和一笔业务对应分录
的创始，上述诸例简牍标志着我国复式簿记产生于西汉初期。有的论著说：
"只是由于记录符号不太统一，记录形式不太固定，双方的记录时间可能不
太一致，所以，还只能说是复式簿记思想的胚胎形式，况且这种记录方法在
当时及以后的发展中还没有占据主流地位。"① 第一，根据什么说"双方的
记录时间可能不太一致"，没有证据，仅凭"可能"，是否不够严谨？再说，

_____

　　① 刘常青：《中国会计思想发展史》，西南财经大学出版社，2005，第125页。

上述诸例对应分录，其记录时间显然一致并同时。第二，事物必须发展到"统一"、"固定"并"占据主流地位"才能叫产生吗？设若如此，婴儿出生不能叫产生，必须等到壮年才能叫产生！难道没占据主流地位的事物都未产生吗？从会计史看，我国的四脚账，从来没占据主流地位，其记账标志有"来、去"、"出、入"、"收、付"三对，从未统一或固定。能够因而提出：四脚账仅只是"胚胎形式"而没有产生吗？三脚账又何尝不是这样！按照作者的逻辑，资本主义制度和社会主义制度由于尚未"统一"、"固定"并"占据主流地位"，都未产生，显然违反常识！我们认为胚胎脱离母体就是产生，虽然他十分稚弱，不会吃饭，更不会说话和行走。对于复式簿记来说，只要采用复式会计分录，能在对应账簿中平行登记，就是产生。

2. 意大利复式簿记的产生与比较

意大利会计学者 D. 穆拉伊（D. Murray）和 P. 卡兹（P. Kats）认为复式簿记起源于共和制时代的罗马。据中南财经大学老教授刘炳炎介绍，罗马奴隶为奴隶主的记账工作，是复式记账的起源，接着指出："十三世纪意大利商人所用的记账方法与罗马奴隶所用的记账方法大致相类似"[1]。他还援引神户大学会计学研究室编《会计学辞典》[2]："日本江村稔氏对于罗马的会计有详细的叙述，其中关于现金簿，大意是这样说的，有贵族的现金出纳账和奴隶自己的现金出纳账。贵族奴隶主按照罗马法规定对他的代理人，奴隶有债权。贵族把钱交代理人，记入贵族的现金出纳账支付栏，并记入代理人自己的现金出纳账收入栏。"

根据利特尔顿《二十世纪以前的会计发展》一书，文硕先生将其归纳如表 8－4[3]。

表 8－4　代理人簿记

会计事项	借　方	贷　方
从主人那里取得现金	现金账户(现金账)	主人账户
投资:贷给第三者	人名账户	现金账(收支账)
收回投资款项	现金账户(收支账)	人名账户
以现金征收利息	现金账户	主人账户
未收利息的发生	人名账户	主人账户

① 刘炳炎：《复式记账的历史问题和理论问题》，《会计学基础学习参考资料》（上册），中央广播电视大学出版社，1983，第 170～171 页。
② 神户大学会计学研究室：《会计学辞典》，同文馆，1955，第 916～917 页。
③ 文硕：《西方会计史》（上），中国商业出版社，1987，第 85 页。

续表

会计事项	借　方	贷　方
购进油类物品	主人账户 油账户	现金账户 不记录
销售油类物品	现金账户 不记录	主人账户 油账户
将现金交给主人	主人账户	现金账户

索科洛夫在《会计发展史》中指出："公元 191～192 年，古罗马纸莎草纸中，我们看见了双面记录，而且每个经济事项都明确按以下图式：从谁那儿，到谁那里。"批评者认为："从字面的完整意义来讲，这是会计过账……过账反映的仅仅是与现金支付和同债权人债务人结算业务。"[①]

无独有偶，古罗马纸莎草纸中"从谁那儿，到谁那里"的记录模式，在两千多年前的中国，也有实例。上述居延汉简 111・7 号、居延新简 E・P・T14：24，既记明收入项目和金额，又记明给谁、何用和时间，入、给分明。"从谁那儿，到谁那里"，来龙去脉清楚。开 13 世纪佛罗伦萨式簿记法"从某一客户之贷方，转入他一客户之借方"之先河，体现了当代复式记账原理的价值运动理论——从哪里来到哪里去。

湖北江陵凤凰山 10 号汉墓五号牍每笔账都分为前后两部分并相互对应，前部记收入赋税，后部记付给西乡某某，因为先收后付。也体现了"从谁那里到谁那里"或"从哪里来到哪里去"的复式记账原理。三例汉简进一步否定了所谓"会计过账"论。

上述汉简对每笔经济业务，都能紧密联系地等额反映对应账户，来龙去脉更为清楚。像这样在同一账簿、同一记录中等额反映对应账户，更能够体现复式记账法的根本特征。

根据公元前 2 世纪和前 1 世纪的简牍，我们提出："我国复式簿记产生于西汉初期"[②]。中国和古罗马会计史料证明：中、意复式记账法的产生大体同时。

复式记账法是随着经济管理的需要而产生和发展的，在全世界，它的发源地显然不止一处。只产生于意大利的流行观点，给人以偏赅全之感。

3. 汉简中的同方向记账标志

居延汉简的"入、受"和"出、付"是用同向的记账标志记录对应账

---

① 〔俄〕索科洛夫：《会计发展史》，中国商业出版社，1990，第 19 页。

② 李孝林等：《中外会计史比较研究》，科学技术文献出版社，1996，第 17～21 页。

户，类似的同向标志，还有"出、给"和"出、买"。请看下例：

永始二年正月尽三月赋钱出入簿。(E. P. T4：79)

[入三千

第四隧长□望三百。　　　第九隧长张□□百。

第五隧长张临三百。　　　临桐隧长王审三百。

第六隧长徐武三百。　　鸿嘉二年十二月壬申，候长弘受。(E. P. T50：12)

入钱七百，受□从张如意十一月尽七月，月直，少百。(合校44·7，190·7)

凡入赋钱卅万八千八十。(合校285·22)

出钱二百八十八，给郭卒。(E. P. T4：69)

出赋钱六百，给万岁隧长王凤六月奉。(E. P. T4：59)

出钱十五万四千二百，给佐史八十九人，积二百五十七月禄。(E. P. T59：181)

出钱百八，买脂六斤，斤□☑ (E. P. T40：163)

出钱六十，买槃二百☑ (合校55·5)

出钱六十七，八月丁巳付尉史寿，寿以买胶三斤。(合校267·12)

临桐隧长赵仁，九月奉钱六百，以偿朱子文，子文自取。(合校6·17)

赋余钱千三百廿九☑ (合校110·26)

●二年十二月，余赋钱八千二百七十八。(合校219·20)

三月辛卯，见钱万四千六百廿七。(合校262·10)

永始二年是公元前 15 年，鸿嘉二年是公元前 19 年。

入钱受自何人，出钱付给谁，买什么，每笔记录的来龙去脉都比较清楚。作为叙述式记账法的钱出入簿正向定型化过渡。

查《居延汉简释文合校》，采用同向记账标志的，据不完全统计，"出、给"有 19 例，"出、付"和"出、买"各有 11 例，它们恰似三脚账现金业务的"同付"。

既然钱入出簿已经记明对方账户，如果再据以过入对方账户，应成为三脚账的初阶。居延汉简中账簿种类繁多，如钱出入簿、谷出入簿、财物出入簿、茭出入簿、四时杂簿、劳边使者费……银钱往来应同时记入钱出入簿和偿及当还赋簿；出钱买物，应同时记入钱出入簿和财物出入簿。这样就初具三脚账现金业务记录的特征了。三脚账转账业务的记录，系采用反向的记账标志，如受（收）付、入给已如前述。所以，我们认为汉简中已有三脚账的要素，三脚账已在孕育中。

1990 年第 3 期《会计研究》，刊登中国会计学会会计史研究组的《工作情况汇报》，将"我国复式簿记史的研究"列作"有所突破"的第一项成果。其突破就在于运用汉简资料论证我国复式记账法产生于汉代简，四脚账和三脚账都是复式记账法。这里，又提供了新的史证和理论分析。

4. 复式簿记产生的条件与资本

对于复式簿记产生的条件，会计史学界大都将"资本"作为其条件之一。这里有两种不同的提法，日本会计名家黑泽清说："复式簿记之萌芽与发展系以资本主义经济之萌芽与发展为其表里。"① 另一种观点，我国会计史学名家郭道扬教授在其《会计发展史纲》中说："资本主义经济关系的产生与发展"，"为复式簿记产生的最根本的前提条件"②。一种学说认为：复式簿记与资本主义经济同时萌芽与发展；后一种学说认为：近代资本的产生早于复式簿记，是复式簿记产生的前提条件。

上述两说的共同点，都把复式簿记的产生与近代资本的产生联系起来。这里，首先必须弄清资本主义经济产生于何时。在封建社会后期，自然经济逐渐解体，资本主义经济开始萌芽。"从世界历史来看，封建社会解体和资本主义生产关系产生最早的地区是西欧。马克思指出'在十四和十五世纪，在地中海沿岸的某些城市已经稀疏地出现了资本主义生产的最初萌芽'。这里指的城市，就是在中世纪靠垄断近东贸易兴起的意大利北部的威尼斯、热那亚、比萨、佛罗伦萨和米兰。当时这些城市都是欧洲与近东之间的贸易中心，商品经济发展较早，封建统治比较松弛，因而传统的毛纺织业较早地冲破封建行会的束缚，产生了由商人控制的分散的和集中的资本主义手工工场。但是，这些城市出现的资本主义关系，从整个西欧来说是点滴的，不足以标志一个新时代的开始。"③ 马克思指出："资本主义时代是从十六世纪才开始的。"如果把近代资本作为复式记账法产生的条件，复式簿记就只能产生于 15 世纪甚至 16 世纪以后；如果认为复式簿记的萌芽与资本主义萌芽互为表里，复式簿记则只

---

① 〔日〕黑泽清：《复式簿记源流考》，《会计杂志》1934 年第 3 卷 1 期，第 76 页。
② 郭道扬：《会计发展史纲》，中央广播电视大学出版社，1984，第 464 页。
③ 樊亢等：《主要资本主义国家经济简史》，人民出版社，1973，第 76 页。

能产生于14世纪。这些都与当前多数会计学者主张的复式簿记"起源于12世纪或13世纪初的意大利北方城市"的史实不符，更何况有的会计学者还提出了复式簿记起源于古罗马说、汉简说、12世纪朝鲜说……

有的会计史专家既同意近代资本的产生是复式簿记产生的前提，又主张复式簿记起源于12世纪末或13世纪初的意大利。为了克服矛盾，提出："资本主义经济关系在商业和金融业中萌芽的发生（比在工业生产部门）还要更早一些"。言下之意，资本主义经济关系在意大利商业和金融业中的萌芽，似乎发生在12世纪，或者更早。只有这样，上述矛盾才能解决。

但是，这种情况并不存在。因为商业资本是不能独创任何生产方式的。虽然，商业资本的发展对于封建生产方式起着冲击和瓦解的作用，对于资本主义萌芽起着催化作用。马克思在《剩余价值论》中曾明确指出："资本主义生产方式开始于工业，只有到后来才使农业从属于自己。"[①] 资本主义萌芽"它先是稀疏地出现在个别城市手工业生产部门中，然后缓慢地通过多种多样的形式渗透到农业经济部门。这是封建社会经济发展的普遍规律"[②]。马克思所说的14世纪地中海沿岸城市稀疏出现资本主义生产的最初萌芽，也就是西欧资本主义经济关系的最初萌芽。马克思在《资本论》第一卷中说："资本一出现，就标志着社会生产过程的一个新时代。"因而，近代资本的出现，显然不应定在14世纪以前。

不错，"自从资本的出现，才有效地促进了商业和信贷的发展"。这并不能证明复式簿记只能产生在资本主义经济的基础之上。早在封建社会初期，工商业和信用都已相当发展，城市兴起，家资钜万的商人，千人以上的手工工场，合股经营的工商业，庞大的船队，前期形态的商业资本和高利贷资本的发展，都为复式簿记的产生奠定了经济基础。因而在近代资本主义产生以前，复式簿记是能够产生的。绝大多数论著认为：复式簿记产生于12世纪、13世纪或者更早，就是分析会计史实得出的科学论断。显然不应将近代资本主义作为复式簿记产生的前提条件。相反，是复式簿记促进了现代资本主义的产生和发展。

据《财经译丛》1981年第4期摘载：A. C. 利特尔顿（Littleton）在所

---

① 《马克思恩格斯全集》第26卷第3册，人民出版社，1972，第443页。
② 刘永城：《论中国资本主义萌芽的历史前提》，《明清资本主义论文集》，人民出版社，1981，第1页。

写的《会计发展到 1990》一书中，列举了复式簿记出现的七项先决条件。

（1）书写艺术，因为簿记首先要登记。

（2）计算技术，因为簿记的实质方面，包含着计数的结果。

（3）私有财产，因为簿记只登记有关财产与财产权利的事实。

（4）货币（即货币经济），因为只有将财产及财产权利的交易转变成一个共同量度，对簿记才有需要。

（5）信用往来（即是未完成的交易），如果所有交易都在现场完成，作为记录的需要就不大。

（6）商业，如果只是本地贸易，就决不致形成一种压力，刺激人们需要一种方法来协调分歧意见。

（7）资本，如果没有资本，商业就谈不上，信用往来将是不可思议的。

对于第七项，作为商业和信用产生前提的资本，显然不是近代资本，而是前资本主义社会的资本，或称原始资本。

悬泉置审计简和江陵 10 号汉墓丙组简、五号牍，以及部分居延汉简已经具有复式记账法的根本特征，从而标志着复式记账法的产生。当然这犹如幼体刚从母体中分离出来，还很稚嫩，不应作更高的要求。

四　四柱法史

按现在的理解，"四柱"指：期初余额、本期收入、本期付出、期末余额，各国会计通用。在我国历史悠久的会计核算中，"四柱法"广泛运用于账簿结算和移交册、奏销册（会计报表）中。后两者又称"四柱清册"。

账簿结算，元朝孔齐在其所著的《至正直记》中说："人家出纳财货者，谓之掌事。计算私籍，其式有四：一曰旧管，二曰新收，三曰开除，四曰见在"①。这里说的是账簿结构。

移交册。清初钱大昕在其所著的《十驾斋养新录》十九《四柱》中说："今官司钱粮交代必造四柱册。四柱者，旧管、新收、开除、实在也。"这里说的是官吏的移交清册。

奏销册。据《宋史·食货志》记载："淳化元年诏曰：……三司自今每岁具现管金银、钱帛、军储等簿以闻。"又据《文献通考》卷二十三《国用

---

① 孔齐：《至正直记》。

一》引述宋朝陈止斋论省钱的记载："止斋陈氏曰：……淳化五年十二月初置诸州，应在司具元管、新收、已支、见在钱物申省。"见读若现，现本字。这说明了宋朝的会计报表（奏销册）是采用"四柱"形式。

过去根据宋朝黄山谷赠李辅圣的名句"旧管新收几妆镜"认为："四柱法"始于宋朝，是我国早期对世界会计宝库的重大贡献。从上述不难看出：宋朝对"四柱"的提法已经系统化、理论化了。理论是对实践的总结，其前必然有较长的发展过程。1982 年，郭道扬教授在其名著《中国会计史稿》中以确凿的史料，证明"四柱结算法在唐代后期业已创立，并在一定范围内得到运用"。唐代后期约在 9 世纪。从而把"四柱法"的运用向前推进了一个世纪。被我国会计界前辈潘序伦誉为对会计史研究的重大贡献。1987年我们根据地下简牍，结合国外史料，提出："我国四柱结算在实际工作中的应用，不会迟于公元前七世纪"[1]。近年，又有新的进展。[2]

研究四柱结算法的产生，既要注意四柱之间的结算关系，更要注意期初余额的产生，因为后三柱产生很早，是公认的。

（一）公元前后的四柱法

国外早期的四柱结算史料，是古罗马驻守在古埃及的两个士兵的工资记录，"年代约为公元 83 年或 84 年"[2]，见表 8–5。

表 8–5　分期支付表

第一期应付款项	dr·248	葬礼（？）	dr·4
干草	dr·10	实付总额	dr·106
食物	dr·80	余额	dr·142
靴和皮带	dr·12	结转上期余额	dr·202
帐篷（？）	dr·20	总余额	dr·344
衣服和被褥	dr·60	第三期应付款项	dr·248
实付总额	dr·182	干草	dr·10
余额	dr·66	食物	dr·80
结转上页余额	dr·136	靴和皮带	dr·12
总余额	dr·202	衣服和被褥	dr·146
第二期应付款项	dr·248	实付总额	dr·248
干草	dr·10	余额	dr·……
食物	dr·80	总余额	dr·344
靴和皮带	dr·12		

---

① 李孝林：《四柱法溯源》，《北京商学院学报》1987 年增刊。

② 〔荷兰〕海渥：《会计史》，中国商业出版社，1991，第 35 页。

Q. 朱理斯·帕罗古鲁斯此表记录了"应付款项",相当于现代的应付款账户。计算式是:"上期余额 + 本期应付 - 本期实付 = 本期余额"。三段"四柱",依次衔接,校核相符。即:

$$136 + 248 - 182 = 202$$
$$202 + 248 - 106 = 344$$
$$344 + 248 - 248 = 344$$

由此可见:古罗马的四柱结算,在公元初年,已经比较成熟。

下面是古希腊公元前 434 年至前 433 年,刻在一块大理石碑上的有关帕特浓神殿建造的建筑工程账户①(见表 8 - 6)。

表 8 - 6   建筑工程账户

(收入)	
1470dr	上年度收支节余
	70 拉姆普萨古斯的金斯得特
271/6	西芝库斯的金斯得特
25,000dr	收自"女神"出纳官
1,372dr	黄金销售收入重 98? dr
1,305dr	铁销售收入,重? 3? tal,60dr
40b	
(支出)	
〔……〕	购货
〔……〕	
〔……〕	按契约付款
〔……〕	帕特得克斯采石工人和运输工人的支出
16,392dr	雕塑家的工资
1,800? dr	按月支付给雇员的工资
〔……〕	本年收支节余

由于支出部分有 4 笔记录数字蚀去,无法验算,但是"上年收支节余、本年收入、本年支出、本年收支节余"的四柱结构是很显然的。公元前 5 世纪,属于古希腊奴隶社会的古典盛期,从而可证四柱法在文明古国产生不

---

① 〔荷兰〕海渥:《会计史》,中国商业出版社,1991,第 33 页。

迟于奴隶社会时期。

我国秦汉简牍以确凿的实物证明四柱结算法早已存在。

永元兵物"月言簿"是东汉永元五年（公元93年）六月、七月、永元六年（公元94年）七月份的月报表，永元七年改为"四时簿"——季报表（表1-6）。有一季度、二季度各一份。摘录其第一个月的"月言簿"（见表5-4）和下列次月月言簿的开头三支简。

永元五年六月官兵釜磑月言簿

广地南部言永元五年六月官兵釜磑月言簿。

承五月余官弩二张，箭八十八枚，釜一口，磑二合。

今　　　余官弩二张，箭八十八枚，釜一口，磑二合。

…………

●凡弩二张，箭八十八枚，釜一，磑二合。毋入出。

永元五年六月壬辰朔一日壬辰，广地南部候长信叩头死罪，敢言之。

谨移六月见官兵物月言簿一编，叩头死罪，敢言之。

●广地南部言永元五年七月见官兵釜磑月言簿。

承六月余官弩二张，箭八十八枚，釜一口，磑二合。

今　　　余官弩二张，箭八十八枚，釜一口，磑二合。（合校128·1）

这是一份由广地南部候长信向广地候官上报的包括所属两个隧的六月份兵物月报。当时，他们的隶属关系，可以图示如下。

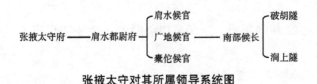

张掖太守对其所属领导系统图

该簿第一行是标题，说明报告单位、时间和报告名称。"●"号简端圆点，主要有两种用法：一是标明账簿名称；二是表示"总共"，相当于现代总冒上文的冒号。中间十二行是账簿的具体内容，特别值得研究。

第二行开头"承五月余"是五月的期末余额，即报告期的期初余额。次月的"月言簿"也是这样。《中国简牍集成》中所有的三份"月言簿"、两份"四时簿"都是这样连续地滚存下来。

第三行开头"今余"是报告期的期末余额,其后九行分隧、分品种、特征详列细数。第13行再次书明期末余额总数。"毋入出",有两个月用"毋入出",在居延汉简中常见,如"十二月余雕郭橐矢铜鍭六十四毋出入"(合校413·4)。这说明报告期没有付出和收入,故"今余"额和"承五月余额"相同。该簿各期均如此。既然"月言簿"上报时特别标明"毋入出",如果发生收入或支出,必然要记账,也必然会在"月言簿"上报告。否则,就没有必要在"月言簿"中指出,受簿的候官及其上级官吏便不能了解兵器变动的原因,"月言簿"本身无法平衡,从而影响"月言簿"的作用,以及对其正确性的审定。"上计"时须将"出入簿"上报("府书移赋钱出入簿与计偕")也是证明。此其一。其二,"承五月余"的"承",显然是"三柱"的进一步发展。该簿的"承、入、出、今余"显示了"四柱"之间的结算关系。

在居延汉简中类似"承××余"的,还有"受××余",其用法如下例:

受四月余谷万一千六百五十二石二斗三升少。(合校112·20)
受征和三年十一月簿余谷,小石五十五石二斗。(合校273·22)

征和三年,是公元前90年。

居延新简为我们提供了四柱结算的有力例证:

始建国三年余计缇绀胡二十三。建国三年毋出入。(E. P. T4:8)

这是公元12年的年报。当年年初余额24,全年"毋出入"。

受正月余袭二百册二领。其二领,物故。
今余袭二百册领。(E. P. T51:192)

"袭"指一套衣裳。《史记·赵世家》"赐相国衣二袭。""物故"——人死。期初余袭242,因"物故"发出2领,余袭240,该简前后同出的24支纪年简最早者是公元前80年,最迟者是公元前26年,上简大概也属于这一阶段,即公元前1世纪。

同出的另一支居延新简是：

> 十二月……积三月。
> ●徐充国。奉钱千八百。
> 出钱三百一十，偿第卅隧卒王弘。
> 出钱千一十，偿第卅三隧卒陈第宗钱。
> 出钱八，就十月尽十二月，月二钱七分。
> ●凡出钱千三百廿八，
> 今余钱四百七十二。（E. P. T51：214）

1800 − （310 + 1010 + 8）= 472，校算相符。

两简四柱齐全，结算关系明确，计算无误。

关于"四柱"之间的结算关系，还可以从另一居延汉简中看出：

> 十一月己卯，掾彊所收五年余茭钱二千五十五。
> 元年茭钱万四千五百廿八。●凡万六千五百八十三。
> 出钱五千七百廿五□收掾车给官费。
> 亭　□出钱三千八百六十六，□居延责钱。
> ◙　◙出钱千，县所□□。
> □　□凡出万五百九十一。
> 今余钱五千九百九十二。
> 出钱四百五十一，十一月壬辰，付令史根□□□。
> 出钱三百，十一月壬辰，付士吏□□□□□。（合校209·2A）

"◙"为封泥孔，从而可见该简是上报的钱出入簿的一部分。

该简无明确年代。有两个人名：收款人掾彊，受款人令史根。查居延新简 E·P·T52：265："建始元年（公元前32年）六月癸巳朔乙卯，令史根□□□"，可证令史根的任职年代在公元前一世纪30年代前后。《居延汉简人名编年》[1]初元年间指出："'彊字简'计有四十枚左右"，未对掾彊专门研究。

---

[1]　李振宏、孙英民：《居延汉简人名编年》，中国社会科学出版社，1997，第132页。

据甘肃省博物馆汉简研究室 任步云 先生生前函告："209·2A 简出土地点是破城子（即甲渠候官置所）……掾彊大约时在初元三年至永光四年之间，曾任甲渠候官掾士吏，兼行候事等职。很可能 209 简的掾彊，与他简记名是一个人。"这样，该简第一行的"五年"应是初元五年（公元前 44 年）11 月 10 日（庚午朔），第二行的"元年"应是永光元年（公元前 43 年），倒数一、二行的，"十一月壬辰"在永光元年是十一月二十九日（甲子朔），即月末。符合会计惯例。

杨际平先生认为：五年为始建国五年（公元 13 年）、元年为天凤元年（公元 14 年）。[①] 天凤元年十一月庚子朔，当月无壬辰日。这种判断显然不符合史实。

刘常青先生"同意杨际平的看法"，指出：在十一月承上年余额，显然属于年终结算的性质，因为十一月在汉朝无论哪个时期都没有作为岁首，只有王莽时期作为岁终。如果按李孝林的看法，当时是以正月为岁首，年终结算在十一月份就作，提前两个月显然有些太超前了。

请注意，"以正月为岁首，年终结算在十一月份"，不是"提前两个月"，而是提前一个月。[②]

秦以十月为岁首，至次年九月为一年，并以法律规定了"以其年计之"的会计年度原则。《续汉书·百官志》注引卢植云："计断九月，因秦以十月为正故。"西汉初年沿袭秦制，到汉武帝元封七年（公元前 104 年），改用太初历，以正月为岁首，12 月末为年终。但居延地处边疆，交通不便，会计年终提前，以保证"上计"，乃是史实。请分析下例。

> 建昭元年（公元前 36 年）十月尽二年九月
> ●大司农部丞簿录簿算
> 及诸簿十月旦见（合校 82·18B）
> 元康三年（公元前 63 年）十月尽四年。
> ●九月吏已得奉一岁集。（合校 126·42A）

上例，已经改用太初历数十年，应以正月为岁首，但仍然以十月为正，只能用"固定错综"解释。所谓"固定错综"，指新中国建立初期，笔者曾

---

① 杨际平：《四柱结算法在汉唐的应用》，《中国经济问题》1991 年第 2 期。
② 刘常青：《世界会计思想史》，河南人民出版社，2006，第 88 页。

经经历，在边远地区，会计、统计报表采用过像居延那样的固定错综方式。

重要账簿上报在汉朝常见。209·2A 简既是账簿，又是"报表"（"口"封泥孔可证）。问题在于 209·2A 简如果是年报，为什么是 13 个月？闰月吗？

基于对收款人掾疆，受款人令史根任职时间的考证，基于报表时间固定错综的可能，我仍然赞成 任步云 先生的意见，该简是公元前 44 年 11 月至前 43 年 11 月的年报。该简前两行为第一部分，第一行是期初余额，第二行是公元前 43 年的收入，两项合计，"2055 + 14528 = 16583"，这正是中式簿记将期初余额与本期收入相加称为"凡"或"合"的传统做法的源始。第二部分是当期出钱及合计，即：

$$5725 + 3866 + 1000 = 10591$$

整体部分是当期四柱的总平衡，验算相符：

$$2055 + 14528 - 10591 = 5992$$

末两行是下一报告期的出账，"十一月壬辰"在永光元年是十一月二十九日，反映了账簿结算永续滚存下去的特点。

居延汉简破城子出土的十多种谷出入簿，是西汉末期（约公元前近半世纪）的文物，下例为：

●永光三年（前 41 年）尽建昭元年（前 38 年）三月食月别刺。
●取凡粟二千五百九十石七斗二升少。
凡出千八百五十七石三斗一升。
今余粟七百卅三石四斗一升少。
校见粟得七百五十四石二斗。（合校 142·32）

名片称名刺。别刺疑是副券，如"别本"、"别券"。这是西汉某单位四年间粟类入、出、余和盘点的清查报告。

"'取凡'的取字意指'聚'即汇总之意。所说'取凡'也就是总计……可以说是与账尾有关的简。"[1] 升少，指 1/3 升。此简可演算如下式：

① 〔日〕永田英正：《居延汉简集成之—破城子出土的定期文书（一）》，《简牍研究译丛（第一辑）》，中国社会科学出版社，1983，第 66 页。

$$2590.72^- \text{石} - 1857.31 \text{石} = 733.41^- \text{石}$$

验算相符。"校见"是盘点实存。以"校见粟"数减"今余粟"（账面结余）数，升溢二石七斗九升大（此处大，按汉制，指2/3升）。升溢数之能查出，必然采用四柱法，因为不采用四柱结算，就不会有"今余粟"，就无法与"校见粟"核对。而且既然是账簿尾简，其前必然还有一些简。"冣凡"乃是期初余额和该期收入的总计。如果没有"期初余额"，像"凡出粟"那样只用个"凡入粟"就行了，何不指明？何必用"冣凡"？而且，"今余粟"或"校见粟"必然成为下期的"期初余额"。这是中式簿记将"期初余额"与"本期收入"相加的传统做法源始的又一先例。

既然是九年间的总报告，按汉制，必然还有年报和季报，必然运用"四柱法"。

上述诸例以铁的事实证明，期初余额以"承×月余"、"受×月簿余"的形式，在汉朝即已出现，更可证明"承、入、出、今余"四柱之间的结算关系，当时已在会计工作中运用。这并不意味着"四柱"的提法已经出现。

居延汉简中的"校见粟"，证明西汉后期已经出现了实物盘点制度，通过与账面余额对比，查明长余或短少数。"校见粟"必须采用四柱结算法。云梦睡虎地秦简证明：秦国已经以法律规定了盘点制度。

云梦秦简《效律》规定："仓啬夫及佐、史，其有免去者，新仓啬夫、新佐、史主廥者必以廥籍度之……"（P.99）廥籍是仓库保管账，新的仓库主管人员怎样"以廥籍度之"？该条明确规定令人重加称量。《效律》还规定："效公器、赢（盈）、不备……"（P.101）核验官府器物，而发现超出或不足。这里说的都是盘点制度——以账面余额为据，点验实物，从而发现"赢、不备"之数。如无账面余额，怎能知其盈或不备？

云梦秦简《仓律》规定："禾、刍稾积索出日，上赢不备县廷。出之未索而已备者，言县廷……"（P.39）一积谷物、饲草出尽的时候，应向县廷上报多余或不足之数。如未出尽而数额已足应报告县廷……谷物出尽，很容易知道"赢、不备"之数。谷物尚未出尽，怎能知其"已备"？唯一的可能是廥籍上有账面余额。当账面余额为零，而仓库尚有余禾时即为"出之未索而已备"。这种判断还可以在秦律中得到证明。"终岁而为出凡曰：'某廥出禾若干石，其余禾若干石。'"（P.99）年终要上报仓库粮食的支出和余额。"余"是期末余额。库存谷物不可能全部盘点，对于未盘点的仓库，只能是"账面余额"。仓律规定："其少,欲一县之,可也。"如余额较少,可以全部称量。反之,就只能报账面余额。

无论是通过交接盘点,发现"赢、不备"之数,仓库粮食"出之未索而已备",还是年终上报支出和余额,都必须有账面余额。这个账面余额只能是"滚存",即逐日、逐笔或累计推算出来的。账面余额或经过核验后的实有额,在本期是期末余额,在下期即为期初余额。如果不是这样连续地滚存下去,"以庸籍度之"或"效公器,赢不备"等就无法实现,"其余禾若干石"也就无法结出和上报。必须指出:法律规定,必然是能够普遍做到的。如前所述,云梦秦简的时代约与公元前359年至前217年的秦国相当。当时秦国会计工作中,已经普遍运用"四柱结算",似可认定。

据《汉书·食货志》李悝(公元前455年至前395年)言:"今一夫挟五口,治田百亩,岁收亩一石半,为粟百五十石。除十一之税十五石,余百三十五石。食,人月一石半,五人终岁为粟九十石,余有四十五石。"试以数量账译释如表8-7。

表8-7　收入、付出账

摘要	收入	付出	余额
年度生产量	150		
田赋		15	135
口粮		90	45

当时一石只有现在十五公斤。

这是公元前五世纪末期四柱结算法运用的又一典型。因为135石是第二套结算的期初余额,两套三柱,合起来看,四柱齐全。

我国古代的成本计算成就辉煌,早在公元9年酒类生产已经全面采用异常精审的成本计算方法。公元前7世纪,管仲的"官山海"政策规定:私人炼铁,官私分成。"量其重,计其赢,民得其七,君得其三。"(《管子·轻重乙》)四柱结算是"计其赢"的前提。

从而可见,四柱法在战国时代会计工作中,早就得到高度的发展。

(二) 从《周礼》看四柱结算法

周朝地官设泉府,掌管收取赋税所得的现金,"凡赊者,祭祀无过旬日，丧纪无过三月。凡民之贷者，与其有司辨而授之，以国服为之息……岁终，则会其出入而纳其余"。收现金、赊欠、放债收息，都必然有账，必然登记发生额，计算余额。末句更说明了出、入、余的关系。

据《周礼》，"职币，掌式法，以敛官府都鄙与凡用邦财者之币，振掌事者之余财、皆辨其物而奠其禄，以书揭之。以诏上之小用赐予。岁终，则会其出"（《周礼·天官》）。币，古通敝，剩余也。指剩余的公用财物。敛，收聚、敛藏。振，收敛。奠，定也，"奠其禄"是"列订表册"。揭，作标志用的小木橛。揭之，郑玄注："若今时为书以著其币"。像现在的标签。属司会领导的职币，依据式法掌管收纳各官府都鄙公用剩余的财物，分别种类品质，列订表册，加以标签，呈报周王与冢宰，供作小事或赐予的用度。每年年终，作支出的结算。官名"职币"就是掌管余财。职币既掌管余财，又核算支出，说明了已经意识到余和出的关系。还有下述两证："岁终，则会其出、入而纳其余"（《周礼·地官·泉府》）。每年终了，核算支出与收入，如有盈余，则交职币。这是对主管收取市中赋税和滞销物品的泉府的考核。既然"会其出、入而纳其余"，对入、出、余进行综合计算和考核，怎能会不了解入、出、余三者的结算关系？

"以叙其财，受其币，使入于职币。"（《周礼·天官·司书》）叙，核算也。注引郑司农云："谓受财币之簿书也。"王安石说："叙其财，则叙掌事者之财，以知其所余；受其币，则受官府都鄙凡用邦财者之币；使入于职币，则所余及币，皆入于职币也。"[1] 核算后登记在簿籍上，如有多余的，则缴交司书拨送与职币。"[2] 过簿书核算"以知其所余"，并将余财"入于职币"。必然知道入、出、余之间的结算关系。

据《周礼》，"司会"下属四个部门，"职内"主管收入，"职岁"主管支出，"职币"主管余财，"司书"负责全面核算。司会又对四个部门的资料交互考核。这样的组织机构，不仅体现了内部牵制思想，也必然掌握四柱之间的结算关系。不然，司书如何全面考核？司会如何交互考核？传统的观点，把《周礼》的入、出、余叫"三柱"，认为"余"是指期末余额，当时还不知道期初余额，以及他们之间的结算关系。似不尽然。上述诸例，说明当时已经知道入、出、余之间的结算关系。而且，当期的期末余额，即为

① 王安石：《周官新义》，商务印书馆，1937，第 65 页。
② 林尹：《周礼今注今译》，书目文史出版社，1985，第 67 页。

下期的期初余额。据《周礼·宰夫》，"凡失财、用、物、辟名者，以官刑诏冢而诛之"。王安石《周官新义》释："失其所藏之货贿则谓之失财，非所用而用焉则谓之失用，所失之物非货贿也则谓之失物，辟名则其出入名不正而已"。郑玄注《周礼》，"辟名，诈伪书，以空作见，文书与实不相应也"。负责审计工作的宰夫发现财产损失、用度不当和空头账，要根据官府的刑罚报请冢宰进行诛罚。怎样才能知道失财、失物，必然有簿书设置，必然有资产盘存，否则怎能知其损失？当时还规定了账实相符（不准辟名）的严格要求。检查账实是否相符，也必须有账簿和盘存，必然了解四柱之间的结算关系。退一步说，如果仅仅三柱，即"收入－支出＝余额"而不联系期初余额，这样的三柱，不能查明失财、用、物、辟名，对经济管理没有价值！

（三）古埃及和苏美尔的四柱结算法

"古埃及人在数千年前就学会了制作纸莎草纸，核算的起源，即把经济事项记到纸莎草纸手稿卷（自由账）肇始于这个时期：世界的幼年时期。手稿上最初记载的内容是资产清册。在埃及第一王朝和第二王朝（公元前3400年至前2980年），每两年对动产和不动产进行一次盘存。到第四王朝时期（在公元前26世纪至前25世纪），间断的（离散的）盘存被例行的（连续的）核算所取代。"[1] 9世纪末，"博查特注意到按日结算余额是古埃及物资核算的重要特点"[2]。书引述上两例均注明出处，惜语焉不详，未说明具体做法。但是，既进行"连续的核算"，又"按日结算余额"，而且盘存已成制度，四柱结算法应当产生。

苏美尔人是两河流域文化的创始者。据《沃尔夫会计史》介绍：现珍藏一块公元前2700年乌尔王朝敦吉三世统治时代的记录板，"其一面逐笔记录金钱数目，另一面记录总额，并以收支相减进行结算"[3]。见当时不仅已经知道记录发生额，还能"收支相减进行结算"。文硕教授指出："所以，在当时的民间，人们已经充分认识到'收入''支出'和'余额'三者之间的平衡关系。"[4] 如果不与期初余额联系起来，"收支相减进行结算"将失去实用价值。迨至古巴比伦时代（公元前19世纪），"物资材料的核算大体

---

[1] 〔俄〕索科洛夫：《会计发展史》，中国商业出版社，1990，第3页。
[2] 〔俄〕索科洛夫：《会计发展史》，中国商业出版社，1990，第3页。
[3] 文硕：《西方会计史》（上），中国商业出版社，1987，第46页。
[4] 文硕：《西方会计史》（上），中国商业出版社，1987，第46页。

是这样，收入凭证与支出凭证单独归类。每一类中再按财产的名称，结出本期发生额，收入发生额加上期初余额减去支出发生额，即能结出账存结果，并将该结果与财产的实存数进行比较"①。四柱结算法已经发展到一定程度。

（四）四柱结算法源始探索

四柱结算法产生的前提有二：一是有盘存方法，记录期初余额和期末余额；二是记录本期收入和付出。

最早产生的会计方法是什么？20世纪初，俄罗斯会计史界有过激烈的争论。"大多数作者，尤其是鲍尔坚持说是资产盘存，但也有不少人，如叶格、斯通、帕雷津斯基、马克西莫夫、斯梅塔尔认为是往来账户，即结算账户。这个争论并不需要解决，很显然，两种方法是由于不同方面的要求，它们是平行存在的。"② 绳记事，可能包括发生额记录的内容。古埃及和苏美尔的上述史料证明：资产盘存与发生额记录，早在"世界的幼年时期"，或者说在奴隶社会初期即已产生。会计产生于经济管理的需要。通过资产盘存以了解资产实存数额，通过发生额记录以了解收付数额。但是，奴隶主和管理者更需要了解资产是否有长余或短少，以及经济往来中包括余额在内的人欠、欠人的情况。这些要求都必须把资产盘存和发生额记录结合起来，从而形成余额计算与监督，创立四柱结算法。

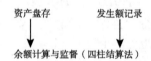

资产盘存、发生额记录与四柱结算发展图

如同资产账户必须采用四柱结算法一样，往来账户也必须采用四柱结算法。因为任何账户都必须进行收入、付出、余额结算。如果往来账户是最早产生的会计方法之一，作为往来账户载体的会计账簿和四柱结算法，也将是最早产生的会计方法之一。

看来，资产盘存、往来账户、四柱结算法和账簿，都是很早产生的会计方法。它们是会计产生的重要标志。

---

① 〔俄〕索科洛夫：《会计发展史》，中国商业出版社，1990，第7页。
② 〔俄〕索科洛夫：《会计发展史》，中国商业出版社，1990，第7页。

"古埃及文字的起源可追溯到公元前4000年至前3000年的陶器上绘写、浮雕或刻画的符号。"① 亚苏美尔文明文字起源与埃及同时，考古发现的杰姆代特奈斯尔的象形文字泥版，是货物单，属公元前3000年的遗物，②《湖北日报》1994年7月26日报道，宜昌县杨家湾遗址发现距今约6000年前的最早的象形文字。四川龙宝墩古城遗址证明：长江都市文明比黄河文明早1000年，和两河流域的美索不达米亚文明大致同期。从而可见我国文字起源并不晚于古埃及和两河流域古文明。西安长安县斗门乡花园村西镐河故道南岸台地原始时期甲骨文属龙山文化晚期，距今4000年以上。在该遗址附近还曾出土过属同一时代的刻画"万"字的陶片，③ 可见当时人们计数观念的发展。及至商代，甲骨文字数已经超过5000个，"所以甲骨文是一种相当发展的文字系统"④，能够适应当时记账的需要。

"自虞夏时，贡赋备矣。""禹合诸侯于涂山，执玉帛者万国"，"禹别九州，量运近，制五服，任土作贡，分田定税，十一而赋"。国家为了加强对税收和支出的管理，不可能不设置账簿。及至商代，赋税种类和官府设置增多，"六大"（大宰、大宗、大史、大祝、大士、大卜，大同太）形成体系。官营工商业规模扩大。不仅流行贝币，还出现铜币。"唯殷先人，有册有典。"甲骨文已有几篇、几册的记载。数字发展齐全。为了适应经济管理的需要，根据商代的条件，账簿记录发生额和余额是必然的。既然古埃及和两河流域，盘存制度和"收支相减"结算余额等早已产生，并把两者结合起来形成四柱法，文字产生大约与我国同期，在比他们晚十多个世纪或几个世纪的商代（公元前16世纪至前11世纪）或者更早，把两者结合起来，形成四柱结算，自属可能。随着考古的发展，这一假说将受到检验。

五 盈亏计算法及龙门账

（一）西汉酿酒成本计算

据《汉书·食货志》记载，公元9年，王莽批准羲和（官名，原称

① 王戎笙主编《马克思主义历史观与中华文明》，重庆出版社，1991，第19页。
② 〔英〕塞顿·劳埃德：《美索不达米亚考古》，文物出版社，1990，第45页。
③ 1987年3月19日第1版《光明日报》。
④ 王戎笙：《马克思主义历史观与中华文明》，重庆出版社，1991，第19页。

"大司农",类似后世的经济部长)鲁匡的建议,酿酒实行专卖,对酒价、成本和盈利实行定额管理。其规定是"一醸用粗米二斛、麹一斛,得成酒六斛六斗。各以其市月朔米麹三斛,并计其贾(价)而参(三)分之,以其一为酒一斛之平。除米麹本贾,计其利而什分之,以其七入官,其三及醋截灰炭给工器薪樵之费"。"醸"是酒的生产单位,"斛"是酒的容量单位,汉制十斗为斛。"贾"通"价","参"通"三"。"什分之"分成十份。据《说文解字》卷十四下:"截(zai),醋浆也";贾思勰《齐民要术》记载,酒糟可制醋。当时规定每一醸产酒六斛六斗,用料粗米二斛、麹一斛。这些材料的三分之一按其每月初一日市价,即为一斛酒的价格。开按材料成本定价的先河。产量扣出米麹成本(相当于三斛酒价)后,其余三斛六斗酒价的七成,即2.52斛酒价作为纯利润上交国家,另三成即1.08斛酒价及副产品酒糟、灰炭收入等用以包干支付工资、器具和燃料等费用。按照当代的概念,每醸酒可概括为"五定",列式如下:

产量:酒6.6斛。

材料:粗米二斛,麹一斛。

价格:每月初一日,上述材料的市价等于三斛酒价。

工资费用:3.6斛酒的30% + 副产品收入 = 1.08斛酒 + 副产品收入。

上缴利税:3.6斛酒×70% = 2.52斛酒。

有的书籍只把"其三"即1.08斛酒价补偿工资费用,漏掉了副产品收入,似属疏忽或误解。

设每月初一日粗米二斛,麹一斛的市价为3。

则每斛酒价为1。

每醸酒的总价为6.6,总成本为4.08。

成本盈利率 = 2.52/4.08 × 100% = 61.8%。

这里反映了联系产量的赢利、工资费用包干制。从成本计算的角度看,实际上既有包括料、工、费的"成本项目"(虽然没有这样提),又有副产品收入抵冲费用和主产品价格随原料价格而变动的作价办法。充分说明当时管理和核算水平的高度发展。把工资费用作为"利"的组成部分,对其进行包干,实行比例分成,主要是从便于计算和管理出发。正如当前体制改革中出现的"除本分成"那样,工资并未包括在"本"的范畴中。本例中的"器"费指器具消磨,似可认为折旧的思想已经萌芽。在西方,"公元初期的一位罗马建筑师就曾这样说过,一垛的价值不应仅按成本来确定,而应按墙砌成时的成本，每年从中减去十八分之一后的数额来确定"①。旧观念比较鲜明。公元前后的古罗马，"在为市场而进行的工业中，其成果的确定是把所有的收入与支出总额进行比较得出的"②。这种成果计算方式，显然落后于鲁匡的酿酒"五定"法。

在西方"作为用于规定产品价格的成本计算，出现于 19 世纪下半叶"③，使这种对比不一定完全确切，但诚如胡寄窗教授在论及鲁匡的这项建议时指出："专就其成本核算手续的周密精审来说，西欧在中世纪以前似尚无这样的记载"。遍查手头的西方会计史著作，的确如此。距今 2000 年就有这样精审的成本计算方法，怎能不令人惊叹！

居延汉简为我们提供了宝贵的销售利润核算资料，如：

> 国安籴粟四千石，请告入县官，贵市平价，石六钱，得利二万四千……（20·8）

籴（di），买进粮食。"贵市平价，石六钱"，说明价钱比平价（一说指平均价），每石利润六钱，4000 石的利润 24000 钱。从下列诸简可知粟价每石一百钱左右。

> 粟一石直百一十。（合校 167·2）
> 出钱四千三百卅五，籴得粟五十一石，石八十五。（合校 276·15）

$51 \times 85 = 4335$。校算相符。

> 出钱二百廿，籴粱粟二石，石百一十。
> 出钱二百一十，籴黍粟二石，石百五。（合校 214·4）

毛利率只有 6% 左右。

《史记·货殖列传》和《汉书·食货志》都说："庶民农工商贾率亦岁

---

① 〔美〕埃·S. 亨德里克森：《会计理论》，立信会计图书用品社，1987，第 24 页。
② 〔俄〕索科洛夫：《会计发展史》，中国商业出版社，1991，第 22 页。
③ 〔日〕番场嘉一郎：《会计词典》，湖北省会计学会印，第 457 页。

万息二千"，"佗杂业不中什（十）二，则非吾财也"。当时的年平均利润率是20%，这里是6%，差异的原因，在于上例乃销售毛利率，仅周转一次，《史记》等讲的是年平均资本利润率。

利润概念不仅深入民间，而且成为史学家的通用语，足见其流行之广，必有盈亏计算方法。

《张家山汉简〈算数书〉》（以下简称《算数书》）是目前见到的中国最早的数学著作，大部分算题的形成，最迟不会晚于秦代，有的是战国时代的。第11章"共买材：三人共买材以贾一人出五钱，一人出三钱，一人出二钱，今有赢四钱，欲以钱数衰分之……32"，说的就是三人共同出资凑钱买木材，木材归共同所有，所赚得的钱按每个人出钱的比例来分配。这种合资经商的出现，说明当时已经有了集体所有制或股份制形式。该买卖的利润率达40%，可见经商利润之高。必有盈亏计算方法。

（二）盈亏计算溯源

捞锅底账是比较原始的盈亏计算方法，以之为例，探索其产生的渊源。捞锅底账出现的条件，首先是必须有计算盈亏的需要，同时必须有盘存制度。

公元前一百多年的江陵凤凰山10号汉墓出土的2号木牍，是10人合股经商的契约。[①] 规定因病缺勤一天罚三十钱，擅自拿取器物罚百钱，开会不到以及虽到会但财物账目不齐全的各罚50钱。设有贩长和贩吏。丁组简所记人数至少有四五十人，是合股经营商贩，戊组简所记是派赴到外地贩运货物的，所记"少一日"可能是与2号木牍有关的考勤记录。这样多的合股商贩，这样严格的契约，严密的组织，对账目的严肃要求和考勤记录的完整，必然有相应的哪怕是十分粗糙的盈亏计算。没有盈亏计算，合股经商就不能实现。

据云梦秦简，盘点在战国时期的秦国已成为法律条文的内容。法律规定应是能够普遍做到的，可见库存盘点在当时已经普遍流行。

江陵10号汉墓丙组简，是出售货物的流水账，其格式见本书第一章。每笔账都有日期、付出商品的名称、数量、单位、单价、销售对象、收入金额等，与后来的中式簿记通用的销货流水簿十分相似。销货流水账是比较发达的销货盈亏计算方法，为登销轧彩账创造条件。前已说明：古罗马已开登销

---

① 李孝林：《世界会计史上的珍贵资料》，《江汉考古》1983年第2期。

轧彩账的先河，从需要和可能看，比较原始的盈亏计算方法——捞锅底账的产生，必然早于登销轧彩账。

早在公元前 7 世纪，管仲的"官山海"政策，规定私人开矿炼铁，官私分成"量其重，计其赢，民得其七，君得其三"（《管子重轻乙》）。"计其赢"就要有具体办法，而且有一定的准确性，才能将"其赢"的三成上交给国家，并考核是否真实。可见当时必有盈亏计算方法。

据《诗经·瞻卬》："如贾三倍，君子是识。"《易·说卦》："为近利，市三倍。"这里说的是贸易利润。《周礼·地官·泉府》："凡民之贷者，与有司辨而受之，以国服为之息。"这是借贷利息。这些说明商、周已经有了盈亏概念。公元前 18 世纪，古巴比伦《汉谟拉比王法典》第 89 条已经规定借贷利息谷为 33.33%，银为 20%[①]。再说，商业是要计算盈亏的，商朝的商业已经有了一定的发展，不可能不计算盈亏。最原始的盈亏计算方法，捞锅底账的先声，是通过盘存，计算盈亏（期末资产 – 期初资产）。多数人认为资产盘存是最早出现的会计方法。埃及早在公元前 30 世纪以前，就要每两年对动产和不动产进行一次盘存[②]，那里不一定有盈亏计算，只是说盘存为原始的盈亏计算的产生创造了条件。

（三）龙门账[③]产生探索

龙门账是我国会计史上的光辉成就。但究竟什么是龙门账，众说纷纭。近 70 年来，在正式发表的文章中，至少有七种不同的说法。

龙门账专指双轨结算盈亏合龙门，它是在三脚账或四脚账的基础上，运用一定的会计核算方法、编出《月结草稿》或"账略"进行的。龙门账的"合龙"公式是：

$$\left.\begin{array}{l} 进 - 缴 = 盈亏 \\ 存 - 欠 = 盈亏 \end{array}\right\} 合龙门$$

两式分别体现成果计算体系和余额计算体系，其结果（盈亏）必须相等。

目前，绝大多数论著认为：龙门账是明末清初山西省傅山（或富山）

[①]　《外国法制史资料选编》（上册），北京大学出版社，1982，第 29 页。

[②]　〔俄〕索科洛夫：《会计发展史》，中国商业出版社，1990，第 22 页。

[③]　李孝林等：《比较会计史学》，中国财政经济出版社，2007，第 178～194 页。

创立的。许多会计刊物发表的"会计之最"竞相引用,实不尽然。赵丽生教授称之为"中国会计学界的一个悬案"①。龙门账作为一种科学的会计方法,西欧早已采用。1521年出版的德国最早的簿记著作,海因里希·施雷贝尔的《新技术著作》一书可以证明。在西班牙还可以上溯至14世纪。"弗兰西斯哥·马尔科·达蒂尼(约1335年~1410年)……是一位世界伟人。巴塞罗那办事处的余额表和损益表,是迄今仍有魅力的古代文件。"② 该账也是龙门账。

尹根镐著《韩国会计史研究》③ 一书,着重研究"四介松都治簿法"(Sagae Songdo Ch'ibu-bop)。该书首先介绍它"起源于高丽全盛时代(1010~1274年)的首都"松都(即开城),流行于"王室、贵族、富商","存续至1920年代"。"四介"指利益、消费、捧次、给次等四项,分别相当于我国的进、缴、存、核。记账时用"入"(In),"去或出"(out)概括。尹根镐教授根据最早出版的《四介松都治簿法》④,通过列举一个刚开业十八天的合伙企业的例题,用四介治簿法进行核算。

在四介治簿法的主要簿中,"会计册"⑤ 相当于资产负债表和利润表的结合,由利益秩、消费秩、捧次秩和给次秩构成。高丽"四介"采用直接平衡法。不仅运用了当代的资产负债平衡法,尤为可贵的是把进、缴分别列入给次秩和捧次秩,既达到余额等式的平衡,又体现了龙门账原理,从而形成特色。

"四介"的提法比较概括,平衡方法比较科学,但利益秩和消费秩的差额,不能直接纳入余额等式,需要剔除未实现的持产利益,正处于龙门账发展的早期。该账把龙门账的产生时间提前到11世纪,甚至更早。

韩国文字"是15世纪(1443年)在朝鲜王国(1392~1910年)第四代国王世宗(1418~50年在位)倡导并主持下,由一批学者创造的……在此之前,韩国语是用汉字书写的"⑥。《韩国会计史研究》举11例原账"写真",都是中文,小写用苏州码,仅"**孓**"略异于中国的"**ȣ**"。

① 赵丽生:《龙门账的创建问题》,《会计之友》2006年第12期(下)。

② 〔荷兰〕海渥:《会计史》,中国商业出版社,1991,第47~49页。

③ 该书承釜山大学校崔相文教授惠赠,谨致谢意。张炯、何守琼同学参与对该书的研读、翻译。

④ 〔韩〕玄炳周:《实用自修四介松都治簿法》,德兴书林,1916。

⑤ 中式簿记习称:彩项结册、存除结册。

⑥ 〔中〕苗春梅、〔韩〕裴祐成、〔韩〕赵南卿:《韩国语入门》,外语教学与研究出版社,1995。

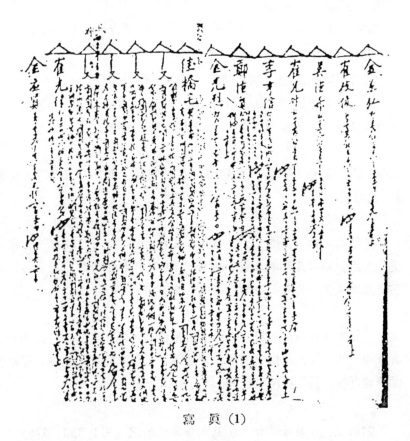

寫　眞（1）

　　四介松都治簿法（Sagae Songdo Ch'ibu-bop），读音与汉词相同，"治簿"曾 10 次见于我国甘肃汉简。

　　案墼　案墼　案墼　治簿　案墼　病　案墼　治簿　除土
　　案墼　塗　塗　累　除土　▨（合校 203·8）

　　203·8 简，是戍卒的劳作记录。
　　《中国简牍集成》第六册，将"治簿"释为"作簿席"。居延汉简 267·17 和 267·22 都是鄣卒十人的分工记录，都有"一人治计"，可能相当于当代的工人核算员。203·8 简可能是士卒的劳作记录。"治簿"则是"治计"鄣卒"作账"的劳作记录，乃是士卒的劳作用语。

　　▨餘糜積麥荄，承餘須治簿。急

☑傅□□令。　　十一月簿餘。（悬泉汉简ⅤT1311④：9）

☑廷　　董长告治簿狀，☑

使者治處勿忘☑（悬泉汉简ⅡT0214②：480A）

朝暮饮食与左伯相近，以故令左伯领之，且毋以去，故恨之也。愿且借长欋椵，欲用治簿，事已。（敦煌汉简238B）

该简的内容是私人书信，提到借用某种物品，想用"治簿"。这里的"治簿"是名词。

皁单衣毋鞍马，不文。史诘责，骏对曰："前为县校弟子，未尝为吏，贫困，毋以具皁单衣冠、鞍马。"谨案尉史给官曹，治簿书。府官徭使乘边候望，为百姓潘币，县不肯除。（E. P. T59：58）

文义是原本让骏做高一级官，因为家里比较贫困，自己没有办法置备必须的衣服和马匹。原来是做文书官，管理簿书。都尉府想让他做候望系统的官，保护老百姓，县里不同意任命。

☑拘校，令与计簿相应。放式移遣服治☑（E. P. T52：576）

"拘"（gou），"拘校"即"钩校"，"乃钩稽比较之意"。"计簿"，《辞源》引《通典》："汉制，郡守岁尽，遣上计掾史各一人，条上郡内众事，谓之计簿。"相当于当代的会计、统计报告。"放式"是文书所应该模仿的格式，"放"同"仿"。汉代的一些账簿具有一定的格式，让人一目了然。按照一定的格式完成与"计簿"相对应的账簿。治，治簿。"移遣服治"，派人送来作治簿。

敦煌《玉门花海汉代烽燧遗址出土的简牍》①，三支内容相同的简，简号是：1459、1460、1461。简文为：

苍颉作书，以教后嗣。幼子承诏，谨慎敬戒。勉力讽诵，昼夜勿置。苟务成史，计会辩治、超等。

---

① 《汉简研究文集》，甘肃人民出版社，1984。

"计会"，即"会计"。"辩"，《辞源》释：治理。《左传》注："辩，治也。"鉴于"辩治"不可能释为"治治"，只能释为治理或管理治簿。

这里，"治"有两种用法：一是管理，动词，如：治国、治学、治水；二是名词，治所，松都治簿法，治要（《周礼·天官·宰夫》注：若岁计也）。

古高丽 12 世纪"四介松都治簿法"（Sagae Songdo Ch'ibu-bop），Ch'ibu 读音与汉译同"治簿"。上述 10 例甘肃汉简证明，治簿是当时的流行概念。从而可见四介松都治簿法与中国的联系。

公元 9 年的酿酒损益计算[1]说明了龙门账的孕育，公元 11～12 世纪高丽时代的四介松都治簿法已经建立了龙门账。中外龙门账的发展如下表所示，反映了龙门账在东亚和欧洲的发展，或者说中国以及欧洲文字发展的历程。

	孕育阶段	12 世纪	14 世纪	16 世纪	20 世纪初
东亚	西汉酿酒损益	四介治簿法	福建戏班		中华民国
欧洲	古罗马发生额	商会巴塞罗那办事处		德国《新技术著作》	

六　会计报告史[2]

（一）会计报告制度史

会计报告是会计信息的载体。会计报告的历史，贯穿于整个会计的发展史。在漫长的发展和演变过程中，中外会计报告深受其所处的经济文化环境的影响。在会计报告的产生、发展、会计报告制度，以及会计报告形式等很多方面，中外既有共性，也各具特性。

中国古代的会计报告制度，当首推"上计"制度。它是统计报告与会计报告的合称。

西周是我国奴隶社会发展的极盛时期。当时会计报告制度的发展同国家管理系统的发展和完善是密切相关的，正如苏联会计史学家索科洛夫所指出

---

① 李孝林等：《比较会计史学》，中国财政经济出版社，2007，第 164～165 页。
② 参阅本书第六章简牍统计史料研究"统计方法"中的"统计报告"。

的那样："发达的官僚制度最能表现国家核算的特点"。在周朝的国家管理系统中，财计组织包括三个方面：财产保管系统、会计系统和早期的审计系统。在各个系统之间及其内部组织，都有严格的牵制制度。周朝法律规定，会计组织要对国家财产的收支节余进行严格的监督和控制，使会计控制财产保管系统。因此，会计组织严格地按旬、月、年上报会计报告已成为必然。与周朝相比，雅典的财计组织和财计制度显得比较松散，在会计报告期间不如周朝严格。周朝的会计报告制度，对巩固王朝的统治具有不可低估的作用。同时，它对以后的中央集权统治制度的建立和发展，也有不可磨灭的影响。同其他奴隶制国家相比，周朝的会计报告制度已远远地走在世界的前列。

战国时期，秦国会计报告制度的另一个特点，就是对会计期间做出了严格的规定。"稻后禾熟，计稻后年。"① 如果稻在谷子之后成熟，应把稻计算在下一年的账上，因为秦以十月为岁首，晚稻的成熟和收获在九、十月间，因而统一规定，禾后成熟的晚稻，都算在次年的账上。又规定："官相输者，以书告其出计之年，受者以入计之。八月、九月其有输，计输所远近，不能逮其输所之计，移计其后年，计毋相谬。工献输官者，皆深以其年计之。"② 府输送物品，应以文书通知其出账的年份，接受者同年入账。如在八、九月输送，由于时届年终，要估计所运处所的远近，不能赶上运入处所年终结账的，改计入下一年账内，双方账目要一致。工匠向官府上缴产品，都应固定按其生产年度计账。古时交通不便，物品运输，途中时间较长。为了确保"计毋相谬"，以法律做出这样精密的规定，不能不令人惊叹。秦国从全国出发，制定"以其年计之"的法律，从多方面做出规定，实行会计年度原则。它对于保证会计报告的质量有着重要的意义。在2300年前，竟能做出这样明确的规定，充分反映了我国古代会计水平所达到的高度。

在西方，会计期间的观念产生较晚。直到十四世纪，中世纪商人才开始意识到编制会计报告的重要意义。在梅基奇公司，各部门每年3月24日都要编制资产负债表。③ 如期编制会计报表，正是会计期间观念的表现。不过，在会计期间观念的运用方面，中世纪商人还仅仅处于自发的状态中，

---

① 《睡虎地秦墓竹简》，文物出版社，1978，第41页。

② 《睡虎地秦墓竹简》，文物出版社，1978，第58页。

③ 〔俄〕索科洛夫：《会计发展史》，中国商业出版社，1990，第46页。

无法与秦国会计制度相比。当时西方的很多公司都还没有统一的报表编制期限。① 如，在佛罗伦萨的阿里比尔基公司（1302～1329 年）里，财务报表的编制是不定期的，并且两个财务报表的时间间隔是 1～5 年。因为它的目的是计算。

意大利在 14 世纪，会计期间的观念还没有得到商人们的普遍认识和传播。长期经营业务的盈亏，不必进行严格的会计分期。威尼斯在实际工作中，也没有规定资产负债表的编制期限。西方较早将会计报告和年度决算联系在一起的，是与帕乔利同时代的一位意大利人彼特瑞（D. A. Pietra）。② 这已比秦国的会计年度思想晚多了。17 世纪，随着合伙企业的发展和持续经营观念的形成，长期的合伙企业已经开始定期结算损益。这就导致了西方会计期间观念的产生。

秦国为保证会计报告的质量，对会计核算提出了十分严格的要求。以法律规定："计毋相缪（谬）。"③ 可见会计核算的正确性已得到非常重视。同时，秦律还对会计核算的责任及奖惩做出相应的规定。"计，用律不审而赢、不备，以效赢、不备之律赀之，而勿令赏（偿）。"④ 会计不合法律规定而有出入，按核验实物时超出或不足数的法律罚金，但不令赔偿。秦国法律把会计差错分成两类。第一类是"计校相缪（谬）"，即经过查对发现的会计差错；第二类是"计脱实及出实多于律程，及不当出而出之"，指账实不符及乱销账。对于会计错误，要根据官吏的责任分别处罚。令、丞罚一甲，官府的啬夫（首长）和主管会计罚二甲。对啬夫和主管会计加重处罚，是因为他们对会计错误更应承担责任。对单位首长啬夫提出这样的严格要求，必然有利于会计水平的提高。秦国通过严刑峻法进行会计管理，保证了会计报告的可靠性。把会计工作纳入法制轨道，秦国已走在当时世界的前列。在国外，巴比伦是专业立法最早的国家，汉谟拉比法典（公元前 1792 年至公元前 1750 年）专门规定：款项的转交若没有收据则被认为是不真实的。秦国的会计立法比巴比伦更为完善，时间则晚 1000 多年。

首先，从会计报告程序看，采取的是逐级上报制度，有助于加强中央对

---

① 〔俄〕索科洛夫：《会计发展史》，中国商业出版社，1990，第 46 页。
② 杨宗昌：《简明西方会计史》，辽宁人民出版社，1992，第 82 页。
③ 《睡虎地秦墓竹简》，文物出版社，1978，第 58 页。
④ 〔俄〕索科洛夫：《会计发展史》，中国商业出版社，1990，第 28 页。

地方财政的控制。对于巩固和发展中央集权制，产生了深远的影响。当时国外尚无这么完善的程序。其次，从对会计报告审查的方法看，中外都采用了听计、查账等基本方法，但我国审计制度还创造性地运用了查询法、比较分析法、抽样法等先进方法。最后，会计报告已形成固定制度，并上升到了法律高度。当然，我们说会计报告制度具有积极的作用，但也存在着弊端。例如，由于会计报告内容复杂繁多，不可能全部查清，这就必然给官吏弄虚作假提供可乘之机；君主的干涉也会影响会计报告的效果。然而，我们并不能因此而否认会计报告制度的成就。

春秋战国时，会计报告制度渐趋成熟，并正式确立。当时的会计报告主要是年度报告，包括每年终了的报告和三年大计报告，年度报告必须报送国君，以作为考核百官的依据，并以此决定官吏的升降任免。

据《仓律》，秦国的会计报告已经实行双线上报制度，如廥籍（粮食出入簿）既要上报给财政主管部门"内史"，又要上报给粮食主管部门"太仓"（P. 38、42）。

秦国以法律形式对会计报告制度做出明确而又严格的规定，在世界会计史上实属罕见。这些规定，有力地保证了当时会计核算的真实性和会计报告的可靠性，并在很大程度上制约了上计报告中可能出现的舞弊行为。与秦国相比，古埃及会计报告中的作假行为屡见不鲜。在中世纪的西欧，会计核算的错误被认为是常事。"在那些我们接触到的所有保存下来的账簿中，没有一个不存在重大的惊人的错误。"其中有很多都是商人们有意伪造的结果。当时，在编制资产负债表的过程中，对由于计算错误而产生的借方与贷方之差额也不调整，而是计入利润或亏损。这说明，中世纪欧洲商人对会计核算质量的要求仍处于很低的水平。

秦国对报告的严格规定，是为了适应管制的需要。当然，秦国的会计报告制度，对秦的崛起和强大，对全国的统一都具有重要的意义。《史记·萧相国世家》称：刘邦灭秦进咸阳时，萧何"收秦丞相御史律令图书藏之"，"具知天下轭塞，户口多少，强弱之处，民所疾苦"。苏子由《元祐会计录序》："汉祖入关，萧何收秦图籍，周知四方盈虚强弱之实。汉祖赖之，以并天下。"可见，秦国会计报告制度取得了何等丰硕的成果。

"汉承秦制"而发展之。最突出的成就之一是专门制定了《上计律》。它可能是世界上第一部以会计、统计报告和考核为主要内容的专门的法律。

山东诸城汉墓画像石上计图

注：原释"讲学图"，笔者认为可定名为"上计图"，反映的是汉阳郡所辖十三县向郡上计的情景。王恩田：《诸城凉台孙琮画像石墓考》，《文物》1985年第3期，第95页。

《上计律》规定：凡计簿中有欺瞒不实者或不及时的均治罪。据《汉书》记载，汉武帝元狩二年（公元前121年）众利侯上谷太守郝贤，其计簿中有欺骗行为，汉武帝元鼎二年（公元前115年）建成侯刘拾因年终误了上计期限，两人都受到免职处分。从而可见，秦律所规定的"以其年计之"的会计年度原则的实践。汉代，随着统一的中央集权制度的进一步巩固和完善，上计制度也更加系统化。每年年终，各县首先向郡国上报计（集）籍，郡国据此对其所属县令（长）和掌管财政的有关部属进行考核。县上计结束后，由郡国进京上计，汉朝上计程序已趋完善，此其一。其二，汉朝经济法规中，把上计的规定，单独列为一篇。

在欧洲，最早将会计报告法律化的国家是法国。① 路易十四在1673年公布了法国商法《商事王令》，其中对商人编制会计报告提出了明确的要求。此后，拿破仑商法、希腊商法、荷兰商法也相继对会计报告做出了类似

① 杨宗昌：《简明西方会计史》，辽宁人民出版社，1992，第84页。

规定。而汉代对会计报告制度的法律化比它们早 1500 多年。

居延汉简为我们提供了大量的公元前、后 1 世纪的会计报告实物。当时不仅有月言簿、四时簿（季报、半年报）、年报，一些会计账簿也要上报。

本书第一章中居延汉简永元兵物"四时簿"（128·1 号简，见表 1-1）是季报表；第八章中"永元五年六月官兵釜磑月言簿"是月报表。两表的第一行都是标题，点明报告单位、时间和报告名称。第二行是期初余额，中间九行是期末余额，最后三简是结尾。

这是由候长向广地候官上报的包括所属破胡隧和涧上隧的库存兵物报表。汉朝张掖太守府属官的设置，见之于居延汉简的"四时簿"，还有下列季报和半年报。

> 建昭二年（公元前 37 年）四月，
> 尽六月四时簿。（合校 217·2A）
> 建昭四年正月尽。
> 三月四时，
> 簿算。（合校 214·22A）
> 更始二年七月尽，
> 十二月四时簿。（合校 210·1）

下简是年度会计报表。

> 建昭元年十月尽二年九月。
> 大司农部丞簿录簿算。
> 及诸簿十月旦见。（合校 82·18B）
> 居摄三年
> 计簿算。（合校 70·13A）
> 元康三年（公元前 63 年）十月尽四年。
> 九月吏已得奉一岁集。（合校 126·42A）

此简乃是年度的官吏俸禄报告。

汉代虽改用正月岁首，但居延地处边疆，交通不便，与上计制度有关的各种簿籍仍然是以九月为年终，以保证"上计"，显然是可能的。新中国成立初期，在边远地区，会计、统计报表也曾采用像居延那样的固定错综方式。

除上述月言簿、四时簿、簿录、簿算、吏已得俸一岁集以及廥籍、廪名籍外，赋钱出入簿和奉赋名籍都须上计。

> 阳朔三年（前 22 年）九月癸亥朔壬午，甲渠鄣守候、塞尉顺敢言之。府书：移赋钱出入簿与计偕。谨移应书一编，敢言之。（面）（合校 35·8A）
>
> 尉史昌。（背）（合校 35·8B）
>
> 本始三年（公元前 71 年）八月戊寅朔癸巳，张掖肩水都尉受奉赋名籍一编，敢言之。（合校 511·40）

中国古代的会计报告制度，对保密很重视。为了保密，会计报告写在竹简木牍上之后，就在上面加一盖板，写明所呈送的部门，以及呈报人的姓名、官职等。居延汉简 209·2A "掾疆所收五年余茭钱"是上报的钱出入簿，第五行"▢ ▢"为封泥孔。把简牍密封在盖板内。封泥孔打穿，用封泥封死。封泥也是有规矩的：登基封王检用金泥，诏书用紫泥，一般信件用青泥。这样处理后，上计报告的保密性就大大加强了。历代统治者就是通过这种方法，掌握全国的财政收支状况、人口状况，以及官吏工作情况等，以达到控制全国政治经济大权的目的。中国古代上计制度的保密措施，适应了当时中央集权统治制度的需要。在国外，对会计资料也有类似的保密措施。古代巴比伦的会计文书记录在黏土板上，并根据文书的重要程度决定采用日晒法，还是焙烧法。对于比较重要的黏土文书，常在其外面加上封套，以保护文书，防止篡改作弊。随着商业的兴起，会计资料的保密性，在西方也引起了人们的重视。帕乔利认为：簿记的目的在于向商人及时提供财产和负债的信息，他劝告商人不要泄露自己财产的秘密。[①] 地方的会计保密观念完全是出于商人自身利益的考虑，它与中国古代上计制度的保密观念有所不同。

公开会计报告制度是西方古代会计的显著特点。古希腊是世界上最早实行财政、会计报告公开制度的国度。当时的出纳官和建筑管理者每年都要公

---

① 杨宗昌：《简明西方会计史》，辽宁人民出版社，1992，第 91 页。

布自己的收支计算书，其中最重要的一份是公元前407年编制的密纳瓦·波利埃斯神殿建筑计算书。雅典著名的理财家、政治家莱喀古（Lycurgus 公元前1396年至前1323年）在自己创办的勒斯林格学校前，也向国民公布了自己编制的财政计算表。① 这种公开会计报告的观念，对西方以后的会计发展具有深刻的影响。随着股份公司的兴起和发展，在此基础上形成西方近代的会计公开理论。

在古埃及，每当岁终来临，谷物仓库监督官就必须携带一种会计报告去朝见国王（法老），这种会计报告，就是"收获决算报告书"，国王据此对他们进行奖惩。可见，这种"收获决算报告书"与中国最早的"上计"报告极为相似。②

（二）会计报告形式及方法史

会计报告的编制离不开一定的形式和方法。会计报告的发展史，很大程度上表现为会计报告形式及方法的演进过程。

中国古代会计报告，可分为口头报告和计簿（账簿、报表）两类。《周礼》"听出入以要会"，"受其会，听其致事"，说明当时"上计"活动的一个重要方面就是听取会计报告。显然，这种会计报告应当以精炼的文字和口头报告进行表述。据《韩非子·外储说》，"田婴相齐，人有说王者曰：岁终之计，王不一以数日之间自听之，则无以知吏之奸邪得失也。王曰：'善'。田婴闻之，即遽请于王而听其计"。这也说明战国时的"上计"，听取会计报告仍然是重要形式。西方早期的会计报告也是如此。英文的"审计"（Auditing）一词，其原意就是"听"会计报告，足以为证。中西方何以如此相似？我们认为有以下三个方面的原因。

一是与当时的社会经济发展水平相关，由于当时社会经济发展水平低，经济事项比较简单，能够通过口述和文字叙述的形式将会计信息全面表达出来。

二是与会计本身的发展相适应的。当时会计正处于发展的早期，会计记录方法还比较落后，经济事项的发生及其结果，必须依赖口头表述。

三是文字初创，书写困难。报告的工具如黏土板、简牍等十分笨重，只得借助于口头报告。

---

① 文硕：《西方会计史》，中国商业出版社，1992，第60页。
② 郭道扬：《会计发展史纲》，中央广播电视大学出版社，1984，第307页。

表格式报告是会计报告发展的高级形式。古代会计报告由文字叙述式发展到表格式，经历了十分漫长的过程。在中国，处于这个发展阶段的会计报告，被称为"数据组合式报告"。与文字叙述式相比，数据组合式报告的特点就是对会计报告的项目有了一定的分类，既有细数的摘录，又有分门别类的总数合计；同时，数据组合式会计报告摒弃了文字叙述式报告中的冗长文字，数据突出，简单明了。数据组合式会计报告的产生，可以追溯到西周时代。据《周礼》记载，周朝官厅会计就有明确的出入项目，"九贡、九赋、九式"之法，被认为是处于萌芽阶段的会计科目。这些特定项目在会计报告中运用，为文字叙述式报告向简明的数据组合式会计报告发展奠定了基础。到了西汉，数据组合式会计报告在官厅会计中，已经有了较广泛的运用。湖北江陵凤凰山10号汉墓出土的3号木牍和5号木牍，已经具有明显的数据组合式会计报告的特征。其中，3号木牍是有关平里和稿上（行政区域）刍（饲草）槀（禾秆）税汇总报表（见表2-2）。

3号木牍的项目有"户刍"、"田刍"、"田槀"等。其中，户刍、田刍分别按户和田亩征收。从报表的格式上看，上方记平里的，下方记槀上的，计算清楚，格式规范。3号木牍标志着中式会计报告已由简单的文字叙述发展为数据组合式。

第二章中凤凰山汉墓5号木牍（见表2-3）不是一般的出入簿（流水账），也不是逐笔登记的明细账，而是这几个里的赋税半年报表。[1]

居延汉简永元兵物簿证明：四柱结算法是汉代会计报告广泛采用的形式。会计报告编制的形式与会计账户和记账方法的发展都有十分密切的关系。在会计发展的早期阶段，会计报告与其他会计资料并无严格的区别，更没有专门的编制格式。先秦甚至其后的一段时期里，会计凭证、会计账簿和会计报告有时三位一体，它们的区别不是形式，而是使用的目的和所起的作用。[2]汉简牍证实这一论断。江陵汉简郑里廪簿就是会计凭证和会计账簿合一的证明。而西汉国家机构的账簿是要上报的。在国外，会计账簿（账目）也是会计报告的重要组成部分。据日本学者的研究成果，古罗马时期的"财产目录"，就是一种原始的会计报表。[3]希腊时期，经济部门的监督官应

---

① 李孝林：《从江陵凤凰山10号墓简牍研究西汉早期会计史》，《北京商学院学报》1996年第2期；中国人民大学报刊复印资料《经济史》1996年第3期。

② 赵友良：《中国古代会计审计史》，立信图书用品社出版社，1992。

③ 郭道扬：《会计发展史纲》，中央广播电视大学出版社，1984，第307页。

每天或频繁地报送会计账簿。① 会计报告与会计账簿的紧密关系，反映在其形式上，它必然要受会计账户和账簿的深刻影响。

（三）会计报告产生比较

随着社会经济活动的发展，会计行为的产生不迟于原始社会末期，作为会计行为的重要方面，会计报告产生于何时？

在古埃及，每当岁终来临，谷物仓库的监督官去朝见国王的时候，他们必须携带会计报告，这种文字叙述式的会计报告名曰"收获决算报告书"。国王根据报告书决定对他们的奖励。② 作为地方官的州长，每月都必须向国王作一次关于国库收支的报告。有一块公元前15世纪初，埃及宰相雷赫米尔的墓石，详细记录了从地方官那里征得秋收的目录。尤其是宰相府内，还出现了档案馆，内藏各种账册，报表和土地契约。③ 相、州长分别向其上级编制财务报告，因为他们分别受其上级直至法老（国王）的委托。可见，公元前15世纪，埃及的会计报告已有了初步的发展。

产生于西亚两河流域的苏美尔—巴比伦文明，"按发生之早，成就之高和对后世影响之大而言，两河流域文明皆与埃及文明相当"④。现摘录一部分乌尔第三王朝时期（公元前2113年至前2006年）和苏美尔经济报告文献。

（二）苏美尔女俘营

……　　　　　　（第八栏）

（1）总计：（按）40西拉计者女奴94。

（2）总计：30西拉者女奴1。

（3）总计：（按）20西拉者女奴22。

（4）总计：（按）20西拉者女奴4。

……

（9）他们的大麦一鼓尔又25西拉。

（10）给战俘谷物分配。

（11）什格伊舒布加尔之月（温马城的第二月）。

---

① 〔美〕迈克尔·查特菲尔德：《会计思想史》，文硕译，中国商业出版社，1989，第12页。

② 郭道扬：《会计发展史纲》，中央电视大学出版社，1984，第307页。

③ 文硕：《西方会计史》，中国商业出版社，1990，第13页。

④ 朱华龙：《世界历史·上古部分》，北京大学出版社，1991，第12页。

（12）时为英兰那女神大神殿最高僧侣受任之年（国王布尔新的第五年）①

俘虏是财产，女奴有不同的价格，故分栏、分类列报，乃现代分类表的鼻祖。

古巴比伦"报表编制并没有严格的时间规定，报表的保存期限可以是3～4年，也有的是15年"②。中国最早的会计报告，可以追溯到3000多年以前。"禹别九州，量远近，制五服，任土作贡，分田定税，十一而赋。"（《通典·食货四》）"自虞夏时，贡赋备矣。"（《史记》）早在夏商之世，赋税制度就已经得到初步发展。③ 随着赋税制度的建立和发展，各级政府财政组织的经济责任也建立起来了。而这种经济责任关系的维持和实现，必然借助于会计报告的形式。由于历史久远，当时的会计报告尚待进一步考证。就已知史料看，显然晚于古埃及和巴比伦。

大量史实说明：会计报告在奴隶社会的官厅会计中，已经得到了普遍运用。那么，同时期的民间会计发展如何呢？对此，中外都缺乏足够的史料。早期的官厅会计远远地走在民间会计的前面。会计报告在奴隶社会官厅会计中的广泛运用，应当归结于当时社会产权关系的影响。奴隶社会时期，随着阶级和国家的出现，整个社会经济产权关系发生了深刻的变化。新的产权关系规范着一定财政分配关系，产权的终极所有者国王与经营者——各级官吏组成的产权关系，既包括政府机构之间的财政关系，也包括政府与纳税主体之间的关系。国家为了维持这种经济产权关系，通常以严格的法律来约束各经济主体的行为。《周礼·天官·职岁》记载：凡官府都鄙、群吏之出财用，受法于职岁。可见，国家对其内部财政机关的要求是十分严格的。在法律的威严作用下，国家内部财政部门向上级机关报告收支状况已成为必然。而在奴隶社会早期，由于社会经济发展缓慢，私人财产的受托责任关系尚不普遍，产生私人会计报告的条件尚不成熟。只是到了后来，民间的产权关系得到较大发展后，民间的会计报告才得以产生和发展。当时民间会计要受官厅会计发展的影响。

---

① 文硕：《西方会计史》，中国商业出版社，1990，第38～42页。
② 〔俄〕索科洛夫：《会计发展史》，中国商业出版社，1990，第7页。
③ 孙羽刚、董庆铮：《中国赋税史》，中国财政经济出版社，1987。

七 会计法规史

（一）会计法律

时属战国晚期的《睡虎地秦墓竹简》出版说明指出："睡虎地秦简的性质，大部分是法律文书，不仅有秦律，而且有解释律文的问答和有关治狱的文书程式。律文涉及秦国的中央集权制、土地所有制、军事制度、刑罚制度、官僚制度、田租、劳役、手工业管理、会计管理、统一文字与度量衡等法规。目前，世界上像这样年代久远而数量众多、内容丰富的法律文献，还未发现第二部。"[①]

云梦秦简虽然只有秦国法规的一部分，也能看出当时高水平的会计法规。汉朝专门制定了《上计律》，惜已失传，仅见于古籍的简略记载。

（二）会计原则

1. "计毋相缪"——真实性、准确性原则

真实性、准确性是会计数字的生命，古今中外，历来如此。秦国对会计核算提出严格要求："计毋相缪"（金布律 P. 58）。如果出了差错，要按照盘点实物时超出或不足数额的法律给予处罚。秦国的处罚是相当严厉的。《效律》："计校相缪（谬）也，自二百廿钱以下，谇官啬夫；过二百廿钱以上至二千二百钱，赀一盾；过二千二百钱以上，赀一甲。人户、马牛一，赀一盾；自二以上，赀一甲。"说明会计官员对会计籍书的记载必须准确无误，如造成差错损失要视情节轻重赔偿惩罚。它把会计差错分成两类：第一类是经过查对发现的会计差错；第二类指账实不符及乱销账，由于造成财产损失，因而处罚更重。列表如 8-8 所示。

表 8-8 数字错误处分规定

第一类差错	第二类错误	处分
220 钱以下		谇官啬夫
221~2200 钱或人户、马牛一	22~660 钱	赀一盾
过 2200 钱或人户，马牛二	过 660 钱	赀一甲

---

① 1985 年 1 月 1 日第 1 版《光明日报》。

当时一个钱只能买一斤粮食，损失达 22 钱，就要罚一块盾牌，超过 660 钱就要罚一套盔甲，其严厉可想而知。即使没有造成财产损失，仅是数字差错，也要谇（sui，批评）啬夫（单位负责人），甚至罚以盾牌或盔甲。江陵 10 号汉墓出土大批会计简牍，通过复核，只发现丙组简有一笔错 2 钱，3 号木牍有 2 笔分别差 0.12 和 0.14 石。① 科洛夫指出："在（古代西方）那些我们接触到的所有保存下来的账簿中，没有一个不存在重大的惊人的错误。"②

2. "以其年计之"——会计年度原则

为了确保会计资料的真实性，可比性，使会计资料在全国范围内不重、不漏，秦律规定了"以其年计之"（金布律 P.58）的会计法规，相当于现代的"会计年度"原则。他们还用法律做出许多具体规定，来保证"以其年计之"的实现。

秦国以十月为岁首，九月底为年终。秦律规定赏赐的米，如果九月底还未来领取，过期不发（仓律 P.44）。晚稻收获，由于成熟期在 9 月和 10 月间，时跨两年，则"计稻后年"，都算在次年的账上（仓律 P.41）。发放冬衣，兼用上述两项法规，即在每年 9~11 月发放，过期不发，非统一规定都计在次年的账上（金布律 P.66）。在另一官府劳动抵偿债务的，如果距原官府路程近，应在 9 月底将劳作天数和领衣数通知原记账官府；如果路程远，应在 8 月底轧账，9 月底前通知原官府，以便"计之其作年"，即计入劳作的当年以内（司空 P.85）。提前轧账的做法，在交通不便的边远地区，新中国成立初期仍然实行。

为了确保会计资料在全国范围内的准确性，在当代，对于异地销售入账的时间，仍是会计界讨论的课题，关键是如何确保在途商品（材料）与库存商品（材料）不重不漏。秦律明确规定：官府相互输送物品，应以文书通知其出账之年，接受者同年入账。如在 8~9 月运输，由于时近年终，要估计运输距离的远近。不能赶上运入单位年终结账的，运出单位要改计入下年的账内，双方账目不许矛盾。工匠向官府上缴产品，要按生产年度入账（金布律 P.58）。古时交通不便，物品在途时间长，为了确保"以其年计之"和"计毋相繆"，以法律做出这样严密的规定，其时间之早，核算水平

① 李孝林：《从云梦秦简看秦国的会计管理》，《江汉考古》1984 年第 3 期。
② 〔俄〕索科洛夫：《会计发展史》，中国商业出版社，1990，第 28 页。

之高，迄今所知，尚属史无前例。

现代会计以会计单位为主体，实行会计年度准则。秦国从全国出发，制定"以其年计之"的法律，并从生产、供应、运输等环节做出明确的、严格的规定。在会计史、法制史上固属首见，即使在当代，也毫不逊色。

"计毋相繆"和"以其年计之"体现的会计原则，并以法律规定，史无先例。既表现了我国会计的优秀传统，又是世界上的创举。

（三）控制制度

1. 定额管理

云梦秦简显示秦国在生产、供应等许多方面，广泛实行定额管理制度。"工人程律"三条是关于官营手工业生产定额的法律规定。生产定额还能因人、因事、因季节而异。冬季劳动定额放宽，五天收取夏季两天的产品（P.73），做杂活的女奴"二人当工一人"，女童工"五人当工一人"，刺绣"女子一人当男子一人"（P.74），"新工初工事，一岁半红（功）"（P.75）。新工匠第一年要求达到定额的一半。

生产用种子，以法律明确规定定额：

种：稻、麻亩用二斗大半斗，禾、麦亩一斗……（仓律 P.43）

秦一斗约合今二升，大半斗是三分之二斗。还指出：良田用不了这样多也可以。

粮食加工，根据成品的粗细程度制定不同的成品率。不同的粮食，成品率更不同。如谷。

子一石六又三分之二斗折成粗米一石，细米八斗。（仓律 P.44）

粮食供应标准既因奴隶的大、小、男、女和工种的不同而不同，还因生产季节的不同而不同，均有具体的供应标准。所谓大、小，也按照男、女的身高以法律具体规定。男性身"高不盈六尺五寸"（约1.5米），女性身"高不盈六尺二寸（约1.4米）皆为小；高五尺二寸（约1.2米）皆作之（都要劳作）"（仓律 P.49）。"隶臣田者，以二月月禀二石半石，到九月尽而止其半石。"从事农业劳动的隶臣，在农事较忙的 2～9 月增供半石粮食。

城旦（刑徒）筑墙和做其他强度与筑墙相当的劳作的，早饭半斗，晚饭三分之一斗；站岗和做其他事的，早晚饭各三分之一斗（P. 52）。

2. 仓库管理

《仓律》规定：谷物入仓，以一万石为一积而隔以荆巴，并设置仓门。由县啬夫（县长）或丞和仓、乡主管人员共同封缄。给仓啬夫和乡主管禀给的仓佐"各一户"，"自封印"，以便出仓。"啬夫免"职，要对仓库进行核验。凡共同封缄的，根据题识核验后再由有关人员共同封缄，不需称量。对仓库主管人员自行封印者要重新称量。谷物出仓，出仓者如非原入仓人员，要重新称量。称量结果与题识符合，才令出仓。以后如果短少，由出仓者赔偿；如有长余，应上缴入账。共同出仓的人员，"勿更"换（P. 36）。谷物入仓也像出仓一样规定了严格的手续和责任，还体现了内部牵制制度。

公有武器和物品都要刻上官府名称或用丹漆书写，否则，罚官啬夫一块盾牌（工律 P. 71；效律 P. 101）。百姓借用归还时如果记号不对，一律没收。如果借者"死亡、有罪"而未将器物追还，由官吏赔偿（工律 P. 72）。

3. 岗位责任制

秦律体现的管理制度的核心，类似当代的岗位责任制。

《法律答问》对仓库管理不善的处理有几个案例：仓库门闩不紧密，可以容下手指或用以撬动仓门闩的器具，罚一甲；仓库门扇不紧密，谷物能从里面漏出，罚一甲；空仓里草垫下有粮食一石（约合现在 30 市斤强）以上，罚一甲，负责监督的令史罚一盾；仓库里有 1～2 个鼠洞应申斥，有鼠洞三个以上罚一盾（P. 215–216）。

《秦律杂抄》规定：贮藏的皮革被虫咬坏，仓库啬夫罚一甲，令丞罚一盾（P. 136）。发给军卒的兵器，质量不好，罚二甲，撤职永不叙用。这里体现的，一是对兵器不完善处罚的严厉，大大超出一般物资，虽然对一般物资损坏的处罚已经相当严厉；二是对领导人员的加重处罚。

4. 盘点制度

秦律对盘点制度有明确规定。如清查公有器物，发现长余或不足（效律 P. 101）。这里讲的就是盘点制度。秦国还专门制定了"都官及县效律"（P. 113）。效通校，校核、清查的意思。

秦律讲到盘点的不少，有临时盘点也有定期盘点。

交接盘点是临时盘点的一种。《效律》规定：仓啬夫及佐史中有免职的，新任者要根据廥籍加以称量，如有问题，应向县啬夫报告，令人重加称量（P. 119）。一积谷物如未出尽而数额已足，应向县廷报告。如余数较少，可以整个称量。这是临时盘点（仓律 P. 39）。

《效律》规定：年末应报某仓已出谷物若干后，尚余谷物若干石（P. 119）。这是年终的定期盘点。

5. 明码标价与顾客监督

《金布律》规定：商品销售必须明码标价，系上价格标签。小物不值一钱的不系标签。《关市律》规定：从事手工业和为官府出售产品，收钱时必须立即投入鍢（xiang，盛钱的陶制或竹制容器，可入而不可出）中，使买者见其投入，从而发挥购买者的监督作用。

6. 司会所属机构账物同管评议

《周礼》介绍的国家会计部门——司会，其下属四个机构：司书、职内、职岁、职币。会计史界，已经耳熟能详。对于司会所属四大职能部门的工作内容——是否保管财物，论者有重大分歧。

胡寄窗、谈敏《中国财政思想史》认为：职内掌管百官实物收入会计，职岁掌管百官实物支出会计，职币掌管全国货币收支会计。[1] 他们强调：职内"掌邦之赋入，辨其财用之物而执其总"。这并非"掌邦之赋入"，因为赋入系归内府掌管，职内所掌管仅是岁入的会计。郭道扬教授说："职内和职币分掌，现在出纳事项的一个方面，这是国家对财政收支实行的一种分权控制法。"[2] 账不管物，两书观点一致，符合当代的会计实践。

《周礼》及其注疏，则可以有另一种理解，大府掌府藏，"颁其货于受藏之府，颁其贿于受用之府"，布帛等品质一般的拨给受用之府。又据《周礼·司书》，"以叙其财，受其币，使入于职币"。叙：核算也。"核算后登记在簿籍上，如有多余的，则缴交司书拨送于职币。"[3] 明确指出职币保管余财。《史记·货殖列传》、《汉书·食货志》"九府"注都把职内、职币作为九府的组成部分。既然职内、职币为受用之府，属"九府"之二，显然有财物保管职能。因为司书负责全面核算，职内、职币分掌收入与余财，即使账物同管，也并不影响核算和管理的严密性。既然入、出、余已经分工，如果再账物分管，反而不科学了。换言之，职内、职岁、职币分掌收入、支

---

① 胡寄窗、谈敏：《中国财政思想史》，中国财政经济出版社，1989，第88页。

② 郭道扬：《中国会计史稿》（上），中国财政经济出版社，1982，第67页。

③ 林尹：《周礼今注今译》，书目文史出版社，1985，第63、67页。

出与余财，具有现代的出纳和部分保管职能，也可能有出纳簿、保管簿，表面上看是"账物同管"，实际上，司书全面核算，才是会计账。加以收、支、余三者分开，财产管理应当是比较严密的。

（四）法律责任

《效律》规定：对于会计错误，要根据官吏的职责分别处罚。令、丞罚一甲，官府的啬夫和主管会计应罚二甲；令丞罚一盾，啬夫和主管会计应罚一甲（P. 125～124）。对啬夫和主管会计加重处罚，是因为他们对会计错误更应承担责任。作为单位负责人的啬夫对会计质量承担重责，必然有利于会计水平的提高。《效律》还规定：如果自行查出错误，减罚一等（P. 126）。这体现了区别对待的方针。

《效律》规定：谷物有超出或短少而隐瞒不报，或移多补少，假作注销，"皆与盗同法"（同罪）。大啬夫、丞知情而不加惩处，与罪犯同样论处，并和管仓者一起赔偿（P. 100、119）。

对会计工作实行单位主管（啬夫）和会计主管负责制，是我国行之有效的历史传统。

云梦简秦中的法律，包罗丰富，规定具体，相当于现在的法律、条例和制度。反映了我国2300多年前会计管理和会计法规所达到的高度水平。

八　会计教育史

会计教育史是会计史学的重要组成部分。探索各国会计教育史，比较其异同，对于研究会计教育的发展历史及其规律，借鉴古今中外优秀的会计教育思想有重要意义。

（一）产生时期的会计教育史

会计教育是会计的重要组成部分。自从会计行为产生之时就初现端倪，据有限的史料考证，古代会计教育当推中国和埃及。

中国不仅是会计最早的发祥地之一，而且在会计教育方面也开创了先例。

从《周礼》就可看到以会计作为教育内容的迹象。"以世事教能，则民不失职。"（《周礼·地官·大司徒》）以累世相传的技艺教民充实技能，人民就不会失业。世事，郑玄注："谓士农工商之事。"世事的具体内容即教育内容是什么？"教之道艺。"（《周礼·宫正》）"保氏掌谏王恶，而养国子以道，乃教之六艺……"（《周礼·地官·保氏》）保氏掌劝谏周王的过失，以道艺教养国子，教他们六艺。六艺是礼、乐、射、御、书、数。书有"六书"，指象形、会意、转注、指事、假借、形声，是汉字形成的规则。数有"九数"，一说指九九乘法，一说指九章算术。不管指哪一种，都与会计相关，会计是"世事"教育的一部分。

对于周代的教育，我国古籍有所论述。在周朝，国王为了维护自己的统治，很注意从教育方面着手培养和物色人才，以充实财会机构。有关这方面的事，在西周，国王是授权地官大司徒掌管。《周礼·地官·大司徒》讲："使师其属而掌邦教，以佐王安扰邦国。"这是地官大司徒的一种职权。当时计数教育从入学发蒙便开始，《礼记·内则》讲："六年，教之数与方名"，又讲："十年，出就外傅，居宿于外，学书计"。这都说明当时对计数教育的重视。《汉书·食货志（上）》论述先王的教育制度时指出："八岁入小学，学六甲、五方、书计之事。"六甲是天干地支相配计算时日名称，其中有甲子、甲戌、甲申、甲辰、甲午、甲寅，共六甲。五方是东、西、南、北、中。六甲五方比喻天文地理。书计，《辞源》释为"文字与筹算"，筹算是古时的计算工具，算盘的前身。这些，显然与会计有关，也反映了古今中外，数学教育与会计教育的密切关系。

春秋战国正值商品货币关系发展、民间放贷普遍存在的时期。战国时期的孟尝君，就是一个典型的放贷者。据古籍记载：孟尝君手下的一大群门客，为他管理着各方面的事务，其中有负责收税的、保管财物的，还有精通会计、管理经济收支事项的。《战国策·齐策》叙述过孟尝君的门客冯谖的故事。"后孟尝君出记（账簿），问门下诸客：'谁习计会，能为文收责（债）于薛者乎？'冯谖署曰：'能'。"意谓：孟尝君拿出账簿，问门下食客，谁习会计。能为文（孟尝君姓田名文，自称）到薛邑（今江苏邳县西南）去收债。署就是签名，习是学习、熟悉。这里的"计会"，与上述"书计"，可以联系。这个故事说明，"计会"在当时被看成一项专门的学问，能够精通它还不是一件简单的事，得要有一定的文化和智能。所以这既点明了会计教育，又说明了当时会计技能难度较大。

春秋战国时期，一方面，由于社会处于奴隶制度向封建制度过渡时期，除了战乱不断外，在文化思想方面出现"百家争鸣"。《孟子·万章下》：

"孔子尝为委吏矣，曰：会计当而已矣。"曾经担任过仓库保管、会计的孔子，根据亲身体会，认为会计就是要正当。"正当"的内涵丰富，迄今，仍然是会计工作的指针。另一方面，在封建士庶观念的阻滞下，社会上又存在着对学习会计、经商之道的歧视。《吕氏春秋·务本》（卷十三）记载："今有人于此，修身会计则可耻。"既点明了会计教育的事实（修身会计），又反映了耻言货利、轻视会计的传统封建思想。

在古代会计中，官厅会计占主导地位，大约在公元前 3500 年，埃及便进入了奴隶社会。作为最高统治者的法老掌管全部大权，包括管理经济的财政大权。法老不仅是最高统治者，而且也是神的象征，神殿成为法老统治机构的重要组成部分。当时，埃及主管财经大权的官员，是在法老之下设维西尔（Vzzier），即宰相，一般由太子担任，在财政机构中，一般是由"记录官"具体办理会计工作，因此，埃及神殿专门设立了训练记录官的学校。"这就是一直为教育史学家们称道的一种受政府监督的教育制度，也是历史上一种最古老的学校制度。"① 埃及，记录官的地位是较高的，一旦进入记录官学校，就要受到严格的训练，包括文书、账目、财政、印仿、公文、档案等等，攻读一些较深的学科，然而通过实习，不断巩固所学的知识，后分派到各级财政机构从事财计工作，成为奴隶主阶级维持其统治的一支有生力量。

在古巴比伦，在会计领域担任重要角色的仍然是记录官，巴比伦的记录官地位虽不及埃及的高，但职责广泛，他们不仅是在文书上反映商业经营业务，而且在签订商业合同时，还要监督是否遵守有关法规。与古埃及不同的是，巴比伦记录官的产生，不是在政府监督下的神殿记录官学校培养出来的，而是通过考核由巴比伦神殿、中央和地方政府雇用作为行政官，作为祭品和税收的征集者派到各地，巴比伦的记录官还负责监视民间契约的签订。与记录官相类似的另一类会计专门人才来源于神殿的祭司和僧侣中，他们是神殿的管理人，对神殿的财产拥有绝对的监护权，每一笔经济业务必须做成会计记录，以便向神报告。

古代希腊和罗马的奴隶主统治时代虽比中国、埃及、巴比伦要迟，但在会计方面的建树有很多相似之处。需要指出的是：东西方当时相当发达、高度"文明"的国家里，会计人员的培养是否专设机构，尚待进一步考证。

---

① 文硕：《西方会计史》（上），中国商业出版社，1987，第 15 页。

宫廷、政府、神殿、庄园的账务管理人员的培养，除了学堂讲授一些以外，师徒相传的古老方式是相当重要的。

（二）发展时期的会计教育史

发展时期的会计教育，从进入封建社会到15世纪卢卡·帕乔利（Luca Pacioli）的著作《算术、几何、比及比例概要》（*Summade de Arithmetica*，*Geometria*，*Praportioniet Propor-tionalita*，又名《数学大全》）问世，整整1000多年的时间。在这个时期，各国的会计都不同程度地不断发展，各国的会计文化也逐渐得到交流，会计教育也随之得到发展。中国是最早进入封建社会的国家，秦始皇统一六国后，就统一文字、货币、度量衡，对会计的进一步发展提供了条件。在《玉门花海·汉代烽燧遗址出土的简牍》[①]中，有三支简记载了有关这方面的资料，其中第12、13、14号简基本相同。第12号简文为：

> 苍颉作书，以教后嗣，幼子承调，谨慎敬戒，勉力讽诵，昼夜勿置，苟务成史，计会辨治、超等。

该段属《仓颉篇》，为秦丞相李斯（？~前208）所作，西汉时仍然是比较流行的小学字书，类似识字课本。教育学童努力讽读、书写，成为史官（主管文书、典籍的官员）。"辨"《辞源》释为：治理，通"办"。《荀子·议兵》："城郭不辨。"注："辨，治也，或音办。"证明秦代已将会计治理财产的思想，对学童进行教育，同时也说明了会计是教育内容之一。所以这样认识，是基于《仓颉篇》是少年课本的性质和作用。

在中国，古代会计教育的方式主要是师徒相传，一直沿承到清朝末期甚至更远，这种单一、个体的教育方式，也可能是影响中国近代会计教育发展的一个重要原因。

到了汉朝，除继承秦代教育方式和内容之外，还把会计方面的能力作为对官吏进行考核的内容。据居延汉简179·4简记载："肩水侯官执胡隧长公大夫奚路人，中劳三岁一月，能书会计，治官民，颇知律令，文，年四十七岁，长七尺五寸，氐池宜药里家去官六百五十里。"类似此简不只一枚。隧

---

① 《汉简研究文集》，甘肃人民出版社，1984。

长是汉代边境地区最基本的防御单位隧的官长，乃是基层小官，把是否懂会计作为重要考核内容之一，会计教育的蛛丝马迹由此可见。

在西汉，最高的统治者，不仅亲自过问上计之事，而且注重物色有管理经济才能的官员去主管这方面的事。汉高祖六年（公元前 201 年）任命张苍为计相，"一月，更以列侯为主计四岁"（《史记·张丞相列传》）。张苍在秦朝就任柱下史，主管郡国上计，明习天下图书计籍，是一个善于抓会计工作的老手，从丞相萧何对他的推荐，以及刘邦对他重用，都是从财计方面重点考虑的。汉武帝之时，先后任用大商人出身的东郭咸阳和孔仅为大农丞，后来又把改革派桑弘羊提拔到大司农和御史大夫的位置上。宣帝时任用耿寿昌为大司农中丞。耿寿昌是我国古代著名的数学家，他精于理财，专于会计，"以善为算，能商功利"[1]。如此等等，这一方面表明汉代皇帝注重培育高级会计人才，另一方面表明当时在会计方面人才辈出。

与中国这一时期相比较，中古时代欧洲会计没有大的起色。在会计教育史上可介绍的是教会会计，中世纪欧洲的教会享有极大的权力和财富，发生了很多的经济事项，如领地开发、市场管理和铸币等，教会为了管理好这些财富，专门训练一些僧侣来充当财政管理人员。当时值得关注的，还有阿拉伯帝国，《古兰经》是其国民必读的经典，其中也有描绘阿拉伯会计的内容。[2] 说明会计教育在阿拉伯帝国是受重视和相当普遍的。

随着东西文化交流的逐步加强，特别是阿拉伯十进数和中国印刷术、造纸术传入欧洲，并广为传播和在会计教育上的运用，为一般工商业者和人民学习会计知识，提供了更为便利的条件，也由于此，欧洲的会计才从步履蹒跚之中，进入传播和发展的历史时期。

---

① 郭道扬著《中国会计史稿》（上），中国财政经济出版社，1982，第 182 页。
② 文硕：《西方会计史》（上），中国商业出版社，1987，第 115 页。

后　记

作为第一手史料的简牍，既是文化瑰宝，又是无尽宝藏。简帛学已经成为国际显学。20 世纪 70 年代末期，在专业史教学中，开始进入简牍领域，耳目一新，如获至宝。经过多年的潜心研究，多有斩获。譬如复式簿记，中外会计史界流行 13 世纪产生于意大利说。美国会计学家查特菲尔德在其名著《会计思想史》中强调："复式簿记在文明古国及尔后的意大利以外的任何地方都未曾问世过。"日本户田义郎编写的词条"旧中国的老式簿记"指出："中国固有的簿记只能称为单式簿记"。在汉简中不仅发现对应记录，还发现了运用账户对应关系，检查错账，进行分析的多项案例。从而把复式簿记的产生，提前至西汉。《会计研究》1990 年第 3 期刊登中国会计学会会计史研究组《工作情况汇报》将"我国复式簿记史的研究"列为五项"有所突破"的第一项成果。《运用金文、简牍，研究会计、审计史》①发表后，《会计年鉴 2009》刊发《会计史研究三十年》将其列入"为世界认可的研究成果"。多年来的简牍研究，深感祖国历史文化的宏伟，需要努力发掘。

《光明日报》2010 年 12 月 9 日第 7 版《国家社科基金专刊》编者按指出："跨学科研究是现代科学发展的重要趋势。推动'十二五'哲学社会科学研究取得新的突破性进展，应当倡导和树立跨学科的研究理念，自觉培育跨学科研究的意识、视野和情怀，鼓励和支持哲学社会科学各学科之间以及哲学社会科学与自然科学之间的交叉渗透、融会贯通，努力形成优势互补、相互促进、共同发展的生动局面……国家社科基金明年准备重点支持一批跨

---

① 李孝林：《运用金文、简牍，研究会计、审计史》，载中国会计学会编《会计史专题研究》，经济科学出版社，2009，第 70~79 页。

学科研究的课题。"本项目乃是这一论断的实证,所涉及的学科,都以简牍为依据,取得新的突破。在研究中,深感跨学科研究的重要性和艰难性。我们有 6 人是经济、管理学教师,为了弥补自己历史素养不够的缺陷,特邀简牍学者、甘肃省文物考古研究所张俊民副研究馆员合作,对于课题质量的提高发挥重要作用。跨学科研究须要相关学科有关人员的全力投入和精心培育。

匿名审稿专家在立项和结项过程中提出宝贵意见,这些意见对于本项目质量的提高大有帮助,我们衷心感谢。本项目属于中国历史,审稿者是历史学者,而课题组除一人外都是经济管理专业,两者互补,有助于提高项目质量。社会科学文献出版社财经与管理图书事业部的编辑对本书的出版,大力支持,认真编审,纠正失误,不仅提高了书籍的质量,还对书名修改提出了宝贵的意见。

中国会计学会副会长、会计史专业委员会主任、美国会计史学家协会学术委员郭道扬教授,中国社会科学院历史研究所所长、简帛研究中心主任、中国秦汉史研究会副会长卜宪群研究员,惠赐序言。他们的盛誉,愧不敢当,乃是对我们的鞭策,是我们的努力方向。

西南大学古文献研究所张显成教授对本书简牍的运用惠予赐正。2007年元月,他与本课题组签约,建立了友好合作关系。台湾简牍学会常务理事、彰化师范大学陈文豪教授惠赐资料。对于他们的帮助,衷心感谢。

在重庆工商大学和重庆理工大学会计史教学中,许多同学勤于思考,思路开拓,给我们以启示,本书的一些火花,应当属于他们。1993 年获得国内贸易部部属院校社会科学基金项目"简牍中部门经济史料研究"的资助(批准号〔1993〕第 344 号),为本项目开启新路。重庆工商大学领导、科研处和有关学院都给予热情支持和帮助。

重庆理工大学副校长、会计学院前院长何建国,学校科研处,重庆市人文社科重点研究基地、重庆理工大学财会研究与开发中心以及会计学院的诸位领导和教职员,对本项目都给予热情支持和帮助。当我们检索资料遇到困难时,重庆理工大学图书馆信息部就给予热情支持,一并感谢。

本书署名按作者所写章节先后为序。前言由重庆理工大学暨重庆工商大学教授李孝林执笔,并将所研究的商及西周金文材料提供给其他作者。第一章由李孝林与张俊民合作,张俊民还负责对全书简牍的解释进行审核和咨询,并编制第一章附录一百多年来新发现简牍目录;第二章由李孝林执笔;

第三章由重庆工商大学教授罗勇执笔；第四章由重庆理工大学副教授孔庆林执笔；第五章由重庆工商大学副教授贾鸿执笔，他还将所研究的吴简材料提供给其他作者；第六章至第八章由李孝林执笔，其中第七章中"从睡虎地秦简看我国内部控制制度的产生"由重庆理工大学副教授李国兰执笔，她还将所研究的睡虎地秦简材料提供给其他作者。重庆理工大学讲师、在读博士生杨兴龙将所研究的《周礼》材料提供给其他作者。全书总纂由孔庆林负责。

本书基本完成于 2007 年。当年申报结项后两次传递失误，耽误了两三年。这期间，使我们有较长的时间，补充新史料，深入研究、提炼。仍感不足。一是楚简使用很少；二是分析、提炼不够。即使从我们所从事的六个学科看，仍欠深透，尚待持续努力。欢迎同行赐正，携手前进。

课题组

2011 年 11 月 29 日于重庆

图书在版编目（CIP）数据

基于简牍的经济、管理史料比较研究：商业经济、兵物管理、赋税、统计、审计、会计方面/李孝林等著.—北京：社会科学文献出版社，2012.3（2017.9重印）

（国家社科基金后期资助项目）

ISBN 978 - 7 - 5097 - 3036 - 2

Ⅰ.①基…　Ⅱ.①李…　Ⅲ.①中国经济史 - 研究　Ⅳ.①F129

中国版本图书馆 CIP 数据核字（2011）第 271486 号

·国家社科基金后期资助项目·

基于简牍的经济、管理史料比较研究

——商业经济、兵物管理、赋税、统计、审计、会计方面

著　　者 / 李孝林 等

出 版 人 / 谢寿光

项目统筹 / 恽　薇

责任编辑 / 徐逢贤　王莉莉

出　　版 / 社会科学文献出版社·经济与管理出版分社（010）59367226
　　　　　地址：北京市北三环中路甲29号院华龙大厦　邮编：100029
　　　　　网址：www. ssap. com. cn

发　　行 / 市场营销中心（010）59367081　59367018

印　　装 / 北京京华虎彩印刷有限公司

规　　格 / 开 本：787mm×1092mm　1/16
　　　　　印 张：28　字 数：483 千字

版　　次 / 2012 年 3 月第 1 版　2017 年 9 月第 2 次印刷

书　　号 / ISBN 978 - 7 - 5097 - 3036 - 2

定　　价 / 79.00 元

本书如有印装质量问题，请与读者服务中心（010 - 59367028）联系